स्पष्ट सोच का निर्माण

स्पष्ट सोच का निर्माण

मैं जे एन

भारत

2023

अंतर्वस्तु

अनुरूपता हर स्थिति में लागू नहीं होती

आप जल्द ही मेगाट्रिलियन्स क्यों खेलेंगे?

संभाव्यता की उपेक्षा

जार की आखिरी कुकी के मुँह में पानी क्यों आ रहा है?

जब हुड़दंग की आवाजें सुनें तो ऐसी अपेक्षा न करें!

आधार-दर की उपेक्षा

संतुलन बल

भाग्य का पहिया हमें सर्पिल क्यों बनाता है?

हम लाखों लोगों को उनकी तकलीफों से कैसे मुक्त कर सकते हैं?

बुराई अच्छाई की अपेक्षा अधिक तीव्र क्यों प्रहार करती है?

टीम के सदस्य आलसी क्यों हैं?

सामाजिक आवारगी

कागज से घिरा हुआ?

घातीय वृद्धि

अपने उत्साह पर नियंत्रण रखें

विजेता का अभिशाप

लेखकों को कभी भी लेखक से यह नहीं पूछना चाहिए कि उनका उपन्यास आत्मकथात्मक है या नहीं

मौलिक रोपण त्रुटि

कहानीकार जो कहता है उस पर आपको विश्वास क्यों नहीं करना चाहिए?

मिथ्या कारणता

अपने मूल में, हर कोई सुंदर है

बधाई हो! आपने रूसी रूलेट जीत लिया है

वैकल्पिक रास्ते

झूठे भविष्यवक्ता

पूर्वानुमान भ्रम

विशिष्ट मामलों की धोखाधड़ी

यह वह नहीं है जो हम कहते हैं, बल्कि यह है कि हम इसे कैसे कहते हैं

देखना और इंतज़ार करना कष्टकारी है

कार्रवाई पूर्वाग्रह

आप समाधान या समस्या का हिस्सा क्यों हैं?

चूक पूर्वाग्रह

मुझे दोष मत दो

स्वयं - सेवा पूर्वाग्रह

आप जो चाहें वह देखें!

हेडोनिक ट्रेडमिल

हम सभी को याद रखना चाहिए कि हमें अपने अस्तित्व पर आश्चर्य नहीं करना चाहिए और उसके अनुसार जीना चाहिए!

क्यों अनुभव हमारे निर्णयों को नुकसान पहुंचा सकता है?

एसोसिएशन पूर्वाग्रह

ध्यान रखें कि चीजें कब तेजी से घटित होने लगती हैं

नौसिखिया की किस्मत

मीठे छोटे झूठ

संज्ञानात्मक मतभेद

प्रत्येक क्षण का आनंद ऐसे लें जैसे कि यह आपका आखिरी क्षण हो; लेकिन केवल रविवार को!

अतिशयोक्तिपूर्ण छूट

टालमटोल के लिए कोई भी बेकार बहाना

कारण एवं औचित्य

बेहतर निर्णय लें - कम निर्णय लें

निर्णय थकान

क्या आप हिटलर का स्वेटर पहनेंगे?

छूत का पूर्वाग्रह

कोई औसत युद्ध क्यों नहीं होता?

बोनस प्रेरणा को नष्ट कर देता है

प्रेरणा भीड़

यदि आपके पास कहने के लिए कुछ नहीं है, तो कुछ भी न कहें

घुंघरू प्रवृति

दो राज्य औसत खुफिया भागफल कैसे बढ़ा सकते हैं?

यदि आपका कोई शत्रु है, तो जानकारी प्रदान करें

इतना अच्छा दर्द होता है

छोटी-छोटी चीजें एक साथ क्यों फैलती हैं?, ये टुकड़े क्यों चमकते हैं?

इस सामग्री को संभालते समय सावधानी बरतें!

अपेक्षाएं

जहाज़ पर स्पीड जाल!

सरल तर्क

धोखेबाज़ों को बेनकाब कैसे करें (चरण-दर-चरण निर्देश)

स्वयंसेवी कार्य पक्षियों के लिए क्यों है?

स्वयंसेवक की मूर्खता

आप अपने सेवक क्यों हैं?

अपना खुद का विधर्मी बनाने के लिए!

आपको अपने जहाजों में आग क्यों लगानी चाहिए?

निओमेनिया के बारे में चेतावनी

रेसिंग कभी भी केवल दो घोड़ों की दौड़ क्यों नहीं होती?

वैकल्पिक अंधापन

हमारा लक्ष्य युवा बंदूकें क्यों हैं?

सामाजिक तुलना पूर्वाग्रह

पहली छाप भ्रामक क्यों होती है?

प्रधानता और नवीनता प्रभाव

क्यों घर का बना सबसे अच्छा है?

नॉट-इनवेंटेड-हियर सिंड्रोम

अथाह संपत्ति से लाभ कैसे प्राप्त करें

ज्ञान अहस्तांतरणीय है

परिचय

अक्टूबर 2004 में, एक यूरोपीय मीडिया मुगल ने मुझे म्युनिख में आमंत्रित किया, जिसे उन्होंने बुद्धिजीवियों के अनौपचारिक आदान-प्रदान के रूप में वर्णित किया। हालाँकि मैंने खुद को बुद्धिजीवी नहीं माना था - साहित्य के बजाय व्यवसाय का अध्ययन करने के बाद - मेरे दो साहित्यिक उपन्यासों ने मुझे इस तरह के निमंत्रण के लिए योग्य बनाया होगा।

नसीम निकोलस तालेब मेज पर बैठे थे। उस समय, वह एक अस्पष्ट वॉल स्ट्रीट व्यापारी था, जिसे दर्शनशास्त्र का शौक था, जिससे मेरी मुलाकात अंग्रेजी और स्कॉटिश ज्ञानोदय दर्शन, विशेष रूप से डेविड ह्यूम के विशेषज्ञ के रूप में हुई थी। जाहिर तौर पर मुझसे गलती से कोई और समझ लिया गया था। अपनी गलती पर हैरान, लेकिन फिर भी संयम बनाए रखने की कोशिश करते हुए, मैंने कमरे के चारों ओर एक अस्थायी मुस्कान बिखेरी, इस उम्मीद में कि चुप्पी मेरी दार्शनिक क्षमताओं के प्रमाण के रूप में काम करेगी। उस पल में, तालेब ने एक उपलब्ध कुर्सी खींची और उसकी सीट थपथपाई; मुझे बैठने के लिए आमंत्रित कर रहे हैं. मैं ऐसा किया। ह्यूम पर संक्षिप्त चर्चा के बाद, हमारी बातचीत तेजी से वॉल स्ट्रीट पर चली गई। हम सीईओ और व्यापारिक नेताओं द्वारा निर्णय लेने में व्यवस्थित त्रुटियों पर आश्चर्यचकित थे - जिनमें हम भी शामिल थे! हमने इस बात पर चर्चा की कि पीछे से देखने पर अप्रत्याशित घटनाएं अधिक संभावित क्यों लगती हैं, जबकि इस बात पर चर्चा हुई कि अधिग्रहण लागत से नीचे मूल्य गिर जाने पर निवेशक शेयरों को बेचने से इनकार क्यों कर देते हैं।

घटना के बाद, तालेब ने मुझे अपनी पांडुलिपि से पन्ने भेजे; एक अविश्वसनीय रत्न जिसकी मैंने समीक्षा की और आंशिक रूप से उस पर टिप्पणी की; यह उनके अंतर्राष्ट्रीय बेस्ट-सेलर द ब्लैक स्वान का हिस्सा बन गया, जिसने उन्हें बौद्धिक ऑल-स्टार स्थिति में पहुंचा दिया। इस बीच, मेरी भूख बढ़ गयी थी; मैंने अनुमान और पूर्वाग्रह जैसे विषयों पर संज्ञानात्मक और सामाजिक वैज्ञानिकों द्वारा लिखी गई पुस्तकों का अध्ययन करना शुरू कर दिया और साथ ही शोधकर्ताओं के साथ ईमेल पर बातचीत बढ़ाने के साथ-साथ उनकी प्रयोगशालाओं का दौरा भी किया - 2009 तक मुझे एहसास हुआ कि एक उपन्यासकार होने के साथ-साथ मैं सामाजिक संज्ञानात्मक का छात्र बन गया था मैनोविज्ञान भी.

विशेषज्ञ संज्ञानात्मक त्रुटियों को तर्क से व्यवस्थित विचलन के रूप में परिभाषित करते हैं - इष्टतम, तर्कसंगत विचार और व्यवहार जो एक आदर्श स्थिति से विचलित होता है। "व्यवस्थित" से मेरा मतलब है कि इष्टतम विचार से ये विचलन कभी-कभार गलत निर्णय या निर्णय त्रुटियां नहीं हैं, बल्कि बार-बार गलत कदम हैं, तर्क में बाधाएं हैं जो हम पीढ़ियों और सदियों से समय-समय पर सामने आते हैं। हमारे ज्ञान को कम आँकने की तुलना में अधिक आँकना अधिक प्रचलित है! उदाहरण के लिए।
कम आंकना वही होता है जो अक्सर होता है। इसके अतिरिक्त, कुछ खोने का डर हमें समान लाभ प्राप्त करने की संभावना से कहीं अधिक प्रेरित करता है; जब अन्य लोगों की उपस्थिति में हम अक्सर अपने व्यवहार को उनके व्यवहार से मेल खाने के लिए समायोजित करते हैं; उपाख्यान किसी घटना के पीछे सांख्यिकीय वितरण (आधार दर) को अस्पष्ट कर देते हैं, जिससे एक कोने में गंदे कपड़े धोने की तरह त्रुटियां जमा हो जाती हैं, जबकि अन्य कोनों को अपेक्षाकृत साफ छोड़ दिया जाता है (यानी जिसे "अति आत्मविश्वास कोने" के रूप में जाना जाता है)।

मैंने अपने साहित्यिक करियर के दौरान जो भी संपत्ति अर्जित की थी, उस पर जुआ खेलने से बचने के लिए और उस संपत्ति के साथ अनावश्यक जोखिमों से सुरक्षा के लिए संज्ञानात्मक त्रुटियों की एक सूची बनाना शुरू कर दिया, भविष्य के प्रकाशनों में सूची प्रकाशित करने का कोई इरादा नहीं था। मैंने मूल रूप से इस सूची का उपयोग केवल अपने लिए करना चाहा था। कुछ सोच संबंधी त्रुटियाँ सदियों से चली आ रही हैं जबकि अन्य को हाल ही में पहचाना गया है। कुछ लोग दो या तीन नामों के साथ भी आते हैं; मैंने उन्हें चुना जिनका सर्वाधिक व्यापक रूप से उपयोग किया जाता है। जल्द ही मुझे पता चला कि ऐसी सूची बनाने से न केवल मेरे निवेश निर्णयों में मदद मिल सकती है, बल्कि व्यवसाय और व्यक्तिगत मामलों में भी मदद मिल सकती है। एक बार पूरी होने पर, इस सूची को बनाने से मुझे शांत और स्पष्ट दिमाग वाला महसूस करने में मदद मिली। मैंने अपनी त्रुटियों को पहले ही पहचानना शुरू कर दिया, जिससे मुझे कोई भी स्थायी क्षति होने से पहले ही सही दिशा में कदम उठाने में मदद मिली। इसके अतिरिक्त, अपने जीवन में पहली बार मैं यह पहचान सका कि कब अन्य लोग भी इन व्यवस्थित गलतियों का शिकार हो रहे होंगे। अपनी सूची के साथ, मैं अब उनके खिंचाव का विरोध कर सकता हं - और यहां तक कि अपने व्यवहार में भी बढ़त हासिल कर सकता हं। अब मेरे पास श्रेणियां, शर्तें और स्पष्टीकरण थे जिनके साथ मैं अतार्किकता के खतरे को दूर कर सकता था - जैसे बेंजामिन फ्रैंकलिन तूफान के दौरान अपनी पतंग उड़ा रहा था; गड़गड़ाहट और बिजली कम लगातार, शक्तिशाली या तेज़ नहीं हुई हैं - फिर भी कम परेशान करने वाली होती जा रही हैं; कुछ ऐसा जो अब मेरी अपनी अतार्किकता का सामना करने पर मेरे भीतर गहराई से प्रतिध्वनित होता है।

दोस्तों ने तुरंत मेरे सार-संग्रह पर ध्यान दिया, रुचि दिखाई और इस पुस्तक के आने तक जर्मनी, हॉलैंड और स्विटज़रलैंड में एक साप्ताहिक समाचार पत्र कॉलम के साथ-साथ कई प्रस्तुतियाँ (ज्यादातर चिकित्सा डॉक्टरों, निवेशकों, बोर्ड के सदस्यों, सीईओ और सरकारी अधिकारियों के लिए) को प्रेरित किया।

इन पृष्ठों का अन्वेषण करते समय इन तीन बिंदुओं को ध्यान में रखें: पहला, यह सूची अधूरी है - इसमें नई त्रुटियाँ खोजी जा सकती हैं। दूसरा, अधिकांश त्रुटियाँ जुड़ी हुई लगती हैं और इसमें कोई आश्चर्य नहीं होना चाहिए; आखिरकार, मस्तिष्क के सभी क्षेत्र तंत्रिकी प्रक्षेपणों के माध्यम से जुड़े हुए हैं जो हमारे पूरे शरीर में घूमते हैं।
तीसरा, मेरी विशेषज्ञता मुख्य रूप से सामाजिक वैज्ञानिक के बजाय एक उपन्यासकार और उद्यमी के रूप में है; वैसे तो मेरे पास संज्ञानात्मक त्रुटि प्रयोगों के संचालन के लिए या व्यवहार संबंधी त्रुटियों की निगरानी के लिए शोधकर्ताओं को नियुक्त करने के लिए अपनी प्रयोगशाला नहीं है। इसलिए इस पुस्तक को लिखते समय मैंने खुद को एक अनुवादक की तरह समझा, जिसकी भूमिका मैंने जो पढ़ा और सीखा है उसकी व्याख्या और संश्लेषण करना है ताकि अन्य लोग इसे अधिक आसानी से समझ सकें। इसके लिए मैं उन शोधकर्ताओं के प्रति बहुत आभारी हं, जिन्होंने दशकों से व्यवहारिक और संज्ञानात्मक त्रुटियों का खुलासा किया है; उनकी शोध ऋणात्मक लाभांश है जो इस पुस्तक को संभव बनाती है, जिसके लिए वे मेरी कृतज्ञता के पात्र हैं क्योंकि मैं उन्हें बहुत धन्यवाद देता हं।

यह किताब 'कैसे करें' किताब नहीं है; त्रुटि-मुक्त जीवन के लिए यहां सात चरण नहीं होंगे।
संज्ञानात्मक त्रुटियाँ इतनी गहरी हो गई हैं कि हम कभी भी उनसे पूरी तरह छुटकारा नहीं पा सकते

हैं, और न ही यह हमारा लक्ष्य होना चाहिए; कुछ संज्ञानात्मक त्रुटियाँ सुखी जीवन जीने के लिए आवश्यक भी हो सकती हैं और इसलिए बनी रहनी चाहिए; हालाँकि इस पुस्तक में ख़ुशी की कुंजी नहीं हो सकती है, कम से कम यह अत्यधिक स्व-प्रेरित दुःख से सुरक्षा के रूप में कार्य करती है।

मेरा लक्ष्य सरल है: यदि हम अपने व्यक्तिगत, व्यावसायिक और राजनीतिक जीवन में सोच में बड़ी भूलों को पहचानना और उनसे बचना सीख सकें, तो शायद समृद्धि नाटकीय रूप से बढ़ जाएगी। इसके लिए बस कम अतार्किकता की आवश्यकता है - यहाँ किसी भी अतिरिक्त चालाकी या नए गैजेट की आवश्यकता नहीं है।

कब्रिस्तानों में जाना क्यों महत्वपूर्ण है?

रिक जहां भी देखता है उसे रॉक स्टार मिल जाते हैं: टेलीविजन स्क्रीन, पत्रिका पृष्ठ, संगीत कार्यक्रम और ऑनलाइन प्रशंसक साइटें उनकी छवियों और गीतों से भरी पड़ी हैं; मॉल या जिम में उनकी उपस्थिति को टाला नहीं जा सकता - उनकी संख्या सैकड़ों में है! रिक का मानना है कि उसके साथ जरूर कुछ गड़बड़ है क्योंकि ये सितारे उसके जीवन में इतनी बार और विश्वसनीय रूप से दिखाई देते हैं। रिक कई गिटार नायकों की कहानियों से प्रेरित होकर अपना स्वयं का बैंड शुरू करने और लाइव संगीत का प्रदर्शन शुरू करने के लिए प्रेरित हुआ, लेकिन संभावना है कि वह उनकी तरह इसे बड़ा नहीं बना पाएगा; अपने से पहले के कई लोगों की तरह वह भी संभवतः उन हजारों असफल संगीतकारों में शामिल हो जाएंगे जो असफल संगीतकारों के कब्रिस्तान में रहते हैं, जहां मंच की तुलना में 10,000 गुना अधिक संगीतकार रहते हैं, फिर भी किसी भी पत्रकार को गिरे हुए सुपरस्टारों के अलावा अन्य विफलताओं को कवर करने की परवाह नहीं है - जिससे यह कब्रिस्तान बाहरी लोगों के लिए अदृश्य हो जाएगा। .

काम पर और रोजमर्रा की जिंदगी में, सफलता अक्सर विफलता से अधिक दिखाई देती है, जिससे हम सफल होने की संभावना को अधिक महत्व देते हैं। रिक की तरह, बाहरी लोग अक्सर इस भ्रम में पड़ जाते हैं और इसकी संभावना को गलत आंकते हैं। रिक "सर्वाइवरशिप बायस" का एक और शिकार है।

प्रत्येक सफल लेखक के पीछे 100 अन्य लेखक हो सकते हैं जिनकी किताबें कभी नहीं बिकेंगी; अन्य 100 को प्रकाशक नहीं मिले; और अभी भी अन्य 100 जिनकी अधूरी पांडुलिपियाँ दराजों में बिना पढ़े पड़ी हैं। इनमें से प्रत्येक पुस्तक के पीछे 100 लोग हैं जो एक दिन एक पुस्तक प्रकाशित करने का सपना देखते हैं - लेकिन आपने केवल सफल लेखकों (जिनमें से कई स्वयं-प्रकाशित होते हैं) के बारे में सुना है, जो साहित्यिक सफलता के लिए अपनी अविश्वसनीय संभावनाओं की सराहना करने में विफल रहे हैं। फ़ोटोग्राफ़रों, उद्यमियों, कलाकारों, एथलीटों, वास्तुकारों, नोबेल पुरस्कार विजेताओं, टेलीविजन प्रस्तोताओं और सौंदर्य रानियों को भी इसके प्रभाव से निपटने के लिए उत्तरजीविता पूर्वाग्रह से खुद को बाहर निकालना होगा। कोई और आपके लिए यह नहीं करेगा! उत्तरजीवी पूर्वाग्रह को स्वयं दूर करने के लिए।

वित्तीय निर्णयों में उत्तरजीविता पूर्वाग्रह भी उत्पन्न होता है: मान लें कि आपका मित्र एक स्टार्ट-अप खोलता है। उनके संभावित निवेशकों में से एक के रूप में, आप यहां एक अविश्वसनीय अवसर देखते हैं: यह अगला Google या Amazon बन सकता है। हालाँकि, वास्तविकता की जाँच करें: ज्यादातर मामलों में ऐसे उद्यम पूरी तरह से विफल हो जाते हैं या शुरू होने के कुछ महीनों या वर्षों के भीतर बंद हो जाते हैं; दूसरे संभावित परिणामों में या तो दिवालियेपन या सीधे तौर पर जीवित रहना शामिल है - इनमें से कोई भी विकल्प समान रूप से संभावित है।
परिणाम: संभावना यह है कि बनाया गया कोई भी व्यवसाय तीन साल के भीतर दिवालिया हो जाएगा; उनमें से जो इतने लंबे समय तक जीवित रहते हैं, उनमें से अधिकांश कभी भी दस कर्मचारियों से आगे नहीं पहुंच पाते हैं। तो क्या आपको किसी भी उद्यम में अपनी मेहनत की कमाई को जोखिम में नहीं डालना चाहिए? आवश्यक रूप से नहीं; बस याद रखें कि उत्तरजीविता पूर्वाग्रह कटे शीशे की तरह सफलता की संभावना को विकृत कर देता है।

उदाहरण के लिए, डॉव जोन्स इंडस्ट्रियल एवरेज इंडेक्स को लें: इसमें केवल सफल व्यवसाय शामिल हैं; विफल रही और अधिकांश व्यावसायिक उद्यमों का प्रतिनिधित्व करने के बावजूद छोटी कंपनियाँ शेयर बाज़ार में प्रवेश नहीं करतीं। इस प्रकार एक स्टॉक इंडेक्स किसी अर्थव्यवस्था का सटीक चित्रण नहीं करता है और इसी तरह प्रेस सभी संगीतकारों पर समान रूप से रिपोर्ट नहीं करता है; इसी तरह सफलता से निपटने वाली पुस्तकों और प्रशिक्षकों की प्रचुरता से आपको सावधान रहना चाहिए क्योंकि ये असफल व्यक्ति अपनी असफलताओं के बारे में किताबें नहीं लिखते हैं या व्याख्यान नहीं देते हैं।

जब कोई विजेता टीम का हिस्सा बनता है तो उत्तरजीविता पूर्वाग्रह विशेष रूप से खतरनाक हो सकता है। यहां तक कि जब सफलता संयोग से मिलती है, तो अन्य विजेताओं के साथ समानताएं हमें इन समानताओं को प्रमुख सफलता कारकों के रूप में पहचानने के लिए प्रेरित कर सकती हैं; फिर भी असफल व्यक्तियों और कंपनियों के कब्रिस्तानों की यात्रा से इसके किरायेदारों के बीच कई समान लक्षण सामने आएंगे जिन्होंने आपके योगदान में योगदान दिया है!

यदि पर्याप्त वैज्ञानिक किसी घटना की जांच करते हैं, तो कुछ अध्ययन महज संयोग के माध्यम से सांख्यिकीय रूप से महत्वपूर्ण निष्कर्ष निकालेंगे - उदाहरण के लिए रेड वाइन की खपत और उच्च जीवन प्रत्याशा के बीच संबंध। इस तरह के "झूठे" अध्ययन तेजी से लोकप्रियता और ध्यान आकर्षित करते हैं - कम रोमांचक लेकिन सही निष्कर्षों वाले अध्ययनों के विपरीत जो शिक्षा जगत के पिछले पन्नों में छिपे रहते हैं।

उत्तरजीविता पूर्वाग्रह से तात्पर्य उन लोगों से है जो अपनी सफलता की संभावनाओं को अधिक महत्व देते हैं। इससे निपटने का एक तरीका नियमित रूप से आशाजनक परियोजनाओं, निवेशों और करियर की कब्रों पर जाना है; हालाँकि यह कभी-कभी असुविधाजनक हो सकता है, लेकिन इससे आपके दिमाग को साफ़ करने में मदद मिलेगी और कुछ बहुत जरूरी समापन मिलेगा। स्व-सेवा पूर्वाग्रह (अध्याय 45) भी देखें; शुरुआती भाग्य (अध्याय 49); आधार दर की उपेक्षा (अध्याय 28); प्रेरण (अध्याय 31); संभाव्यता की उपेक्षा (अध्याय 26); कौशल का भ्रम (अध्याय 94) और त्रुटियों का इलाज करने का इरादा (अध्याय 98)।

क्या हार्वर्ड आपको स्मार्ट बनाता है?

नसीम तालेब ने विभिन्न खेल गतिविधियों को अपनाकर अपने अतिरिक्त वजन के बारे में कुछ करने का फैसला किया, लेकिन जल्द ही उनका उन सभी से मोहभंग हो गया - जॉगिंग और टेनिस खिलाड़ियों से लेकर बॉडीबिल्डर और बॉडीबिल्डर तक। उनके सुगठित और सुव्यवस्थित शरीर के कारण तैराकी अधिक आकर्षक थी - इसलिए उन्होंने अपने स्थानीय पूल में दाखिला लिया और उस पूल में सप्ताह में दो बार प्रशिक्षण लेना शुरू किया।

इसके तुरंत बाद, उन्हें भ्रम में पड़ने का एहसास हुआ: पेशेवर तैराक लगातार प्रशिक्षण से संपूर्ण शरीर प्राप्त नहीं करते हैं; बल्कि, उनकी शारीरिक संरचना यह निर्धारित करती है कि वे महान तैराक बनेंगे या नहीं - इसके विपरीत नहीं। सौंदर्य प्रसाधनों का विज्ञापन करने वाली महिला मॉडल भी यह धारणा पैदा करती हैं कि उनका उपयोग करने से व्यक्ति सुंदर हो जाता है; लेकिन यह धारणा उपभोक्ताओं की ग़लत सोच से उत्पन्न होती है कि उत्पाद महिलाओं को मॉडल जैसा बनाते हैं; बल्कि यह केवल उनका प्राकृतिक आकर्षण है जो खरीदारों को आकर्षित करता है; ठीक वैसे ही जैसे पेशेवर तैराकों के शरीर को इसके कारण चुना जाता है, न कि इसके विपरीत।

जब हम चयन कारकों को परिणामों के साथ भ्रमित करते हैं, तो हम उस चीज़ के प्रति संवेदनशील हो जाते हैं जिसे तालेब "तैराक के शरीर का भ्रम" कहते हैं। इसके बिना, आधे विज्ञापन अभियान इसके बिल्कुल भी काम किए बिना विफल हो जाएंगे - फिर भी यह पूर्वाग्रह परिभाषित गालों और छाती के जुनून से कहीं अधिक गहरा है। हार्वर्ड को व्यापक रूप से प्रमुख विश्वविद्यालयों में से एक माना जाता है, जहाँ कई सफल लोग अध्ययन करते हैं। क्या इससे पता चलता है कि हार्वर्ड एक उत्कृष्ट शैक्षिक प्रतिष्ठान है? नहीं, शायद हार्वर्ड सिर्फ मेधावी छात्रों को आकर्षित करता है। यूरोप के दस शीर्ष बिजनेस स्कूलों में से एक, स्विट्जरलैंड में सेंट गैलेन विश्वविद्यालय में इस घटना का प्रत्यक्ष अनुभव किया; फिर भी मुझे सबक (25 साल पहले!) निराशाजनक लगे और इसके बावजूद कई स्नातक सफल रहे; संभवतः जलवायु या कैफेटेरिया के भोजन के कारण - हालाँकि कठोर चयन प्रक्रियाओं के कारण अधिक संभावना है।

एमबीए स्कूल भविष्य की कमाई की संभावनाओं के बारे में प्रभावशाली आंकड़ों के साथ उम्मीदवारों को लुभाते हैं।
कई भावी छात्र यह प्रदर्शित करने के लिए इस दृष्टिकोण का सहारा लेते हैं कि ट्यूशन फीस समय के साथ उनके लिए भुगतान हो जाती है, फिर भी कई लोग स्वयं इसका शिकार बन जाते हैं। मैं स्कूलों को आँकड़ों में हेरफेर करने का सुझाव नहीं दे रहा हूँ; फिर भी उनके बयानों को अंकित मूल्य पर नहीं लिया जाना चाहिए क्योंकि जो व्यक्ति एमबीए करते हैं वे उन लोगों से काफी भिन्न होते हैं जो ऐसा नहीं करते हैं, केवल एमबीए के अलावा कई स्रोतों से होने वाली आय में अंतर होता है - "तैराक के शरीर के भ्रम" का एक और उदाहरण। इसलिए यदि आगे का अध्ययन आपके एजेंडे में है, तो बाद में अधिक पैसा कमाने के अलावा अन्य कारणों से भी ऐसा करें।

जब मैं खुश लोगों से उनकी संतुष्टि की कुंजी के बारे में पूछता हूं, तो मैं अक्सर ऐसी प्रतिक्रियाएं सुनता हूं जैसे 'आपको चीजों को आधे खाली के बजाय आधे भरे हुए के रूप में देखने की जरूरत है' - यह सुझाव देते हुए कि वे यह नहीं पहचानते कि वे खुश पैदा हुए थे और इसके बजाय हर चीज में

अवसर देखते हैं उनके आसपास। डैन गिल्बर्ट द्वारा हार्वर्ड में किए गए अध्ययन से पता चलता है कि प्रसन्नता काफी हद तक एक स्थायी व्यक्तित्व गुण है जो जीवन भर अपरिवर्तित रहती है। सामाजिक वैज्ञानिक लाइकेन और टेललगेन ने यह बात स्पष्ट कर दी है; अधिक खुश रहने की कोशिश करना उतना ही निरर्थक है जितना कि लम्बाई बढ़ाने की कोशिश करना। तदनुसार, तैराक का शरीर भ्रम भी आत्म-भ्रम है; जब आशावादी इस भ्रम को और अधिक प्रचारित करते हुए स्व-सहायता पुस्तकें लिखते हैं। इस बिंदु पर, यह महत्वपूर्ण है कि हम स्व-सहायता लेखकों की सलाह पर बहुत अधिक ध्यान देने से बचें। दुर्भाग्य से, उनके सुझावों से अरबों लोगों को मदद नहीं मिलती है - फिर भी, चूंकि अधिकांश नाखुश लोग अपनी विफलताओं के बारे में किताबें प्रकाशित नहीं करते हैं, इसलिए यह वास्तविकता दृश्य से छिपी रहती है।

निष्कर्ष: कुछ चीजों के लिए प्रयास करने के लिए प्रोत्साहित किए जाने पर सावधानी बरतना सबसे अच्छा है - चाहे वे मजबूत पेट हों, बेदाग रूप हों, अधिक आय हो, लंबी जीवन अवधि हो या खुशी हो - क्योंकि इससे तैराक के शरीर का भ्रम हो सकता है। विश्वास की छलांग लगाने और सिर में गोता लगाने से पहले, पहले दर्पण में देखें - आप वहां जो देखते हैं उसके प्रति ईमानदार रहें!

हेलो इफ़ेक्ट (अध्याय 38) भी देखें; परिणाम पूर्वाग्रह (अध्याय 20); अधिक जानकारी के लिए स्व-चयन पूर्वाग्रह (अध्याय 47) और वैकल्पिक अंधापन (अध्याय 71)।

आप बादलों में आकृतियाँ क्यों देखते हैं?

क्लस्टरिंग भ्रम

1957 में, स्वीडिश ओपेरा गायक फ्रेडरिक जोर्गेनसन ने अपने गायन को रिकॉर्ड करने के लिए एक टेप प्लेयर खरीदा। जब मैं वापस सुन रहा था तो अजीब सी आवाजें और फुसफुसाहटें जो अलौकिक लगती थीं, प्रकट हुईं। कुछ साल बाद उन्होंने पक्षियों का गायन रिकॉर्ड किया; एक रिकॉर्डिंग सत्र के दौरान, उसकी मृत माँ की आवाज़ को पृष्ठभूमि में फुसफुसाते हुए सुना जा सकता था: 'फ्राइड, मेरी छोटी फ्राइड... क्या आप मुझे सुन सकते हैं... मम्मी बुला रही हैं' इस मुठभेड़ के बाद, जोर्गेनसन ने टेप रिकॉर्डिंग के माध्यम से दिवंगत लोगों के साथ संवाद करने के लिए खुद को समर्पित कर दिया।

फ्लोरिडा की डायने ड्युसेर को कुछ ऐसा ही अनुभव हुआ, जब टोस्ट का एक टुकड़ा काटते हुए और उसे अपनी प्लेट में वापस करते समय, उन्होंने उसमें मैरी की एक छवि देखी। उसी क्षण उसने खाना बंद कर दिया और दिव्य संदेश को सुरक्षित रखने के लिए दूर रख दिया (एक निवाला घटाकर)। बाद में नवंबर 2004 में, डायने ने ईबे के माध्यम से इस अभी भी काफी अच्छी तरह से संरक्षित स्नैक की नीलामी की और उसे 28,000 डॉलर का इनाम मिला!

1978 में, न्यू मैक्सिको में एक महिला को कुछ ऐसा ही अनुभव हुआ; उसके टॉर्टिला के काले धब्बे यीशु के चेहरे से मिलते जुलते थे। मीडिया ने इस कहानी को उठाया और हजारों लोग यीशु को बरिटो रूप में देखने के लिए न्यू मैक्सिको की ओर आकर्षित हुए। दो साल पहले - 1976 - वाइकिंग अंतरिक्ष यान ने चट्टान की संरचना की तस्वीर खींची जो समान दिख रही थी। इसने दुनिया भर में सुर्खियाँ बटोरीं; 'फेस ऑन मार्स' के नाम से जाना जाता है।

क्या आपने पहले बादलों में चेहरे, चट्टानों में जानवरों की रूपरेखा या फैले हुए संकेतों में छिपे संदेश देखे हैं? शायद। यह बिल्कुल सामान्य है: हमारा मस्तिष्क पैटर्न और नियमों की तलाश करता है, और जब कोई मौजूद नहीं होता है तो यह उन्हें स्वयं ही बना देता है! टेप पर पृष्ठभूमि शोर जैसे विसरित संकेत हमारे लिए "छिपे हुए संदेशों" को पहचानना आसान बनाते हैं। "फेस ऑन मार्स" की खोज के पच्चीस साल बाद, मार्स ग्लोबल सर्वेयर ने स्पष्ट छवियां लौटाईं, जिसमें मानव चेहरों के साथ चट्टानों की संरचनाएं दिखाई दे रही थीं, जो केवल चट्टान की चीख में घुल रही थीं।

ये सनकी उदाहरण क्लस्टरिंग भ्रम को हानिरहित दिखा सकते हैं; लेकिन यह हानिरहित से बहुत दूर है।

वित्तीय बाज़ारों पर विचार करें, जो हर सेकंड भारी मात्रा में जानकारी उत्पन्न करते हैं। उसके बारे में जाने बिना, मेरे मित्र ने यह बताते हुए प्रसन्नता व्यक्त की कि कैसे उसने सभी डेटा के बीच एक विसंगति की खोज की थी: तेल की कीमत में प्रतिशत परिवर्तन द्वारा डॉव जोन्स के प्रतिशत परिवर्तन को गुणा करने से दो दिनों के भीतर सोने की कीमत में बदलाव आएगा - मतलब अगर शेयर की कीमतें और तेल एक साथ चढ़ेगा या गिरेगा, सोना भी उसी का अनुसरण करेगा और अगले दिन चढ़ेगा। उनके सिद्धांत ने कई हफ्तों तक अच्छा काम किया जब तक कि उन्होंने

बड़ी रकम के साथ निवेश करना शुरू नहीं किया और अंततः अपनी सारी बचत खो दी - एक कृत्रिम पैटर्न को महसूस करते हुए जहां कोई मौजूद नहीं था!

मनोविज्ञान के प्रोफेसर थॉमस गिलोविच ने इस उत्तर के लिए सैकड़ों लोगों का साक्षात्कार लिया कि क्या यह क्रम यादृच्छिक था या योजनाबद्ध था, अधिकांश ने मनमाने स्पष्टीकरण को खारिज कर दिया क्योंकि उनका मानना था कि कुछ कानून इसके आदेश को नियंत्रित करते हैं। गिलोविच के पास भौतिकी मॉडल के अनुसार लगातार चार बार घुमाने पर एक संख्या प्रकट करना वास्तव में काफी संभव है; फिर भी कई लोग यह स्वीकार करने में संघर्ष करते हैं कि ऐसी घटनाएँ केवल संयोग से घटित होती हैं।

द्वितीय विश्व युद्ध के दौरान, जर्मन हमलावरों ने गोला-बारूद के रूप में V1 रॉकेट - एक प्रकार का स्व-नेविगेटिंग ड्रोन - का उपयोग करके लंदन पर हमला किया। प्रत्येक हमले में लंदनवासियों को आतंकित करने के लिए मानचित्रों पर प्रभाव स्थलों की सावधानीपूर्वक साजिश रचना शामिल था; कई लोगों ने सोचा कि उन्होंने पैटर्न की पहचान कर ली है और सिद्धांत विकसित कर लिया है कि लंदन के कौन से हिस्से सबसे सुरक्षित हैं; हालाँकि, युद्ध के बाद के सांख्यिकीय विश्लेषणों से पता चला कि V1 रॉकेट की अशुद्धि के कारण वितरण पूरी तरह से यादृच्छिक था क्योंकि इसकी नेविगेशन प्रणाली बहुत ग़लत थी।

निष्कर्ष: जब पैटर्न पहचान की बात आती है, तो हम जरूरत से ज्यादा प्रतिक्रिया करने लगते हैं। अपना संदेह पुनः प्राप्त करें; यदि आपको लगता है कि आपने कोई पैटर्न खोज लिया है, तो पहले मान लें कि यह संयोग से हुआ होगा और किसी निर्णय पर पहुंचने से पहले सांख्यिकीय विश्लेषण पर विचार करें। इसी तरह यदि आपके पैनकेक के करकुरे हिस्से किसी भी तरह से यीशु के चेहरे से मिलते जुलते हैं, तो अपने आप से पूछें कि उन्होंने खुद को यहां टाइम्स स्क्वायर या सीएनएन में क्यों नहीं दिखाया!

नियंत्रण का भ्रम (अध्याय 17) भी देखें; संयोग (अध्याय 24); मिथ्या कारणता (अध्याय 37)।

नंबर मोटिफ है

सामाजिक प्रमाण इसकी कल्पना करें: आप एक संगीत कार्यक्रम के लिए जा रहे हैं जब एक चौराहे पर आप लोगों के एक समूह को ऊपर की ओर देखते हुए देखते हैं। बिना दो बार सोचे, आप भी ऊपर की ओर देखते हैं - बिना यह भी समझे कि क्यों - अनजाने में उसी का अनुसरण करते हुए। क्यों? सामाजिक प्रमाण। एक कॉन्सर्ट हॉल में एक असाधारण एकल कलाकार के प्रदर्शन के दौरान, कोई ताली बजाना शुरू कर देता है, जिससे कमरे में मौजूद अन्य लोग भी ताली बजाने में शामिल हो जाते हैं; आप भी सामाजिक प्रमाण के अलावा किसी अन्य कारण से शामिल नहीं होते हैं। प्रदर्शन समाप्त होने के बाद आप अपना कोट चेक लेने के लिए निकल पड़ते हैं, जहां लोग आपके आगे कतार में खड़े होकर सिक्के छोड़ते हैं, भले ही सेवा टिकट की कीमत में शामिल हो, लेकिन फिर भी... जिसके बाद, जब आप इसे स्वयं प्राप्त करने के लिए कोट चेक पर जाते हैं, तो आप लोगों को जाते हुए देखते हैं आधिकारिक तौर पर टिकट की कीमत में शामिल किए जाने के बावजूद प्लेटों पर सिक्के रखे गए हैं क्योंकि व्यवहार में टिपिंग को कई अन्य संगीत कार्यक्रमों में प्रोत्साहित किया जाता है और साथ ही सामाजिक प्रमाण के लिए टिप भी छोड़ी जाती है!

सामाजिक प्रमाण या "झुंड वृत्ति", यह निर्देश देती है कि व्यक्ति तब मान्य महसूस करते हैं जब उनका व्यवहार अन्य व्यक्तियों के अनुरूप होता है। सीधे शब्दों में कहें तो, जितने अधिक लोग किसी विचार या व्यवहार का समर्थन करते हैं या उसे अपनाते हैं, हम उसे उतना ही सच्चा मानते हैं; इसी तरह, जब अधिक से अधिक व्यक्ति इसे दिखाते हैं। हालांकि यह तर्क स्पष्ट रूप से हास्यास्पद है, फिर भी यह सही है।

वित्तीय बुलबुले और शेयर बाजार में घबराहट के पीछे सामाजिक प्रमाण प्रेरक शक्ति है। यह फैशन, प्रबंधन तकनीकों, शौक, धर्म और आहार में प्रकट होता है; कभी-कभी ऐसे नाटकीय परिणाम सामने आते हैं जैसे कि जब संप्रदाय सामूहिक आत्महत्या करते हैं।

सोलोमन ऐश ने 1950 के दशक के दौरान एक दिलचस्प प्रयोग किया जिसमें दिखाया गया कि कैसे साथियों का दबाव वास्तविकता को बदल सकता है। विषयों को कागज पर खींची गई एक रेखा और तीन समान, छोटी, मध्यम और लंबी रेखाएँ दिखाई गईं जो उनके शरीर के विभिन्न हिस्सों पर इसके अनुरूप थीं - सभी को लघुता के लिए "1, 2" के रूप में चिह्नित किया गया था; लंबाई में मूल रेखा से अधिक लंबी और क्रमशः मूल रेखा के समान। उसे चुनना होगा कि तीन पंक्तियों में से कौन सी मूल पंक्ति से मेल खाती है, यह आश्चर्य की बात नहीं है कि कार्य कितना सीधा है। एक बार जब पांच लोग प्रवेश करते हैं, तो उनसे अपरिचित सभी अभिनेता "नंबर 1" के साथ उत्तर देकर गलत प्रतिक्रिया देते हैं, हालांकि यह स्पष्ट है कि इसके बजाय नंबर तीन का संकेत दिया जाना चाहिए। जब मामला दोबारा उसके पास आता है तो वह अक्सर अन्य लोगों की प्रतिक्रिया से मेल खाने के लिए गलत उत्तर देता है - लगभग एक तिहाई मामलों में गलत उत्तर भी देता है।

हम इस तरह से व्यवहार क्यों करते हैं? अतीत में, दूसरों का अनुसरण करना अक्सर जीवित रहने के लिए सर्वोत्तम रणनीति के रूप में देखा जाता था। 50,000 साल पहले कुछ शिकारी-संग्रहकर्ताओं के साथ सेरेन्गेटी के चारों ओर यात्रा करने की कल्पना करें जब अचानक वे सभी तितर-बितर हो गए और बिना किसी चेतावनी के गिर गए? तब आप कैसे प्रतिक्रिया देंगे? क्या आप वहां खड़े होकर भ्रमित हो गए होंगे और सवाल कर रहे होंगे कि क्या आपने जो देखा वह वास्तव में एक शेर था या

बस कोई हानिरहित चीज़ थी जिससे बढ़िया प्रोटीन युक्त भोजन बनाया जा सकता था? नहीं! इसके बजाय, आप संभवतः अपने दोस्तों का पीछा करने निकल पड़े होंगे। बाद में जब आप हमले से सुरक्षित हो गए, तो आपको यह विचार करने में समय लगा होगा कि आपका "शेर" वास्तव में कौन था। जो कोई भी अपने साथियों से अलग व्यवहार करता है - जो मुझे यकीन है कि वहाँ थे - संभवतः हमारे जीन पूल से हटा दिया गया था; हम उन लोगों के वंशज हैं जिन्होंने अपने साथियों की नकल की। हम मनुष्य सामाजिक प्रमाण के इस पैटर्न से बंधे हुए हैं; इसलिए हम इसका उपयोग तब भी करते हैं जब इसका कोई उत्तरजीविता लाभ नहीं होता है; जो अधिकतर समय होता है. हालाँकि, ऐसे उदाहरण हैं जब सामाजिक प्रमाण फायदेमंद हो सकता है: उदाहरण के लिए जब किसी विदेशी शहर में आसपास के किसी अच्छे रेस्तरां के बारे में जानकारी न हो और भूख लगी हो - ऐसे किसी स्थान का चयन करना जहां स्थानीय लोग अक्सर आते हों, अधिक समझ में आ सकता है और अपने व्यवहार के बजाय उनके व्यवहार की नकल कर सकते हैं।

कॉमेडी और टॉक शो दर्शकों को हंसने के लिए प्रोत्साहित करने के लिए रणनीतिक स्थानों पर डिब्बाबंद हंसी डालकर सामाजिक प्रमाण का उपयोग करते हैं। शायद सबसे उल्लेखनीय और बेचैन करने वाले उदाहरणों में से एक 1943 में विशाल दर्शकों के सामने जोसेफ गोएबल्स का भाषण है (इसे आप स्वयं यूट्यूब पर देखें)। जब जर्मनी के लिए युद्ध की स्थिति बदतर हो गई, तो गोएबल्स ने उपस्थित लोगों से मांग की: 'क्या आप पूर्ण युद्ध चाहते हैं? यदि आवश्यक हो, तो क्या आप किसी ऐसी चीज़ के विपरीत कट्टरपंथी युद्ध का समर्थन करते हैं जिसकी हम आज कल्पना भी कर सकते हैं?" उनकी मांग पर तालियों की गड़गड़ाहट हुई; यदि व्यक्तिगत रूप से उपस्थित लोगों से व्यक्तिगत रूप से पूछा गया होता तो उन्होंने संभवतः इस पागल प्रस्ताव को स्वीकार नहीं किया होता!

विज्ञापन सामाजिक प्रमाण के प्रति हमारी रुचि का अधिकतम लाभ उठाता है; यह दृष्टिकोण तब अच्छी तरह से काम करता है जब हम अनिश्चितता का सामना करते हैं (जैसे कि विभिन्न कार निर्माण, सफाई उत्पादों और सौंदर्य उत्पादों के बीच कोई स्पष्ट लाभ या हानि के साथ चयन करना) और जब 'हमारे जैसे' दिखने वाले लोग सामने आते हैं।

जब भी कोई कंपनी यह दावा करती है कि उनका उत्पाद बेहतर है क्योंकि यह लोकप्रिय है तो संशय में पड़ जाइए - अगर अधिक इकाइयां बेचना श्रेष्ठता का संकेत नहीं देता है तो इस तर्क का कोई मतलब नहीं है! और डब्ल्यू समरसेट मौघम के ज्ञान के शब्दों को याद रखें: 'भले ही 50 मिलियन लोग कुछ मूर्खतापूर्ण कहें, यह मूर्खतापूर्ण ही रहता है।'
यह भी देखें: ग्रुपथिंक (अध्याय 25); सोशल लोफिंग (अध्याय 33); आगे के संदर्भ के लिए इन-ग्रुप आउट-ग्रुप पूर्वाग्रह (अध्याय 79) और गलत-आम सहमति प्रभाव (अध्याय 77)।

आपको अतीत को क्यों भूल जाना चाहिए?

संक कॉस्ट भ्रांति

डेढ़ घंटे तक एक भयानक फिल्म देखने के बाद, मैंने चुपचाप अपनी पत्नी से कहा: 'चलो, घर चलते हैं।' जिस पर उसने जवाब दिया: 'बिल्कुल नहीं; हम 30 डॉलर नहीं फेंकेंगे।' उस समय मैंने विरोध किया: 'यह रहने का कोई कारण नहीं है - यह यहां काम पर केवल विकृति पेशेवर है - जिसे रहने या छोड़ने के हमारे निर्णय में कोई भूमिका नहीं निभानी चाहिए!' स्वाभाविक रूप से मैंने अंततः हार मान ली और वापस अपनी सीट पर बैठ गया

मैंने खुद को अगले दिन एक मार्केटिंग मीटिंग में बैठा हुआ पाया जहां एक विज्ञापन अभियान जो चार महीने से चल रहा था लेकिन एक भी लक्ष्य पूरा करने में विफल रहा था, उस पर चर्चा चल रही थी। जबकि मैंने इसे ख़त्म करने की वकालत की, हमारे विज्ञापन प्रबंधक ने आपत्ति जताई: 'लेकिन हम पहले ही इसमें इतना पैसा निवेश कर चुके हैं; अभी रुकने का मतलब होगा कि हमारा सारा पैसा व्यर्थ हो गया'- डूबी लागत संबंधी भ्रांति का एक और शिकार।

मेरा एक मित्र वर्षों तक एक कठिन रिश्ते में रहा। उसकी प्रेमिका बार-बार धोखा देती थी, हर बार पश्चाताप करते हुए माफ़ी मांगती थी। फिर भी, मेरे दोस्त ने उनके रोमांस में ऊर्जा निवेश करना जारी रखा क्योंकि जो पहले से निवेश किया गया था उसे फेंकना गलत लगा; "सनक कॉस्ट फ़ॉलेसी" का एक उदाहरण।

डूबी हुई लागत की भ्रांति विशेष रूप से खतरनाक होती है जब हमने किसी चीज़ में व्यापक मात्रा में समय, धन, ऊर्जा या भावना का निवेश किया हो। रुकने के स्पष्ट कारणों के बावजूद हमारा निवेश जारी रखने का आधार बन सकता है; जितना अधिक समय और संसाधनों का निवेश किया जाएगा, इसका मतलब है कि हमारी डूबी हुई लागत उतनी ही अधिक होगी; इसलिए हमें आगे बढ़ते रहने की जरूरत है, भले ही कुछ असंभव या निराशाजनक लगे। किसी चीज़ में जितना अधिक निवेश किया जाता है, उसे जारी रखने की हमारी इच्छा उतनी ही मजबूत होती है;

निवेशक अक्सर डूबी लागत संबंधी भ्रांति का शिकार हो जाते हैं। व्यापारिक निर्णय केवल अधिग्रहण कीमतों से संचालित हो सकते हैं; इस तर्क को औचित्य के रूप में लागू करना तर्कसंगत नहीं है; कीमत से अधिक जो मायने रखता है वह प्रत्येक स्टॉक या निवेश के पोर्टफोलियो का भविष्य का प्रदर्शन (और निवेश के लिए उपलब्ध अन्य विकल्प) होना चाहिए - विडंबना यह है कि जितना अधिक पैसा खो जाएगा, उतने ही लंबे समय तक निवेशक इससे जुड़े रहेंगे!
संगति हमारा उद्देश्य है; जब कोई चीज़ विचार और क्रिया के इस पैटर्न से टूटती है, तो हम विरोधाभासों को घृणित पाते हैं और परियोजना के जीवनकाल में किसी बिंदु पर अपने मन को बदलने की बात स्वीकार करने के बजाय बीच में ही रद्द करने का विकल्प चुनते हैं। निरर्थक परियोजनाओं को जारी रखकर दर्दनाक अहसास में देरी करना लंबे समय तक दिखावे को बरकरार रखता है।

कॉनकॉर्ड सरकारी घाटे के खर्च का एक प्रतिष्ठित उदाहरण था। ब्रिटेन और फ्रांस दोनों अच्छी तरह से जानते थे कि सुपरसोनिक विमान व्यवसाय काम नहीं करेगा, फिर भी उन्होंने प्रतिष्ठा बचाने के

लिए भारी मात्रा में निवेश किया। इसे त्यागने का अर्थ हार स्वीकार करना होता; इसलिए इसका नाम, "कॉनकॉर्ड प्रभाव।" इससे निर्णय में महँगी और यहाँ तक कि विनाशकारी त्रुटियाँ होती हैं; अमेरिकियों ने इस घटना के कारण वियतनाम युद्ध में भागीदारी बढ़ाई: उन्होंने सोचा: 'हमने बहुत बलिदान दिया है; अब हार मानना गलत होगा।'

क्या आप सोच रहे हैं "हम इतनी दूर आ गये हैं?" "मैंने पहले ही इस पुस्तक का बहुत कुछ पढ़ लिया है..." यदि इनमें से कोई भी कथन आप पर लागू होता है, तो वे संकेत देते हैं कि आपके दिमाग में डूबी हुई लागत संबंधी भ्रांति काम कर रही है।

बेशक, किसी चीज़ को अंतिम रूप देने के लिए निवेश करने के अपने फायदे हो सकते हैं; केवल गैर-वसूली योग्य निवेशों को उचित ठहराने के लिए ऐसा करने से सावधान रहें। तर्कसंगत निर्णय लेने के लिए आपको पिछली लागतों को भूल जाना पड़ता है; तर्कसंगत विकल्प चुनते समय अंततः केवल भविष्य की लागत और लाभ ही मायने रखते हैं।

यह भी देखें: बेहतर होने से पहले यह और भी बदतर हो जाएगा भ्रांति (अध्याय 12); दरवाजे बंद करने में असमर्थता (अध्याय 68); बंदोबस्ती प्रभाव (अध्याय 23); प्रयास का औचित्य (अध्याय 60); नुकसान से बचने (अध्याय 32) और परिणाम पूर्वाग्रह (अध्याय 20) अन्य संज्ञानात्मक पूर्वाग्रहों के रूप में जो अनुचित निर्णयों की ओर ले जाते हैं।

मुफ़्त पेय स्वीकार न करें

पारस्परिक

हाल ही में, जब आप अपने गंतव्य तक पहुंचने के लिए हवाईअड्डों या रेलवे स्टेशनों से दौड़ रहे थे, तो आपने हरे कृष्ण संप्रदाय के अनुयायियों को उनके चमकीले केसरिया रंग के वस्त्र में तैरते हुए देखा होगा। शायद किसी सदस्य ने आपको एक छोटा सा फूल दिया हो और फूल देते समय वह गर्मजोशी से मुस्कराया हो। अधिकांश लोगों की तरह, संभावना है कि आपने अशिष्टता से बचने के लिए ही फूल ले लिया हो। इनकार करने पर स्पष्टीकरण निकाला गया होगा जैसे, 'इसे ले लो; यह आपके लिए हमारा उपहार है।' जब फूलों को पास के कूड़ेदान में फेंकने की कोशिश की गई, तो वहां पहले से ही कई व्यवस्थाएं थीं; जब इसके निपटान के लिए अन्यत्र तलाश की गई तो आपने पाया कि वहां पहले से ही कई ढेर लगे हुए थे। जैसे-जैसे आपकी बुरी अंतरात्मा आपको अधिक सख्ती से परेशान करने लगती थी, कृष्ण का एक और शिष्य दान मांगने के लिए आपके पास आता था; इस सफल पिच के कारण अंततः कई हवाई अड्डों ने इस संप्रदाय पर प्रतिबंध लगा दिया;

रॉबर्ट सियाल्डिनी पारस्परिकता पर अपने शोध से इन अभियानों की सफलता को समझा सकते हैं। उन्होंने पाया कि लोगों को किसी दूसरे व्यक्ति का ऋणी होना बहुत कठिन लगता है।

कई गैर-सरकारी संगठन और परोपकारी संगठन समान रणनीतियाँ अपनाते हैं: पहले दें, फिर लें। हाल ही में, मुझे एक संरक्षण संगठन से रमणीय परिदृश्यों वाले पोस्टकार्ड वाला एक लिफाफा मिला; उनके संलग्न पत्र ने मुझे आश्वासन दिया कि धन दान करने के मेरे निर्णय की परवाह किए बिना, उन्हें उपहार के रूप में रखा जाना चाहिए। हालाँकि मैं उनकी रणनीति को अच्छी तरह से समझता था, लेकिन उनका फायदा उठाए बिना उन्हें दूर करने के लिए मेरी ओर से काफी इच्छाशक्ति और अनुशासन की आवश्यकता थी!

दुर्भाग्य से, सौम्य ब्लैकमेल का यह रूप - जिसे कभी-कभी भ्रष्टाचार भी कहा जाता है - आम है। स्क्रू का एक आपूर्तिकर्ता संभावित ग्राहकों को एक रोमांचक खेल खेल में शामिल होने के लिए आमंत्रित कर सकता है; एक महीने बाद ऑर्डर देने का समय आता है, उनकी कर्ज में न रहने की इच्छा इतनी प्रबल होती है कि खरीदार सहमत हो जाता है और इस नए परिचित के माध्यम से ऑर्डर देता है।

पारस्परिकता एक प्राचीन सिद्धांत है जो खाद्य आपूर्ति में उतार-चढ़ाव वाली सभी प्रजातियों में पाया जाता है। कल्पना कीजिए कि आप एक शिकारी-संग्रहकर्ता हैं, जो एक दिन, एक हिरण को मारने में कामयाब हो जाता है और उसे इसे अपने समूह के सदस्यों के बीच बांटना होता है; ऐसा करने से यह सुनिश्चित हो जाता है कि यदि आपकी कमाई कम प्रभावशाली थी तो आपको दूसरों की लूट से लाभ होगा; वे रेफ्रिजरेटर के रूप में काम करते हैं।
पारस्परिकता एक अमूल्य अस्तित्व रणनीति और जोखिम प्रबंधन का रूप है, जिसके बिना मनुष्य - साथ ही पशु जीवन की कई प्रजातियां - जल्द ही नष्ट हो जाएंगे। पारस्परिकता एक-दूसरे से असंबंधित लोगों के बीच सहयोग के मूल में निहित है और आर्थिक विकास और धन सृजन के लिए अभिन्न अंग है - इसके बिना कोई वैश्विक अर्थव्यवस्था नहीं होगी! यही पारस्परिकता का लाभ है।

हालाँकि, पारस्परिकता अपने साथ अपना स्याह पक्ष भी लाती है: प्रतिशोध। पूर्ण पैमाने पर युद्ध शुरू होने तक बदला प्रति-प्रतिशोध को जन्म देता है। यीशु ने उपदेश दिया कि हमें दूसरा गाल आगे करके इस चक्र को तोड़ना चाहिए - हालाँकि यह कठिन साबित होता है क्योंकि पारस्परिकता तब भी खींचती है जब दांव बहुत कम ऊँचे होते हैं।

वर्षों पहले, हमें एक ऐसे जोड़े ने आमंत्रित किया था जिसे हम केवल सामान्य रूप से जानते थे; वे काफी अच्छे थे लेकिन मनोरंजन से बहुत दूर थे। दुर्भाग्य से, यह बिल्कुल वैसा ही हुआ जैसा सोचा गया था: उनकी डिनर पार्टी बहुत उबाऊ थी; फिर भी हमने पारस्परिकता के कारण उन्हें कई महीनों बाद फिर से आमंत्रित करने के लिए बाध्य महसूस किया; कुछ सप्ताह बाद ही उनका एक और निमंत्रण आया...मुझे अक्सर आश्चर्य होता है कि पारस्परिकता बनाए रखने के लिए कितनी अन्य रात्रिभोज पार्टियों ने सहन किया है?

सुपरमार्केट में संपर्क करने के समान, मेरी सबसे अच्छी सलाह यह होगी कि आप वाइन, पनीर या जैतून के उनके प्रस्ताव को अस्वीकार कर दें, जब तक कि आप नहीं चाहते कि आपका फ्रिज ऐसी चीज़ों से भरा हो जो आपको पसंद न हों।

फ़्रेमिंग भी देखें (अध्याय 42); प्रोत्साहन सुपर-रिस्पॉन्स प्रवृति (अध्याय 18); अधिक जानने के लिए बायस (अध्याय 22) और मोटिवेशन क्राउडिंग (अध्याय 56) को पसंद करना।

"विशेष मामले" से सावधान रहें

जब पुष्टिकरण समाप्त हो जाए तो सावधान रहें! (भाग ---- पहला)।

गिल वजन कम करने के लिए डाइट पर हैं। हर सुबह वह तराजू पर कदम रखता है, अपनी चयनित योजना के विरुद्ध प्रगति की जाँच करता है और प्रत्येक हानि या लाभ को सबूत के रूप में मनाता है कि यह काम कर रहा है या इसे सामान्य उतार-चढ़ाव के रूप में लिख देता है। हालाँकि, कई महीनों तक उनका वजन स्थिर रहता है, जबकि गिल इस भ्रम में रहते हैं कि आहार काम करता है, भले ही वह वास्तव में कुछ भी नहीं कर रहा हो - अपने हानिरहित रूप में पुष्टिकरण पूर्वाग्रह का एक उदाहरण।

अधिकांश गलतफहमियों के मूल में पुष्टिकरण पूर्वाग्रह है। यह नई जानकारी की व्याख्या करने की हमारी प्रवृत्ति को संदर्भित करता है ताकि यह मौजूदा सिद्धांतों, विश्वासों और दृढ़ विश्वासों के भीतर फिट हो - किसी भी साक्ष्य को प्रभावी ढंग से फ़िल्टर करना जो मौजूदा विचारों का खंडन करता है (जिसे अपुष्ट साक्ष्य के रूप में जाना जाता है) जो उन्हें चुनौती दे सकता है (जिसे एल्डस हक्सले ने प्रसिद्ध रूप से "तथ्यों के रूप में लिखा है") नजरअंदाज किए जाने पर अस्तित्व समाप्त नहीं होता") लेकिन यह खतरनाक प्रवृत्ति मनुष्यों के बीच बनी रहती है - सुपर-निवेशक वॉरेन बफेट इसे सबसे अच्छे तरीके से कहते हैं: 'मनुष्य सभी नई सूचनाओं की व्याख्या करने में उत्कृष्टता प्राप्त करते हैं ताकि उनके पूर्व निष्कर्ष बरकरार रहें'

पुष्टिकरण पूर्वाग्रह आज भी कारोबार में जीवित और अच्छा है। उदाहरण के लिए, इस पर विचार करें: एक कार्यकारी टीम एक नई रणनीति पर निर्णय लेती है, किसी भी संकेत का जश्न मनाते हुए यह अच्छी तरह से काम कर सकता है - जबकि कोई भी संकेत जो अन्यथा संकेत देता है वह अनदेखा रहता है या अपवाद या विशेष मामलों के रूप में तुरंत खारिज कर दिया जाता है - जब तक कि अपुष्ट सबूत उनके लिए पूरी तरह से अदृश्य नहीं हो जाते।

आप क्या कर सकते हैं? जब 'अपवाद' शब्द सामने आए तो सावधान रहें; अक्सर यह इंगित करता है कि अपुष्ट साक्ष्य मौजूद हैं। चार्ल्स डार्विन से प्रेरणा लें: अपनी युवावस्था के आरंभ से ही उन्होंने व्यवस्थित रूप से पुष्टि पूर्वाग्रह का मुकाबला करने के लिए किसी भी अवलोकन को बहुत गंभीरता से लिया जो उनके सिद्धांत के साथ विरोधाभासी था, जैसे ही वे सामने आए, उन्हें तुरंत रिकॉर्ड कर लिया - यह अच्छी तरह से जानते हुए कि हमारा दिमाग कितनी आसानी से "भूल जाता है" "कुछ समय बीत जाने के बाद सबूतों की पुष्टि करना - प्रत्येक विरोधाभास को देखते ही उस पर ध्यान देना और उसकी सत्यता के आकलन के आधार पर सक्रिय रूप से विरोधाभासों की खोज करना - जितना अधिक वह सक्रिय रूप से देखता, वह बाहर देखता जाता।

यह प्रयोग इस बात पर प्रकाश डालता है कि हमारे अपने सिद्धांतों पर सवाल उठाना कितना चुनौतीपूर्ण हो सकता है। एक प्रोफेसर ने अपने छात्रों को संख्या क्रम 2-4-6 प्रस्तुत किया। छात्रों को उनके प्रोफेसर द्वारा चुनौती दी गई कि वे कागज के एक टुकड़े पर लिखे गए अंतर्निहित नियम को अनुक्रम में संख्याएँ प्रदान करके निर्धारित करें जो या तो नियम में फिट बैठते हैं या

नहीं, उनकी ओर से 'नियम में फिट बैठता है' या 'नियम में फिट नहीं होता' जैसे उत्तर मिले। .
जबकि छात्र उदाहरण के लिए 8-14 में से यादृच्छिक रूप से कई संख्याओं का अनुमान लगा सकते
हैं (अधिकांश ने 8 का सुझाव दिया और प्रतिक्रिया प्राप्त की: 'नियम फिट बैठता है।' निश्चित रूप
से उन्होंने 10, 12 और 14 की कोशिश की और हर बार प्रोफेसर द्वारा उन्हें बताया गया कि ये फिट
बैठते हैं). कई लोगों ने निष्कर्ष निकाला: 'नियम प्रत्येक संख्या में दो जोड़ने का है;' प्रोफेसर ने
केवल यह कहकर उनसे असहमति जताई कि वास्तव में यह नियम नहीं है;

एक समझदार छात्र ने एक अपरंपरागत दृष्टिकोण आज़माया। उन्होंने संख्या -2 का परीक्षण
किया, जिस पर उनके प्रोफेसर ने यह कहकर प्रतिक्रिया व्यक्त की कि यह नियम में फिट नहीं
बैठता है, इससे पहले कि सात को अपने पूर्ववर्ती -2 की तुलना में अधिक बारीकी से फिट होने का
सुझाव दिया गया था। जब यह निष्फल साबित हुआ, तो छात्र ने -24, 9, 43 का प्रयास करके आगे
प्रयोग किया... जब कोई और प्रतिउदाहरण नहीं मिला तो उसने कहा 'नियम यह है: प्रत्येक क्रमिक
संख्या अपने पूर्ववर्ती से अधिक होनी चाहिए।' उसके कागज़ को पलटने से यह सटीक नियम
सामने आया!

किस बात ने साधन संपन्न छात्र को अपने साथियों से अलग दिखाया? जबकि अधिकांश छात्र
केवल अपने सिद्धांतों की पुष्टि करना चाहते थे, उन्होंने सक्रिय रूप से उन्हें अस्वीकार करने वाले
साक्ष्य की खोज की। आप सोच सकते हैं: 'उसके लिए तो अच्छा है लेकिन दूसरों के लिए यह कोई
बड़ी बात नहीं है।' हालाँकि, पुष्टिकरण पूर्वाग्रह का शिकार होना कोई छोटा बौद्धिक अपराध नहीं है
- जैसा कि बाद के अध्यायों में पता चला है कि यह हमारे दैनिक जीवन को काफी प्रभावित कर
सकता है।

यह भी देखें: मेस डिस्पोनिबिलिट बायस (अध्याय 11); फ़ीचर-सकारात्मक प्रभाव (अध्याय 95);
संयोग (अध्याय 24); पूर्व प्रभाव (अध्याय 64) और ध्यान का भ्रम (अध्याय 88)।

अपने प्रियजनों की हत्या करो

पुष्टिकरण पूर्वाग्रह भाग 2

हमारे पिछले अध्याय में, हमने मुख्य भ्रांतियों में से एक - पुष्टिकरण पूर्वाग्रह - का पता लगाया। मनुष्य को जीवन, अर्थशास्त्र, निवेश, करियर और बहुत कुछ के बारे में विश्वास बनाना चाहिए - हमारे विश्वदृष्टिकोण से लेकर राजनीति तक, अर्थशास्त्र से लेकर कला तक - जिसे फिर इन धारणाओं का समर्थन करने के लिए साक्ष्य के साथ समर्थित किया जाना चाहिए। चाहे कोई यह विश्वास करते हुए जीवन गुजारे कि लोग आंतरिक रूप से अच्छे या बुरे हैं, उन्हें किसी भी दृष्टिकोण का समर्थन करने वाले सबूत मिलेंगे। परोपकारी और मिथ्याचारी समान रूप से अपुष्ट साक्ष्यों को फ़िल्टर करते हैं, जबकि उन लोगों का पक्ष लेते हैं जो अपने-अपने विश्वदृष्टिकोण को बनाए रखते हैं, उन लोगों को प्राथमिकता देते हैं जो अच्छे लोगों या उन्हें बढ़ावा देने वाले तानाशाहों के साथ अपने विचारों को मजबूत करते हैं।

ज्योतिषी और अर्थशास्त्री समान रणनीतियों के साथ काम करते हैं: भविष्यवाणियां इतनी अस्पष्ट बनाना कि कोई भी घटना उन्हें प्रमाणित कर सके: 'आने वाले हफ्तों में आपको दुख का अनुभव होगा,' या 'डॉलर पर मध्यम अवधि का दबाव बढ़ेगा' दोनों ही किसी भी घटना को सहन करने के लिए पर्याप्त अस्पष्ट हैं इन भविष्यवाणियों से बाहर; मैनहट्टन में सोना, येन, पेसोस गेहूं आवासीय संपत्ति की कीमतों के खिलाफ मूल्यह्रास उपाय मैनहट्टन मैनहट्टन हॉटडॉग कीमतें

धर्म और दार्शनिक मान्यताएँ पुष्टिकरण पूर्वाग्रह के पनपने के लिए उपजाऊ ज़मीन के रूप में काम करती हैं। यहां अपने नरम स्पंजीपन में यह जंगली और स्वतंत्र रूप से पनपता है - उदाहरण के लिए उपासकों को हमेशा ईश्वर के अस्तित्व का प्रमाण मिलता है, भले ही वह खुद को कभी-कभार ही प्रकट करता है - दूरदराज के पहाड़ी गांवों में रहने वाले अनपढ़ लोगों को छोड़कर; फ्रैंकफर्ट या न्यूयॉर्क जैसे बड़े पैमाने पर दर्शकों के सामने खुद को कभी नहीं दिखाना। उसके अस्तित्व के विरुद्ध प्रतिवादों को विश्वासियों द्वारा सिरे से खारिज कर दिया जाता है, जिससे पता चलता है कि यह शक्ति वास्तव में कितनी मजबूत है।

व्यावसायिक पत्रकार विशेष रूप से पुष्टिकरण पूर्वाग्रह के प्रति संवेदनशील हो सकते हैं। सिद्धांतों का निर्माण करते समय, व्यावसायिक पत्रकार अक्सर इसका समर्थन करने वाले 'सबूत' के कुछ टुकड़ों के साथ आसान स्पष्टीकरण लेकर आते हैं और फिर तेजी से अपनी कहानी लिखने के लिए आगे बढ़ते हैं - उदाहरण के लिए: Google इतना सफल है क्योंकि इसकी संस्कृति रचनात्मकता को बढ़ावा देती है। एक बार जब यह विचार लिख लिया जाता है, तो पत्रकार आम तौर पर अन्य समृद्ध कंपनियों के उदाहरणों के साथ इस दावे की पुष्टि करते हैं जो रचनात्मकता को बढ़ावा देते हैं, जबकि शायद ही कभी अपुष्ट साक्ष्य की तलाश करते हैं जैसे कि रचनात्मकता पर जोर देने वाले संघर्षरत व्यवसाय या फलने-फूलने वाली कंपनियां जिनमें किसी भी तरह की रचनात्मकता की कमी है - दोनों समूह महान बनेंगे कहानियों!
पत्रकार एक समूह के अनेक सदस्यों को नज़रअंदाज कर देते हैं; किसी एक को उजागर करने का उनका कोई भी प्रयास उनके लेख की पूरी कथानक को पटरी से उतार सकता है।

स्व-सहायता और शीघ्र अमीर बनने वाली पुस्तकें एकतरफा कहानी कहने का एक और उदाहरण हैं। उनके समझदार लेखक 'ध्यान खुशी की कुंजी है' जैसे हास्यास्पद सिद्धांतों का भी समर्थन करने वाले साक्ष्य एकत्र करते हैं। किसी भी पाठक को अपुष्ट साक्ष्य की तलाश करने पर यहां ऐसा कोई साक्ष्य नहीं मिलेगा: कहीं भी ऐसे लोगों के उदाहरण नहीं हैं जो ध्यान के बिना पूर्ण जीवन जी रहे हैं या जो लोग इसका अभ्यास करने के बावजूद अभी भी उदासी महसूस कर रहे हैं।

इंटरनेट साइटें पुष्टिकरण पूर्वाग्रह के लिए विशेष रूप से उपजाऊ जमीन प्रदान करती हैं। सूचित रहने के लिए समाचार साइटों और ब्लॉगों को ब्राउज़ करते समय, हम अक्सर उन पृष्ठों का चयन करते हैं जो हमारे मौजूदा मूल्यों को मजबूत करते हैं - चाहे उदारवादी हों, रूढ़िवादी हों, या कहीं बीच में हों। इसके अलावा, कई वेबसाइटें अब विशेष रूप से व्यक्तिगत हितों या ब्राउज़िंग इतिहास के लिए सामग्री तैयार करती हैं, नए या अलग-अलग विचारों को पूरी तरह से अवांछित प्रदान करती हैं और हमें ऐसे रास्ते पर ले जाती हैं जो समान विचारधारा वाले समुदायों के साथ खुद को घेरकर मौजूदा विश्वासों की पुष्टि करते हैं जो उन्हीं विश्वासों को मजबूत करते हैं - पुष्टिकरण पूर्वाग्रहों को और मजबूत करते हैं। और हमारे विश्वासों को और अधिक मजबूत करना, उन्हें और अधिक मजबूत करना, उन्हें और मजबूत करना और उन विश्वासों को और मजबूत करना, जो पुष्टिकरण पूर्वाग्रह को मजबूत करते हैं।

आर्थर क्विलर-काउच का एक स्थायी मंत्र था: 'अपने प्रियजनों को मार डालो।' पोषित लेकिन अनावश्यक वाक्यों को काटने के लिए संघर्ष कर रहे लेखकों के लिए यह सलाह साहित्यिक आलोचकों और हैकरों से परे व्यापक रूप से प्रतिध्वनित हुई; उनकी सलाह पुष्टिकरण पूर्वाग्रह से पीड़ित हम सभी के साथ मेल खाती है। इससे निपटने के लिए, अपने सभी विश्वासों - विश्वदृष्टिकोण, निवेश, विवाह, स्वास्थ्य देखभाल, आहार या कैरियर रणनीतियों - को लिखने का प्रयास करें और प्रत्येक के खिलाफ अपुष्ट साक्ष्य की तलाश करें। पुराने दोस्तों की तरह महसूस होने वाली मान्यताओं को तोड़ना कठिन काम है लेकिन बेहद जरूरी है!

यह भी देखें: आत्मनिरीक्षण भ्रम (अध्याय 67); प्रमुखता प्रभाव (अध्याय 83); संज्ञानात्मक असंगति (अध्याय 50); अधिक जानकारी के लिए फोरर इफ़ेक्ट (अध्याय 64) और न्यूज़ इल्यूज़न (अध्याय 99)।

अधिकारियों की बातों पर ध्यान दें

प्राधिकरण पूर्वाग्रह

उत्पत्ति 1 में, ईश्वर हमें बताता है कि यदि हम उसके प्राधिकारियों में से किसी एक की अवज्ञा करते हैं तो क्या होता है: स्वर्ग से निष्कासन। दुर्भाग्य से, कम दिव्य हस्तियां (राजनीतिक पंडित, वैज्ञानिक, डॉक्टर, सीईओ, अर्थशास्त्री, सरकारी प्रमुख, खेल टिप्पणीकार और शेयर बाजार गुरु) चाहेंगे कि हम भी इस पर विश्वास करें।

मनोवैज्ञानिक स्टैनली मिलग्राम ने एक प्रयोग किया जिसने अधिकार पूर्वाग्रह को स्पष्ट रूप से चित्रित किया। उनके विषयों को कांच के पीछे बैठे व्यक्ति को बढ़ते बिजली के झटके देने का निर्देश दिया गया था। 15 वोल्ट से शुरू करके, उन्हें धीरे-धीरे 30V, 45V तक बढ़ाने का निर्देश दिया गया और फिर अंततः 450V की अधिकतम खुराक - हालांकि वास्तव में कोई विद्युत प्रवाह प्रवाहित नहीं हुआ - मिलग्राम ने एक अभिनेता को अपने शिकार के रूप में इस्तेमाल किया; दुर्भाग्य से झटके देने वाले लोग अनजान थे। परिणाम चौंकाने वाले थे: जैसे ही दूसरे कमरे में बैठा व्यक्ति दर्द से कराहता था और जिस व्यक्ति को झटका लग रहा था वह रुकना चाहता था, उनके प्रोफेसर उन्हें जारी रखने के लिए प्रोत्साहित करते थे क्योंकि 'यह प्रयोग इस पर निर्भर करता है।' सबसे लगातार बिजली का झटका; आधे से अधिक लोग केवल आज्ञाकारिता के कारण पूर्ण वोल्टेज तक चले गए।

पिछले एक दशक में, एयरलाइंस भी प्राधिकार पूर्वाग्रह से जुड़े खतरों के प्रति जागरूक हो गई हैं। पहले के दिनों में, कप्तान सर्वोच्च शासन करते थे; उनके आदेशों को कभी भी चुनौती नहीं दी जा सकती थी और किसी भी सह-पायलट को, जिसे किसी चूक का संदेह था, उसने कभी भी इसके बारे में बोलने की हिम्मत नहीं की होगी।
जब से इस व्यवहार का पता चला, लगभग हर एयरलाइन ने क्रू रिसोर्स मैनेजमेंट (सीआरएम) लागू कर दिया है। सीआरएम पायलटों और उनके कर्मचारियों को किसी भी आरक्षण पर खुलकर और शीघ्रता से चर्चा करने के लिए प्रशिक्षित करता है; दूसरे शब्दों में: डिप्रोग्रामिंग प्राधिकरण पूर्वाग्रह। सीआरएम ने हाल के दशकों में तकनीकी प्रगति की तुलना में उड़ान सुरक्षा में अधिक योगदान दिया है।

कई कंपनियों में दूरदर्शिता की कमी है. प्रमुख सीईओ वाले व्यवसाय विशेष रूप से जोखिम में हैं, जहां कर्मचारी अपनी कम अनुकूल राय अपने पास रख सकते हैं - जिससे पूरी कंपनी को नुकसान होने की संभावना है।

अधिकारी मान्यता चाहते हैं और अपनी स्थिति को मजबूत करने के लिए हमेशा नए तरीके खोज रहे हैं। डॉक्टर और शोधकर्ता अक्सर सफेद कोट पहनते हैं। बैंक निदेशक सूट और टाई पहनते हैं; बैंक निदेशक टाई पहनते हैं जबकि मुकुट पहनने वाले राजा सेना से रैंक बैज का उपयोग करते हैं; सेना के सदस्य अक्सर रैंक बैज भी पहनते हैं! आज अधिक प्रतीकों और प्रॉप्स का उपयोग विशेषज्ञता के मार्कर के रूप में किया जाता है जैसे टॉक शो उपस्थिति या पत्रिका कवर, पुस्तक यात्रा या विकिपीडिया प्रविष्टियाँ; प्राधिकरण फैशन की तरह विकसित हो रहा है और समाज उसी के अनुसार नोटिस ले रहा है।

निष्कर्ष: कोई भी बड़ा निर्णय लेने से पहले, हमेशा ध्यान से सोचें कि कौन से अधिकारी आपकी तर्क प्रक्रिया पर प्रभावशाली प्रभाव डाल सकते हैं और यदि आवश्यक हो तो सत्ता में मौजूद लोगों को चुनौती देने की पूरी कोशिश करें।

यह भी देखें: ट्वैडल टेंडेंसी (अध्याय 57); चालक ज्ञान (अध्याय 16); पूर्वानुमान भ्रम (अध्याय 40); कौशल का भ्रम (अध्याय 94)

कंट्रास्ट प्रभाव

रॉबर्ट सियाल्डिनी ने अपनी पुस्तक इन्फ्लुएंस में सिड और हैरी नाम के दो भाइयों की कहानी बताई है, जो 1930 के दशक के अमेरिका में कपड़े की दुकान चलाते थे; सिड बिक्री के लिए जिम्मेदार था जबकि हैरी सिलाई सेवाओं का प्रमुख था। जब भी सिड के दर्पण के सामने खड़े ग्राहक उनके सूट से अत्यधिक प्रसन्न होते थे, तो सिड को सुनना मुश्किल हो जाता था, जिससे वह हैरी से पूछता था: 'हैरी, इस सूट का कितना दाम है?' फिर हैरी अपनी कटिंग टेबल से देखता और तुरंत चिल्लाकर जवाब देता कि इस खूबसूरत सूती सूट की कीमत 42 डॉलर है। सिड भ्रमित होने का नाटक करेगा और दिखावा करेगा कि उसे समझ नहीं आया है। हैरी चिल्लाकर कहता था: 'बयालीस डॉलर!' सिड ने फिर पलटकर रिपोर्ट दी: 'वह 22 डॉलर कहता है।' इस समय तक, बेचारे सिड को अपनी गलती का एहसास होने से पहले, उसके ग्राहक ने जल्दी से अपना सूट लेकर जाने से पहले मेज पर पैसे रख दिए होंगे।

क्या आप अपने स्कूल के दिनों के इस प्रयोग को जानते हैं? : दो बाल्टियाँ भरें - एक गुनगुने पानी से और दूसरी बर्फीले पानी से - फिर प्रत्येक बाल्टी में अपना दाहिना हाथ एक मिनट के लिए डुबोकर रखें। हाथों को पीछे की ओर घुमाएं, दोनों को एक साथ गुनगुने पानी में डालें - आपने क्या देखा है? दाहिने हाथ को यह गर्म लगता है जबकि बाएँ हाथ को यह बिल्कुल ठंडा लगता है!

ये कहानियाँ विपरीत प्रभाव को दर्शाती हैं: जब कोई चीज़ बदसूरत, सस्ती या छोटी प्रस्तुत की जाती है तो हम उसे अधिक सुंदर या महंगी मान लेते हैं; इसके विपरीत हमें पूर्ण निर्णय कठिन लगता है।

कंट्रास्ट प्रभाव एक व्यापक भ्रम है: अपनी नई कार के लिए चमड़े की सीटें खरीदते समय, इसकी $60,000 कीमत की तुलना में, $3,000 इसकी कुल लागत की तुलना में महत्वहीन लगता है। अपग्रेड विकल्पों की पेशकश करने वाले सभी उद्योग उपभोक्ताओं को लुभाने और अपग्रेड बेचने के लिए इस भ्रामक धारणा का लाभ उठाते हैं।

कंट्रास्ट प्रभाव कहीं और भी महत्वपूर्ण भूमिका निभा सकता है: प्रयोगों से पता चलता है कि अगर भोजन पर 10 डॉलर की बचत होगी तो लोग अतिरिक्त दस मिनट चलेंगे, फिर भी महंगे सूट पर 10 डॉलर बचाने के लिए वापस चलने पर कभी विचार नहीं करेंगे; यह एक अतार्किक कदम है क्योंकि 10 मिनट 10 डॉलर के बराबर होते हैं। इसलिए, हमेशा वापस चलना चाहिए या बिल्कुल नहीं करना चाहिए।

विपरीत प्रभाव के बिना, छूट वाले व्यवसाय पूरी तरह से समाप्त हो जाएंगे।
एक अस्थिर स्थिति तब मौजूद होती है जब उत्पाद की कीमतें एक पल में $100 से $70 तक गिर जाती हैं; शुरुआती कीमत की यहां कोई भूमिका नहीं होनी चाहिए। एक निवेशक ने एक बार मुझसे कहा था कि एक स्टॉक बहुत मूल्यवान है क्योंकि यह उच्चतम मूल्य से 50 प्रतिशत नीचे गिर गया है; मैंने अपना सिर हिलाकर उसी तरह जवाब दिया: स्टॉक की कीमतें कभी भी कम या अधिक नहीं होतीं - मायने यह रखता है कि वे वहां से ऊपर की ओर बढ़ते हैं या नीचे की ओर।

यदि हम विरोधाभासों का सामना करते हैं, तो हमारा मस्तिष्क बंदूक की गोली पर पक्षियों की तरह प्रतिक्रिया करता है: हम फड़फड़ाते हैं और तेजी से आगे बढ़ते हैं। दुर्भाग्य से, हालांकि, हमारी प्रवृत्ति क्रमिक परिवर्तनों को पहचानने की नहीं है क्योंकि वे घटित होते हैं: एक भ्रम फैलाने वाला आपकी घड़ी को बिना आपको बताए गायब कर सकता है क्योंकि जब वह आपके शरीर के एक हिस्से के खिलाफ दूसरे हिस्से के खिलाफ दबाव डालता है तो आप ध्यान नहीं देते हैं कि उसका हल्का स्पर्श कब होता है आपकी कलाई पर से आपकी रोलेक्स घड़ी हटा दी जाती है; इसी तरह हम यह देखने में असफल रहते हैं कि कैसे हमारा पैसा मुद्रास्फीति के माध्यम से गायब हो जाता है जो धीरे-धीरे इसके मूल्य को छीन लेता है जबकि करों के रूप में लगाया जाता है (जो कि वास्तव में यह है) हम ऐसे करों के खिलाफ अधिक दृढ़ता से प्रतिक्रिया करेंगे (जो वास्तव में यह मूल रूप से होता है)।

विरोधाभास एक खतरनाक शक्ति है: एक खूबसूरत महिला एक अधिक औसत पुरुष से शादी करती है; लेकिन, क्योंकि उसके माता-पिता बदनाम व्यक्ति थे, इसलिए वह उसे एक असाधारण व्यक्ति की तरह लगता है।

एक अंतिम विचार: सुपरमॉडलों की विशेषता वाले सभी विज्ञापनों के साथ, अब हम सुंदर लोगों को केवल मामूली वांछनीय के रूप में देखते हैं। प्यार की तलाश करते समय, कभी भी सुपरमॉडल दोस्तों के साथ बाहर न जाएं क्योंकि अगर आप अकेले जाते हैं या दो बदसूरत दोस्तों को साथ लाते हैं तो लोग आपको वास्तव में आपकी तुलना में कम आकर्षक समझेंगे।

यह भी देखें: उपलब्धता पूर्वाग्रह (अध्याय 11); बंदोबस्ती प्रभाव (अध्याय 23); हेलो इफ़ेक्ट (अध्याय 38); सामाजिक तुलना पूर्वाग्रह (अध्याय 72); माध्य का प्रतिगमन (अध्याय 19); कमी त्रुटि (अध्याय 27); फ़्रेमिंग (अध्याय 42)

आकर्षण पूर्वाग्रह

कुछ ऐसा कहना, 'धूम्रपान इतना हानिकारक नहीं है अगर मेरे दादाजी एक दिन में तीन पैक धूम्रपान करके और 100 वर्ष से अधिक जीवित रहने में कामयाब रहे' या: "मैनहट्टन वास्तव में सुरक्षित है; मेरा दोस्त अपने दरवाजे पर ताला लगाए बिना गांव में रहता है यहाँ तक कि छुट्टियों के दौरान भी - उनके अपार्टमेंट में कभी भी सेंध नहीं लगाई गई!" किसी बात को साबित करने की कोशिश के लिए इस्तेमाल किया जा सकता है, फिर भी वे वास्तव में कुछ भी साबित नहीं करते हैं; ऐसा करने में हम उपलब्धता पूर्वाग्रह के शिकार हो जाते हैं।

क्या अधिक अंग्रेजी शब्द जो K से शुरू होते हैं, या अधिक इसके तीसरे अक्षर से शुरू होते हैं? उत्तर: जितने भी अंग्रेजी शब्द हैं उनमें K को उससे शुरू होने वाले की तुलना में दो गुना से अधिक तीसरे स्थान पर दर्शाया गया है; हालाँकि कई लोग मानते हैं कि उत्तरार्द्ध अधिक संख्या में हैं। K से शुरू होने वाले शब्दों को जल्दी याद करने की संभावना अधिक होने के कारण लोग गलती से अन्यथा विश्वास कर लेते हैं; इसलिए ये हमारी यादों के लिए आसान हैं।

उपलब्धता पूर्वाग्रह बताता है: हमारा दिमाग उन उदाहरणों के आधार पर वास्तविकता की एक छवि बनाता है जो हम अपनी यादों में सबसे आसानी से पाते हैं, भले ही ये घटनाएं वास्तव में अधिक बार नहीं होती हैं क्योंकि उनकी आसानी से कल्पना की जा सकती है।

उपलब्धता पूर्वाग्रह के कारण, हम अक्सर गलत जोखिम मानचित्र को ध्यान में रखते हुए जीवन जीते हैं। इस पूर्वाग्रह के कारण, हम विमान दुर्घटनाओं, कार दुर्घटनाओं या हत्या के जोखिमों को अधिक आंकते हैं जबकि मधुमेह या पेट के कैंसर जैसे कम प्रभावशाली कारणों को कम आंकते हैं। बम हमले हमारे विश्वास से कम बार होते हैं, जबकि अवसाद की दर बहुत अधिक हो सकती है - यह पूर्वाग्रह हमें शानदार परिणामों को बहुत अधिक महत्व देने के लिए प्रेरित करता है, जबकि शांत या अदृश्य लोगों को हमारी तुलना में अधिक आसानी से अपग्रेड करता है; हमारा दिमाग सांसारिक परिणामों की तुलना में दिखावटी परिणामों को अधिक पसंद करता है - यह हमें मात्रात्मक तरीकों के बजाय नाटकीय तरीके से सोचने के लिए प्रेरित करता है!

डॉक्टर अक्सर उपलब्धता पूर्वाग्रह का शिकार हो जाते हैं: वे सभी संभावित मामलों में अपने सामान्य उपचार का उपयोग करते हैं, भले ही अधिक उपयुक्त उपचार मौजूद हों लेकिन उनके मेमोरी बैंकों में छिपे रहते हैं। सलाहकार भी, अक्सर इस घटना का शिकार हो जाते हैं - किसी पूरी तरह से अपरिचित मामले को यह कहकर खारिज करने के बजाय: 'मैं वास्तव में नहीं जानता' वे पूरी कोशिश करते हैं कि अंतर्ज्ञान पर कार्य न करें बल्कि इसके बजाय कार्रवाई करें।
यह पता लगाने के बजाय कि उन्हें आपको क्या बताना चाहिए, लोग अक्सर अपने आजमाए हुए तरीकों में से एक पर वापस आ जाते हैं, चाहे वह आदर्श हो या नहीं।

दोहराव हमारे दिमाग में दीर्घकालिक छाप बना सकता है; बार-बार दोहराई गई कोई बात सामूहिक चेतना का हिस्सा बन जाती है, भले ही उसकी सामग्री झूठी हो; बस नाज़ी नेताओं से पूछें कि उन्होंने "यहूदी प्रश्न" को कितनी बार दोहराया, इससे पहले कि लोग यह मानने लगे कि यह एक महत्वपूर्ण मुद्दा था! इन अवधारणाओं पर विश्वास करना शुरू करने के लिए केवल यूएफओ,

जीवन ऊर्जा या कर्म जैसे शब्दों को पर्याप्त बार बोलना है, इससे पहले कि लोग उन पर ध्यान दें और उन पर विश्वास करें!

उपलब्धता पूर्वाग्रह दुनिया भर के कॉर्पोरेट बोर्डों पर एक अच्छी तरह से स्थापित विशेषता बन गई है। बोर्ड के सदस्य प्रतिस्पर्धा के कदम, कर्मचारी प्रेरणा के मुद्दे या ग्राहक व्यवहार में बदलाव जैसे अधिक महत्वपूर्ण मामलों को संबोधित करने के बजाय अपनी चर्चाओं पर ध्यान केंद्रित करते हैं जो प्रबंधन ने प्रस्तुत किया है - आमतौर पर त्रैमासिक आंकड़े - जो उन्हें सीधे प्रभावित कर सकते हैं। वे एजेंडे से बाहर की चीजों पर चर्चा नहीं करते। लोग निर्णय लेते समय आसानी से उपलब्ध जानकारी को प्राथमिकता देते हैं - चाहे आर्थिक डेटा हो या रेसिपी; अधिक प्रासंगिक लेकिन कठिन-से-पहुंच वाले डेटा के बजाय इस आधार पर अपनी पसंद बनाना उनके निर्णयों के लिए विनाशकारी साबित हो सकता है। उदाहरण: हम 10 वर्षों से जानते हैं कि व्युत्पन्न वित्तीय उत्पादों के मूल्य निर्धारण के लिए तथाकथित ब्लैक-स्कोल्स फॉर्मूला काम नहीं करता है, फिर भी व्यवहार्य समाधानों की कमी के कारण, हम एक अनुचित उपकरण का उपयोग करना जारी रखते हैं। यह किसी अपरिचित शहर में बिना नक्शे के रहने जैसा होगा, लेकिन फिर घर के लिए कहीं से नक्शा ढूंढ़ना और उसके बजाय उसका उपयोग करना - बिना किसी जानकारी के गलत जानकारी को प्राथमिकता देना - इस प्रकार उपलब्धता पूर्वाग्रह के कारण बैंकों को अरबों का नुकसान उठाना पड़ेगा।

फ्रैंक सिनात्रा ने प्रसिद्ध रूप से गाया: 'ओह, मेरा दिल बेतहाशा धड़क रहा है/यह सब तुम्हारी वजह से/जब मैं उसके करीब नहीं होता जिसे मैं प्यार करता हं/मैं तब भी उससे प्यार करता हं।' यह उपलब्धता पूर्वाग्रह का एक उदाहरण है - इससे प्रभावी ढंग से निपटने के लिए हमें इसकी आवश्यकता है इसके प्रभावों पर काबू पाने के लिए अपने से अलग अनुभव और विशेषज्ञता वाले दूसरों से इनपुट लेना।
अस्पष्टता विमुखता (अध्याय 80) भी देखें; ध्यान का भ्रम (अध्याय 88); एसोसिएशन बायस (अध्याय 48); फीचर-सकारात्मक प्रभाव (अध्याय 95); पुष्टिकरण पूर्वाग्रह (अध्याय 7-8); कंट्रास्ट प्रभाव (अध्याय 10); इस विषय पर अधिक जानकारी के लिए संभाव्यता की उपेक्षा (अध्याय 26)।

क्यों "कोई दर्द नहीं, कोई लाभ नहीं" खतरे की घंटी बजनी चाहिए

"यह बेहतर होने से पहले और भी बदतर हो जाएगा" भ्रम

एक बार, कोर्सिका में छुट्टियां मनाते समय, मैं बीमार हो गया। लक्षण अपरिचित थे और दर्द दिन पर दिन बढ़ता जा रहा था। इसलिए मैंने पास के एक क्लिनिक में चिकित्सा सहायता मांगी। एक युवा डॉक्टर ने मेरा सावधानीपूर्वक निरीक्षण करना शुरू कर दिया - मेरे पेट को टटोलना, कंधों और घुटनों को कसकर पकड़ना और समस्याओं के संकेतों के लिए प्रत्येक कशेरुका को टटोलना। उनकी जांच मुझे अजीब लगी लेकिन मैं तब तक डटा रहा जब तक कि उनकी नोटबुक एंटीबायोटिक दवाओं के साथ बाहर नहीं आ गई, जिस पर लिखा था: 'जब तक आपके लक्षण कम न हो जाएं, दिन में तीन बार एक गोली लें। दवा को उपचार मानने से पहले लक्षणों में सुधार होने तक अपनी एंटीबायोटिक्स लें!' जब काम पूरा हो गया तो मैं नुस्खे के साथ अपने होटल के कमरे में वापस चला गया।

अगले तीन दिनों में दर्द बदतर हो गया - जैसा कि मेरे डॉक्टर ने भविष्यवाणी की थी। हालाँकि वह जानता होगा कि मेरे साथ क्या गलत हुआ है, जब तीन दिनों के बाद भी दर्द कम नहीं हुआ तो मैंने उसे फिर से फोन किया और पूछा कि इसके बारे में क्या करना चाहिए और उसने मुझे सलाह दी कि खुराक को प्रतिदिन पाँच गुना तक बढ़ाएँ क्योंकि "इससे दर्द हो सकता है।" थोड़ी देर और"। अगले दो यातनापूर्ण दिन बीतने के बाद मैंने एक अंतरराष्ट्रीय हवाई एम्बुलेंस को बुलाने का फैसला किया, जहां स्विस डॉक्टर ने मेरा ऑपरेशन करने से ठीक पहले अपेंडिसाइटिस का निदान किया, और बाद में पूछा, "आपने इतने लंबे समय तक इंतजार क्यों किया?"

"सब कुछ बिल्कुल वैसा ही हुआ जैसा डॉक्टर ने भविष्यवाणी की थी, इसलिए मैंने उनकी सलाह पर भरोसा किया।"

"अरे नहीं! आप इस भ्रम में फंस गए हैं कि चीजें सुधरने से पहले और खराब होंगी।" आपका कॉर्सिकन डॉक्टर संभवतः इससे अनभिज्ञ था; संभवतः पीक सीज़न के दौरान यह एक और पर्यटक जाल है।'

एक और उदाहरण लें: एक सीईओ खुद को निराश पाता है, शौचालय में बिक्री के कारण, सेल्सपर्सन प्रेरित नहीं होते हैं और मार्केटिंग अभियान पूरी तरह से विफल हो जाते हैं। हताशा में, वह प्रतिदिन 5,000 डॉलर पर एक सलाहकार को नियुक्त करता है जिसके मूल्यांकन में ऐसे निष्कर्ष शामिल होते हैं जिनमें आपके बिक्री विभाग में दूरदर्शिता की कमी और आपके ब्रांड की स्पष्ट स्थिति नहीं होना शामिल है - मैं आपके लिए दोनों को ठीक कर सकता हूं लेकिन सुधार होने में अधिक समय लग सकता है - सबसे अधिक संभावना है कि बिक्री कम हो जाएगी इससे पहले कि हालात सुधरें, सीईओ इस सलाहकार को नियुक्त करता है; जैसा कि इस सलाहकार ने जोर दिया है, एक साल बाद प्रगति होने से पहले बिक्री में एक बार फिर गिरावट आई; इन परामर्शों के दौरान बार-बार वे इस बात पर जोर देते हैं कि प्रगति का कंपनी की प्रगति के साथ कितना गहरा संबंध है, जैसा कि

इस व्यक्ति द्वारा इस दिन उपलब्ध कराए गए विश्लेषणों पर उसके निष्कर्षों के आधार पर मापा जाता है।
जैसे ही तीसरे वर्ष में बिक्री में गिरावट जारी रही, सीईओ ने सलाहकार को नौकरी से हटाने का फैसला किया।

बेहतर होने से पहले और भी बुरा होगा का भ्रम केवल एक बहाना है, पुष्टिकरण पूर्वाग्रह का एक उदाहरण है। यदि समस्या अनुमान के अनुसार बिगड़ती रहती है, तो पुष्टिकरण पूर्वाग्रह स्वयं की पुष्टि करता है, जबकि यदि अप्रत्याशित सुधार अप्रत्याशित रूप से होता है, तो ग्राहक प्रसन्न होता है और विशेषज्ञ अपने कौशल का श्रेय ले सकता है; किसी भी तरह वह जीतता है।

अपने आप को एक देश के राष्ट्रपति के रूप में कल्पना करें, बिना इसे प्रभावी ढंग से प्रबंधित करने की जानकारी के। आपका पहला कदम क्या होगा? शायद "कठिन वर्षों" की भविष्यवाणी करते हुए, नागरिकों से अपनी कमर कसने के लिए कहा जा रहा है और "सफाई", "शुद्धिकरण" और "पुनर्गठन" के इस नाजुक चरण के बाद सुधार का वादा किया जा रहा है, यह खुला छोड़ दिया गया है कि यह अवधि कितनी लंबी और गंभीर रह सकती है?

ईसाई धर्म इस रणनीति की प्रभावशीलता के अंतिम प्रमाण के रूप में खड़ा है: इसके विश्वासियों का मानना है कि पृथ्वी पर स्वर्ग का अनुभव करने से पहले, दुनिया को पहले बाढ़, आग और मौतों जैसी आपदाओं के माध्यम से नष्ट किया जाना चाहिए - ये सभी भगवान की बड़ी योजना का हिस्सा हैं - किसी भी स्थिति के बिगड़ने पर एक संकेत कि उनकी भविष्यवाणी पूरी हुई; किसी भी सुधार को भगवान के आशीर्वाद के रूप में देखा जाता है।

निष्कर्ष: जब कोई कहता है, 'यह बेहतर होने से पहले और भी बदतर हो जाएगा,' तो इससे खतरे की घंटी बजनी चाहिए। हालाँकि, सावधान रहें: ऐसी स्थितियाँ मौजूद होती हैं जहाँ चीजें समय के साथ सुधरने से पहले पहले बिगड़ती हैं; उदाहरण के लिए, करियर में बदलाव में अक्सर वेतन की हानि शामिल होती है जबकि व्यवसाय के पुनर्गठन में भी समय लग सकता है। लेकिन इन सभी मामलों में हम अपेक्षाकृत जल्दी देख सकते हैं कि उठाए गए कदम काम कर रहे हैं या नहीं; मील के पत्थर स्पष्ट संकेतक प्रदान करते हैं। जादुई समाधानों के माध्यम से राहत पाने के बजाय इन पर ध्यान केंद्रित करें।

एक्शन बायस (अध्याय 43) भी देखें; सनक कॉस्ट फ़ॉलेसी (अध्याय 5); आगे की व्याख्या के लिए माध्य का प्रतिगमन (अध्याय 19)।

यहाँ तक कि सच्ची कहानियाँ भी दंतकथाएँ हो सकती हैं

जीवन भ्रमित करने वाला हो सकता है. मान लीजिए कि एक अदृश्य मंगल ग्रह का निवासी आपके चारों ओर एक समान रूप से अदृश्य नोटबुक के साथ आपका पीछा कर रहा है जो आप जो कुछ भी करते हैं, सोचते हैं और सपने देखते हैं। आपका जीवन इस तरह पढ़ेगा: 'दो चीनी के साथ कॉफी पी ली'; "एक अंगूठे पर कदम रखा और एक नाविक की तरह कसम खाई", 'सपना देखा कि मैंने अपने पड़ोसी को चूमा', 'मालदीव के लिए छुट्टियां बुक कीं लेकिन अब लगभग पैसे खत्म हो गए', या 'मेरे कान के नीचे से बाल निकलते हुए पाए गए - इसे तुरंत हटा दिया'। ये सभी आपकी पत्रिका में प्रविष्टियाँ होंगी जो यह बताती हैं कि प्रत्येक दिन क्या हो रहा है - प्रविष्टियाँ आती रहेंगी। लोग अपने जीवन के टुकड़ों को एक सुसंगत कहानी में बुनने का आनंद लेते हैं, बिखरे हुए विवरणों से कहानियाँ बनाते हैं जिन्हें हम क्रमशः अर्थ और पहचान कहते हैं। मैक्स एक प्रतिष्ठित स्विस उपन्यासकार फ्रिस्क ने एक बार कहा था: 'हम कहानियों को कपड़ों की तरह आज़माते हैं।

मनुष्य के रूप में, हम वैश्विक इतिहास को समझने के लिए कथा का उपयोग करते हैं, अलग-अलग घटनाओं को एक सुसंगत कहानी में जोड़ते हैं। इस लेंस के माध्यम से हम कुछ मुद्दों को समझते हैं; जैसे कि क्यों वर्साय की संधि ने द्वितीय विश्व युद्ध में योगदान दिया या क्यों एलन ग्रीनस्पैन की ढीली मौद्रिक नीति लेहमैन ब्रदर्स के पतन का कारण बनी। समझ अलग-अलग हो सकती है; यहां, हम समझ को समझ कहते हैं, लेकिन इन चीजों को उनकी मूल स्थिति में नहीं समझा जा सकता है - हम बाद में उनसे अर्थ बनाते हैं। कहानियाँ अत्यधिक व्यक्तिपरक संस्थाएँ हैं। वे अक्सर वास्तविकता को विकृत कर देते हैं और जो भी चीज़ फिट नहीं बैठती उसे फ़िल्टर कर देते हैं, फिर भी हम उनके बिना शक्तिहीन हैं। ऐसा क्यों अभी भी अस्पष्ट है. हम निश्चित रूप से जानते हैं कि वैज्ञानिक बनने से पहले मनुष्यों ने दुनिया को समझाने के तरीकों के रूप में कहानियों का इस्तेमाल किया था; इस प्रकार पौराणिक कथाओं को दर्शनशास्त्र से भी पुराना बना दिया गया और कहानी पूर्वाग्रह को जन्म दिया गया।

मीडिया रिपोर्टों में कहानी पूर्वाग्रह बड़े पैमाने पर चलता है। एक उदाहरण देने के लिए: जब एक कार एक पुल पर चलती है और वह अचानक ढह जाती है, तो हम अगले दिन क्या पढ़ते हैं? इसके दुर्भाग्यपूर्ण ड्राइवर के बारे में एक कहानी; वे कहाँ से आये थे और कहाँ जा रहे थे; हमने उनकी जीवनी पढ़ी (जन्म कहीं और, पालन-पोषण कहीं और, जीविकोपार्जन कहीं और); यदि वह जीवित रहता है और साक्षात्कार दे सकता है तो हमें सटीक जानकारी मिलेगी कि पुल ढहने पर उसने क्या महसूस किया था - लेकिन इनमें से कोई भी कहानी इसके कारण की व्याख्या नहीं करती है - बस उन सभी को छोड़ दें

पुल पर भी विचार किया जाना चाहिए: इसका कमजोर बिंदु कहां था, क्या थकान के कारण यह हुआ और क्या क्षति हुई; एक उपयुक्त डिज़ाइन का उपयोग किया गया था और क्या इस पुल के समान समान पुल थे हालाँकि ये सभी प्रश्न वैध हैं, लेकिन इनके उत्तर दिलचस्प कहानियाँ नहीं बनाते हैं; हमें अमूर्त विवरण से अधिक कहानियाँ पसंद हैं। इसलिए, मनोरंजक कहानियों को प्रासंगिक तथ्यों से अधिक प्राथमिकता दी जाती है (जिसका उल्टा मतलब यह होगा कि हम केवल गैर-काल्पनिक किताबें ही पढ़ेंगे!)

आपके विचार के लिए यहां अंग्रेजी उपन्यासकार ई. एम. फोर्स्टर की दो कहानियाँ हैं; आपको कौन सा सबसे अच्छा याद रहेगा? ए) "राजा मर गया और रानी दुःख से मर गई।' बी) 'राजा मर गया और रानी दुःख से मर गई।' अधिकांश लोगों को कहानी बी अधिक आसानी से याद होगी क्योंकि इसकी दो मौतें केवल क्रमिक रूप से नहीं होती हैं बल्कि भावनात्मक रूप से जुड़ी हुई हैं; A अधिक तथ्यात्मक है जबकि B का गहरा महत्व है - सूचना सिद्धांत सुझाव देता है कि हमें A को छोटा होने के कारण अधिक आसानी से याद रखना चाहिए लेकिन हमारा दिमाग उस तरह से काम नहीं करता है!

विज्ञापनदाताओं ने उत्पादों के लाभों के बजाय उनके इर्द-गिर्द आकर्षक आख्यान बनाकर इस तथ्य का फायदा उठाना भी सीख लिया है। Google ने YouTube पर अपने 2010 के सुपर बाउल विज्ञापन 'Google पेरिसियन लव' में इस तकनीक को पूरी तरह से चित्रित किया है - यहां स्वयं देखें।

वास्तविकता को सार्थक कहानियों में सीमित करना वास्तविकता को विकृत करता है और हमारे निर्णयों को प्रभावित करता है; इस विकृति को ठीक करने का एक उपाय है। इन आख्यानों को अलग करें। अपने आप से पूछें: वे क्या छिपाने की कोशिश कर रहे हैं? किसी पुस्तकालय में जाएँ और पुराने समाचार पत्र पढ़ने में आधा दिन बिताएँ; आप देखेंगे कि जो घटनाएँ अब जुड़ी हुई दिखाई देती हैं वे उस समय नहीं थीं; इसके अलावा अपने जीवन की कहानी को संदर्भ से बाहर देखने का प्रयास करें: पुरानी पत्रिकाओं और नोट्स को खंगालें और पता लगाएं कि जीवन ने सीधे आज की ओर जाने वाले सीधे रास्ते का अनुसरण नहीं किया है; इसके बजाय यह अनुभवों और घटनाओं की एक अनियोजित, अप्रत्याशित श्रृंखला रही है - जिसे हम अध्याय 5 में आगे देखेंगे।

जैसे ही आप कोई कहानी सुनें, विचार करें कि यह किससे आई है और इसके इरादे क्या हैं; क्या अनकहा रह गया है; कौन से विवरण छूट गए होंगे जो प्रस्तुत किए गए से भी अधिक प्रासंगिक हो सकते हैं, उदाहरण के लिए वित्तीय संकट या युद्ध पर चर्चा करते समय। कहानियों के साथ एक समस्या: वे हमें सुरक्षा की झूठी भावना देती हैं।
समझ अनिवार्य रूप से हमें अधिक जोखिम लेने और अज्ञात पानी में सावधानी से चलने के लिए प्रेरित करती है।

गलत कारणता देखें (अध्याय 37); 'क्योंकि' औचित्य (अध्याय 52); वैयक्तिकरण (अध्याय 87); हिंडसाइट बायस (अध्याय 14); मौलिक एट्रिब्यूशन त्रुटि (अध्याय 36); संयोजन भ्रांति (अध्याय 41); इतिहास का मिथ्याकरण (अध्याय 78); विचार करने के लिए अतिरिक्त मुद्दों के रूप में चेरी पिकिंग (अध्याय 96) और न्यूज़ इल्यूजन (अध्याय 99)।

आपको डायरी क्यों रखनी चाहिए?

दृष्टि पूर्वाग्रह हाल ही में, मुझे अपने परदादा की डायरियाँ मिलीं। 1932 में वह फिल्म निर्माण के अवसरों की तलाश में एक स्विस गांव से पेरिस चले गए और फ्रांस पर आक्रमण के ठीक दो महीने बाद उन्होंने यह प्रविष्टि दर्ज की: 'हर कोई मानता है कि जर्मन सेनाएं दिसंबर तक चली जाएंगी, इसके बाद इंग्लैंड का तेजी से पतन होगा; तब पेरिस में हमारा जीवन अंततः जर्मनी के तहत फिर से शुरू हो सकता है।' दुर्भाग्य से यह कब्ज़ा चार साल तक चला।

आज की इतिहास की किताबें एक संगठित सैन्य रणनीति के हिस्से के रूप में फ्रांस पर जर्मन कब्जे को प्रस्तुत करती हैं; इसलिए पीछे मुड़कर देखने पर इसकी संभावना प्रतीत होती है। दुर्भाग्य से, हम पूर्वदृष्टि पूर्वाग्रह का शिकार हो गए हैं।

अब 2007 के इस उदाहरण पर विचार करें: आर्थिक विशेषज्ञों ने अगले वर्षों के लिए उज्ज्वल संभावनाओं का अनुमान लगाया, फिर भी एक वर्ष के भीतर वित्तीय बाजार ढह गए। जब पत्रकारों ने इस संकट को समझाने के लिए कहा, तो विशेषज्ञों ने इसके कारण गिनाए: ग्रीनस्पैन का मौद्रिक विस्तार; ढीले बंधक सत्यापन मानक; भ्रष्ट रेटिंग एजेंसियां; कम पूंजी आवश्यकताएं इत्यादि - बाद में देखने पर ये स्पष्टीकरण अधिक स्पष्ट प्रतीत होते हैं।

पश्चदृष्टि पूर्वाग्रह सबसे व्यापक भ्रांतियों में से एक है। हम इसे 'मैंने तुमसे ऐसा कहा था' घटना के रूप में संदर्भित कर सकते हैं: जब पीछे की ओर देखते हैं तो सब कुछ स्पष्ट और पूर्वानुमानित हो जाता है। यदि किसी सीईओ को कड़ी मेहनत और भाग्य के माध्यम से सफलता मिलती है, तो इसकी संभावना के बारे में उनकी धारणा अक्सर वास्तविकता की तुलना में बहुत अधिक होती है। 1980 में जिमी कार्टर पर रोनाल्ड रीगन की विजयी चुनावी जीत के बाद, टिप्पणीकारों ने अंतिम मतदान दिवस से कुछ दिन पहले तक इसकी निकटता के बावजूद उनकी नियुक्ति की भविष्यवाणी की थी। आज के व्यावसायिक पत्रकार Google के अंतिम प्रभुत्व के प्रति आश्वस्त प्रतीत होते हैं, भले ही ऐसी भविष्यवाणियाँ हँसी का कारण बनतीं, यदि वे 1998 में की गई होतीं। एक चौंकाने वाला तथ्य: आज यह दिल दहला देने वाली बात प्रतीत होती है कि 1914 में साराजेवो में चलाई गई एक गोली के कारण 30 साल हो सकते हैं। संघर्ष और 50 मिलियन लोगों की जान चली गई - कुछ ऐसा जो हर स्कूली बच्चे को स्कूल में सिखाया जाता है - लेकिन तब किसी ने सपने में भी नहीं सोचा होगा।
वृद्धि बहुत बेतुकी लगती होगी।

क्या चीज़ पश्चदृष्टि पूर्वाग्रह को इतना खतरनाक बनाती है? बस, यह हमें विश्वास दिलाता है कि हम वास्तव में जितने बेहतर भविष्यवक्ता हैं, उससे बेहतर भविष्यवक्ता हैं और हमारे ज्ञान में अहंकारी अति आत्मविश्वास का कारण बनता है, जिससे हमें वैश्विक मुद्दों के साथ-साथ स्थानीय मुद्दों पर भी बहुत अधिक जोखिम उठाना पड़ता है: "क्या आपने सुना है? सिल्विया और क्रिस अलग हो गए हैं यह हमेशा गलत हो रहा था क्योंकि वे अलग-अलग व्यक्तित्व के हैं - या बिल्कुल एक जैसे हैं - या हो सकता है कि उन्होंने एक साथ बहुत अधिक समय बिताया हो या मुश्किल से एक-दूसरे को देखा हो"।

पश्चदृष्टि पूर्वाग्रह पर काबू पाना कठिन हो सकता है। अध्ययनों से पता चला है कि इसके बारे में जानने वाले लोग भी अक्सर इसके झांसे में आ जाते हैं, इसलिए मुझे इस अध्याय को पढ़ने में आपका समय बर्बाद करने का सचमुच अफसोस है।

यदि आप यहां तक पहुंच गए हैं, तो मैं पेशेवर अनुभव के बजाय व्यक्तिगत अनुभव के आधार पर एक अंतिम सलाह देती हूं: एक पत्रिका रखें। राजनीतिक परिवर्तन, अपने करियर के विकास, वज़न संबंधी मुद्दों या शेयर बाज़ार से संबंधित किसी भी भविष्यवाणी को रिकॉर्ड करें। कुछ समय बीत जाने के बाद, किसी भी विसंगति का आकलन करने के लिए वास्तविक विकास के साथ इन भविष्यवाणियों की समीक्षा करें। इस बात से आश्चर्यचकित रह जाइए कि आपके पूर्वानुमान कौशल कितने ख़राब हैं! केवल इतिहास की पाठ्यपुस्तकें ही न पढ़ें - पूरी तरह से पूर्वव्यापी सिद्धांतों पर भरोसा न करें! उस काल की डायरियाँ, मौखिक इतिहास और ऐतिहासिक दस्तावेज़ अमूल्य जानकारी प्रदान करते हैं जो विशेषज्ञों के लिए भी संभव नहीं है! जो लोग समाचार के बिना काम नहीं कर सकते, उन्हें पाँच, दस या बीस साल पहले के समाचार पत्र पढ़ने चाहिए - इससे और भी गहरा एहसास होगा कि हमारी दुनिया कितनी अप्रत्याशित हो सकती है। पीछे मुड़कर देखने से अस्थायी आराम मिल सकता है; लेकिन सब कुछ कैसे काम करता है इसके गहन रहस्योद्घाटन के लिए आगे देखने से हमें और अधिक लाभ होगा।

यह भी देखें: एकल कारण की भ्रांति (अध्याय 97); इतिहास का मिथ्याकरण (अध्याय 78); कहानी पूर्वाग्रह (अध्याय 13); पूर्वानुमान भ्रम (अध्याय 40); परिणाम पूर्वाग्रह (अध्याय 20) और स्व-सेवा पूर्वाग्रह (अध्याय 45) ज्ञान और क्षमता को अधिक महत्व देते समय विचार करने के लिए अतिरिक्त परिप्रेक्ष्य के रूप में।

हम अपने ज्ञान और क्षमताओं को लगातार ज़्यादा महत्व क्यों देते हैं?

जोहान सेबेस्टियन बाख केवल एक-हिट आश्चर्य नहीं थे; उनका काम असंख्य है और इस अध्याय के अंत में आगे चर्चा की जाएगी। अभी के लिए, यहां आपके लिए यह अनुमान लगाने का एक सरल कार्य है कि उसने कितने संगीत कार्यक्रम बनाए; आदर्श रूप से 98% सटीक अनुमान और अनुमानों के बीच केवल 2-2% अंतर के साथ 100-500 के बीच की सीमा चुनें।

हमें अपने ज्ञान पर कितना भरोसा होना चाहिए? मनोवैज्ञानिक हॉवर्ड रायफा और मार्क अल्परट ने साक्षात्कार और फोकस समूहों के माध्यम से सैकड़ों व्यक्तियों से यही प्रश्न पूछा। उन्होंने प्रतिभागियों से अमेरिका में कुल अंडा उत्पादन का अनुमान लगाने या बोस्टन येलो पेज निर्देशिका में सूचीबद्ध चिकित्सकों और सर्जनों की संख्या का अनुमान लगाने या अमेरिका में विदेशी ऑटोमोबाइल आयात का अनुमान लगाने या यहां तक कि लाखों डॉलर में पनामा नहर के टोल संग्रह का अनुमान लगाने के लिए कहा। विषयों को 2% से अधिक समय तक गलत न होने के उद्देश्य से अपनी इच्छित किसी भी श्रेणी का चयन करने के लिए कहा गया था, फिर भी वास्तव में 40% की कमी थी! शोधकर्ताओं ने इस अद्भुत घटना को अति आत्मविश्वास का नाम दिया।

अति आत्मविश्वास एक साल में शेयर बाजार के प्रदर्शन या तीन साल में मुनाफे के संदर्भ में पूर्वानुमान के साथ-साथ हमारे ज्ञान और भविष्यवाणी करने की क्षमता के पूर्वानुमान पर भी लागू होता है। लोग अक्सर हमारे ज्ञान और पूर्वानुमान लगाने की क्षमता दोनों को कम आंकते हैं, और हमारे आत्मविश्वास को भी कि व्यक्तिगत अनुमान सही या गलत हैं; बल्कि यह मापता है कि लोग क्या जानते हैं बनाम वे भविष्यवाणियाँ करने में कितना आश्वस्त महसूस करते हैं। यह कुछ लोगों को आश्चर्यचकित कर सकता है कि विशेषज्ञ अति आत्मविश्वास से आम लोगों से भी अधिक पीड़ित होते हैं; जब एक अर्थशास्त्र के प्रोफेसर से अब से पांच साल बाद तेल की कीमतों की भविष्यवाणी करने के लिए कहा जाता है, तो वह अपने समकक्ष की तुलना में अधिक दृढ़ विश्वास के साथ अपनी भविष्यवाणी दे सकता है; फिर भी जब उनसे अगले पांच वर्षों में तेल की कीमतों की भविष्यवाणी करने के लिए कहा गया, तो उन्होंने अपने समकक्ष से भी अधिक आत्मविश्वास से अपना पूर्वानुमान दिया!

अति आत्मविश्वास अर्थशास्त्र से भी आगे तक फैला हुआ है: सर्वेक्षणों से पता चलता है कि 84% फ्रांसीसी खुद को औसत से ऊपर प्रेमी मानते हैं; अति आत्मविश्वास के प्रभाव के बिना, यह आंकड़ा बिल्कुल 50% होना चाहिए था; सांख्यिकीय माध्यिका का अर्थ है कि क्रमशः 50% को उच्च और 50% को निम्न स्थान पर होना चाहिए। एक अन्य सर्वेक्षण से पता चलता है कि 93% मानते हैं कि इस अति आत्मविश्वास प्रभाव के बावजूद वे औसत से ऊपर के प्रेमी हैं।
सर्वेक्षण में शामिल अमेरिकी छात्रों ने खुद को "औसत से ऊपर" ड्राइवर के रूप में आंका, और नेब्रास्का विश्वविद्यालय के 68% संकाय ने शिक्षण क्षमता के लिए खुद को शीर्ष 25% में दर्जा दिया। उद्यमी और शादी करने के इच्छुक लोग भी खुद को श्रेष्ठ मानते थे: उनका मानना था कि वे बाधाओं को हरा सकते हैं। अति आत्मविश्वास के बिना, उद्यमशीलता गतिविधि में नाटकीय रूप से कमी आने की संभावना है; उदाहरण के लिए, हर रेस्तरां मालिक को उम्मीद होती है कि उनका रेस्तरां अगला मिशेलिन-स्टार प्रतिष्ठान बन जाएगा, लेकिन निवेश पर खराब रिटर्न के कारण कई रेस्तरां तीन साल के भीतर विफल हो जाते हैं, जो लगातार शून्य से नीचे रहता है।

शायद ही कोई बड़ी परियोजना समय पर और पूर्वानुमान से कम लागत पर पूरी होती है। उल्लेखनीय उदाहरणों में एयरबस A400M, सिडनी ओपेरा हाउस और बोस्टन का बिग डिग शामिल हैं। यह समझने के लिए कि क्यों, दो ताकतें एक साथ काम में आती हैं: अति आत्मविश्वास एक कारक है; दूसरे, परियोजना में सीधे रुचि रखने वालों को अक्सर लागत कम करने के लिए प्रोत्साहन मिलता है: सलाहकार, ठेकेदार और आपूर्तिकर्ता सभी अधिक व्यवसाय चाहते हैं। बिल्डर्स आशावादी आंकड़ों से प्रोत्साहित महसूस करते हैं जबकि राजनेता इन गतिविधियों के माध्यम से अधिक समर्थन प्राप्त करते हैं - हम रणनीतिक गलत बयानी (अध्याय 89) पर चर्चा करेंगे।

जो चीज़ अति आत्मविश्वास को इतना व्यापक बनाती है और इसका प्रभाव इतना परेशान करने वाला है, वह है इसकी कठोरता: यह प्रोत्साहनों पर प्रतिक्रिया नहीं करता है, क्योंकि यह प्रोत्साहनों से प्रेरित होने के बजाय एक सहज गुण है; न ही इसका समकक्ष, "अविश्वास", मौजूद है। कुछ पाठकों के लिए यह आश्चर्य की बात नहीं है: पुरुषों का अति आत्मविश्वास अधिक प्रमुख होता है जबकि महिलाएं अपने ज्ञान और क्षमताओं को उतना बढ़ा-चढ़ाकर नहीं बताती हैं; इसके अलावा, जब खुद को अधिक आंकने की बात आती है तो आशावादी अकेले नहीं होते हैं - यहा तक कि स्व-घोषित निराशावादी भी अभी भी स्वयं को अधिक महत्व देते हैं, भले ही कम अतिवादी हों।

निष्कर्ष: इस बात से अवगत रहें कि हमारे लिए अपने ज्ञान को अधिक महत्व देना आसान है। विशेषज्ञों की भविष्यवाणियों से सावधान रहें; सभी योजनाओं में, निराशावादी परिदृश्य का पक्ष लें क्योंकि इससे आपको स्थितियों को अधिक यथार्थवादी ढंग से पहचानने का मौका मिलता है।

हमारे वर्तमान प्रश्न पर वापस जाएँ: जोहान सेबेस्टियन बाख ने 1127 कृतियाँ छोड़ी हैं जो आज तक बची हुई हैं, हालाँकि उनमें से कई समय के साथ नष्ट हो गई होंगी। आगे पढ़ने के लिए देखें: कौशल का भ्रम (अध्याय 94); पूर्वानुमान भ्रम (अध्याय 40) और रणनीतिक गलतबयानी। (अध्याय 89); प्रोत्साहन सुपर-रिस्पॉन्स प्रवृत्ति (अध्याय 18); स्व-सेवा पूर्वाग्रह (अध्याय 45)।

न्यूज एंकरों को गंभीरता से न लें

1918 में भौतिकी के लिए नोबेल पुरस्कार से सम्मानित होने के बाद, मैक्स प्लैंक नए क्वांटम यांत्रिकी सिद्धांतों को प्रस्तुत करने के लिए जर्मनी के माध्यम से एक राष्ट्रव्यापी व्याख्यान दौरे पर गए। वे जहां भी गये, वही व्याख्यान दिये। समय के साथ, उनका ड्राइवर उनके भाषण से परिचित हो गया: 'प्रोफेसर प्लैंक को खुद को दोहराना नीरस लगता होगा; म्यूनिख में मुझे आपके लिए यह करने दीजिए? मेरे ड्राइवर की टोपी पहनकर आगे की पंक्ति में बैठो और मेरी ड्राइवर की टोपी पहनो क्योंकि इससे हम दोनों को कुछ विविधता मिलेगी!' प्लैंक इस विचार से प्रसन्न था, इसलिए ड्राइवर ने एक विशिष्ट दर्शकों के सामने क्वांटम यांत्रिकी पर एक शाम का व्याख्यान रखा। जब म्यूनिख के भौतिकी के प्रोफेसरों में से एक उनके लिए एक प्रश्न लेकर खड़ा हुआ, तो उसका ड्राइवर आश्चर्यचकित हो गया: 'मैंने कभी नहीं सोचा था कि म्यूनिख जैसे उन्नत शहर का कोई व्यक्ति इतना सरल प्रश्न पूछेगा! मेरा ड्राइवर खुशी से जवाब देगा।'

दुनिया के प्रमुख निवेशकों में से एक चार्ली मंगर (जिनसे मैंने यह कहानी ली है) ने दो प्रकार के ज्ञान की पहचान की। वास्तविक ज्ञान उन लोगों में देखा जा सकता है जिन्होंने किसी विषय को समझने में महत्वपूर्ण समय और प्रयास खर्च किया है; चालक ज्ञान का तात्पर्य उन लोगों के ज्ञान से है जो प्रभावशाली आवाज़ों या शानदार हेयर स्टाइल के साथ शो प्रस्तुत करना जानते हैं; हालाँकि, उनके शब्द ऐसे आते हैं जैसे वे स्क्रिप्ट से पढ़ रहे हों।

दुर्भाग्य से, सच्चे ज्ञान को चालक ज्ञान से अलग करना पहले से कहीं अधिक चुनौतीपूर्ण हो गया है। समाचार एंकर इस द्वंद्व का एक अच्छा उदाहरण प्रदान करते हैं; हर कोई जानता है कि ये अभिनेता केवल भूमिकाएँ निभा रहे हैं - फिर भी मैं उन विषयों पर पैनलों को मॉडरेट करने के अलावा इन परिष्कृत स्क्रिप्ट पाठकों द्वारा दिए जाने वाले सम्मान से आश्चर्यचकित रहता हूँ जिन्हें वे स्वयं मुश्किल से ही समझ पाते हैं।

पत्रकार अधिक चुनौतियाँ प्रस्तुत करते हैं। कुछ पत्रकारों के पास सच्ची विशेषज्ञता होती है; ये अनुभवी पत्रकार आमतौर पर वर्षों तक एक ही क्षेत्र में विशेषज्ञ होते हैं। ये पत्रकार किसी विषय की जटिलताओं को समझने का प्रयास करते हैं, फिर मामलों और अपवादों का विवरण देने वाले लंबे लेखों के माध्यम से इसे प्रभावी ढंग से समझाते हैं। हालाँकि, अधिकांश पत्रकार ड्राइवरों की तरह दिखते हैं: मुआवजे के लिए अधिक शोध किए बिना Google खोजों का उपयोग करके तुरंत एकतरफा पाठ लिखना; उनके पाठ सामग्री में एकतरफा, संक्षिप्त और एक-आयामी होते हैं। ये व्यक्ति कम ज्ञान का प्रदर्शन करते हैं, जबकि स्वर में श्रेष्ठता का भाव प्रदर्शित करते हैं।

व्यवसाय अक्सर सतहीपन प्रदर्शित कर सकता है। जैसे-जैसे कंपनियाँ बड़ी होती जाती हैं, सीईओ से "स्टार गुणवत्ता" की अपेक्षा की जाती है। दुर्भाग्य से, समर्पण, गंभीरता और विश्वसनीयता को अक्सर शीर्ष पर कम महत्व दिया जाता है। कभी-कभी शेयरधारक और पत्रकार गलती से यह मान लेते हैं कि दिखावे से बेहतर परिणाम मिलेंगे जो निश्चित रूप से सच नहीं है।

मंगेर के बिजनेस पार्टनर वॉरेन बफेट एक उत्कृष्ट समाधान लेकर आए हैं: उनकी "सक्षमता का चक्र"। इस दायरे में जो आता है उसे सहजता से समझा जा सकता है जबकि जो इसके बाहर है वह

आंशिक रूप से ही समझ में आ सकता है। मुंगेर लोगों को सलाह देते हैं कि वे अपनी क्षमता के दायरे में ही रहें: यह समझना कि आप क्या समझते हैं और क्या नहीं। आकार तब तक मायने नहीं रखता जब तक वे जानते हैं कि उनकी परिधि कहाँ है।' मुंगेर इस बात पर जोर देता है. किसी भी प्रयास में सफलता पाने के लिए व्यक्ति को अपनी योग्यताओं को समझना होगा। यदि अपने से अधिक योग्यता वाले लोगों के खिलाफ खेलना आपके लिए हानिकारक है, और आप नहीं करते हैं, तो यह संभवतः नुकसान में समाप्त होगा - इतनी गारंटी दी जा सकती है। इसलिए, बढ़त ढूंढना और अपनी क्षमता के दायरे में बने रहना अत्यंत महत्वपूर्ण है।'

निष्कर्ष: चालक ज्ञान की तलाश में रहें। कंपनी के प्रवक्ताओं, रिंगमास्टर्स, न्यूज़कास्टर्स, श्मूज़र्स या वर्बिएज विक्रेताओं को सच्चे ज्ञान वाले विशेषज्ञ समझने की गलती न करें। एक स्पष्ट संकेतक: सच्चे विशेषज्ञ जानते हैं कि उनकी विशेषज्ञता कब समाप्त होती है और कब फिर से शुरू होती है; सच्चे विशेषज्ञ भी तब पहचानते हैं जब कोई चीज़ उनकी विशेषज्ञता के दायरे से बाहर हो जाती है, और ऐसे ज्ञान अंतराल को इंगित करने के लिए चुप रहते हैं या स्वतंत्र रूप से बोलते हैं; ड्राइवर शायद ही कभी अपने संबंध में ऐसा करते हैं!

प्राधिकरण पूर्वाग्रह (अध्याय 9) भी देखें; डोमेन निर्भरता (अध्याय 76); आगे की खोज के लिए ट्वैडल टेंडेंसी (अध्याय 57)।

आप जितना सोचते हैं उससे कम नियंत्रण रखते हैं

हर रात लगभग नौ बजे, लगभग साढ़े नौ बजे, लाल टोपी पहने एक व्यक्ति एक चौराहे पर खड़ा होता है और बेतहाशा अपनी टोपी इधर-उधर लहराना शुरू कर देता है। पांच मिनट के बाद वह गायब हो जाता है और एक दिन बाद जब पुलिसकर्मी ने संपर्क किया, तो इस व्यक्ति ने उत्तर दिया कि वह जिराफों को दूर रख रहा था, लेकिन यहां कोई भी दिखाई नहीं दे रहा था, इसलिए वह इस पर प्रभावी काम कर रहा होगा!' इस पर पुलिसकर्मी ने जवाब दिया, "ठीक है, तब तो मैं अच्छा कर रहा होगा!"

एक दिन जब मेरा दोस्त, जिसका पैर टूटा हुआ था, घर पर था और उसने मुझसे उसके लिए लॉटरी टिकट खरीदने के लिए कहा, मैं शहर गया, कुछ बक्सों की जांच की, उस पर उसका नाम लिखा और भुगतान कर दिया। हालाँकि, जैसे ही मैंने उसे दिया, उसने आपत्ति जताई: 'तुमने ऐसा क्यों किया? मैं इसे स्वयं भरना चाहता था; ये संख्याएँ मुझे कुछ भी नहीं जिताएँगी!"

"क्या आप सचमुच सोचते हैं कि नंबर चुनने से ड्रा पर कोई असर पड़ेगा?" मैंने पूछताछ की. उसका चेहरा एकाएक मेरी नज़र से मिला।
कैसीनो खिलाड़ी अक्सर अधिक संख्या की आवश्यकता होने पर जितना संभव हो उतना कठिन पासा फेंकते हैं, और कम संख्या की उम्मीद करते समय अधिक सावधानी से पासा फेंकते हैं - फुटबॉल प्रशंसकों की तरह यह एक बेतुका अभ्यास है कि वे टेलीविजन सेट के सामने इशारों से खेल को प्रभावित कर सकते हैं। दुर्भाग्य से वे इस भ्रम को दूसरों के साथ साझा करते हैं जो सकारात्मक भावनाएं या "कर्म" भेजकर विश्व मामलों को प्रभावित करना चाहते हैं।

जेनकिंस और वार्ड ने 1965 में दो स्विच और एक लाइट का उपयोग करके एक प्रयोग के माध्यम से नियंत्रण के भ्रम की खोज की, यह विश्वास करने की प्रवृत्ति कि हम किसी ऐसी चीज़ को प्रभावित कर सकते हैं जिस पर हमारा कोई प्रभाव नहीं है। स्विच फ़्लिक करके वे यह प्रभावित करने में सक्षम थे कि प्रकाश कब और क्या यादृच्छिक रूप से आया; विषयों को अभी भी विश्वास था कि वे स्विच फ़्लिक करके इसकी चमक को प्रभावित कर सकते हैं।

इस उदाहरण पर विचार करें: एक अमेरिकी शोधकर्ता ने लोगों को ध्वनि बूथों में रखकर दर्द के प्रति ध्वनिक संवेदनशीलता की जांच करने के लिए परीक्षण किया और जब तक विषयों ने उसे रुकने का संकेत नहीं दिया तब तक धीरे-धीरे ध्वनि बढ़ाई। उनके दो कमरे (ए और बी) एक जैसे थे, सिवाय इसके कि बी की दीवार पर एक लाल पैनिक बटन था।
बटन का उद्देश्य केवल नियंत्रण का भ्रम था; हालाँकि, इसकी उपस्थिति ने प्रतिभागियों को यह एहसास दिलाया कि वे अपनी स्थिति को आकार दे सकते हैं और इस प्रकार वे काफी अधिक शोर स्तर को सहन करने में सक्षम हो सकते हैं। यदि आपने कभी अलेक्सांद्र सोल्झेनित्सिन, प्राइमो लेवी या विक्टर फ्रैंकल को पढ़ा है, तो यह निष्कर्ष कोई आश्चर्य की बात नहीं होनी चाहिए; उनकी किताबें बताती हैं कि कैसे नियति पर मामूली प्रभाव ने भी जेल के कैदियों को आशा नहीं छोड़ने के लिए प्रोत्साहित किया।

लॉस एंजिल्स में सड़कों को पार करना मुश्किल हो सकता है, लेकिन एक बटन के स्पर्श से हम यातायात रोक सकते हैं - या हम कर सकते हैं? बटन का उद्देश्य हमें यह विश्वास दिलाना है कि ट्रैफिक लाइटों पर हमारा कुछ नियंत्रण है, ताकि हम अधीर हुए बिना या अधिक धैर्यपूर्वक बदलाव की प्रतीक्षा में धैर्य खोए बिना लंबे समय तक इंतजार कर सकें। जब लिफ्ट के 'दरवाजा खोलने/बंद करने' बटन की बात आती है तो इसी तरह की तरकीबें अपनाई जाती हैं: कई तो बिजली के पैनल से भी नहीं जुड़े होते हैं! इसी तरह के उपाय खुले योजना कार्यालयों में भी लागू किए गए हैं: कुछ के लिए यह हमेशा बहुत गर्म हो सकता है, जबकि अन्य के लिए बहुत ठंडा हो सकता है। चतुर तकनीशियन नकली तापमान डायल स्थापित करके नियंत्रण का भ्रम पैदा करते हैं; इससे ऊर्जा बिल और शिकायतें कम हो जाती हैं। ऐसी रणनीतियों को प्लेसीबो बटन के रूप में जाना जाता है और इन्हें लिफ्ट और कार्यालयों से लेकर चेकआउट काउंटर वाले स्टोर तक हर जगह इस्तेमाल किया जा रहा है।

केंद्रीय बैंकर और सरकारी अधिकारी प्लेसीबो बटन का विशेषज्ञ रूप से उपयोग करते हैं। एक उदाहरण संघीय निधि दर होगी - एक अत्यंत अल्पकालिक, रात्रिकालीन ब्याज दर। हालाँकि यह दर दीर्घकालिक ब्याज दरों (जो आपूर्ति और मांग पर निर्भर करती है और इसलिए निवेश निर्णयों में महत्वपूर्ण है) को प्रभावित नहीं करती है, इसके हर बदलाव पर शेयर बाजार में मजबूत प्रतिक्रिया होती है। कोई नहीं समझता कि रात्रिकालीन ब्याज दरों का बाज़ारों पर इतना प्रभाव क्यों पड़ता है, लेकिन हर कोई सोचता है कि ऐसा होता है और ऐसा ही होता है। फ़ेडरल रिज़र्व अध्यक्ष के बयानों का समान प्रभाव हो सकता है: बाज़ार में हलचल होती है, भले ही उनके शब्द वास्तविक अर्थव्यवस्था के लिए वास्तविक ठोस लाभ कम प्रदान करते हों; वे केवल ध्वनि तरंगें उत्पन्न करते हैं। फिर भी हम आर्थिक प्रमुखों को भ्रामक डायलों के साथ खेलना जारी रखने की अनुमति देते हैं। वास्तविक जागृति तब आएगी जब इसमें शामिल सभी पक्ष यह समझ लें कि वैश्विक अर्थव्यवस्था अंततः हमारे हाथ से बाहर है और इसे प्रभावी ढंग से प्रबंधित नहीं किया जा सकता है।

क्या आप आश्वस्त हैं कि सब कुछ नियंत्रण में है? शायद जितना आप सोचते हैं उससे कम संयोग भी देखें (अध्याय 24); संभाव्यता की उपेक्षा (अध्याय 26); पूर्वानुमान भ्रम (अध्याय 40); कौशल का भ्रम (अध्याय 94); क्लस्टरिंग इल्यूज़न (अध्याय 3); इस अध्याय में आत्मनिरीक्षण भ्रम (अध्याय 67)।

अपने वकील को कभी भी प्रति घंटा प्रोत्साहन राशि का भुगतान न करें

अति-प्रतिक्रिया प्रवृत्ति

19वीं शताब्दी में हनोई में फ्रांसीसी औपनिवेशिक शासकों ने चूहों के संक्रमण को नियंत्रित करने के लिए एक कानून बनाया: प्रत्येक मृत चूहे को अधिकारियों के पास लाने पर, उसे पकड़ने वालों को इनाम मिलेगा। इस पहल के माध्यम से कई चूहों को नष्ट कर दिया गया, लेकिन कई अन्य को इसके लिए विशेष रूप से पाला गया।

1947 में मृत सागर स्क्रॉल की खोज करने वाले पुरातत्वविदों ने प्रति चर्मपत्र एक खोजकर्ता का शुल्क निर्धारित किया; कई और स्क्रॉल खोजने के बजाय, पुरातत्वविदों ने खोजकर्ता का शुल्क बढ़ाने के लिए मौजूदा चर्मपत्रों को फाड़ दिया। 19वीं शताब्दी के दौरान चीन में भी इसी तरह के प्रोत्साहन की पेशकश की गई थी: किसानों को अपनी जमीन पर कई डायनासोर की हड्डियाँ मिलीं और फिर उन्हें पुरस्कार के रूप में नकद देने के लिए उन्हें तोड़ दिया। आधुनिक कंपनी बोर्ड लक्ष्य पूरा होने पर बोनस देते हैं और प्रबंधक अपना व्यवसाय बढ़ाने के बजाय लक्ष्य कम करने में अपनी ऊर्जा खर्च करते हैं।

ये उदाहरण सुपर-रिस्पॉन्स प्रवृत्ति पैदा करने वाले प्रोत्साहनों के बारे में चार्ली मुंगर के प्रसिद्ध अवलोकन को दर्शाते हैं। लोग प्रोत्साहन का जवाब वही करके देते हैं जो उनके सर्वोत्तम हित में हो। हालाँकि, जो उल्लेखनीय है वह यह है कि जब नए प्रोत्साहन आते हैं या मौजूदा प्रोत्साहनों में बदलाव किया जाता है तो लोगों का व्यवहार कितनी तेजी से और महत्वपूर्ण रूप से बदलता है; इसके अलावा, ऐसा लगता है मानो लोग प्रोत्साहनों के पीछे सीधे तौर पर प्रतिक्रिया देते हैं न कि उनके पीछे कोई बड़ा इरादा होता है।

अच्छी प्रोत्साहन प्रणालियाँ इरादे और इनाम को जोड़ती हैं; उदाहरण के लिए, प्राचीन रोम में इंजीनियरों को उद्घाटन समारोह के दौरान पुल निर्माण के नीचे खड़े होने के लिए आमंत्रित किया जाता था। दूसरी ओर, खराब प्रोत्साहन प्रणालियाँ अक्सर इच्छित उद्देश्य को अस्पष्ट या विकृत कर देती हैं; किसी पुस्तक को सेंसर करना केवल उसकी सामग्री को और अधिक कुख्यात बना सकता है, बेचे गए प्रत्येक ऋण के लिए बैंक कर्मचारियों को पुरस्कृत करने से क्रेडिट पोर्टफोलियो को और नुकसान हो सकता है और सीईओ के वेतन को सार्वजनिक करने से उन्हें बढ़ाने के अलावा कुछ नहीं होगा; कोई भी यह नहीं चाहता था कि उसे "हारे हुए सीईओ" के रूप में देखा जाए।

क्या आप व्यक्तियों या संगठनों का व्यवहार बदलना चाहते हैं? मूल्यों और दृष्टिकोणों के बारे में उपदेश देना या तर्क की अपील करना काम कर सकता है, लेकिन प्रोत्साहन अक्सर बेहतर काम करते हैं - उन्हें वित्तीय होने की भी आवश्यकता नहीं है!
सीखी गई हर चीज़ का अच्छा उपयोग किया जा सकता है - अच्छे ग्रेड और नोबेल पुरस्कार से लेकर, मृत्यु के बाद विशेष उपचार तक।

इससे पहले कि मैं यह समझ पाता कि शिक्षित मध्ययुगीन रईसों ने धर्मयुद्ध में भाग लेने के लिए अपना विलासितापूर्ण जीवन क्यों त्याग दिया, मैं यह समझने के लिए संघर्ष कर रहा था कि इस अवधि के सुशिक्षित रईसों को अपनी आरामदायक जीवनशैली को छोड़कर घोड़ों पर चढ़ने के लिए क्या कारण हो सकता है, यह अच्छी तरह से जानते हुए भी यात्रा में कम से कम छह महीने लगे और यह सीधे दुश्मन के इलाके से होकर गुजरी - फिर भी उन्होंने जोखिम उठाया। कुछ विचार और चिंतन के बाद मुझे एहसास हुआ: प्रोत्साहन प्रणालियों ने एक आवश्यक भूमिका निभाई। यदि वे बच गए तो वे युद्ध में लूटी गई अपनी सारी संपत्ति अपने पास रख सकते हैं और अमीर आदमी बन सकते हैं, जबकि जो लोग मर गए वे स्वचालित रूप से अपने सभी लाभों के साथ शहीद हो गए या फिर शहीद के रूप में सीधे स्वर्ग चले गए - जिससे इसमें शामिल सभी प्रतिभागियों के लिए यह जीत-जीत समाधान संभव हो गया - बनाना यह उद्यम पहले दिन से ही इसमें शामिल दोनों पक्षों के लिए लाभदायक है यदि दोनों जीवित घर लौट सकें; किसी भी तरह से यह जीत/जीत की स्थिति थी

एक सेकंड के लिए कल्पना करें कि अगर योद्धा और सैनिक अपनी सेवाओं के लिए दुश्मनों से घंटे के हिसाब से शुल्क लेते हैं - तो हम प्रभावी रूप से उन्हें यथासंभव लंबे समय तक काम करने के लिए प्रोत्साहित करेंगे, है ना? तो हम वकीलों, वास्तुकारों, सलाहकारों, लेखाकारों या ड्राइविंग प्रशिक्षकों को नियुक्त करते समय प्रति घंटा की दर से भुगतान क्यों करते हैं? मेरी सलाह: इसके बजाय उनकी सेवाएं लेने से पहले निश्चित मूल्य समझौतों पर बातचीत करें।

विशिष्ट वित्तीय उत्पादों का समर्थन करने वाले निवेश सलाहकारों से सावधान रहें; उनका ध्यान आपकी वित्तीय भलाई पर नहीं बल्कि कमीशन कमाने पर हो सकता है। उद्यमियों और निवेश बैंकरों की व्यावसायिक योजनाएँ अक्सर बेकार साबित होती हैं क्योंकि विक्रेता केवल अपने हितों को ध्यान में रखते हैं; जैसा कि पुरानी कहावत है 'अगर आपको बाल कटवाने की ज़रूरत है तो कभी नाई से न पूछें।'

प्रोत्साहन अति-प्रतिक्रिया प्रवृत्तियों पर नज़र रखें; जब किसी व्यक्ति या संगठन का व्यवहार आपको आश्चर्यचकित करता है, तो पूछें कि इसके पीछे क्या प्रोत्साहन हो सकता है और आप संभवतः 90% मामलों को आसानी से समझाने में सक्षम होंगे; शेष 10% जुनून, मूर्खता, मनोविकृति या द्वेष हो सकता है।

मोटिवेशन क्राउडिंग (अध्याय 56) भी देखें; पारस्परिकता (अध्याय 6); प्रेरणा भीड़ पर अतिरिक्त सामग्री के लिए अति आत्मविश्वास प्रभाव (अध्याय 15)।

डॉक्टर, सलाहकार और मनोचिकित्सक राहत के अविश्वसनीय स्रोत हो सकते हैं

मतलब का प्रतिगमन

उनका पीठ दर्द बेहतर और बदतर होने के बीच उतार-चढ़ाव करता रहा। कुछ दिन दूसरों से बेहतर थे; ऐसे भी दिन होते थे जब उसे पहाड़ों को हिलाने जैसा महसूस होता था, कुछ ऐसे भी दिन होते थे जब न्यूनतम गति भी असंभव होती थी। जब यह समस्याग्रस्त हो गया - जो सौभाग्य से कभी-कभार ही होता था - उसकी पत्नी उसे एक हाड वैद्य को दिखाने के लिए प्रेरित करती थी; एक बार वहां पहुंचने पर, अगले दिन उसे और अधिक सक्रिय पाया जाएगा और अपने सभी संपर्कों को उसकी अत्यधिक अनुशंसा की जाएगी।

12 साल की गोल्फ विकलांगता वाला एक और युवा व्यक्ति, अपने प्रशिक्षक के बारे में उत्साहपूर्वक प्रशंसा करता था, जब भी उसका खेल लड़खड़ाता था तो वह उसके साथ एक घंटे का समय बुक करता था और इसके तुरंत बाद उसके प्रदर्शन में काफी सुधार हुआ।

एक प्रमुख बैंक के एक निवेश सलाहकार ने एक विचित्र 'रेन डांस' बनाया, जब भी उसके स्टॉक का प्रदर्शन टॉयलेट में खराब रहा, उसने इसे हर बार प्रदर्शित किया। हालाँकि उस समय यह बेतुका लग रहा था, फिर भी उसे ऐसा करने के लिए मजबूर होना पड़ा; और उसके बाद चीज़ें हमेशा बेहतर हुईं।

जो चीज़ तीन व्यक्तियों को एक साथ जोड़ती है वह एक त्रुटि है जिसे रिग्रेशन-टू-मीन भ्रम के रूप में जाना जाता है।

मान लें कि आपके क्षेत्र में असामान्य रूप से ठंड की अवधि का अनुभव हुआ है; संभावना है कि आने वाले दिनों में तापमान धीरे-धीरे अपने मासिक औसत की ओर लौट आएगा। अत्यधिक गर्मी, सूखे या बारिश के साथ भी यही बात लागू होने की संभावना है: मौसम में औसत के आसपास उतार-चढ़ाव होता रहता है। मौसम केवल एक संकेतक है; क्रोनिक दर्द, गोल्फ बाधाएं, स्टॉक मार्केट प्रदर्शन, प्यार में भाग्य, व्यक्तिपरक खुशी के स्तर और परीक्षण स्कोर भी हैं - ये सभी किसी न किसी प्रकार के माध्य के आसपास उतार-चढ़ाव करते हैं। और इसी तरह काइरोप्रैक्टिक विजिट के बिना पुराने पीठ दर्द से राहत के लिए; पाठों को शामिल किए बिना विकलांगताएं 12 पर लौट रही हैं; निवेश सलाहकार का प्रदर्शन औसत बाज़ार प्रदर्शन की ओर लौट रहा है - किसी भी टॉयलेट नृत्य की परवाह किए बिना!

चरम प्रदर्शनों को कम चरम प्रदर्शनों के साथ मिला दिया जाता है। यहां तक कि तीन साल पहले के सबसे सफल स्टॉक चयन भी संभवतः अगले तीन वर्षों में ऐसे ही नहीं रहेंगे। आप समझ सकते हैं कि क्यों कुछ एथलीट सुर्खियाँ बटोरने से बचते हैं।
समाचार पत्र अक्सर शीर्ष परिणामों की रिपोर्ट करते हैं, फिर भी अवचेतन रूप से जानते हैं कि अगली बार वे समान शीर्ष परिणाम प्राप्त नहीं कर पाएंगे - कुछ ऐसा जिसका मीडिया के ध्यान से कोई लेना-देना नहीं है; लेकिन यह प्रदर्शन में प्राकृतिक विविधताओं के कारण है।

या एक डिवीजन मैनेजर के मामले पर विचार करें जो अपने कार्यबल के सबसे कम प्रेरित 3% को एक कोर्स पर भेजकर कर्मचारियों का मनोबल बढ़ाने की कोशिश कर रहा है, केवल प्रेरणा के स्तर पहले की तरह वापस न आने के लिए (जिन्होंने भाग लिया था वे अब इस प्रतिशत को नहीं बनाते हैं - ऐसा होगा) संभवतः नीचे स्वयं के बजाय अन्य लोग होंगे)। क्या पाठ्यक्रम इसके लायक था? यह कहना कठिन है क्योंकि प्रशिक्षण के बिना भी प्रेरणा का स्तर संभवतः अपने सामान्य स्तर पर वापस आ जाएगा; अवसाद के लिए अस्पताल में भर्ती मरीजों के समान जो अक्सर कुछ हद तक बेहतर महसूस करते हैं लेकिन हो सकता है कि इसका कोई योगदान न हो!

उदाहरण 2: बोस्टन में, कम प्रदर्शन करने वाले स्कूलों को गहन सहायता कार्यक्रम में रखा गया था। एक वर्ष के भीतर, उनके प्रदर्शन में सुधार हुआ था - कुछ अधिकारियों ने इसका श्रेय सीधे तौर पर इस प्रयास को दिया, न कि औसत की ओर प्राकृतिक प्रतिगमन को।

मतलब से पीछे हटने के विनाशकारी परिणाम हो सकते हैं, जिससे शिक्षकों (या प्रबंधकों) को यह विश्वास हो जाता है कि अनुशासन प्रशंसा से बेहतर है, उदाहरण के लिए परीक्षणों के बाद अच्छा प्रदर्शन करने वालों को पुरस्कृत करना जबकि कम उपलब्धि हासिल करने वालों को दंडित करना। नतीजतन, शिक्षक यह निष्कर्ष निकाल सकते हैं कि निंदा मदद करती है और प्रशंसा बाधा डालती है - एक दोहराव चक्र का निर्माण जहां सजा मदद करती है और प्रशंसा प्रदर्शन में बाधा डालती है - इसलिए उनका विश्वास "निंदा मदद करता है और प्रशंसा बाधा डालती है", जिससे एक और भ्रम पैदा होता है जिसे टाला नहीं जा सकता है।

निष्कर्ष: जब ऐसी कहानियाँ सुनीं, जैसे 'मैं बीमार हो गया, अपने डॉक्टर के पास गया और धीरे-धीरे सुधार हुआ' या 'हमारी कंपनी ने वर्ष भर कठिनाइयों का अनुभव किया; इसलिए हमने एक सलाहकार की नियुक्त किया और अब परिणाम सामान्य हो गए हैं', यह प्रतिगमन-से-माध्य त्रुटि का संकेत हो सकता है।

औसत के साथ समस्या भी देखें (अध्याय 55); कंट्रास्ट प्रभाव (अध्याय 10); यह बेहतर होने से पहले और भी बदतर हो जाएगा भ्रम (अध्याय 12); संयोग (अध्याय 24); जुआरी का भ्रम (अध्याय 29)

कभी भी किसी निर्णय का मूल्यांकन उसके परिणाम से न करें

परिणाम पूर्वाग्रह

कल्पना कीजिए कि दस लाख बंदर शेयर बाज़ार में निवेश कर रहे हैं; स्टॉक खरीदना और बेचना बेतरतीब ढंग से प्रतीत होता है - क्या होता है? एक सप्ताह के बाद, लगभग आधे को लाभ हुआ होगा जबकि आधे को हानि का अनुभव हुआ होगा। केवल वे बंदर ही रह सकते हैं जिन्होंने लाभ कमाया; जिसने भी नुकसान किया है उसे घर भेज दिया जाना चाहिए। एक सप्ताह के बाद, आधे अभी भी ऊंचाई पर होंगे जबकि आधे को नुकसान का अनुभव हुआ है और उन्हें दूर भेज दिया जाना चाहिए; यह चक्र निरंतर चलता रहता है। 10 सप्ताह के बाद, लगभग 1000 बंदर बचे रहेंगे जिन्होंने लगातार अपने धन का बुद्धिमानी से निवेश किया है। 20 सप्ताह के बाद, केवल एक ही बचेगा और यह बंदर - जिसे हम सक्सेस मंकी के रूप में संदर्भित करेंगे - लगातार ऐसे शेयरों को चुना जिनसे उसे लाभ हो सकता था और अब वह अरबपति है! चलो उसे बुलाते हैं.

मीडिया कैसे प्रतिक्रिया देगा? वे इस जानवर के "सफलता के सिद्धांतों" की तलाश में उस पर टूट पड़ेंगे, और इसमें कोई संदेह नहीं कि उनमें से कुछ मिलेंगे: शायद बंदर अपने साथी प्राइमेट्स की तुलना में अधिक केले खाता है; शायद वह अपने पिंजरे के दूसरे कोने में बैठा हो; हो सकता है कि वह खुद को संवारते समय लंबे, विचारशील विराम लेते हुए, सिर के बल शाखाओं पर झूलता हो; निश्चित रूप से कोई गुप्त तत्व मौजूद होना चाहिए जो इस शानदार कलाकार को बीस सप्ताह तक बिना रुके चलने की अनुमति देता है? असंभव!

बंदर की कहानी परिणाम पूर्वाग्रह को दर्शाती है: हम प्रक्रियाओं के बजाय उनके परिणामों के आधार पर निर्णय लेते हैं, जिसे अक्सर इतिहासकार त्रुटि के रूप में जाना जाता है। इस भ्रांति का एक उत्कृष्ट उदाहरण पर्ल हार्बर पर जापान का हमला होगा; क्या हमला होने से पहले उसके सैन्य अड्डे को खाली कर देना चाहिए था? आज: हाँ. एक आसन्न हमले के साक्ष्य प्रचुर मात्रा में थे; हालाँकि, केवल पीछे मुड़कर देखने पर ही संकेत स्पष्ट होते हैं। उस समय, 1941 ने एक हमले की ओर इशारा करते हुए कई विरोधाभासी संकेत दिए; कुछ ने इसका संकेत दिया जबकि अन्य ने नहीं। इस निर्णय की शुरुआत में (अर्थात इसके घटित होने से पहले) गुणवत्ता का आकलन करने के लिए, केवल उस समय उपलब्ध जानकारी पर विचार किया जाना चाहिए; हमले के बाद हम जो कुछ भी सीखते हैं उसे भी शामिल किया जाना चाहिए।

एक अन्य प्रयोग के लिए आपको तीन हृदय सर्जनों का आकलन करना होगा। ऐसा करने के लिए, प्रत्येक को लगातार अपने ऊपर पाँच कठिन ऑपरेशन करने के लिए कहा जाता है।
समय के साथ, इन प्रक्रियाओं से मृत्यु की संभावना 20% पर स्थिर हो गई है। सर्जन ए सर्जरी के दौरान किसी को नहीं खोता है जबकि सर्जन बी एक मरीज को खोता है जबकि सर्जन सी दो को खोता है। इन तीन सर्जनों को एक दूसरे के विरुद्ध कैसे आंका जाना चाहिए? यदि आप अधिकांश लोगों की तरह हैं, तो ए को सर्वश्रेष्ठ, बी को दूसरा सर्वश्रेष्ठ और सी को सबसे खराब रेटिंग देना केवल परिणाम पूर्वाग्रह का शिकार होना है - संभवतः बहुत कम नमूनों की जांच के कारण - परिणामों को अर्थहीन बना रहा है। किसी सर्जन के सटीक मूल्यांकन के लिए पहले उसके क्षेत्र की समझ की आवश्यकता होती है, उसके बाद ऑपरेशन की तैयारी और निष्पादन के दौरान

सावधानीपूर्वक अवलोकन की आवश्यकता होती है - दूसरे शब्दों में, आपको ऐसे मूल्यांकन करते समय प्रक्रिया और परिणाम दोनों का आकलन करने की आवश्यकता होती है। वैकल्पिक रूप से, यदि इस विशेष सर्जरी की आवश्यकता वाले पर्याप्त रोगी हैं - 100 या 1000 ऑपरेशन - तो आप एक बड़े नमूना आकार का उपयोग कर सकते हैं। वर्तमान में यह समझना पर्याप्त है कि एक औसत सर्जन के लिए 33% संभावना है कि कोई नहीं मरेगा, 41% संभावना है कि एक व्यक्ति मरेगा और 20% संभावना है कि दो लोग मरेंगे; यह एक सीधी संभाव्यता गणना है और शून्य मृतकों और दो मृतकों के बीच कोई बड़ा अंतर नहीं दिखाता है; केवल इन परिणामों के आधार पर इन तीन सर्जनों का मूल्यांकन करना लापरवाही और अनैतिक दोनों होगा।

निष्कर्ष: निर्णयों को केवल परिणाम के आधार पर नहीं आंकना बुद्धिमानी है, खासकर जब यादृच्छिकता या बाहरी प्रभाव भूमिका निभाते हैं। खराब परिणाम स्वचालित रूप से खराब निर्णय का संकेत नहीं देता है, इसके विपरीत। इसलिए, खराब विकल्पों पर अफसोस करने या उन विकल्पों के लिए खुद की सराहना करने के बजाय, जिनके परिणामस्वरूप केवल गलती से या केवल संयोग से सफलता मिली, याद रखें कि आपने जो किया उसे आपने क्यों चुना; क्या आपके कारण तर्कसंगत और समझने योग्य थे? यदि यह विधि पहले काम कर चुकी है, लेकिन इस बार परिणाम नहीं दे पाई है - तो इसे जारी रखें और देखें कि यह और कहां ले जा सकती है!

सनक कॉस्ट फ़ॉलेसी (अध्याय 5) भी देखें; संबंधित अवधारणाओं के रूप में स्विमर्स बॉडी इल्यूजन (अध्याय 2), हिंडसाइट बायस (अध्याय 14) और इल्यूजन ऑफ स्किल (अध्याय 94)।

कम अधिक क्यों है?

चूँकि मेरी बहन और उसके पति ने हाल ही में एक अधूरा घर खरीदा है, हम केवल बाथरूम टाइल्स के बारे में बात कर सकते हैं: सिरेमिक, ग्रेनाइट, संगमरमर, धातु, पत्थर, लकड़ी के कांच के टुकड़े टुकड़े। मेरी बहन अक्सर कहती है, "चुनने के लिए बहुत सारे विकल्प हैं", ज्ञान के स्रोत के रूप में कैटलॉग की ओर वापस जाने से पहले वह हताशा में अपने हाथ ऊपर उठा देती है।

मेरे शोध से पता चलता है कि मेरे स्थानीय किराने की दुकान में 48 प्रकार के दही, 134 प्रकार की रेड वाइन और 64 सफाई उत्पादों का कुल मिलाकर 30,000 आइटम हैं; अमेज़ॅन के पास वर्तमान में ऑनलाइन पुस्तक विक्रेताओं के लिए दो मिलियन पुस्तकें उपलब्ध हैं। आज लोगों के सामने मानसिक विकारों से लेकर करियर, छुट्टियाँ बिताने की जगहों और जीवनशैली विकल्पों तक कई विकल्प हैं - उनके लिए इतने विकल्प पहले कभी उपलब्ध नहीं थे!

स्विट्जरलैंड में मेरे बचपन के घर में, केवल तीन प्रकार के दही, तीन टेलीविजन चैनल, दो चर्च, दो प्रकार के पनीर (हल्के या मजबूत), एकमात्र मछली के रूप में ट्राउट उपलब्ध थी और स्विस पोस्ट द्वारा प्रदान किया गया एक टेलीफोन - अपने एकल डायल के साथ केवल कॉल करने के लिए सेवा - ब्रांडों, मॉडलों और अनुबंध विकल्पों से भरे आज के स्टोरफ्रंट की तुलना में हमारे लिए जीवन को सरल बनाना!

लेकिन चयन ही प्रगति का पैमाना है; यह हमें नियोजित अर्थव्यवस्थाओं और पाषाण युग से अलग करता है। जबकि प्रचुरता आपको खुश कर सकती है, लेकिन अधिक होने पर यह जीवन की गुणवत्ता को बर्बाद कर सकती है - इस घटना को पसंद के विरोधाभास के रूप में जाना जाता है।

मनोचिकित्सक बैरी श्वार्ट्ज ने इसी शीर्षक वाली अपनी पुस्तक में बताया है कि यह सच क्यों है। बड़े चयन से आंतरिक पक्षाघात हो सकता है; इस प्रभाव को प्रदर्शित करने के लिए, एक सुपरमार्केट ने एक स्टैंड स्थापित किया जहां ग्राहक 24 प्रकार की जेली का नमूना ले सकते थे, जिसे वे रियायती दर पर खरीदने से पहले आज़मा सकते थे। इसके बजाय छह स्वादों का उपयोग करने वाले उनके प्रयोग के दूसरे दिन, बिक्री दस गुना बढ़ गई। क्यों? शायद इतनी विविधता होने से निर्णय लेने की प्रक्रिया बोझिल हो जाती है?
ग्राहक मन नहीं बना सके, इसलिए बिना कुछ खरीदे ही बाहर निकल गए। यह प्रयोग विभिन्न उत्पादों के साथ कई बार दोहराया गया; हालाँकि, हर बार समान परिणाम मिले।

दूसरा, व्यापक चयन से खराब निर्णय हो सकते हैं। जब युवा लोगों से पूछा जाता है कि कौन से गुण एक आदर्श जीवन साथी बनाते हैं, तो कई लोग बुद्धिमत्ता, अच्छे व्यवहार, गर्मजोशी, सुनने की क्षमता, हास्य और शारीरिक आकर्षण को प्राथमिकता बताते हैं। लेकिन क्या वास्तव में किसी को चुनते समय इन मानदंडों को ध्यान में रखा जाता है? अतीत में, गांवों के औसत आकार के युवा अपने स्कूल आयु वर्ग की शायद बीस लड़कियों में से किसी एक को चुन सकते थे, जिस पर वह शादी के लिए विचार कर सकते थे। वह उनके परिवारों को जानते थे, जिससे उन्हें कई साझा विशेषताओं के आधार पर निर्णय लेने में मदद मिली। अब ऑनलाइन डेटिंग के युग में, हम सभी के लिए लाखों संभावित साझेदार उपलब्ध हैं। अध्ययनों से साबित हुआ है कि संभावित साझेदारों के भारी चयन से पुरुष मस्तिष्क इतना अभिभूत हो जाता है कि उनकी चयन प्रक्रिया केवल एक

मानदंड तक सीमित हो जाती है: शारीरिक आकर्षण। आप संभवतः अपने व्यक्तिगत अनुभवों से या मीडिया रिपोर्टिंग के माध्यम से इस चयन प्रक्रिया से अच्छी तरह परिचित हैं।

बड़े चयन से असंतोष हो सकता है. आप यह कैसे सुनिश्चित कर सकते हैं कि आप सही चुनाव कर रहे हैं जब 200 विकल्प आपको परेशान कर रहे हों? आप बस नहीं कर सकते. आपकी उंगलियों पर अधिक विकल्प होने से बाद में अधिक अनिश्चितता और अंततः असंतोष आता है।

तो आपको क्या करना चाहिए? उपलब्ध ऑफ़र खोजने से पहले अपने वांछित मानदंडों के बारे में ध्यान से सोचें, फिर उन पर दृढ़ता से टिके रहें। यह भी ध्यान रखें कि विकल्पों की विशालता को देखते हुए सही निर्णय मौजूद नहीं हो सकते; इसके बजाय पूर्णतावाद के बजाय पर्याप्त अच्छाई का लक्ष्य रखें! इसके बजाय, 'काफी अच्छे' विकल्पों की सराहना करें - जिसमें जीवन साथी शामिल हो सकते हैं (लेकिन केवल आप और मैं ही वही चुन सकते हैं जिन्हें हम चाहते हैं!)।

निर्णय थकान देखें (अध्याय 53); आगे पढ़ने के लिए वैकल्पिक अंधापन (अध्याय 71) और डिफ़ॉल्ट प्रभाव (अध्याय 81)।

तुम मुझे बहुत पसंद करते हो; क्या आप मुझे यह बताना नहीं चाहेंगे??!

केविन ने हाल ही में बढ़िया मार्गाक्स वाइन की दो पेटी की अचानक खरीदारी की। हालाँकि वह आमतौर पर बोर्डो वाइन नहीं पीता, लेकिन वह उनके बिक्री सहायक से इतना मंत्रमुग्ध था; नकली या धक्का-मुक्की नहीं बल्कि वास्तव में स्वीकार्य है कि उसने किसी विशेष व्यक्ति के लिए उपहार के रूप में दो मामले खरीदने का फैसला किया।

जो गिरार्ड को दुनिया का शीर्ष कार विक्रेता माना जाता है। सफलता के लिए उनका मंत्र: 'किसी भी चीज़ को बेचने में ग्राहकों को यह विश्वास दिलाने से अधिक प्रभावी कुछ भी नहीं है कि वे मायने रखते हैं और आप वास्तव में एक व्यक्ति के रूप में उनकी सराहना करते हैं।' केवल बात करने के बजाय, गिरार्ड अपना प्रदर्शन दिखाने के लिए हर महीने एक वाक्य के साथ कार्ड का उपयोग करते हैं। स्नेह: मैं तुम्हें पसंद करता हूं

पसंद के प्रति पूर्वाग्रह की घटना को समझना आश्चर्यजनक रूप से सरल है, फिर भी हम अक्सर इसका शिकार हो जाते हैं। सीधे शब्दों में कहें तो इसका मतलब यह है: जितना अधिक हम किसी को पसंद करते हैं, उतनी अधिक संभावना होती है कि हम उसे खरीदेंगे या उसकी सहायता करेंगे। फिर भी कोई यह पूछ सकता है कि वास्तव में "पसंद करने योग्य" क्या है। शोध के अनुसार, हम लोगों को प्रसन्न मानते हैं यदि वे ए) आकर्षक विशेषताओं वाले हों, बी) हमारी तरह ही पृष्ठभूमि या रुचि रखते हों और सी) हमारी रुचियों को साझा करते हों। विज्ञापन में अक्सर आकर्षक लोगों को दिखाया जाता है। कुरूप लोग अमित्र प्रतीत होते हैं और कट भी नहीं करते (देखें ए)। विज्ञापन "हमारे जैसे लोगों" को भी रोजगार देता है, अर्थात् वे लोग जो दिखने, उच्चारण या पृष्ठभूमि में समान होते हैं - जितना अधिक समान उतना बेहतर! मिररिंग एक प्रभावी बिक्री तकनीक है जिसका उपयोग ठीक इसी प्रभाव को प्राप्त करने के लिए किया जाता है। यहां, विक्रेता अधिकतम प्रभाव प्राप्त करने के लिए अपने संभावित ग्राहक के हावभाव, भाषा और चेहरे के भावों को प्रतिबिंबित करने का प्रयास करता है। यदि कोई खरीदार अक्सर अपना सिर खजलाते हुए धीरे और चुपचाप बोलता है, तो विक्रेता के लिए भी ऐसा ही करना उचित होगा, जिससे उसके व्यापारिक सौदे को पूरा करने की संभावना बढ़ जाएगी। विज्ञापनदाता अक्सर अपनी बिक्री पिच के हिस्से के रूप में तारीफों का इस्तेमाल करते हैं: आपने कितनी बार विज्ञापनों में ऐसा कुछ कहते हुए सुना है: 'आप इसके लायक हैं!'? फिर से, कारक सी यहां काम आता है - अगर लोग हमें पसंद करते हैं तो वे हमें अधिक आकर्षक पाते हैं; तारीफें जादू का काम करती हैं, भले ही वे झूठी हों।

मल्टीलेवल मार्केटिंग (व्यक्तिगत नेटवर्क के माध्यम से बिक्री) पूरी तरह से लोगों को पसंद आने की क्षमता पर निर्भर करती है। हालाँकि बाज़ार में बेहतरीन प्लास्टिक कंटेनर मौजूद हैं, फिर भी मल्टीलेवल मार्केटिंग पसंद का फ़ायदा उठाकर काम करती है।
टपरवेयर अपनी किफायती खुदरा कीमतों और दोस्तों द्वारा आयोजित मैत्रीपूर्ण पार्टियों के कारण दो अरब डॉलर के वार्षिक कारोबार का दावा करता है, जो दोनों अनुकूलता मानकों को पूरी तरह से पूरा करते हैं।

सहायता एजेंसियाँ अपने लाभ के लिए पसंद के पूर्वाग्रह का उपयोग करती हैं। अभियानों में लगभग विशेष रूप से मुस्कुराते बच्चे या महिलाएँ शामिल हैं; आपने कभी किसी पत्थर के चेहरे

वाले, घायल गुरिल्ला सेनानी को होर्डिंग के सामने से घूरते हुए नहीं देखा होगा, भले ही उसे आपके समर्थन की भी आवश्यकता हो। संरक्षण संगठन समान तकनीकों का उपयोग करते हैं; मकड़ियों, कीड़े, शैवाल या बैक्टीरिया को सितारों के रूप में दर्शाने वाले किसी भी विश्व वन्यजीव निधि ब्रोशर से आगे न देखें - भले ही ये लुप्तप्राय जीव पारिस्थितिकी तंत्र के लिए पांडा, गोरिल्ला, कोआला या सील के समान ही महत्वपूर्ण हो सकते हैं! लेकिन हम इन प्राणियों के लिए कुछ भी महसूस नहीं करते हैं - इसके बजाय हम उन प्राणियों के साथ अधिक मजबूती से जुड़ते हैं जो समान कार्य करते हैं और हमारे जैसे ही कार्य करते हैं, जैसे कि हड्डी स्किपर मक्खी विलुप्त हो गई है... यह बहुत बुरा है!

राजनेता अपने दर्शकों के बीच पसंद का माहौल बनाने में माहिर होते हैं। जनसांख्यिकीय और रुचियों के विश्लेषण के आधार पर, वे आवासीय क्षेत्र, सामाजिक पृष्ठभूमि या आर्थिक मुद्दों के अनुसार संदेश तैयार करते हैं - और हमारी चापलूसी करते हैं: प्रत्येक संभावित मतदाता को अपरिहार्य महसूस कराया जाता है, जैसे शब्द सुनकर: 'आपका वोट मायने रखता है!' और तब भी केवल सबसे छोटे अंश तक - कभी-कभी सीमा रेखा अप्रासंगिक!

पाइपलाइनों से संबंधित तेल पंपों का कारोबार करने वाले मेरे एक मित्र ने मुझे बताया कि कैसे उसने रूस में एक पाइपलाइन के लिए आठ-अंकीय सौदे को बिना किसी रिश्वत के सफलतापूर्वक बंद कर दिया। "रिश्वत?" मैंने पूछताछ की, जिस पर मेरे दोस्त ने 'नहीं' में जवाब दिया: उन्होंने नौकायन के बारे में बातचीत शुरू की और अचानक पता चला कि हम दोनों को 470 डोंगी नौकायन पसंद है! इसके बाद से, उनका सौदा रिश्वतखोरी की तुलना में सौहार्दपूर्णता से कहीं बेहतर होने के साथ पूरा हुआ।"

इसलिए यदि आप एक विक्रेता हैं, तो चापलूसी या अन्य तरीकों से अपने खरीदारों को यह विश्वास दिलाएं कि आप उन्हें पसंद करते हैं। चीजों के उपभोक्ता पक्ष पर, हमेशा उत्पादों का मूल्यांकन निष्पक्षता से करें, भले ही उन्हें यह किसने बेचा हो - उन्हें पसंद न करने का बहाना करके सेल्सपर्सन को अपने दिमाग से निकाल दें!
पारस्परिकता देखें (अध्याय 6); इन विषयों पर आगे पढ़ने के लिए वैयक्तिकरण (अध्याय 87)।

चीजों से चिपको मत / चीजों को कसकर मत पकड़ो

एन्डाउमेंट इफ़ेक्ट मैं उस समय दंग रह गया जब मैंने बीएमडब्ल्यू को देखा जो एक प्रयुक्त कार डीलरशिप की पार्किंग में गर्व से खड़ी थी, अपने ओडोमीटर पर कुछ ही मील की दूरी के साथ नई जैसी चमक रही थी और बिल्कुल नई जैसी दिख रही थी। मुझे इसकी कीमत लगभग 40,000 डॉलर लगी। हालाँकि, दुर्भाग्य से, इसका सेल्समैन $50k चाहता था और कीमत में एक इंच भी बढ़ोतरी नहीं करेगा। मैंने इसके लिए जाने का फैसला तब किया जब उसने अगले सप्ताह वापस फोन किया और कहा कि वह इसके बदले 40,000 डॉलर स्वीकार करेगा, उस दिन पहली बार इसे बाहर निकाला और एक गैस स्टेशन पर रुका जहां मालिक मेरी कार की प्रशंसा करते हुए बाहर आया - केवल उसके लिए। मुझे उसी समय $53,000 नकद की पेशकश करें! कहने की जरूरत नहीं, मैंने विनम्रता से मना कर दिया। घर जाते समय, मुझे यह स्पष्ट हो गया कि मेरा निर्णय कितना हास्यास्पद था: $40,000 मूल्य की एक वस्तु मेरे पास आई और तुरंत $53,000 से अधिक मूल्य की हो गई! हालाँकि, अगर मेरी सोच शुद्ध तर्कसंगतता से प्रेरित होती, तो कार तुरंत बिक जाती - लेकिन दुर्भाग्य से मेरे लिए, बंदोबस्ती प्रभाव के रूप में जानी जाने वाली चीज़ के कारण (जहाँ स्वामित्व के बाद वस्तुएँ अधिक मूल्यवान हो जाती हैं), और इसलिए हम अधिक शुल्क लेते हैं किसी वस्तु को बेचते समय हम सीधे स्वयं खरीदने की तुलना में।

मनोचिकित्सक डैन एरीली ने इस सिद्धांत का परीक्षण करने के लिए एक प्रयोग किया: अपनी कक्षाओं में से एक में, उन्होंने एक प्रमुख बास्केटबॉल खेल के लिए टिकटों की बिक्री की और छात्रों से उनका मूल्यांकन जानने के लिए मतदान किया; खाली हाथ छात्रों का अनुमान लगभग $170 था; हालाँकि विजेता छात्र कभी भी अपना टिकट $2,400 के औसत विक्रय मूल्य से कम पर नहीं बेचेंगे - स्वामित्व उम्मीद से अधिक विक्रय मूल्य के साथ जुड़ा हुआ है।

रियल एस्टेट ने लंबे समय से बंदोबस्ती प्रभाव का प्रदर्शन किया है। विक्रेता अपने घरों से भावनात्मक रूप से जुड़ जाते हैं, जिसके कारण अक्सर वे इसकी कीमत को अधिक आंकते हैं और खरीदारों से बाजार मूल्य की अनुमति से अधिक भुगतान करने की अपेक्षा करते हैं - ऐसा कुछ नहीं हो सकता है क्योंकि यह अतिरिक्त केवल भावनात्मक मूल्य का प्रतिनिधित्व करता है।

रिचर्ड थेलर ने बंदोबस्ती प्रभाव को मापने के लिए कॉर्नेल विश्वविद्यालय में एक आंखें खोलने वाला कक्षा प्रयोग किया। उन्होंने अपने आधे छात्रों को बेतरतीब ढंग से कॉफी मग वितरित किए, और उनसे कहा कि वे या तो इसे अपने वांछित मूल्य पर ले सकते हैं या बेच सकते हैं; जिनके पास एक भी नहीं था, उनसे पूछा गया कि वे एक के लिए कितना भुगतान करने को तैयार होंगे; संक्षेप में, थेलर ने वह मापा जिसे बंदोबस्ती प्रभाव के रूप में जाना जाता है।
कॉफी मग के लिए एक बाज़ार स्थापित करें। कोई यह मान सकता है कि लगभग 50% छात्र व्यापार करेंगे, या तो बेचेंगे या खरीदेंगे। लेकिन परिणाम बहुत कम था; 4 में से केवल 1 मालिक ने $5.25 से नीचे बेचा, जबकि खरीदार आमतौर पर प्रति मग $2.25 से अधिक का भुगतान नहीं करते थे।

कोई भी सुरक्षित रूप से कह सकता है कि मनुष्य चीजों को त्यागने के बजाय उन्हें इकट्ठा करने में बेहतर हैं, जो बताता है कि हम अपने घरों में इतना सारा सामान क्यों इकट्ठा करते हैं और क्यों टिकटों, घड़ियों और कला के संग्रहकर्ता शायद ही कभी अपनी मूल्यवान संपत्ति को अलग करते हैं।

आश्चर्यजनक रूप से, बंदोबस्ती का प्रभाव न केवल कब्जे तक बल्कि निकट-स्वामित्व तक भी फैला हुआ है। क्रिस्टी और सोथबी जैसे नीलामी घर इस घटना से फलते-फूलते हैं: अंतिम क्षण तक बोली लगाने वाले लोगों को लगता है कि वस्तु व्यावहारिक रूप से उनकी है और वे योजना से कहीं अधिक भुगतान करने को तैयार हैं; तमाम तर्कों के बावजूद बोली से पीछे हटने को नुकसान के रूप में देखा जाता है। बड़ी नीलामियाँ, जैसे कि खनन अधिकार या मोबाइल रेडियो फ्रीक्वेंसी के लिए, अक्सर "विजेता का अभिशाप" प्रदर्शित करती हैं, जिसमें प्रारंभिक विजेता वास्तव में उत्साहपूर्वक बोली लगाने और अधिक बोली लगाने के कारण आर्थिक रूप से हार जाता है। इस विषय पर अधिक जानकारी के लिए कृपया अध्याय 35 को वापस देखें!

नौकरी बाज़ार में भी ऐसी ही एक घटना है। यदि आप नौकरी के लिए आवेदन करते हैं और कोई प्रतिक्रिया नहीं मिलती है या साक्षात्कार चरण में खारिज कर दिया जाता है, तो आपकी निराशा भावनात्मक रूप से उस प्रक्रिया में और भी अधिक बढ़ सकती है जो अन्यथा एक नियमित चयन प्रक्रिया हो सकती थी। या तो तुम्हें नौकरी मिले या न मिले; और कुछ मायने नहीं रखना चाहिए.

निष्कर्ष: भौतिक वस्तुओं से आसक्त न हों; उन्हें ब्रह्मांड से अस्थायी उपहार के रूप में देखें जो बिना किसी सूचना के जल्दी से गायब हो सकते हैं। इसे ध्यान में रखें और जो थोड़ा समय बचा है उसका आनंद लें।
हाउस-मनी इफ़ेक्ट (अध्याय 84) भी देखें; सनक कॉस्ट फ़ॉलेसी (अध्याय 5); विजेता का अभिशाप (अध्याय 35); कंट्रास्ट प्रभाव (अध्याय 10); हानि विमुखता (अध्याय 32); संज्ञानात्मक असंगति (अध्याय 50); यहां आविष्कार नहीं किया गया सिंड्रोम (अध्याय 74) और पछतावे का डर (अध्याय 82)

असंभावित घटनाओं की अनिवार्यता

संयोग

1 मार्च 1950 को सायं 7.15 बजे। बीट्राइस, नेब्रास्का में एक चर्च गायक मंडल के 15 सदस्यों को रिहर्सल के लिए निर्धारित किया गया था। विभिन्न कारणों से वे सभी निर्धारित समय से पीछे चले गये; विशेषकर इसलिए क्योंकि मंत्री के परिवार को अपनी बेटी की पोशाक इस्त्री करने में देरी हो रही थी। शाम 7.25 बजे, चर्च में विस्फोट हुआ, जिससे पूरे गांव में सदमे की लहर दौड़ गई और दीवारें और छत टूट गईं। चमत्कारिक रूप से अग्नि प्रमुख द्वारा गैस रिसाव को बताए गए विस्फोट में कोई भी नहीं मारा गया, भले ही गायक मंडल के सदस्यों ने इसे दैवीय हस्तक्षेप या महज संयोग माना हो।

पिछले सप्ताह किसी बात ने मुझे एक पुराने स्कूल मित्र एंडी की याद दिला दी, जिससे मैंने कुछ समय से बात नहीं की थी। मुझे आश्चर्य और आश्चर्य हुआ, तभी मेरा फोन बजा और उस पर एंडी के अलावा कोई और कॉल करने वाला नहीं था! 'आपको टेलीपैथिक होना चाहिए!' जब मैंने इसका उत्तर देने के लिए इसे उठाया तो यह उत्साह में मेरे मुंह से निकला... लेकिन क्या यह संयोग था या टेलीपैथी?

5 अक्टूबर 1990 को, सैन फ्रांसिस्को एग्जामिनर ने रिपोर्ट दी कि इंटेल अपने प्रतिद्वंद्वी एएमडी पर अदालत में मुकदमा दायर करेगा, क्योंकि उन्हें पता चला कि वे एएम386 नामक संक्षिप्त नाम के साथ एक कंप्यूटर चिप जारी करने की योजना बना रहे हैं, जो स्पष्ट रूप से इंटेल की 386 चिप की ओर इशारा करता है। इंटेल को केवल संयोग से एएमडी के इरादों के बारे में पता था: दोनों कंपनियों ने माइक वेब नाम के किसी व्यक्ति को नियुक्त किया था; दोनों व्यक्तियों ने एक साथ रहने के बाद एक ही दिन एक ही होटल से चेकआउट किया; रिसेप्शन को माइक वेब के लिए एक पैकेज मिला, लेकिन उसने इसे इंटेल को भेज दिया, जहां इसे कानूनी विश्लेषण के लिए तुरंत भेज दिया गया और दोनों कंपनियों के कानूनी विभागों के कानूनी विभाग के वकीलों द्वारा तुरंत एएमडी के खिलाफ कार्रवाई की गई।

ऐसी कहानियाँ कितनी संभावित हैं? स्विस मनोचिकित्सक सी.जी. जंग ने उनमें एक अदृश्य शक्ति का प्रमाण देखा जिसे उन्होंने समकालिकता कहा; तर्कसंगत विचारकों को ऐसी कहानियों को किस प्रकार देखना चाहिए? अधिमानतः कागज और पेंसिल के साथ; उदाहरण के लिए चर्च विस्फोट मामले में संभावित परिणामों को दर्शाने के लिए चार बक्से बनाने पर विचार करें, पहला यह कि वास्तव में क्या हुआ था: गाना बजानेवालों में देरी हुई और चर्च में विस्फोट हुआ (वास्तव में); ये चार बक्से चार संभावित घटनाओं का प्रतिनिधित्व कर सकते हैं: (1) चर्च में विस्फोट होने से पहले गाना बजानेवालों में देरी हुई (2) विस्फोट होने के बिना गाना बजानेवालों में संभावित देरी (3) चर्च में विस्फोट होने से पहले गाना बजानेवालों में देरी के बीच संभावित गाना बजानेवालों को रद्द करने की घटनाएं (वास्तव में यह वही था जो हुआ था) स्थान) इसके विनाश से पहले (गाना बजानेवालों ने पूर्वाभ्यास में देरी की, चर्च विस्फोट)। कागज और पेंसिल के साथ ऐसे खातों पर पहुंचने पर चार संभावित संभावनाएं हैं: 1) गाना बजानेवालों ने रिहर्सल में देरी की, फिर चर्च में विस्फोट हुआ (यानी)

इन घटनाओं की आवृत्तियों का अनुमान लगाएं और उन्हें संबंधित बक्सों में लिखें, इस बात पर विशेष ध्यान दें कि कितनी बार 'समय पर गाना बजानेवालों और चर्च में विस्फोट नहीं हुआ'; ध्यान दें कि लाखों गायक मंडल कितनी बार रिहर्सल के लिए मिलते हैं और बीट्राइस, नेब्रास्का में जो हुआ (जो सांख्यिकीय संभावनाओं के आधार पर हर शताब्दी या उससे अधिक में एक बार हो सकता है) जैसी परिस्थितियों का सामना नहीं करते हैं, इसलिए कोई दैवीय हस्तक्षेप नहीं हो सकता है (इसके अलावा, यह) ऐसा लगता है कि भगवान किसी चर्च को उड़ा देना चाहते हैं, यह मूर्खतापूर्ण लगता है!)

इस सोच को फ़ोन कॉल पर लागू करें: उन सभी समयों के बारे में सोचें जब 'एंडी' आपके बारे में सोचता है लेकिन कॉल नहीं करता; जब आप उसके बारे में सोचते हैं लेकिन वह कॉल नहीं करता; या जब आप में से कोई भी उनके बारे में नहीं सोचता है, लेकिन फिर भी वे कॉल करते हैं?...ऐसे कई उदाहरण हो सकते हैं, जब कोई भी एक-दूसरे के बारे में बिल्कुल नहीं सोचता है - फिर भी अंततः कोई एक उठाता है और कॉल करता है, विशेष रूप से चुनने के लिए 100 दोस्तों के साथ!

संभावनाओं का अनुमान लगाना मुश्किल हो सकता है। जब कोई कहता है, "कभी नहीं", तो मैं आमतौर पर इसे शून्य से अधिक के अनुमान के रूप में दर्ज करता हूं क्योंकि "कभी नहीं" की भरपाई नकारात्मक संभावनाओं से कभी नहीं की जा सकती।

तो आइए बहकावे में न आएं: असंभावित संयोग वास्तव में असंभावित हैं लेकिन पूरी तरह से संभव घटनाएँ हैं; उनकी उपस्थिति से कोई झटका नहीं लगना चाहिए; आश्चर्य की बात तो यह होगी यदि वे कभी भी साकार न हो सकें।

यह भी देखें: मिथ्या कारणता (अध्याय 37); पुष्टिकरण पूर्वाग्रह (अध्याय 7-8); माध्य का प्रतिगमन (अध्याय 19); नियंत्रण का भ्रम (अध्याय 17) और क्लस्टरिंग भ्रम (अध्याय 3)।

अनुरूपता हर स्थिति में लागू नहीं होती

क्या आपने कभी किसी बैठक में समूह विचार का अनुभव किया है? निश्चित रूप से। वहां बैठना, चुपचाप सिर हिलाना, यह उम्मीद करना कि असहमति की स्थायी आवाज न बनें, जब चारों ओर हर कोई सहमत हो तो कठिन होता है, इसलिए आप बोलने के खिलाफ निर्णय लेते हैं। दुर्भाग्य से, ग्रुपथिंक यहां काम कर रहा है: जब सभी सदस्य इस तरह से कार्य करते हैं तो वे लापरवाह निर्णय लेते हैं क्योंकि व्यक्तिगत सदस्यों को बेहतर जानकारी होने के बावजूद सभी अपनी राय सर्वसम्मति प्रतीत होती है; बदले में इसके परिणामस्वरूप ऐसे प्रस्ताव पारित किए जाते हैं जो अन्यथा साथियों के दबाव के बिना पारित नहीं हो पाते - एक प्रभाव जिसकी हमने अध्याय 4 में विस्तार से चर्चा की है।

मार्च 1960 में, अमेरिकी गुप्त सेवा ने क्यूबा से मियामी में रहने वाले कम्युनिस्ट विरोधी निर्वासितों को फिदेल कास्त्रो के शासन के खिलाफ हथियार के रूप में भर्ती करना शुरू किया। पदभार ग्रहण करने के कुछ ही दिनों बाद राष्ट्रपति कैनेडी को क्यूबा पर आक्रमण करने की इस गुप्त योजना के बारे में सूचित किया गया। तीन महीने बाद, व्हाइट हाउस की एक महत्वपूर्ण बैठक में कैनेडी और उनके सलाहकारों ने भाग लिया, सभी ने आक्रमण के पक्ष में मतदान किया। 17 अप्रैल 1961 को, 1,400 निर्वासित क्यूबाई अमेरिकी नौसेना, वायु सेना और सीआईए बलों के समर्थन से क्यूबा के दक्षिणी तट पर पिग्स की खाड़ी में उतरे। सबसे पहले, कास्त्रो की सरकार को उखाड़ फेंकने के उनके प्रयास में सब कुछ योजना के अनुसार हुआ। हालाँकि, पहले दिन कोई भी आपूर्ति जहाज क्यूबा नहीं पहुँचा; दो को क्यूबा की वायु सेना ने डुबा दिया, इससे पहले कि दो और वापस घर लौट आए - सभी वापस लौट गए, चारों ओर घूम गए, या पूरी तरह से वापस अमेरिका की ओर भाग गए। दूसरे दिन कास्त्रो ने उनकी ब्रिगेड को घेर लिया और पूरी तरह से नष्ट कर दिया। तीसरे दिन, सभी 1,200 जीवित बचे लोगों को पकड़ लिया गया और सैन्य जेलों में बंद कर दिया गया। राष्ट्रपति कैनेडी के पिग्स की खाड़ी पर आक्रमण को व्यापक रूप से अमेरिकी विदेश नीति की सबसे बड़ी भूलों में से एक माना जाता है; इसकी कल्पना और कार्यान्वयन अब भी बेतुका लगता है। आक्रमण के पक्ष में सभी धारणाएँ झूठी थीं; उदाहरण के लिए, कैनेडी और उनकी टीम ने क्यूबा की वायु सेना को भारी अंतर से कम आंका। इसकी आपातकालीन रणनीति के हिस्से के रूप में, यह भी इरादा था कि, यदि कोई प्रकोप उत्पन्न होता है, तो ब्रिगेड एस्कैम्ब्रे पर्वत पर भाग सकती है और वहां से कास्त्रो के खिलाफ भूमिगत युद्ध छेड़ सकती है। मानचित्र पर एक त्वरित नज़र डालने से पता चलता है कि यह संभावित सुरक्षित आश्रय स्थल बे ऑफ पिग्स से 100 मील दूर था - जो भरपूर कवर प्रदान करता था।
लेकिन कैनेडी और उनके सलाहकारों के पास अमेरिकी सरकार का नेतृत्व करने के लिए उल्लेखनीय बुद्धिमत्ता थी। तो जनवरी और अप्रैल 1961 के बीच क्या ग़लत हुआ?

मनोविज्ञान के प्रोफेसर इरविंग जेनिस ने कई असफलताओं का व्यापक अध्ययन किया है। उन्होंने एक सामान्य विषय पाया: एकजुट समूह भ्रम पैदा करके (अनजाने में) टीम भावना विकसित करते हैं। ऐसा ही एक भ्रम अजेयता की भावना है: यदि हमारे नेता [कैनेडी] और समूह दोनों हमारी योजना के काम करने में आश्वस्त हैं, तो भाग्य हमारे रास्ते में आना चाहिए। सर्वसम्मति भी इस भ्रम को पैदा करने में मदद करती है: जब हर कोई किसी बात पर सहमत होता है, तो कोई भी भिन्न विचार अमान्य होना चाहिए। किसी को भी ऐसा व्यक्ति बनना पसंद नहीं है

जो टीम की एकता को बाधित करता हो। व्यक्ति आम तौर पर शामिल किए जाने की सराहना करते हैं, इसलिए आपत्ति व्यक्त करने का मतलब बहिष्करण हो सकता है; इस तरह के निर्वासन से संभवतः हमारी प्रजाति की मृत्यु हो जाएगी, इसलिए एक समूह का हिस्सा बने रहने की हमारी प्रबल प्रवृत्ति है।

व्यवसाय में ग्रुपथिंक कोई नई बात नहीं है, जैसा कि स्विसएयर ने प्रमाणित किया है। यहां, अत्यधिक वेतन पाने वाले सलाहकारों के एक समूह ने अपने पूर्व सीईओ के पीछे रैली की और एक उच्च जोखिम वाली विस्तार रणनीति विकसित की (जिसमें कई यूरोपीय एयरलाइनों को खरीदना शामिल था)। जैसे ही उनके उत्साह ने उनकी टीम के भीतर एक जबरदस्त आम सहमति बनाई, यहां तक कि 2001 में इसके पतन तक तर्कसंगत आरक्षण को भी दबा दिया गया।

यदि आप कभी खुद को ऐसे माहौल में पाते हैं जहां हर कोई हर बात पर सहमत होता है, तो बोलना न केवल सहन किया जाना चाहिए बल्कि उसका स्वागत भी किया जाना चाहिए; निष्कासन के जोखिम पर भी मौन धारणाओं पर सवाल उठाने से स्थिर सोच को तोड़ने और सार्थक संवाद स्थापित करने में मदद मिल सकती है। नेता के रूप में, किसी को शैतान का वकील नियुक्त करने पर विचार करें। हालांकि वह सबसे लोकप्रिय सदस्य नहीं हो सकती हैं, लेकिन सबसे फायदेमंद साबित हो सकती हैं।

यह भी देखें: सामाजिक प्रमाण (अध्याय 4); सोशल लोफिंग (अध्याय 33); इन-ग्रुप आउट-ग्रुप पूर्वाग्रह (अध्याय 79) और नियोजन भ्रांति (अध्याय 91)।

आप जल्द ही मेगाट्रिलियन्स क्यों खेलेंगे?

संभाव्यता की उपेक्षा

अवसर के दो खेलों की कल्पना करें जहां प्रत्येक आपको $10 मिलियन जीतने का समान मौका प्रदान करता है; आप किसे चुनेंगे? पहली जीत आपका जीवन बदल देगी; आप अपनी नौकरी छोड़ सकते हैं, अपने बॉस को नौकरी से निकाल सकते हैं और अपनी जीत से जीवन यापन कर सकते हैं; इसके विपरीत, $10,000 जीतने से आपको बिना किसी डर के कैरेबियन में एक अविस्मरणीय छुट्टी लेने के दौरान काम से समय मिल जाएगा, जिसके तुरंत बाद आपका पोस्टकार्ड काम पर वापस आ जाएगा - दोनों के लिए संभावना क्रमशः 100 मिलियन में से एक है - तो आप किसे चुनेंगे? प्रत्येक की संभावना 1/10000 है! आप कौन सा खेल चुनते हैं?

भावनाएँ अक्सर हमें उनकी बाधाओं (अपेक्षित जीत के समय की संभावना) के वस्तुनिष्ठ मूल्यांकन के बावजूद एक खेल को दूसरे के स्थान पर चुनने के लिए प्रेरित करती हैं। इस प्रकार, इसमें छोटी-छोटी बाधाओं की परवाह किए बिना रुझान मेगा मिलियंस, मेगा बिलियन या मेगा ट्रिलियन जैसे बड़े जैकपॉट की ओर रहा है।

1972 में आयोजित एक प्रयोग में, प्रतिभागियों को दो समूहों में विभाजित किया गया था; जिन लोगों को एक को सौंपा गया था उन्हें सूचित किया गया था कि उन्हें बिजली का झटका लग सकता है जबकि दूसरे में नियुक्त लोगों को बताया गया था कि ऐसा होने का केवल 50% जोखिम था। शोधकर्ताओं ने शुरुआत से कुछ समय पहले शारीरिक चिंता (हृदय गति, घबराहट और पसीना) के उपाय किए। उन्होंने जो पाया वह चौंका देने वाला था: किसी भी समूह में तनाव के स्तर में कोई अंतर नहीं था - दोनों में सभी प्रतिभागी समान रूप से चिंता से अभिभूत थे। इसके बाद, शोधकर्ताओं ने दूसरे समूह के लिए सदमे की संभावना में कमी की एक श्रृंखला की घोषणा की: 50% से 20% और फिर 10% और अंत में 5%! फिर भी कोई फर्क नजर नहीं आया! हालाँकि, जब दोनों समूहों को बताया गया कि वे अपेक्षित धारा की ताकत बढ़ाने जा रहे हैं, तो चिंता का स्तर फिर से बढ़ गया - लगभग उसी डिग्री तक। इससे पता चलता है कि हम घटनाओं पर उनकी संभावना के बजाय अपेक्षित परिमाण के आधार पर कैसे प्रतिक्रिया करते हैं; हमारे पास संभाव्यता की सहज समझ का अभाव है।

संभाव्यता की उपेक्षा से निर्णय लेने में गलतियाँ होती हैं। हम स्टार्ट-अप में निवेश करते हैं क्योंकि उनके संभावित मुनाफे में हमारी रुचि होती है, फिर भी हम इस बात की जांच करने में उपेक्षा करते हैं (या बहुत आलसी हैं) कि क्या नए व्यवसाय वास्तव में ऐसी वृद्धि हासिल करते हैं। या किसी विमान दुर्घटना की व्यापक मीडिया कवरेज के बाद, हम अपने विकल्पों पर पूरी तरह विचार किए बिना उड़ानें रद्द कर देते हैं।

चूंकि क्रैश होने की संभावना नहीं है (और इसलिए उनके रिटर्न में बदलाव नहीं होता है), शौकिया निवेशक अक्सर निवेश की तुलना केवल उपज के आधार पर करते हैं - उदाहरण के लिए, अपेक्षित 20% रिटर्न वाले Google शेयरों को 10% रिटर्न वाली संपत्ति की तुलना में दोगुना वांछनीय माना जाता है। उनकी समझ। दुर्भाग्य से, वह दृष्टिकोण जोखिमों को नज़रअंदाज कर देता है, जिस पर हमारा प्राकृतिक अंतर्ज्ञान हमें ठीक से विचार करने के लिए नहीं कहता है।

बिजली के झटके से जुड़े प्रयोग पर वापस जाएँ: समूह बी में, बिजली का झटका लगने की संभावना धीरे-धीरे 5% से घटकर 4% से 3% हो गई जब तक कि इसकी संभावना शून्य तक नहीं पहुँच गई; तभी समूह बी ने समूह ए से भिन्न प्रतिक्रिया व्यक्त की; यह केवल 1% जोखिम उठाने से भी कहीं अधिक बेहतर लग रहा था!

आइए पीने के पानी के उपचार के दो तरीकों पर विचार करके इसका परीक्षण करें। मान लें कि एक नदी की दो समान रूप से बड़ी सहायक नदियाँ हैं, दोनों का उपचार ए और बी विधियों का उपयोग करके किया जाता है जो प्रदूषण के कारण मृत्यु के जोखिम को क्रमशः 5 प्रतिशत अंक से 2 प्रतिशत अंक तक कम करते हैं; और बी जो इसे 1 प्रतिशत अंक से घटाकर शून्य कर देता है, इसे पूरी तरह से समाप्त कर देता है यानी खतरे को पूरी तरह से समाप्त कर देता है। अधिकांश लोगों के लिए बी के साथ जाना समझदारीपूर्ण प्रतीत होगा; हालाँकि यह मूर्खतापूर्ण होगा कि माप A के साथ माप B की तुलना में तीन गुना कम लोग मरते हैं; जबकि विधि ए तीन गुना बेहतर है! इस भ्रांति को शून्य-जोखिम पूर्वाग्रह के रूप में जाना जाता है

एक प्रतिष्ठित उदाहरण 1958 का अमेरिकी खाद्य अधिनियम है, जिसने शून्य कैंसर जोखिम प्राप्त करने के लिए कैंसर पैदा करने वाले एजेंटों वाले खाद्य पदार्थों पर प्रतिबंध लगा दिया। हालाँकि यह प्रतिबंध शुरू में प्रभावी था, फिर भी इस प्रतिबंध के कारण अधिक खतरनाक (लेकिन गैर-कार्सिनोजेनिक) खाद्य योजकों को शामिल किया गया। पैरासेल्सस ने सोलहवीं शताब्दी में प्रदर्शित किया कि विषाक्तता हमेशा खुराक का मामला है, जिससे विषाक्तता पर रोक लगाने वाला कोई भी कानून अनिवार्य रूप से अप्रभावी हो जाता है क्योंकि खाद्य उत्पादों से प्रत्येक प्रतिबंधित अणु को खत्म करने का कोई तरीका नहीं होगा। प्रत्येक फार्म को हाइपर-स्टेराइल कंप्यूटर चिप फैक्ट्री की तरह काम करने की आवश्यकता होगी और भोजन की लागत आसमान छू जाएगी; आर्थिक रूप से कहें तो, शून्य जोखिम का शायद ही कभी कोई मतलब होता है; बायोटिक प्रयोगशालाओं से निकलने वाले घातक वायरस या कृषि फसल को नष्ट करने वाले भयंकर तूफान अपवाद हैं।

मनुष्य में जोखिम की सहज समझ का अभाव है और इसलिए वह खतरों के बीच अंतर नहीं कर पाता है। रेडियोधर्मिता जैसे भावनात्मक विषय से निपटने के दौरान हम जोखिम में वृद्धि को कम आश्वस्त करने वाला मानते हैं; शिकागो विश्वविद्यालय के दो शोधकर्ताओं ने इस खोज का प्रदर्शन किया है।
जहरीले रसायनों से संदूषण का डर अक्सर एक तर्कहीन प्रतिक्रिया होती है; फिर भी यह समझने योग्य बना हुआ है।

उपलब्धता पूर्वाग्रह (अध्याय 11) भी देखें; बेस-रेट उपेक्षा (अध्याय 28), औसत के साथ समस्या (अध्याय 55), उत्तरजीविता पूर्वाग्रह (अध्याय 1), नियंत्रण का भ्रम (अध्याय 17) घातीय वृद्धि (अध्याय 34) और अस्पष्टता विमुखता (अध्याय 80)।

जार की आखिरी कुकी के मुँह में पानी क्यों आ रहा है?

एक शाम कॉफ़ी के लिए मेरे दोस्त के घर पर, उसके तीन बच्चे फर्श पर कुश्ती करने लगे और हमने उन्हें बातचीत में शामिल करने की पूरी कोशिश की, जबकि उनके शरीर इस बात पर लड़ रहे थे कि मेरे कांच के कंचों के बैग से आखिरी कंचा कौन लेगा - मुझे याद आया कि मैं लाया था कुछ और उन्हें इस उम्मीद में फैलाया कि वे एक साथ शांति से खेलेंगे; मेरे अविश्वास की हद तक, एक गरमागरम बहस छिड़ गई! जो कुछ घटित हुआ वह पूरी तरह से अप्रत्याशित था: इतने सारे नीले कंचों के बीच सिर्फ एक नीला कंचा था जिसके पीछे बच्चे हाथापाई कर रहे थे; अन्य सभी मार्बलों का आकार और चमक बिल्कुल समान थी लेकिन एक नीले मार्बल को एक तरह का होने के कारण फायदा था; मुझे इस बात पर ज़ोर से हंसी आई कि बच्चे कितने बचकाने हो सकते हैं!

जैसे ही मैंने सुना कि Google अगस्त 2005 में अपनी ईमेल सेवा लॉन्च करेगा, मुझे पता था कि मैं एक चाहता था (जो अंततः मैंने किया)। हालाँकि, उस समय, नए खाते बेहद सीमित थे और केवल निमंत्रण पर ही दिए जाते थे - इससे मेरी इच्छा और भी बढ़ गई! ऐसा नहीं है कि मुझे किसी अन्य ईमेल खाते की आवश्यकता है (उस समय मेरे पास पहले से ही चार थे); इसलिए नहीं कि जीमेल प्रतिस्पर्धा से बेहतर था; बस यह कि हर किसी की उस तक पहुंच नहीं थी और इसके प्रति मेरी लालसा और भी बढ़ गई! पीछे मुड़कर देखने पर मुझे मुस्कुराहट मिलती है; वयस्क कभी-कभी बचकाने हो सकते हैं!

रारा संट कारा, जैसा कि रोमनों ने कहा था। दुर्लभ मूल्यवान है. दरअसल, मनुष्य लंबे समय से अभाव की इस गलत धारणा से पीड़ित है। तीन बच्चों वाला मेरा दोस्त रियल-एस्टेट एजेंट के रूप में अंशकालिक काम करता है; जब भी उसके पास संभावित खरीदार होते हैं जो दो संपत्ति विकल्पों के बीच निर्णय नहीं ले पाते हैं तो वह फोन करती है और कहती है कि "लंदन के एक डॉक्टर ने कल यहां का दौरा किया था"। "उन्हें यह बहुत पसंद आया। आपके बारे में क्या, क्या आप अभी भी रुचि रखते हैं?" लंदन का डॉक्टर (कभी-कभी यह प्रोफेसर या बैंकर भी हो सकता है) स्पष्ट रूप से काल्पनिक है; फिर भी उसका प्रभाव बहुत वास्तविक हो सकता है: संभावनाएँ अपने सामने एक अवसर को गायब होते हुए देखती हैं और आपूर्ति की संभावित कमी के कारण फिर से सौदा बंद करने के लिए तुरंत कार्य करती हैं; इस स्थिति को वस्तुनिष्ठ रूप से स्पष्ट नहीं किया जा सकता क्योंकि या तो वे निर्धारित मूल्य पर ज़मीन चाहते हैं या नहीं; इसकी परवाह किए बिना कि लंदन से कोई फर्जी डॉक्टर सामने आ सकता है।

प्रोफ़ेसर स्टीफ़न वर्चेल ने कुकी की गुणवत्ता का परीक्षण करने के लिए प्रतिभागियों को दो समूहों में विभाजित किया: एक को पूरा बॉक्स मिला, जबकि दूसरे को केवल कुछ मिला।
उपसमूह बी में केवल दो कुकीज़ शामिल थीं; जब उनसे उनकी गुणवत्ता का मूल्यांकन करने के लिए कहा गया, तो ये विषय समूह 1 के विषयों से कहीं आगे निकल गए। प्रयोग को हर बार समान परिणामों के साथ कई बार दोहराया गया।

विज्ञापनों में अक्सर कहा जाता है, "केवल स्टॉक रहने तक।" पोस्टर अक्सर हमें कमी की त्रुटियां उत्पन्न होने पर तुरंत कार्रवाई करने की चेतावनी देते हैं। गैलरी के मालिक अधिकांश चित्रों के नीचे लाल 'बेचे हुए' बिंदु लगाकर इस त्रुटि का लाभ उठाते हैं, जिससे शेष कुछ दुर्लभ और वांछनीय

टुकड़े और भी अधिक वांछनीय हो जाते हैं और इस प्रकार कमी की त्रुटियां पैदा होती हैं जिन्हें जल्दी से दूर किया जाना चाहिए इससे पहले कि वे दुर्लभ वस्तुएं बन जाएं जिन्हें हटा दिया जाना चाहिए। जल्दी से। स्टाम्प संग्राहक, सिक्के के शौकीन, विंटेज कार के शौकीन समान रूप से अक्सर स्टाम्प, सिक्के और कारों को इकट्ठा करते हैं, भले ही ये अब व्यावहारिक उपयोग में नहीं आते हैं - यह आकर्षण किसी भी व्यावहारिक चीज़ के बजाय कमी की त्रुटियों से उत्पन्न होता है! यह सब जुड़ता है।

छात्रों को आकर्षण के अनुसार 10 पोस्टर व्यवस्थित करने का निर्देश दिया गया - इस समझ के साथ कि बाद में वे भाग लेने के लिए पुरस्कार के रूप में एक रख सकते हैं। पांच मिनट बाद उन्हें सूचित किया गया कि एक उपलब्ध नहीं था - सुरक्षा कर्मियों द्वारा वापस खींच लिए जाने के कारण तीन अनुपलब्ध थे। उसके बाद, उन्हें सभी दस पोस्टरों की नए सिरे से समीक्षा करने के लिए कहा गया, जिसमें एक पोस्टर जो अब अस्तित्व में नहीं था, अचानक सबसे सुंदर बन गया। मनोवैज्ञानिक इस घटना को प्रतिक्रिया के रूप में संदर्भित करते हैं: जब उन विकल्पों का सामना करना पड़ता है जो हमारे पास नहीं हो सकते हैं, तो हमारा मस्तिष्क अक्सर उन विकल्पों के प्रति अधिक आकर्षण प्रदान करके प्रतिक्रिया करता है जो अब मौजूद नहीं हैं - एक विकल्प पर नियंत्रण खोने के खिलाफ अवज्ञा का कार्य। रोमियो और जूलियट प्रभाव सर्वविदित है: शेक्सपियर के किशोरों के बीच निषिद्ध रोमांस उन्हें एक ऐसी अदम्य लालसा की ओर ले जाता है जिसकी कोई सीमा नहीं होती। जरूरी नहीं कि यह प्रकृति में रोमांटिक हो - अमेरिका में कम उम्र में शराब पीने पर प्रतिबंध होने के कारण छात्र पार्टियां हताश शराबी छात्रों से भरी रहती हैं।

निष्कर्ष: अभाव की प्रतिक्रिया में, अधिकांश लोग कम स्पष्ट सोच के साथ निर्णय लेते हैं। केवल लागत-लाभ विश्लेषण के आधार पर खरीदारी और निर्णय लेते समय, किसी भी संकेत से कोई फर्क नहीं पड़ता कि कोई वस्तु जल्दी से गायब हो सकती है; न ही लंदन के डॉक्टरों को रुचि लेनी चाहिए।
कंट्रास्ट प्रभाव पर नोट्स (अध्याय 10); पछतावे का डर (अध्याय 82) और हाउस-मनी इफेक्ट (अध्याय 84) अधिक जानकारी के लिए, खुरों की आवाज़ सुनते समय ज़ेबरा की उम्मीद न करें!

जब हुड़दंग की आवाजें सुनें तो ऐसी अपेक्षा न करें!

आधार-दर की उपेक्षा

कल्पना कीजिए कि मार्क जर्मनी का चश्मा पहनने वाला एक पतला आदमी है जिसे मोजार्ट सुनना पसंद है। क्या वह संभवतः या तो: ए) जर्मनी में ट्रक ड्राइवर है, या बी) फ्रैंकफर्ट में साहित्य का प्रोफेसर है? अधिकांश लोग बी का अनुमान लगाएंगे, जो गलत होगा क्योंकि जर्मनी में साहित्य प्रोफेसरों की तुलना में 10,000 गुना अधिक ट्रक ड्राइवर हैं - जिसका अर्थ है कि उसे ट्रक ड्राइवर होने की अधिक संभावना होनी चाहिए! हमारे दिमाग को विस्तृत विवरण द्वारा मूर्ख बनाया गया जो हमें सांख्यिकीय वास्तविकता से दूर ले गया; वैज्ञानिक तर्क की इस त्रुटि को आधार-दर उपेक्षा के रूप में संदर्भित करते हैं जो हमें मौलिक वितरण स्तरों पर विचार करने से दूर ले जाती है - तर्क की हमारी सबसे लगातार त्रुटियों में से एक! कई पत्रकार, अर्थशास्त्री और राजनेता नियमित रूप से इसके शिकार होते हैं, जिसके परिणामस्वरूप यह धारणा बनाते समय गलत निर्णय लिए जाते हैं कि मौलिक वितरण स्तरों के बारे में हमारी धारणाओं से क्या परिणाम हो सकते हैं, निर्णय लेते समय हमारी धारणाओं को नजरअंदाज कर दिया जाता है जो हमें इस राह पर ले जा सकती हैं!

यहां एक और परिदृश्य है जिसमें एक युवक की चाकू मारकर हत्या कर दी गई: कौन सा विकल्प अधिक संभावित है? ए) एक हमलावर एक अवैध रूसी आप्रवासी हो सकता है जो अवैध रूप से लड़ाकू चाकू आयात कर रहा है, या बी) एक हमलावर मध्यवर्गीय अमेरिका से है जो इन चाकुओं को अवैध रूप से आयात कर रहा है - विकल्प बी की संभावना बहुत अधिक है, क्योंकि वहां रूसी चाकू की तुलना में लाखों अधिक मध्यवर्गीय अमेरिकी हैं आयातकों.

बेस-रेट की उपेक्षा चिकित्सा में एक महत्वपूर्ण भूमिका निभाती है। उदाहरण के लिए, माइग्रेन वायरल संक्रमण या मस्तिष्क ट्यूमर से लेकर हृदय की समस्याओं तक कुछ भी संकेत दे सकता है; डॉक्टर आमतौर पर रोगी की भलाई सुनिश्चित करने के लिए ट्यूमर के परीक्षण से पहले वायरल संक्रमण का आकलन करते हैं। मैडिकल स्कूल के निवासी आधार-दर की उपेक्षा को दूर करने में काफी समय व्यतीत करते हैं; अमेरिका में भविष्य के डॉक्टरों के लिए एक आदर्श वाक्य अक्सर दोहराया जाता है 'जब आप पीछे से खुरों की आवाज़ सुनते हैं तो आप ज़ेबरा देखने की उम्मीद नहीं करते हैं!' जिसका अर्थ है: विदेशी बीमारियों का निदान करने से पहले अधिक संभावित बीमारियों की जांच करें, भले ही उस विशेषज्ञता की आपको आवश्यकता हो।

डॉक्टर ही एकमात्र ऐसे पेशेवर हैं जिनके पास इतने व्यापक प्रशिक्षण तक पहुंच है; दुर्भाग्य से, व्यवसाय में बहुत कम लोगों को ऐसा परिचय प्राप्त होता है। मैं अक्सर उच्च-उड़ान वाले उद्यमी व्यवसाय योजनाओं को पढ़ते समय उत्साहित हो जाता हूं जो अगला Google बन सकता है! फिर भी बारीकी से जांच करने पर मुझे एहसास हुआ कि उनकी कंपनी अपने पहले पांच वर्षों तक जीवित रहेगी इसकी संभावना केवल 20% है; इसलिए उनके जीवित रहने की संभावना भी इस वास्तविकता को प्रतिबिंबित करनी चाहिए।

वॉरेन बफेट ने एक बार बताया था कि वह बायोटेक कंपनियों में निवेश क्यों नहीं करते: 'इनमें से कितनी कंपनियां कई सौ मिलियन डॉलर का कारोबार करती हैं? ऐसा बिल्कुल नहीं होता?...?इन कंपनियों के लिए सबसे संभावित परिदृश्य संभवतः बीच में कहीं रहेगा।' यह स्पष्ट आधार-दर

सोच है। अधिकांश लोगों की आधार-दर की उपेक्षा को उत्तरजीविता पूर्वाग्रह (अध्याय 1) के लिए जिम्मेदार ठहराया जा सकता है: वे केवल सफल व्यक्तियों और कंपनियों को देखते हैं क्योंकि असफल मामले दर्ज नहीं किए जाते (या कम रिपोर्ट किए जाते हैं), इस प्रकार वे उन अधिक 'अदृश्य' मामलों को नजरअंदाज कर देते हैं जो भीतर मौजूद है.

इसकी कल्पना करें: एक रेस्तरां में वाइन का स्वाद चखते समय, प्रत्येक बोतल पर लगे लेबल को हटा दिया गया है, जिससे इसकी उत्पत्ति के बारे में केवल एक संकेतक रह गया है: आमतौर पर फ्रांस में तीन चौथाई वाइन की पेशकश की जाती है, इसलिए, बेहतर जानकारी के बिना, सबसे अधिक संभावना है कि आप फ्रांस को चुनेंगे। चिली या कैलिफ़ोर्नियाई विकल्प।

कभी-कभी मुझे प्रतिष्ठित बिजनेस स्कूलों के छात्रों के सामने बोलने का दुर्भाग्यपूर्ण आनंद मिलता है। जब उनसे उनके करियर लक्ष्यों के बारे में पूछा गया, तो कई लोगों ने जवाब दिया कि मध्यम अवधि में वे खुद को वैश्विक कंपनियों के बोर्ड पर देखते हैं - जब हम वहां गए थे तो मेरे साथी छात्रों ने भी इसी तरह के जवाब दिए थे। जब यह जानकारी दी जाती है, तो छात्र आमतौर पर जवाब देते हैं कि इस स्कूल से डिग्री के साथ फॉर्च्यून 500 कंपनी के बोर्ड में स्थान पाने की संभावना 0.1% से कम है - इसकी संभावना अधिक है कि वे इसके बजाय मध्य प्रबंधन में कहीं न कहीं पहुंच जाएंगे - जो हमेशा चौंकाने वाली नजर आती है। लेकिन मुझे लगता है कि मैंने उनके भविष्य के मध्य जीवन संकट को कम करने में कुछ छोटा योगदान दिया है!
यह भी देखें:हेसिटेज़ 1 26 जुआरी का भ्रम (अध्याय 29); संयोजन भ्रांति (अध्याय 41); औसत के साथ समस्या (अध्याय 55) सूचना पूर्वाग्रह (अध्याय 59); अस्पष्टता विमुखता (अध्याय 8) (बैलोनी थ्योरी 29 - एक सिद्ध तथ्य)।

संतुलन बल

जुआरी का भ्रम 1913 के दौरान मोंटे कार्लो में कुछ उल्लेखनीय घटित हुआ: एक रूलेट टेबल के चारों ओर एकत्रित बड़ी भीड़ इसकी गेंद को लगातार बीस बार काले रंग पर उतरते देखकर आश्चर्यचकित रह गई! खिलाड़ियों ने इस घटना का पूरा फायदा उठाया, जल्दी से लाल पर पैसा लगा दिया, लेकिन एक और बार गेंद पहले की तुलना में अधिक लोगों द्वारा लाल पर दांव लगाने के बावजूद काले रंग पर रुक गई - अंत में अपने सत्ताईसवें स्पिन पर, जब गेंद अंततः लाल पर टिकी - जिससे लाखों लोग दांव पर लग गए और खिलाड़ी कुछ ही मिनटों में दिवालिया हो गए।

इसकी कल्पना करें: एक बड़े शहर में विद्यार्थियों का औसत आईक्यू 100 है। इसकी आगे जांच करने के लिए, आप 50 छात्रों का एक यादृच्छिक नमूना लें, जिनमें से एक बच्चे का आईक्यू 150 है और कई महीनों में उनकी प्रगति का निरीक्षण करें। अधिकांश लोग 100 का अनुमान लगाते हैं; शायद यह सोचकर कि सुपर-स्मार्ट छात्र की भरपाई या तो 50 के औसत आईक्यू वाले किसी व्यक्ति या औसत से कम 75 आईक्यू वाले दो छात्रों द्वारा की जाएगी - हालांकि यह परिदृश्य अत्यधिक असंभावित है; बल्कि हमें उम्मीद करनी चाहिए कि हमारे शेष 49 में से प्रत्येक अपनी आबादी का प्रतिनिधित्व करेगा, प्रत्येक का औसत आईक्यू 100 होगा, जिससे हमें आपके 50 छात्रों के लिए 101 का औसत स्कोर मिलेगा।

मोंटे कार्लो और आईक्यू प्रयोग दर्शाते हैं कि लोग कैसे विश्वास करते हैं कि एक अदृश्य 'ब्रह्मांड की संतुलन शक्ति' है; इसे जुआरी का भ्रम कहा जाता है। हालाँकि, स्वतंत्र घटनाओं के साथ, ऐसी कोई ताकत नहीं है: गेंदों को यह याद नहीं रहता कि वे कितनी बार काले रंग पर गिरीं। फिर भी मेरा एक मित्र अपने साप्ताहिक मेगा मिलियंस नंबरों को एक्सेल स्प्रेडशीट में डालने से पहले उन नंबरों को खेलता है जो कम से कम बार दिखाई देते हैं - यह सब बिना किसी मतलब के काम करता है - वह भी जुआरी के भ्रम का शिकार हो जाता है!

एक चुटकुला इस घटना को दर्शाता है: एक गणितज्ञ जो आतंकवादी हमले के जोखिम के कारण उड़ान भरने से डरता है, वह हर उड़ान में अपने हाथ के सामान में एक बम लेकर जाता है कि कहीं विमान में कुछ न हो जाए; इस उपाय के साथ, उसके जहाज पर एक होने की संभावना काफी बढ़ जाती है।
"एक विमान में दो बम होने की संभावना बहुत कम है!" वह आगे बताते हैं.

कल्पना कीजिए कि आपको अगले सिक्का उछालने के नतीजे पर सट्टेबाजी में अपना हजारों डॉलर खर्च करने के लिए मजबूर किया जा रहा है, और हर बार सिर के साथ उतरना पड़ रहा है। इस परिदृश्य को देखते हुए, बहुत से लोग संभवतः पूंछ चुनेंगे, भले ही शीर्ष की भी समान संभावना हो। जुआरी की भ्रांति हमें यह विश्वास दिलाती है कि कुछ अवश्य बदलना चाहिए!

एक बार फिर, कोई आपको दांव लगाने के लिए मजबूर करता है। क्या आप इस बार चित या पट चुनेंगे? अब जब आपने कुछ उदाहरण देख लिए हैं, तो आप खेल से परिचित हो गए हैं; यह जानते हुए कि यह किसी भी तरफ जा सकता है। दुर्भाग्य से, हम गणितज्ञों के विरूपण प्रोफ़ेशनल (पेशेवर

निरीक्षण) के एक और ख़तरे पर आ गए हैं; तर्क आपको बताता है कि चित संभवतः अधिक बुद्धिमान विकल्प है क्योंकि सिक्का पट्ट के मुकाबले धांधली वाला प्रतीत होता है।

हाल के लेखों में अर्थ के प्रतिगमन की जांच की गई। उदाहरण के तौर पर, इस परिदृश्य पर विचार करें: यदि आपके क्षेत्र में रिकॉर्ड ठंड पड़ रही है, तो संभावना है कि आने वाले दिनों में तापमान सामान्य मूल्यों पर वापस आ जाएगा - बिल्कुल कैसीनो की तरह! वातावरण में जटिल प्रतिक्रिया तंत्र यह सुनिश्चित करते हैं कि चरम समय के साथ खुद को संतुलित करते हैं जबकि चरम कभी-कभी तेज हो जाते हैं - उदाहरण के लिए जब अमीर लोग अमीर हो जाते हैं, और स्टॉक में विस्फोट होने से बाहर खड़े होने के कारण अतिरिक्त मांग पैदा होती है - कुछ विपरीत मुआवजा प्रभाव पैदा होता है।

अपने परिवेश में स्वतंत्र और अन्योन्याश्रित दोनों घटनाओं के प्रति सचेत रहें। विशुद्ध रूप से स्वतंत्र कार्यक्रम केवल कैसीनो, लॉटरी और सैद्धांतिक सेटिंग्स में मौजूद होते हैं - ये कैसीनो, लॉटरी या सैद्धांतिक स्तर पर मौजूद हो सकते हैं; वास्तविक जीवन अक्सर हमें परस्पर संबंधित घटनाओं से रूबरू कराता है जो एक-दूसरे को प्रभावित करते हैं - वित्तीय बाज़ार या स्वास्थ्य के बारे में सोचें। अतीत की घटनाओं का भविष्य पर प्रभाव पड़ता है। कोई विचार भले ही आरामदायक लगे, लेकिन स्वतंत्र घटनाओं को नकारात्मक प्रभावों से बचाने के लिए वहां कोई संतुलनकारी शक्ति नहीं है; 'जो चलता है, वैसा ही होता है' ऐसी कोई अवधारणा मौजूद नहीं है!
यह भी देखें: औसत (अध्याय 55); बेस-रेट उपेक्षा (अध्याय 28); विरूपण प्रोफेशननेल (अध्याय 92); माध्य का प्रतिगमन (अध्याय 19); इन विषयों पर अतिरिक्त चर्चा के लिए सरल तर्क (अध्याय 63)। 29

भाग्य का पहिया हमें सर्पिल क्यों बनाता है?

अब्राहम लिंकन का जन्म कहाँ हुआ था? उत्तर तक तत्काल पहुंच के बिना और आपके स्मार्टफ़ोन की बैटरी अभी-अभी ख़त्म होने पर, आप ऐसे प्रश्न का उत्तर कैसे देंगे? शायद यह जानना आपके लिए पर्याप्त है कि उन्होंने 1860 के दशक के अमेरिकी गृहयुद्ध के दौरान राष्ट्रपति के रूप में कार्य किया था और वह पहले अमेरिकी राष्ट्रपति बने थे जिनकी हत्या हुई थी? वाशिंगटन में लिंकन मेमोरियल को देखने से किसी ऊर्जावान युवा व्यक्ति की छवि नहीं उभरती, बल्कि 60 वर्ष की आयु वाले एक वृद्ध वयोवृद्ध की छवि उभरती है। चूँकि उनकी हत्या 1860-1864 के बीच किसी समय कर दी गई थी (उनकी मृत्यु 1809 में हुई थी), 1805 हमारे जन्म का अनुमानित वर्ष है (वास्तव में यह 1809 होना चाहिए)। हमने इसका पता कैसे लगाया? 1865 जैसे एक एंकर बिंदु को अपने शुरुआती बिंदु के रूप में उपयोग करके और एक शिक्षित अनुमान लगाने के लिए वहां से पीछे की और काम करते हुए।

जब हमें कुछ अनुमान लगाने की आवश्यकता होती है - उदाहरण के लिए मिसिसिपी नदी की लंबाई, रूस में जनसंख्या घनत्व या फ्रांस में परमाणु ऊर्जा संयंत्र संख्या - हम एंकर का उपयोग करते हैं। किसी परिचित चीज़ से शुरुआत करके हम वहां से अपरिचित क्षेत्र का पता लगाते हैं। ऐसा करने का और क्या तरीका हो सकता है यदि हम अपने दिमाग से याद्दच्छिक संख्याएँ न निकालें? यह पूरी तरह से अतार्किक होगा!

दुर्भाग्य से, एंकरों का दुरुपयोग भी किया जा सकता है। उदाहरण के लिए, एक व्याख्यान कक्षा में एक प्रोफेसर ने अपने छात्रों से उन आंकड़ों के आधार पर नीलामी में शराब की बोतल पर बोली लगाने के बारे में निर्णय लेने से पहले अपने सामाजिक सुरक्षा नंबरों के अंतिम दो अंक लिखने को कहा - जिससे उन्हें लगभग दोगुनी बोली लगानी पड़ी। उनकी संख्या कम संख्या की तुलना में अधिक थी! इस प्रकार यह प्रदर्शित होता है कि सामाजिक सुरक्षा संख्याएँ एक लंगर के रूप में कैसे कार्य करती हैं; भले ही अप्रत्यक्ष या भ्रामक तरीके से।

मनोविज्ञानी अमोस टावर्सकी ने भाग्य के पहिये का उपयोग करके एक प्रयोग किया। प्रतिभागियों ने इसे घुमाया, और बाद में पूछा गया कि संयुक्त राष्ट्र में कितने सदस्य देश हैं; उनके अनुमानों ने एंकर प्रभाव की पुष्टि की: जिन व्यक्तियों ने पहिए पर अधिक संख्याएँ घुमाई थीं, उन्होंने उन लोगों की तुलना में अधिक अनुमान दिए थे, जिन्होंने उस पर उतनी ऊँची संख्याएँ नहीं घुमाई थीं।

रूसो और शोमेकर ने यह पता लगाने के उद्देश्य से शोध किया कि यूरोप में एटिला द हन कब पराजित हुआ था - यह छात्रों से यह पूछने के समान है कि सामाजिक सुरक्षा किस वर्ष शुरू हुई थी। इसके बाद प्रतिभागियों को उनके टेलीफोन नंबर के अंतिम कुछ अंकों के आधार पर एंकर पॉइंट दिए गए, जिनके पास अधिक संख्या थी उन्होंने बाद के वर्षों को चुना और इसके विपरीत (एटीला की मृत्यु 453 में हुई थी)

एंकर प्रचुर मात्रा में हैं, और हम सभी उनसे चिपके रहते हैं। उदाहरण के लिए, कई उत्पादों में एक विज्ञापित "अनुशंसित खुदरा मूल्य" होता है, जो एक आधार बिंदु के रूप में कार्य करता है। बिक्री पेशेवरों को पता है कि बिक्री की सफलता सुनिश्चित करने के लिए उन्हें प्रस्ताव प्रस्तुत होने से

बहुत पहले - कीमतें निर्धारित करनी होंगी। इसके अलावा, शोध से पता चला है कि छात्रों के पिछले ग्रेडें को जानने से शिक्षक नए काम को कैसे चिह्नित करते हैं, इस पर प्रभाव पड़ता है - नवीनतम ग्रेड शुरुआती बिंदु के रूप में कार्य करते हैं।

मेरे शुरुआती वर्ष एक परामर्श फर्म में बीते। मेरे बॉस एंकर का उपयोग करने में माहिर थे। किसी भी ग्राहक के साथ अपनी शुरुआती बातचीत में, वह एक शुरुआती कीमत निर्धारित करते थे, जो कायदे से, हमारी आंतरिक लागतों से कहीं अधिक होती थी: "बस ताकि आप अपनी बोली प्राप्त करते समय आश्चर्यचकित न हों, श्रीमान-अमुक: हाल ही में पूरा किया गया आपके एक प्रतिस्पर्धियों के लिए इसी तरह की परियोजनाँ पांच मिलियन डॉलर की सीमा में थी"। फिर उस लंगर को हटा दिया गया - मूल्य वार्ता ठीक इसी राशि पर शुरू हुई।

फ़्रेमिंग भी देखें (अध्याय 42)।

हम लाखों लोगों को उनकी तकलीफों से कैसे मुक्त कर सकते हैं?

सबसे पहले, शर्मीला जानवर संदेहपूर्ण लगता है; हालाँकि, अंततः इसका प्रतिरोध कम हो जाता है और वे नियमित रूप से एक-दूसरे से खाना शुरू कर देते हैं। हालाँकि अंततः, उनका संदेह ख़त्म हो जाता है और अंततः उनका भरोसा पहले से अधिक मजबूत हो जाता है। कई महीनों के बाद, हंस को यह विश्वास हो जाता है कि उसके किसान के दिल में उसके सर्वोत्तम हित हैं, क्योंकि हर अतिरिक्त दिन का भोजन इस धारणा की पुष्टि करता है। वह तब अचंभित रह गई जब क्रिसमस के दिन उसने उसे उसके बाड़े से बाहर निकाला - केवल उसे मारने के लिए! डेविड ह्यूम ने आगमनात्मक सोच के खिलाफ चेतावनी के रूप में क्रिसमस गीज़ से जुड़े एक रूपक का इस्तेमाल किया - व्यक्तिगत टिप्पणियों से सार्वभौमिक सत्य का अनुमान लगाने की प्रवृत्ति। हालाकि उनकी कहानी केवल क्रिसमस के दौरान प्रासंगिक लग सकती है, लेकिन इसके पाठ इस प्रतीकात्मक अवकाश अवकाश पक्षी से कहीं आगे तक फैले हुए हैं। लेकिन आगमनात्मक तर्क केवल हंसों को ही प्रभावित नहीं करता है।

एक निवेशक स्टॉक एक्स खरीदता है और शुरू में उसे संदेह हो जाता है क्योंकि उसके शेयर की कीमत आसमान छूती है, उसे संदेह होता है कि कोई बुलबुला मौजूद हो सकता है। लेकिन जैसे-जैसे समय बीतता है और यह ऊपर की ओर बढ़ता रहता है, उसका संदेह उत्साह में बदल जाता है: यह स्टॉक कभी नीचे नहीं आ सकता है! केवल आधे साल के समय में वह अपनी सारी बचत इसमें निवेश करने से जुड़े क्लस्टर जोखिम की परवाह किए बिना इसमें निवेश कर देता है - बाद में लालच और अज्ञानता से किए गए ऐसे मूर्खतापूर्ण निर्णयों के लिए उसे भारी कीमत चुकानी पड़ती है।

आगमनात्मक सोच को आपको आपदा की ओर ले जाने की आवश्यकता नहीं है; वास्तव में, आप अगले महीने कीमतों में बढ़ोतरी और गिरावट दोनों के पूर्वानुमान के साथ ईमेल भेजकर आगमनात्मक सोच को लाभ के स्रोत में बदल सकते हैं - एक भविष्यवाणी करता है कि कीमतें गिर सकती हैं। पहला ईमेल 50,000 लोगों को भेजें और फिर एक महीने के बाद 50,000 लोगों का एक अलग समूह भेजें, जब सूचकांक में काफी गिरावट आई थी। अब एक और ईमेल भेजें लेकिन इस बार केवल उन 50,000 लोगों को जिन्हें अपने पहले ईमेल में सटीक भविष्यवाणियाँ मिलीं। 10 महीने बाद आपके करीब 100 ग्राहक रह जायेंगे। उनके दृष्टिकोण से, आपने अपनी भविष्यसूचक शक्तियों को सिद्ध कर दिया है। कुछ लोग अपने पैसे को लेकर आप पर भरोसा करेंगे - इसे लें और ब्राज़ील में फिर से जीवन जीना शुरू करें।

हालाँकि, हम सिर्फ भोले-भाले अजनबियों द्वारा मूर्ख नहीं बनते हैं; यहाँ तक कि स्वयं को भी मूर्ख बनाया जा सकता है; जो लोग कभी-कभार ही बीमार पड़ते हैं वे स्वयं को अमर मानते हैं। लगातार तिमाहियों में लाभ में वृद्धि दर्ज करने वाले सीईओ खुद को अपराजेय मानते हैं - जैसा कि उनके कर्मचारी और शेयरधारक करते हैं। एक बार मेरा एक दोस्त था जो बेस जंपिंग का आनंद लेता था। वह खुद को चट्टानों, एंटीना, इमारतों आदि से लॉन्च करेगा, पृथ्वी पर सुरक्षित रूप से उतरने से पहले केवल आखिरी क्षण में अपने रिपकॉर्ड को खींचेगा। एक दिन, मैंने पूछा कि उसके चुने हुए खेल में कितना जोखिम है और उसकी प्रतिक्रिया काफी सामान्य थी: 'मैं 1,000 से अधिक छलांग लगा चुका हूं और मुझे कभी कुछ नहीं होता।' दो महीने बाद दक्षिण अफ्रीका में एक विशेष रूप से

खतरनाक चट्टान से कूदते समय उनकी मृत्यु हो गई - इस दुखद घटना ने सभी सिद्धांतों को बार-बार साबित कर दिया।

आगमनात्मक सोच के विनाशकारी परिणाम हो सकते हैं, फिर भी हम जीवित रहने के लिए हर दिन इस पर निर्भर रहते हैं। जब हम किसी विमान में चढ़ते हैं, तो वायुगतिकीय नियम मान्य रहते हैं; हमें भरोसा है कि सड़क पर आकस्मिक हमले नहीं होंगे; हमारे दिल कल भी धड़कते रहेंगे - ये आवश्यक आश्वासन हैं जिनके बिना जीवन नहीं चलेगा - हालाँकि यह हमेशा याद रखना चाहिए कि केवल मृत्यु और कर जैसी निश्चितताएँ ही स्थायी हैं; बेंजामिन फ्रैंकलिन ने इसे सबसे अच्छा कहा: 'मृत्यु और करों के अलावा कुछ भी निश्चित नहीं है।'

प्रेरण हमें ऐसी बातों पर विश्वास करने के लिए मजबूर कर सकता है: 'मानव जाति हमेशा जीवित रही है, इसलिए हम भविष्य की किसी भी चुनौती का सामना करने में भी सक्षम होंगे।' हालाँकि यह सैद्धांतिक रूप से तर्कसंगत लगता है, लेकिन कई लोग यह स्वीकार करने में विफल रहते हैं कि ऐसे बयान केवल उन प्रजातियों से आ सकते हैं जो इस बिंदु तक जीवित रहे हैं; यह धारणा बनाना कि आज हमारा जीवित रहना भविष्य में जीवित रहने का संकेत देता है, एक बड़ी गलती होगी और संभवतः अब तक की सबसे गंभीर तर्क त्रुटि होगी।

मिथ्या कारणता (अध्याय 37); उत्तरजीविता पूर्वाग्रह (अध्याय 1) भी यहाँ शामिल हैं।

बुराई अच्छाई की अपेक्षा अधिक तीव्र क्यों प्रहार करती है?

हानि से बचाव आप वर्तमान में 1-10 के पैमाने पर कैसा महसूस कर रहे हैं? अब कल्पना करें कि कौन सी चीज़ आपको 10 तक पहुंचाएगी, जैसे कैरेबियन की वह यात्रा जिसकी आप हमेशा से इच्छा रखते थे या करियर में उन्नति में वृद्धि? इस अभ्यास को जारी रखें: किस कारण से आपका स्कोर उसी संख्या से कम हो सकता है? पक्षाघात, अल्जाइमर, कैंसर, अवसाद, युद्ध, भूख यातना, वित्तीय बर्बादी, क्षति, प्रतिष्ठा हानि, मित्र का अपहरण, अंधापन, मृत्यु, कुछ ही विकल्प उपलब्ध हैं जो बड़ी नाराजगी लाएंगे; बस इन सभी संभावनाओं के बारे में सोचने से हमें पता चलता है कि उन सभी सकारात्मक प्रभावों की तुलना में खुशी के दायरे को बनाए रखने में कितनी बाधाएँ मौजूद हैं; यह सभी सूचियाँ इस बात पर प्रकाश डालती हैं कि कितनी बाधाएँ मौजूद हैं और उनके लाभों की तुलना में कहीं अधिक गंभीर प्रभाव हैं; इसमें कोई आश्चर्य नहीं कि हम ख़ुशी की उतनी तलाश नहीं करते जितनी हमने पहले कभी सोची थी।

हमारे विकासवादी अतीत में एक बिंदु पर, यह और भी सच था - एक छोटी सी गलती से तुरंत मृत्यु हो सकती थी। कई चीजें आपके जीवन से तेजी से प्रस्थान का कारण बन सकती हैं: लापरवाह शिकार प्रथाएं, कण्डरा सूजन या समूह से बहिष्कार। जो लोग लापरवाह या असावधान थे वे अक्सर अपने जीन को भावी पीढ़ियों तक पहुँचाने से पहले ही मर जाते थे; केवल सतर्क लोग ही जीवित बचे और आज हमारे वंशज हैं।

तो यह समझ में आता है कि हम लाभ से अधिक हानि से क्यों डरते हैं; 100 डॉलर खोने से हमें मिलने वाली किसी भी खुशी से कहीं अधिक खुशी मिलती है अगर मैं इसके बदले उसे हमें दे दूं। वास्तव में, अध्ययनों ने साबित कर दिया है कि एक भावनात्मक प्रतिक्रिया का वजन किसी भी समान लाभ से दोगुना होता है - सामाजिक वैज्ञानिक इस घटना को नुकसान से बचने के रूप में संदर्भित करते हैं।

इस कारण से, जब किसी को कोई बात समझाने का प्रयास करें तो उसके लाभों पर ध्यान केंद्रित न करें; इसके बजाय इस बात पर ज़ोर दें कि यह कैसे उन्हें नुकसान से बचने में मदद करता है। स्तन स्व-परीक्षा (बीएसई) को बढ़ावा देने वाले एक अभियान ने बीएसई पर जानकारी फैलाने के लिए महिलाओं के बीच वितरित दो अलग-अलग पत्रक का उपयोग किया। पैम्फलेट ए में कहा गया है, 'शोध से पता चलता है कि बीएसई में भाग लेने वाली महिलाओं में प्रारंभिक, अधिक उपचार योग्य चरण में ट्यूमर का पता चलने की संभावना बढ़ जाती है।' पैम्फलेट बी ने कहा, 'शोध से पता चला है कि जो महिलाएं बीएसई करने से बचती हैं, उनमें कैंसर के ट्यूमर का जल्दी और अधिक उपचार योग्य चरण में पता चलने की संभावना बढ़ जाती है,' अध्ययन से संकेत मिलता है कि पैम्फलेट बी की कथा ("नुकसान फ्रेम" से लिखी गई) ने काफी अधिक जागरूकता पैदा की है और पैम्फलेट ए की तुलना में व्यवहार में बदलाव (एक "कमाई फ्रेम" में लिखा गया)।

हानि का डर लोगों को समान मूल्य की कोई वस्तु प्राप्त करने की संभावना से अधिक प्रेरित करता है, इसलिए यदि आपका व्यवसाय घरेलू इन्सुलेशन उत्पाद पेश करता है, तो ग्राहकों को खरीदारी के लिए प्रोत्साहित करने का एक प्रभावी तरीका उन्हें यह दिखाना है कि इन्सुलेशन के बिना वे कितना पैसा खो सकते हैं बजाय इसके कि वे कितना खो सकते हैं। इससे बचत हो सकती है - भले ही दोनों राशियाँ समान रहेंगी।

शेयर बाज़ार में, निवेशक अक्सर कागज़ पर होने वाले नुकसान को नज़रअंदाज कर देते हैं क्योंकि वास्तविक नुकसान की तुलना में अवास्तविक नुकसान कम दर्दनाक होता है; इसलिए वे निवेशक बने रहेंगे, भले ही सुधार या आगे गिरावट की संभावना कम हो। मैं एक बार एक करोड़पति से मिला जो बहुत परेशान था कि उसने एक पल में 100 डॉलर खो दिए थे; फिर भी उनके पोर्टफोलियो में हर सेकंड कम से कम इतनी राशि का उतार-चढ़ाव होता रहा! मैंने उसे यह समझाने की कोशिश की कि यह भावना अनुचित है क्योंकि उसके पोर्टफोलियो में हर सेकंड कम से कम इतनी मात्रा में उतार-चढ़ाव होता है!

बड़ी कंपनियों में प्रबंधक आम तौर पर कर्मचारियों को साहसी और अधिक उद्यमशील बनने के लिए प्रेरित करते हैं, फिर भी वास्तव में कई कर्मचारी जोखिम लेने से बचते हैं। उनके दृष्टिकोण से, यह समझ में आता है: ऐसी किसी चीज़ का जोखिम क्यों उठाया जाए जो या तो बढ़ा हुआ बोनस ला सकती है या इससे भी बदतर - एक गुलाबी पर्ची? ज्यादातर मामलों और स्थितियों में, कैरियर सुरक्षा किसी भी संभावित पुरस्कार से अधिक महत्वपूर्ण होती है - इसलिए यदि आप इस बात को लेकर परेशान हैं कि आपके कर्मचारियों में जोखिम लेने की क्षमता में कमी क्यों दिखती है, तो अब आप जानते हैं कि ऐसा क्यों है (हालाँकि जब कर्मचारी महत्वपूर्ण जोखिम लेते हैं तो यह अक्सर इसकी आड़ में आता है) समूह निर्णय - सामाजिक आवारगी के बारे में अध्याय 33 में और जानें)।

बुराई अच्छाई से अधिक शक्तिशाली और प्रचलित है; जब नकारात्मक चीजें हमारे सामने आती हैं तो हम सकारात्मक चीजों की तुलना में अधिक दृढ़ता से प्रतिक्रिया करते हैं; सड़क पर मुस्कुराते चेहरों की तुलना में डरावने चेहरे अधिक उभरे होते हैं; हम बुरे व्यवहार को लंबे समय तक याद रखते हैं - सिवाय इसके कि जब यह हमसे संबंधित हो!
हाउस-मनी इफ़ेक्ट (अध्याय 84) भी देखें; बंदोबस्ती प्रभाव (अध्याय 23), सोशल लोफिंग, (अध्याय 33) डिफ़ॉल्ट प्रभाव, सनक कॉस्ट फॉलेसी और फ्रेमिंग के साथ-साथ आगे की जानकारी के लिए अध्याय 42 में प्रभावित अनुमान। (सीएच 66) .

टीम के सदस्य आलसी क्यों हैं?

सामाजिक आवारगी

1913 में, फ्रांसीसी इंजीनियर मैक्सिमिलियन रिंगेलमैन ने घोड़े के प्रदर्शन पर शोध किया। उन्हें यह देखकर आश्चर्य हुआ कि एक कोच को खींचने वाले दो घोड़े अकेले एक घोड़े की तुलना में दोगुने के बराबर नहीं थे। इस परिणाम से हैरान होकर, रिंगेलमैन ने अपना शोध मनुष्यों की ओर मोड़ दिया; कई व्यक्तियों द्वारा रस्सियों को एक साथ खींचने पर प्रत्येक व्यक्ति द्वारा व्यक्तिगत रूप से लगाए गए बल को मापते समय उन्होंने पाया कि जब दो लोग एक साथ खींचते हैं तो उन्होंने अपनी व्यक्तिगत ताकत का औसतन 93% एक साथ खींचने में निवेश किया; तीनों के एक साथ खींचने से यह गिरकर 86% निवेश पर आ गया; जब तीनों ने मिलकर केवल 49% खींचा!

विज्ञान इस घटना को सामाजिक आवारगी प्रभाव के रूप में संदर्भित करता है। ऐसा तब होता है जब व्यक्तिगत प्रदर्शन आसानी से ध्यान देने योग्य नहीं होता है - जब व्यक्तिगत योगदान सीधे पर्यवेक्षकों को दिखाई देने के बजाय सामूहिक प्रयास में मिश्रित हो जाता है। सामाजिक आवारगी अक्सर नाविकों की दौड़ में होती है, लेकिन रिले दौड़ में नहीं, जहां व्यक्तिगत योगदान स्पष्ट हो जाते हैं। सामाजिक आवारगी तर्कसंगत व्यवहार हो सकता है: जब आधा ही करेगा तो अपनी सारी ऊर्जा क्यों निवेश करें? बिना किसी को एहसास हुए शॉर्टकट अपनाना भी आम बात है - रिंगेलमैन के घोड़ों की तरह! कुल मिलाकर, सामाजिक आवारगी को धोखाधड़ी के एक रूप के रूप में देखा जा सकता है, जिसमें हम सभी अनजाने में शामिल होने के दोषी हैं, जैसा कि रिंगेलमैन ने विरोधियों के खिलाफ काम करते समय किया था!

जैसे-जैसे लोग एक साथ काम करते हैं, व्यक्तिगत प्रदर्शन में कमी आती है - कुछ ऐसा जो कोई आश्चर्य की बात नहीं होनी चाहिए - लेकिन व्यक्तिगत प्रदर्शन में कमी के बावजूद हमारा निरंतर इनपुट सबसे अलग होना चाहिए। हमें पूरी तरह से हार मानने और सारी मेहनत दूसरों पर छोड़ने से क्या रोकता है? परिणाम - शून्य प्रदर्शन पर ध्यान दिया जाएगा और इसके गंभीर परिणाम हो सकते हैं जैसे समूह से बहिष्कार या बदनामी; विकास ने हमें सूक्ष्मता से सुव्यवस्थित इंद्रियां प्रदान की हैं जो हमें यह समझने की अनुमति देती हैं कि कितनी आलस्यता स्वयं से दूर हो सकती है या दूसरों में इसका पता लगा सकती है।

सामाजिक आवारगी शारीरिक प्रदर्शन से कहीं आगे तक फैली हुई है; हम मानसिक रूप से भी ढीले हो जाते हैं। उदाहरण के लिए, जिन बैठकों में बहुत अधिक प्रतिभागी मौजूद होते हैं, उनमें केवल 20 या 100 की उपस्थिति की तुलना में कमजोर व्यक्तिगत भागीदारी देखी जाती है; हालाँकि, एक बार यह सीमा पार हो जाने के बाद, प्रदर्शन का स्तर स्थिर हो जाता है। चाहे किसी समूह में 20 या 100 सदस्य हों, इससे कोई फर्क नहीं पड़ता क्योंकि हम अधिकतम जड़ता और अधिकतम प्रदर्शन क्षमता तक पहुँच चुके हैं।

एक कठिन प्रश्न बना हुआ है: यह धारणा किसने उत्पन्न की कि टीमें व्यक्तियों से आगे निकल जाती हैं? शायद जापानी. तीस साल पहले।
व्यावसायिक अर्थशास्त्रियों ने जापान के औद्योगिक चमत्कार की जांच की और देखा कि इसके कारखाने टीमों में संगठित थे। व्यावसायिक अर्थशास्त्रियों ने तब मिश्रित सफलता के साथ इस

मॉडल की नकल करने का प्रयास किया - कुछ टीमों ने असाधारण रूप से अच्छा प्रदर्शन किया, लेकिन अन्य ने नहीं (संभवतः क्योंकि सामाजिक घृणा वहां शायद ही कभी होती थी), जबकि यूरोप में टीमों में विविध लेकिन विशिष्ट लोग शामिल थे, जिन्होंने समग्र रूप से सर्वश्रेष्ठ प्रदर्शन किया; ऐसे समूहों के भीतर व्यक्तिगत प्रदर्शन को आसानी से पहचाना और पता लगाया जा सकता है।

सामाजिक लोलुपता के गहरे प्रभाव हो सकते हैं। समूह के सदस्य समूह के गलत कार्यों या खराब निर्णयों के लिए भागीदारी और जवाबदेही दोनों को सीमित कर देते हैं। कोई भी अकेले दोष अपने सिर पर नहीं लेना चाहता। एक गंभीर उदाहरण नूनबर्ग परीक्षणों में नाजियों पर मुकदमा चलाना है; कम विवादास्पद ढंग से, किसी बोर्ड या प्रबंधन टीम पर विचार करें। जिम्मेदारी लेने से बचने के लिए हम अक्सर टीम के फैसलों के पीछे छुपते हैं; इस अभ्यास को जिम्मेदारी के प्रसार के रूप में जाना जाता है। टीम की गतिशीलता भी उन्हें व्यक्तिगत रूप से लेने की तुलना में अधिक जोखिम लेने के लिए प्रेरित करती है; सदस्यों का मानना है कि यदि कुछ गलत होता है, जिससे जोखिम भरा बदलाव होता है तो उन्हें व्यक्तिगत रूप से जिम्मेदार नहीं ठहराया जाएगा। यह घटना विशेष रूप से कंपनी और पेंशन-फंड रणनीतिकारों के बीच जोखिम भरी है, जहां अरबों डॉलर दांव पर हैं और रक्षा विभाग जहां समूह तय करते हैं कि परमाणु हथियार कब तैनात किए जाने चाहिए।

निष्कर्ष: लोग अकेले की तुलना में समूहों में अलग-अलग व्यवहार करते हैं (अन्यथा समूह नहीं होते)। व्यक्तिगत प्रदर्शन को यथासंभव दृश्यमान बनाकर समूहों के नकारात्मक पहलुओं की भरपाई की जा सकती है - योग्यतातंत्र लंबे समय तक जीवित रहे! प्रदर्शन समाज जिंदाबाद!

मोटिवेशन क्राउडिंग (अध्याय 56); सामाजिक प्रमाण (अध्याय 4); ग्रुपथिंक (अध्याय 25); हानि टालना (अध्याय 32)

कागज से घिरा हुआ?

घातीय वृद्धि

कल्पना कीजिए कि आप कागज की एक शीट को बार-बार दो भागों में मोड़ रहे हैं, केवल इस बार इसे फिर से अपने ऊपर मोड़ रहे हैं - कुल मिलाकर 50 बार? आपका अनुमान है कि 50 बार मोड़ने के बाद इसकी मोटाई क्या होगी? पढ़ना जारी रखने से पहले अपना अनुमान नोट कर लें।

दूसरा कार्य. नीचे दिए गए दो विकल्पों में से एक का चयन करें। ए) अगले 30 दिनों में, मैं तुम्हें प्रतिदिन 1,000 डॉलर दूंगा। बी) मैं पहले दिन से शुरू करके रोजाना एक सेंट दूंगा, उसके बाद दूसरे दिन दो सेंट, फिर चार सेंट और इसी तरह 31वां दिन आने तक और उसके बाद हर दिन आपका कुल इनाम आठ सेंट तक पहुंच जाएगा। लेकिन ए या बी के बीच जल्दी से फैसला करें?

क्या आप तैयार हों? यह मानते हुए कि कॉपी पेपर की एक शीट की मोटाई लगभग 0.004 इंच है, 50 मोड़ों के बाद इसकी मोटाई 60 मिलियन मील से अधिक हो जाती है; जो कैलकुलेटर से मापी गई पृथ्वी और सूर्य के बीच की दूरी के बराबर है। प्रश्न 2 का उत्तर देते समय, विकल्प बी चुनना कम आकर्षक लग सकता है, लेकिन केवल 30 दिनों में ए की तुलना में अधिक पुरस्कार मिलेगा; विकल्प A लेने पर आपको $30,000 मिलेंगे लेकिन B को $5 मिलियन से अधिक मिलेगा!

रैखिक वृद्धि को सहज रूप से समझा जाता है। लेकिन हमें घातीय (या प्रतिशत) वृद्धि का कोई एहसास नहीं है - शायद इसलिए क्योंकि हमारे पूर्वजों को पहले इसकी आवश्यकता नहीं थी! उनके अनुभव रैखिक होते थे: जामुन इकट्ठा करने में दोगुना समय खर्च करने से दोगुनी कमाई होती थी और एक के बजाय दो मैमथ को मारने से शिकार की अवधि आधी हो जाती थी। लेकिन आज, घातीय वृद्धि अब दुर्लभ नहीं रह गई है! पाषाण युग में लोगों को शायद ही कभी घातीय वृद्धि का सामना करना पड़ा। अब चीजें अलग हैं.

एक राजनेता चेतावनी देते हैं, "प्रत्येक वर्ष, यातायात दुर्घटनाओं में 7% की वृद्धि होती है।" सहज रूप से इसका अर्थ समझने के लिए, आइए एक आसान सूत्र का उपयोग करें: 70 को 7 = 10 वर्षों से विभाजित किया जाता है - जो इंगित करता है कि हर दशक में यातायात दुर्घटनाएँ दोगुनी हो जाती हैं (यह संख्या 70 क्यों है? पर अधिक स्पष्टीकरण के लिए नोट्स अनुभाग)। यह एक चिंताजनक स्थिति का संकेत होगा! यदि यह आंकड़ा आपको अपरिचित लगता है, तो लघुगणक पर ध्यान दें; इसकी परिभाषा वहां पाई जा सकती है)।

एक और उदाहरण: मुद्रास्फीति 5% पर है, जिससे कई लोगों को लगता है कि यह बहुत अधिक खतरा पैदा नहीं करता है - जब तक कि कोई दोगुनी समय की गणना नहीं करता: 70 को 5 = 14 वर्षों से विभाजित किया जाता है, जिसका अर्थ है कि 14 वर्षों के समय में केवल एक डॉलर ही होगा इसका मूल्य आधा हो जाएगा - बचत खाते वाले किसी भी व्यक्ति के लिए यह एक पूर्ण आपदा है!

कल्पना कीजिए कि आप एक पत्रकार हैं और रिपोर्ट कर रहे हैं कि आपके शहर में पंजीकृत कुत्तों का पंजीकरण सालाना 10% बढ़ रहा है; आप पाठकों को यह खबर कैसे बताएंगे? किसी को परवाह नहीं है, इसलिए इसके बजाय घोषणा करें: 'कुत्तों की बाढ़: 7 वर्षों में दोगुने म्यूट!' किसी को इतनी परवाह नहीं होगी - लोगों को इस बात की भी परवाह नहीं होगी कि पंजीकरण 10% बढ़ गए हैं।

कोई भी चीज़ जो तेजी से बढ़ती है वह हमेशा के लिए जारी नहीं रहेगी; कई राजनेता, अर्थशास्त्री और पत्रकार इस सच्चाई को भूल जाते हैं। ऐसी वृद्धि अंततः अपनी सीमा तक पहुँचती है; उदाहरण के लिए, एस्चेरिचिया कोली हर बीस मिनट में विभाजित होता है और कुछ दिनों के भीतर ग्रह को कवर कर सकता है, लेकिन उपलब्ध से अधिक ऑक्सीजन और चीनी की खपत के कारण जारी नहीं रह सकता है। इसलिए इसकी वृद्धि अंततः गतिरोध बिंदु पर पहुंच जाती है और बंद हो जाती है।

प्राचीन फारसियों ने प्रतिशत वृद्धि से जुड़ी कठिनाई को समझा। यहां एक दिलचस्प स्थानीय कहानी है: एक बुद्धिमान दरबारी ने राजा को उपहार के रूप में एक शतरंज की बिसात दी और पूछा कि वे उसे कैसे धन्यवाद दे सकते हैं; उसका उत्तर? इसके बाद प्रत्येक वर्ग पर दो बार दो अतिरिक्त अनाज डालने से पहले इसे चावल से ढक दें और प्रत्येक वर्ग पर एक दाना डालें! आश्चर्यचकित होने पर, राजा डेरियस ने उत्तर दिया कि यह वास्तव में उनके लिए सम्मान की बात है कि ऐसे योग्य दरबारियों से ऐसे विनम्र अनुरोध आए!

लेकिन उसे कितने चावल की जरूरत है? पहले तो उन्होंने लगभग एक बोरी का अनुमान लगाया। जब उसके सेवकों ने कार्य शुरू किया - प्रत्येक वर्ग पर बारी-बारी से एक दाना डालना जब तक कि प्रति वर्ग चार दाने न हो जाएँ इत्यादि - क्या उसे एहसास हुआ कि उसे पृथ्वी पर उपलब्ध अनाज से अधिक अनाज की आवश्यकता है।

जब विकास दर की बात आती है, तो अंतर्ज्ञान पर भरोसा न करें - आपके पास कुछ भी नहीं है। इसके बजाय इसे स्वीकार करें. कैलकुलेटर का उपयोग करने से वास्तव में मदद मिलती है - या कम विकास दर वाले मामलों में 70 को जादुई संख्या के रूप में उपयोग करना।

यह भी देखें, सरल तर्क (अध्याय 63); संभाव्यता की उपेक्षा (अध्याय 26); छोटी संख्याओं का नियम (अध्याय 61)

अपने उत्साह पर नियंत्रण रखें

विजेता का अभिशाप

1950 के दशक में टेक्सास। दस तेल कंपनियाँ $10 मिलियन से $100 मिलियन के बीच मूल्य की भूमि की नीलामी के लिए प्रतिस्पर्धा करती हैं; जब बोली के दौरान कीमतें बढ़ती हैं, तो अधिक कंपनियां बोली से बाहर निकल जाती हैं, जब तक कि अंततः एक कंपनी उच्चतम बोली जमा नहीं करती और शैंपेन कॉर्क पॉपिंग के साथ नीलामी जीत नहीं जाती!

"विजेता का अभिशाप" मानता है कि नीलामी विजेता अक्सर हारे हुए के रूप में समाप्त होते हैं, जैसा कि उद्योग विश्लेषकों द्वारा प्रमाणित किया गया है, जिन्होंने ऐसी कंपनियों पर ध्यान दिया है जो लगातार तेल क्षेत्र की नीलामी से विजेता बोलीदाताओं के रूप में सामने आईं और बाद में दिवालिया हो गईं - ऐसा कुछ जिसमें कोई आश्चर्य नहीं होना चाहिए जब अनुमान अलग-अलग हों $10 मिलियन और $100 मिलियन; अनुमान अक्सर बीच में कहीं पड़े होते हैं; अक्सर, नीलामी में ऊंची बोलियाँ उनके वास्तविक मूल्य से अधिक हो जाती हैं; हालाँकि, टेक्सास में तेल प्रबंधकों ने जश्न मनाया जो आख़िरकार एक महँगी जीत बन गई।

आज यह घटना हम सभी को प्रभावित करती है। ईबे से लेकर ग्रुपऑन से लेकर गूगल ऐडवर्ड्स तक, कीमतें नीलामियों द्वारा निर्धारित की जाती हैं - ईबे से ग्रुपऑन से लेकर गूगल ऐडवर्ड्स तक; सेलफोन फ्रीक्वेंसी पर बोली युद्ध दूरसंचार कंपनियों को दिवालियापन के करीब ले जाता है; हवाई अड्डे अपने वाणिज्यिक स्थानों को उच्चतम बोली लगाने वाले को किराये पर देते हैं; या जब वॉलमार्ट पांच आपूर्तिकर्ताओं से निविदाओं का अनुरोध करते हुए एक डिटर्जेंट रोलआउट की योजना बना रहा है (वास्तव में एक नीलामी जिसमें जीतने के साथ जोखिम जुड़ा होता है और विजेता के अभिशाप से शापित होता है!)। यहां तक कि वॉलमार्ट भी नीलामी के माध्यम से उत्पाद पेश करता है - आपूर्तिकर्ताओं से पांच आपूर्तिकर्ताओं से निविदाएं मांगना एक और नीलामी है - केवल इस बार शापित होने का जोखिम उठाना!

रोजमर्रा की जिंदगी की इंटरनेट नीलामी व्यापारियों तक भी फैल गई है। जब मुझे अपनी दीवारों पर पेंटिंग की ज़रूरत पड़ी, तो आस-पास किसी चित्रकार को खोजने के बजाय, मैंने अपना विज्ञापन ऑनलाइन पोस्ट किया - 300 मील से 30 चित्रकारों ने इसके लिए प्रतिस्पर्धा की, इतने कम उद्धरण पेश किए कि मेरे लिए इसे स्वीकार करना असंभव हो गया - दयालुता के कारण मॉल! सबसे अच्छा प्रस्ताव एक इतने गरीब व्यक्ति से आया कि सहानुभूति के कारण मैंने उसे अस्वीकार कर दिया ताकि उसे विजेता के अभिशाप से बचाया जा सके!

प्रारंभिक सार्वजनिक पेशकश (आईपीओ) और विलय और अधिग्रहण, जिसे आमतौर पर विलय और अधिग्रहण के रूप में जाना जाता है, को नीलामी के रूप में भी देखा जा सकता है। दुर्भाग्य से, मैकिन्से के एक अध्ययन के अनुसार आधे से अधिक अधिग्रहणों ने मूल्य को नष्ट कर दिया! हम विजेता के अभिशाप के आगे क्यों झुक जाते हैं? काम पर कुछ कारक हैं। पहला, कई चीज़ों के वास्तविक मूल्य अनिश्चित रहते हैं। इसके अतिरिक्त, अधिक इच्छुक पार्टियों द्वारा अत्यधिक उत्साही बोली प्रस्तुत किए जाने की संभावना बढ़ जाती है। दूसरा विक्रेताओं के बीच प्रतिस्पर्धा है; माइक्रो-एंटीना फैक्ट्री के मालिक एक मित्र ने बताया कि कैसे Apple ने iPhone विकसित करते

समय आपूर्तिकर्ताओं के लिए एक गहन बोली युद्ध शुरू कर दिया था - हर कोई एक आधिकारिक अनुबंध चाहता था, भले ही इसका मतलब जीतने वाले आपूर्तिकर्ताओं के लिए वित्तीय नुकसान हो सकता था।

आप $100 के लिए कितना ऑफ़र देंगे? मान लें कि आपको और आपके प्रतिद्वंद्वी को एक नीलामी में आमंत्रित किया जाता है, जिसमें जो भी सबसे अधिक पेशकश करता है वह जीत जाता है और दोनों बोलीदाताओं को उस बिंदु पर अपने अंतिम प्रस्ताव जमा करने होंगे - आपका प्रस्ताव कितना ऊंचा होगा? आपके दृष्टिकोण से, $20, $30 या $40 की पेशकश करना उचित है; आपका प्रतिद्वंद्वी भी ऐसा ही करता है और $100 के बिल पर चर्चा करते समय $99 भी उचित लगता है - फिर भी वे अब इसके बदले $100 की पेशकश करने का प्रस्ताव करते हैं! यदि यह उच्चतम बोली बनी रहती है, तो वह ब्रेक-इवेन ($100 के बदले $100 का भुगतान) कर देगा, जबकि आपको केवल $99 खर्च करने होंगे। जब तक यह सबसे ऊंची बोली रहेगी, दोनों खिलाड़ी बराबरी पर रहेंगे। इस प्रकार आप बोली जारी रखें। $110 पर आपको $10 की हानि की गारंटी है; आपके प्रतिद्वंद्वी को $109 (उसकी अंतिम बोली) के साथ आने की आवश्यकता होगी, जिसका अर्थ है कि दोनों तब तक खेलना जारी रखेंगे जब तक कि एक या दोनों पूरी तरह से खेलना बंद नहीं कर देते - आप कब बोली लगाना बंद करेंगे और आपका प्रतिस्पर्धी कब बोली लगाना बंद करेगा? दोस्तों के साथ इसका परीक्षण करें!

वॉरेन बफेट ने नीलामी के संबंध में कुछ ठोस सलाह दी: 'मत जाओ।' यदि आपके उद्योग में नीलामी आवश्यक है, तो अधिकतम मूल्य निर्धारित करें और विजेता के अभिशाप की भरपाई के रूप में उसमें से 20% काट लें; इस संख्या को लिख लें और इसे किसी भी तरह से अधिक न बढ़ाएं।

अधिक जानकारी के लिए बंदोबस्ती प्रभाव (अध्याय 23) देखें।

लेखकों को कभी भी लेखक से यह नहीं पूछना चाहिए कि उनका उपन्यास आत्मकथात्मक है या नहीं

मौलिक रोपण त्रुटि

अपना अखबार खोलते हुए, आपको पता चलता है कि एक और सीईओ को खराब नतीजों के कारण बाहर कर दिया गया है। इस बीच, खेल अनुभाग में आपने पढ़ा कि खिलाड़ी "हर कहानी का एक चेहरा होता है" हर न्यूज़ रूम का एक अनिवार्य नियम लगता है; पत्रकार (और उनके पाठक) किसी भी संभावित "लोगों के दृष्टिकोण" की तलाश करके इस सिद्धांत को आगे बढ़ाते हैं। इस "लोगों के दृष्टिकोण" के परिणामस्वरूप, कई पत्रकार (और पाठक समान रूप से) मौलिक एट्रिब्यूशन त्रुटि का शिकार हो जाते हैं: बाहरी, स्थितिजन्य कारकों को कम करके आंकने के दौरान व्यक्तियों के प्रभाव को अधिक महत्व देने के कारण होने वाली त्रुटि।

ड्यूक विश्वविद्यालय के शोधकर्ताओं ने 1967 में एक प्रयोग किया: प्रतिभागियों ने फिदेल कास्त्रो के वास्तविक विचारों की परवाह किए बिना नियुक्त किए गए लेखक से या तो प्रशंसा या निंदा करने वाले तर्क पढ़े; फिर भी अधिकांश श्रोताओं का मानना था कि उन्होंने जो कहा वह उनकी सच्ची राय का प्रतिनिधित्व करता है और बाहरी कारकों - यानी इसे तैयार करने वाले प्रोफेसरों - की उपेक्षा की।

मौलिक एट्रिब्यूशन त्रुटि नकारात्मक घटनाओं को प्रबंधनीय इकाइयों में सरल बनाने में विशेष रूप से प्रभावी है। हम अक्सर युद्धों के लिए व्यक्तियों को दोष देते हैं - जैसे कि साराजेवो में यूगोस्लाव हत्यारे के कंधों पर प्रथम विश्व युद्ध था या हिटलर ने स्वयं द्वितीय विश्व युद्ध शुरू किया था - भले ही युद्ध जटिल गतिशीलता के साथ अप्रत्याशित घटनाएं हैं जिन्हें हम कभी भी पूरी तरह से समझ नहीं पाएंगे - बहुत कुछ वित्तीय बाजारों की तरह और जलवायु मुद्दे!

जैसे ही कंपनियां अच्छे या बुरे नतीजों की घोषणा करती हैं, सच्चाई जानने के बावजूद सभी की निगाहें अपने सीईओ पर केंद्रित हो जाती हैं: आर्थिक सफलता उद्योग के आकर्षण जैसे उनके नियंत्रण से बाहर के कारकों पर कहीं अधिक निर्भर करती है। यह उल्लेखनीय है कि संघर्षरत उद्योगों में कंपनियां कितनी बार अपने सीईओ को बदल देती हैं, जबकि अधिक संपन्न कंपनियों में ऐसा बहुत कम होता है।
क्या कठिनाइयों का सामना कर रहे उद्योग अपनी भर्ती प्रक्रियाओं में कम सावधानी बरत रहे हैं? इस तरह के फैसले फुटबॉल कोचों और उनके क्लबों के बीच होने वाली घटनाओं से कम अतार्किक नहीं लगते।

मेरा गृहनगर, स्विट्जरलैंड में ल्यूसर्न, मुझे बहुत सारे सुस्वादु शास्त्रीय गायन प्रदान करता है जो कभी प्रभावित नहीं करते। हालाँकि, मध्यांतर के दौरान बातचीत लगभग पूरी तरह से कंडक्टरों और एकल कलाकारों पर केंद्रित होती है जबकि रचना शायद ही कभी सुर्खियाँ बनती है; विश्व प्रीमियर के अलावा जब संगीतकार इस पर खुलकर चर्चा कर सकते हैं। ऐसा क्यों? संगीत का असली चमत्कार रचना में निहित है: यह शून्य से प्रतीत होने वाली ध्वनियों, मनोदशाओं और लय

की रचना है; हालाँकि, इस पर विचार करने में हमारी असमर्थता के कारण अक्सर इसकी सराहना नहीं की जाती है कि कंडक्टरों और एकल कलाकारों के मुकाबले स्कोर की तुलना करने के लिए कोई चेहरा नहीं होता है, जब वास्तव में ये दो तत्व उस स्कोर का प्रदर्शन करते हैं (कंडक्टर या एकल कलाकार या कंडक्टर/एकल कलाकार के विपरीत)।

एक कथा लेखक के रूप में, मुझे हर बार रीडिंग देने के बाद (जो अपने आप में विवादास्पद हो सकता है) इस मूलभूत एट्रिब्यूशन त्रुटि का सामना करना पड़ता है, जब लोग पूछते हैं: 'आपके उपन्यास का कौन सा भाग आत्मकथात्मक है?' ऐसे समय में मेरी इच्छा होती है कि मैं चिल्लाकर कह सकूं: 'यह मेरे बारे में नहीं है - यह इस किताब, पाठ, भाषा और कहानी के बारे में है!' लेकिन मेरी परवरिश अक्सर ऐसे विस्फोटों की इजाजत नहीं देती।

एट्रिब्यूशन त्रुटियों का कठोरता से मूल्यांकन नहीं किया जाना चाहिए। अन्य लोगों के प्रति हमारी व्यस्तता हमारे विकासवादी अतीत से उत्पन्न होती है: जीवित रहने के लिए समूह की सदस्यता आवश्यक थी - प्रजनन, रक्षा, बड़े जानवरों का शिकार किसी की जनजाति की मदद के बिना असंभव था - निर्वासन का मतलब निश्चित मृत्यु थी; एकल जीवन का चयन करने वालों को अक्सर निश्चित विनाश का भी सामना करना पड़ता है।

लेकिन जीवित बचे लोगों ने भी अंततः जीन पूल छोड़ दिया, जिससे बाद की पीढ़ियों के लिए जीवन और भी कठिन हो गया। हमारा जीवन दूसरों पर निर्भर और उनके इर्द-गिर्द घूमता था; यह बताता है कि आज हम उनके साथ इतने व्यस्त क्यों रहते हैं - इस हद तक कि हम अपना लगभग 90% समय अन्य लोगों के बारे में सोचने में बिताते हैं जबकि केवल 10% अन्य कारकों और संदर्भों पर विचार करने में समर्पित करते हैं।

निष्कर्ष: हालाँकि हमें जीवन का तमाशा दिलचस्प लगता है, लेकिन इसके निवासी आदर्श पात्र होने से बहुत दूर हैं जो बाहरी मदद की आवश्यकता के बिना निर्णय लेते हैं। वे अपनी इच्छा से कार्य करने के बजाय एक स्थिति से दूसरी स्थिति में भागते रहते हैं। किसी भी वर्तमान नाटक या संगीत को सही मायने में समझने के लिए, उसके कलाकारों से परे देखें और इस बात पर ध्यान दें कि अभिनेताओं के चरित्रों को कैसे प्रभावित करते हैं।
स्टोरी बायस (अध्याय 13) भी देखें; स्विमर्स बॉडी इल्यूजन (अध्याय 2), सैलिएंस इफेक्ट (अध्याय 83), न्यूज इल्यूजन (अध्याय 99), हेलो इफेक्ट (अध्याय 38) और फॉलसी ऑफ सिंगल कॉज (अध्याय 97)

कहानीकार जो कहता है उस पर आपको विश्वास क्यों नहीं करना चाहिए?

मिथ्या कारणता

स्कॉटलैंड के उत्तर में हेब्राइड्स द्वीप पर सिर की जूँएँ जीवन का एक अभिन्न अंग थीं, और उनकी अनुपस्थिति के कारण उनके मेजबान बीमार और बुखार से पीड़ित हो जाते थे। अपनी बीमारी और बुखार से निपटने के लिए, बीमार लोग जानबूझकर अपने बालों में जूँ जोड़ लेते थे ताकि उनके बुखार से छुटकारा मिल सके; एक बार जब ये नई जूँएँ जड़ पकड़ लेती हैं और फिर से अपनी जगह पर स्थापित हो जाती हैं, तो मरीज़ों में सुधार दिखना शुरू हो जाता है।

एक शहर में किए गए अध्ययनों से पता चला है कि, आग से लड़ने के लिए जितने अधिक अग्निशामकों को बुलाया जाएगा, नुकसान उतना ही अधिक होगा। इन परिणामों के बाद, मेयर ने तुरंत नियुक्ति पर रोक लगा दी और तदनुसार अग्निशमन बजट कम कर दिया।

दोनों कहानियाँ जर्मन भौतिकी के प्रोफेसर हंस-पीटर बेक-बोर्नहोल्ड और हंस-हरमन डब्बेन की किताब से आती हैं (दुर्भाग्य से इसका कोई अंग्रेजी संस्करण नहीं है)। दोनों कहानियाँ बताती हैं कि कार्य-कारण कैसे भ्रमित हो सकता है; जब किसी विकलांग व्यक्ति के सिर में जूँ निकल जाती हैं क्योंकि उसे बुखार होता है, तो उनकी उपस्थिति अस्थायी हो जाती है क्योंकि गर्म पैर अंदर चले जाते हैं; एक बार बुखार उतर जाए तो वे लौट आते हैं! और बड़ी आग के लिए अधिक अग्निशामकों की आवश्यकता होती है - इसके विपरीत नहीं!

गलत कार्य-कारण अक्सर हमें गुमराह करता है और व्यवसाय-पुस्तक लेखक और सलाहकार अक्सर हमें कार्य-कारण के झूठे आख्यान बेचने के लिए इस गुमराह सोच का उपयोग करते हुए काम करते हैं। उदाहरण के लिए शीर्षक लें, 'कर्मचारी प्रेरणा से कॉर्पोरेट मुनाफा बढ़ता है।' क्या इसमें सचमुच दम है, या जब उनकी कंपनी अच्छा प्रदर्शन करती है तो लोग और अधिक प्रेरित हो सकते हैं? इसी तरह, एक अन्य दावे में कहा गया है कि बोर्ड में महिलाओं की नियुक्ति बढ़ती लाभप्रदता से संबंधित है - फिर भी क्या वास्तव में यह कैसे काम करता है या क्या ये कंपनियां कम लाभदायक कंपनियों की तुलना में अधिक महिलाओं को बोर्ड में भर्ती करने की अधिक संभावना रखती हैं? ये व्यवसाय-पुस्तक लेखक और सलाहकार व्यवसायिक पुस्तकों पर लिखते या परामर्श देते समय या सलाह देते समय अक्सर समान झूठी (या कम से कम अस्पष्ट) कारणों का उपयोग करते हुए काम करते हैं।

90 के दशक के दौरान एलन ग्रीनस्पैन को फेडरल रिजर्व के प्रमुख के रूप में सम्मानित किया गया था। उनके अस्पष्ट बयानों ने मौद्रिक नीति को एक सटीक विज्ञान का रूप दिया, जिसने अमेरिका को समृद्धि की ओर अग्रसर रखा, राजनेताओं, पत्रकारों और व्यापारिक नेताओं से समान रूप से प्रशंसा प्राप्त की। दुर्भाग्य से इन टिप्पणीकारों के लिए, चीन (एक कम लागत वाला उत्पादक जिसने आसानी से अमेरिकी ऋण खरीदा) के साथ अमेरिका के घनिष्ठ संबंधों ने पहले अनुमान से कहीं अधिक बड़ी भूमिका निभाई; ग्रीनस्पैन भाग्यशाली थे कि उनकी नीतियां इतनी अच्छी तरह से काम कर रही थीं।
उन्होंने अपना कार्यकाल बहुत अच्छे से पूरा किया।

वैज्ञानिकों ने हाल ही में अध्ययन किया है जिसमें सुझाव दिया गया है कि लंबे समय तक अस्पताल में रहना रोगी के स्वास्थ्य के लिए हानिकारक है। इस जानकारी से स्वास्थ्य बीमाकर्ता प्रसन्न हुए; जो संक्षिप्त रहना चाहते हैं। लेकिन लंबे समय तक रुकना बिल्कुल भी हानिकारक नहीं लगता है क्योंकि जो मरीज़ तुरंत निकल सकते हैं वे आगे के उपचार की आवश्यकता वाले लोगों की तुलना में अधिक स्वस्थ होते हैं - और इसलिए लंबे समय तक रुकने के वास्तव में सकारात्मक परिणाम हो सकते हैं!

या इस शीर्षक को लें: 'तथ्य: जो महिलाएं नियमित रूप से शैम्पू XYZ का उपयोग करती हैं उनके बाल मजबूत होते हैं।' हालाँकि वैज्ञानिक प्रमाण ऐसे दावों का समर्थन कर सकते हैं, लेकिन यह कथन वास्तव में हमें बहुत कुछ नहीं बताता है - कम से कम यह तो नहीं कि शैम्पू आपके बालों को मजबूत बनाता है! शायद मजबूत बालों वाली महिलाएं इस विशेष ब्रांड का उपयोग करती हैं - शायद इसलिए कि इसकी बोतल पर लिखा होता है "विशेष रूप से घने बालों के लिए डिज़ाइन किया गया"।

हाल ही में मैंने पढ़ा कि जिन विद्यार्थियों के घरों में ढेर सारी किताबें होती हैं, वे स्कूल में उच्च ग्रेड प्राप्त करते हैं। हालांकि इस अध्ययन से पुस्तक विक्रेताओं को बढ़ावा मिला होगा, लेकिन यह शोध गलत कारण साबित हुआ - अधिक शिक्षित माता-पिता अपने बच्चों की शिक्षा को अधिक महत्व देते हैं, जैसा कि शिक्षित व्यक्तियों के पास आमतौर पर घर पर अधिक किताबें होती हैं; फिर भी, युद्ध और शांति की धूल से ढकी एक प्रति किसी के ग्रेड को नहीं बदलेगी; माता-पिता के शैक्षिक स्तर के साथ-साथ जीन भी मायने रखते हैं!

1965-1987 तक जर्मनी में जन्म दर और सारस जोड़े की संख्या में गिरावट के बीच झूठी कार्य-कारणता अपने चरम पर थी। दोनों रुझान लगभग सहसंबद्ध लग रहे थे; क्या इसका मतलब यह हो सकता है कि सारस सचमुच बच्चे लाता है? निःसंदेह नहीं; बल्कि यह सहसंबंध केवल आकस्मिक हो सकता था।

निष्कर्ष: सहसंबंध कार्य-कारण के बराबर नहीं है। सहसंबंध से जुड़ी घटनाओं पर करीब से नज़र डालें: कभी-कभी जो कारण जैसा लगता है वह उसका प्रभाव बन जाता है, और इसके विपरीत; अन्य समय में कोई स्पष्ट कारणात्मक संबंध भी नहीं हो सकता है - जैसा कि सारस और शिशुओं के साथ था।

संयोग भी देखें (अध्याय 24); एसोसिएशन पूर्वाग्रह (अध्याय 48); क्लस्टरिंग भ्रम (अध्याय 3); स्टोरी बायसेज़ (अध्याय 13) * इंडक्शन (अध्याय 31) और बिगिनर्स लक (अध्याय 49)

अपने मूल में, हर कोई सुंदर है

सिलिकॉन वैली फर्म सिस्को को एक समय बिजनेस पत्रकारों द्वारा नई अर्थव्यवस्था के प्रतीक के रूप में मनाया जाता था, इसकी शानदार ग्राहक सेवा, उत्कृष्ट रणनीति, समय पर अधिग्रहण, जीवंत कॉर्पोरेट संस्कृति और करिश्माई सीईओ के लिए काफी प्रशंसा प्राप्त हुई थी। मार्च 2000 तक यह दुनिया की सबसे मूल्यवान कंपनी बन गई थी।

जैसे ही अगले वर्ष सिस्को का स्टॉक 80% गिर गया, पत्रकारों ने अपनी धुन बदल दी। अब इसके प्रतिस्पर्धी लाभों को हानिकारक कमियों के रूप में देखा जा रहा था: खराब ग्राहक सेवा, एक अस्पष्ट रणनीति, मूर्खतापूर्ण अधिग्रहण, लचर कॉर्पोरेट संस्कृति और एक प्रेरणाहीन सीईओ को दोषी ठहराया जा रहा था - फिर भी इसकी रणनीति या सीईओ में कोई बदलाव नहीं हुआ था; डॉट-कॉम दुर्घटना के कारण मांग में कमी आई थी और इस बदलाव का उनसे कोई लेना-देना नहीं था।

"हेलो इफ़ेक्ट" तब होता है जब संपूर्ण का एक पहलू हमें चकाचौंध कर देता है और उसकी संपूर्णता को देखने के हमारे तरीके को बदल देता है। सिस्को एक असाधारण मामला था जहां यह घटना स्वयं प्रकट हुई: पत्रकार इसके शेयर की कीमतों से अभिभूत हो गए और इसके बारे में गहन जांच किए बिना इसके पूरे कारोबार को समान रूप से उल्लेखनीय मान लिया।

हेलो प्रभाव आम तौर पर इस तरह से काम करता है: हम किसी कंपनी के बारे में आसानी से समझ में आने वाली या चौंकाने वाली जानकारी लेते हैं, जैसे उसकी वित्तीय स्थिति, और प्रबंधन योग्यता या रणनीति की व्यवहार्यता जैसे अधिक कठिन-से-मूल्यांकन पहलुओं के बारे में वहां से निष्कर्ष निकालते हैं। यहां से हम ऐसे निष्कर्ष निकालते हैं जो सटीक हो भी सकते हैं और नहीं भी, जैसे कि क्या इसका प्रबंधन योग्यता या रणनीति व्यवहार्यता योग्यता है। कभी-कभी सफलता और श्रेष्ठता वहां दी जाती है जहां कुछ भी देय नहीं होता है, जैसे कि जब हम निर्माताओं से उत्पाद केवल उनकी अच्छी प्रतिष्ठा के कारण खरीदते हैं - एक और उदाहरण यह मानना है कि एक उद्योग के सीईओ अन्य क्षेत्रों में फलेंगे-फूलेंगे, जबकि वे अपने व्यक्तिगत जीवन में भी नायक बने रहेंगे!

एडवर्ड ली थार्नडाइक ने लगभग 100 साल पहले "हेलो प्रभाव" की खोज की थी। उनका अवलोकन था कि एक व्यक्तिगत गुण (सौंदर्य, सामाजिक स्थिति या उम्र) या तो सकारात्मक या नकारात्मक धारणाएं पैदा कर सकता है जो बाकी सभी पर हावी हो जाती हैं - जैसे कि रूप। अनुसंधान ने कई अध्ययनों के माध्यम से इस निष्कर्ष की पुष्टि की है कि अच्छे दिखने वाले लोगों के प्रति हमारा पूर्वाग्रह अधिक सुखद, ईमानदार और बुद्धिमान है; आकर्षक लोग भी अक्सर समग्र रूप से जीवन में अधिक सफलता का आनंद लेते हैं।
ये परिणाम महिलाओं की सफलता की राह सोने के किसी भी मिथक से संबंधित नहीं हैं; वास्तव में, शिक्षक अनजाने में आकर्षक छात्रों को कम आकर्षक छात्रों की तुलना में उच्च ग्रेड देते हैं।

विज्ञापन को प्रभामंडल प्रभाव के रूप में एक सहयोगी मिल गया है: जरा उन सभी मशहूर हस्तियों के बारे में सोचें जिन्हें हम टीवी विज्ञापनों, बिलबोर्डों और पत्रिकाओं में मुस्कुराते हुए देखते हैं। रोजर फेडरर जैसे पेशेवर टेनिस खिलाड़ियों को कॉफी मशीनों का इतना विशेषज्ञ क्या बनाता है,

यह अनिश्चित बना हुआ है; फिर भी इससे उनके अभियानों की सफलता पर कोई असर नहीं पड़ा है। चूँकि हम मशहूर हस्तियों को मनमाने उत्पादों का समर्थन करते हुए देखने के आदी हो गए हैं, बिना यह सवाल किए कि उनका समर्थन इतना मायने क्यों रखता है; प्रभामंडल प्रभाव ठीक इसी प्रकार काम करता है: अवचेतन रूप से। हमारे दिमाग में बस उस उत्पाद से जुड़ी स्वप्निल जीवनशैली वाले आकर्षक चेहरों को दर्ज करने की जरूरत है - फिर तेजी - तेजी - सफलता!

नकारात्मक पक्ष पर, जब राष्ट्रीयता, लिंग या नस्ल केंद्र बिंदु बन जाता है तो प्रभामंडल प्रभाव बड़े अन्याय और रूढ़िवादिता को जन्म दे सकता है। नस्लवादी या लिंगवादी होने की कोई आवश्यकता नहीं है: बस प्रभामंडल प्रभाव को हमारे दृष्टिकोण पर हावी होने दें; पत्रकार, शिक्षक और उपभोक्ता सभी आसानी से शिकार बन जाते हैं।

क्या आपने कभी प्यार में पड़ने का अनुभव किया है? यदि ऐसा है, तो आप उस "एक आदर्श व्यक्ति" को पाने के आनंद को समझ सकते हैं। वे आकर्षक, बुद्धिमान, पसंद करने योग्य और गर्मजोशी से भरे लगते हैं - जबकि अन्य स्पष्ट दोष बता सकते हैं; आप जो कुछ भी देख रहे हैं वह मनमोहक विलक्षणताएँ हैं!

इस प्रभामंडल प्रभाव को कम करने और वास्तविक विशेषताओं में स्पष्टता प्राप्त करने के लिए, आपका ध्यान आकर्षित करने वाली अधिकांश हड़ताली विशेषताओं को खत्म करने के लिए अंकित मूल्य से परे देखें। ऑर्केस्ट्रा अक्सर स्क्रीन के सामने उम्मीदवारों की स्क्रीनिंग करके ऐसा करते हैं ताकि लिंग, जाति, उम्र और उपस्थिति उनके निर्णयों में न आएं; बिजनेस पत्रकारों को भी ऐसा ही करना चाहिए और तिमाही आंकड़ों से परे देखने पर विचार करना चाहिए (शेयर बाजार पहले से ही ऐसा प्रदान करता है)। गहराई से खोजें - अनुसंधान में समय और ऊर्जा का निवेश करने से अक्सर अप्रत्याशित लेकिन अक्सर शैक्षिक निष्कर्ष मिलते हैं।

यह भी देखें: मौलिक एट्रिब्यूशन त्रुटि (अध्याय 36); प्रमुखता प्रभाव (अध्याय 83); तैराक का शारीरिक भ्रम (अध्याय 2) कंट्रास्ट प्रभाव (अध्याय 10); उम्मीदें (अध्याय 62)

बधाई हो! आपने रूसी रूलेट जीत लिया है

वैकल्पिक रास्ते

कल्पना कीजिए कि आप अपने शहर के बाहर पास के जंगल में एक रूसी कुलीन वर्ग से मिलने की व्यवस्था करते हैं। इसके तुरंत बाद वह सूटकेस और बंदूक दोनों लेकर आता है; अपना सूटकेस अपनी कार के हुड पर रख रहा हूँ ताकि आप उसमें रखी सामग्री देख सकें: कुल नकद राशि में $10 मिलियन! जब उनसे पूछा गया कि क्या आप रूसी रूलेट खेलना चाहेंगे तो उन्होंने यह रणनीति सुझाते हुए आपको सब कुछ जीतने के लिए एक ट्रिगर खींचने के लिए आमंत्रित किया - वर्तमान में खाली पाँच कक्षों वाली एक गोली, ट्रिगर खींचने के केवल एक खिंचाव में यह सब आपका कर देगी! आप सभी संभावित परिणामों पर विचार करें: $10 मिलियन सब कुछ बदल देगा; दोबारा कभी काम नहीं करना पड़ेगा या स्टाम्प संग्रहण, स्टाम्प संग्रहण, स्टाम्प संग्रहण, स्टाम्प संग्रहण, स्टाम्प संग्रहण, स्टाम्प संग्रहण, स्टाम्प संग्रहण से लेकर स्पोर्ट्स कार संग्रहण की ओर बढ़ना होगा!

चुनौती को स्वीकार करते हुए, आपने रिवॉल्वर को अपनी कनपटी पर रखा और ट्रिगर दबाया, आपके शरीर में एड्रेनालाईन दौड़ने से पहले एक श्रव्य क्लिक सुनाई दिया - लेकिन कुछ नहीं हुआ; चैम्बर खाली था! अब हाथ में पैसा होने पर, आप उन सबसे सुरम्य शहरों में से एक में चले जाते हैं जहां आप संभवतः शानदार विला बनाएंगे जो स्थानीय निवासियों के बीच निराशा का कारण बनेंगे।

आपके पड़ोसियों में से एक, जिसका घर अब पास में है, एक कुशल वकील है, जो वकीलों के लिए असामान्य रूप से प्रभावशाली दरों पर साल में 300 सप्ताह से अधिक बारह घंटे काम करता है: $500 प्रति घंटा। करों और जीवन-यापन के खर्चों के बाद उनकी शुद्ध वार्षिक बचत, सभी खर्चों को ध्यान में रखने के बाद पांच लाख होती है। जब भी वह आपके रास्ते से गुजरता है तो आप मन ही मन मुस्कुराती हैं: आपसे मिलने में उसे बीस साल लग जाएंगे!

कल्पना कीजिए: 20 वर्षों के बाद, आपका मेहनती पड़ोसी 10 मिलियन डॉलर इकट्ठा करने में कामयाब रहा है। एक दिन एक पत्रकार आता है और आपके क्षेत्र के अधिक समृद्ध निवासियों पर एक लेख लिखता है - जिसमें आपके और आपके पड़ोसी द्वारा हासिल की गई शानदार इमारतों और दूसरी पत्नियों की तस्वीरें, इंटीरियर डिज़ाइन सुविधाएँ और उत्कृष्ट भूदृश्य विवरण शामिल हैं; लेकिन एक मुख्य अंतर नज़रों से छिपा रहता है: जोखिम जो उनके प्रत्येक $10 मिलियन खाते के पीछे छिपा होता है; इस अंश को समझने के लिए, उन्हें प्रत्येक के लिए उपलब्ध वैकल्पिक रास्तों को पहचानने की आवश्यकता होगी।

लेकिन ऐसा नहीं है कि केवल पत्रकार ही इस कौशल से वंचित हैं - हम सभी हैं। वैकल्पिक रास्ते उन सभी परिणामों को संदर्भित करते हैं जो घटित हो सकते थे लेकिन नहीं हुए। रूसी रूलेट खेलते समय, चार संभावित रास्ते $10 मिलियन जीतने की ओर ले जाते हैं जबकि पांच अन्य आपकी मृत्यु का कारण बन सकते हैं - जिससे एक बड़ा अंतर पैदा होता है। इसके विपरीत, कानून का अभ्यास करने वाले वकीलों के लिए, उनके संभावित रास्ते एक-दूसरे के करीब होते हैं;

ग्रामीण परिवेश में प्रति घंटा $200 कमाना; लेकिन शहरी न्यूयॉर्क में प्रमुख निवेश बैंकों में से एक के लिए काम करने से उन्हें वैकल्पिक रास्ते का जोखिम उठाए बिना प्रति घंटे $600 का लाभ मिल सकता है, जिससे उन्हें अपना भाग्य या जीवन गंवाना पड़ सकता है।

वैकल्पिक रास्ते हमेशा दिखाई नहीं दे सकते हैं, और हम उन पर शायद ही कभी विचार करते हैं। फिर भी जो लोग लाखों कमाने के लिए जंक बांड, विकल्प और क्रेडिट डिफॉल्ट स्वैप में सट्टा लगाते हैं, उन्हें कई वैकल्पिक मार्गों को ध्यान में रखना चाहिए जो सीधे बर्बादी की ओर ले जाते हैं। एक तर्कसंगत दिमाग यह तर्क देगा कि जोखिम भरे तरीकों से अर्जित 10 मिलियन का मूल्य अधिक सांसारिक कार्यों से अर्जित की गई राशि से कम होगा (हालाँकि एक अकाउंटेंट असहमत हो सकता है)।

हाल ही में, मैं एक अमेरिकी मित्र के साथ रात्रिभोज में शामिल हुआ, जिसने प्रस्ताव दिया कि हम यह देखने के लिए एक सिक्का उछालें कि बिल का भुगतान कौन करेगा। दुर्भाग्य से, वह हार गया और इसलिए यह अजीब स्थिति मेरे लिए और अधिक परेशानी वाली हो गई जब वह स्विट्जरलैंड में मेरा मेहमान था। "अगली बार," मैंने वादा किया, 'चाहे यहां हो या न्यूयॉर्क में घर वापस, मैं खुद आधा टैब कवर करूंगा।' उन्होंने इस बारे में सोचा और मुझसे कहा, 'वैकल्पिक रास्तों पर विचार करते हुए आप पहले ही आधा भुगतान कर चुके होंगे।'

निष्कर्ष: जोखिम अक्सर अदृश्य हो सकता है, इसलिए जोखिम भरे लेनदेन से जुड़े निर्णय लेने से पहले हमेशा संभावित वैकल्पिक रास्तों का आकलन करें। हालाँकि ऐसे जोखिम भरे तरीकों से प्राप्त सफलता पहली बार में आकर्षक लग सकती है, लेकिन एक तर्कसंगत दिमाग के लिए इसकी तुलना अधिक श्रमसाध्य तरीकों (उदाहरण के लिए वकील, दंत चिकित्सक, स्की प्रशिक्षक, पायलट, हेयरड्रेसर या सलाहकार बनकर) के माध्यम से हासिल की गई सफलता से नहीं की जानी चाहिए। जबकि अन्य रास्तों को बाहरी दृष्टिकोण से देखना चुनौतीपूर्ण है; अपने अंदर झाँकना लगभग असंभव है क्योंकि आपका मस्तिष्क किसी भी कथित जोखिम के बावजूद आपको इसके मूल्य के बारे में समझाने के लिए ओवरटाइम काम करेगा और वर्तमान में विचार किए जा रहे रास्ते के अलावा अन्य रास्ते अपनाने के विचारों को सक्रिय रूप से रोक देगा।

ब्लैक स्वान (अध्याय 75) भी देखें; अस्पष्टता घृणा (अध्याय 80), पछतावे का डर (अध्याय 82) और स्व-चयन पूर्वाग्रह (अध्याय 47)

झूठे भविष्यवक्ता

पूर्वानुमान भ्रम

हर दिन विशेषज्ञ हम पर भविष्यवाणियाँ करते हैं, लेकिन वे वास्तव में कितने विश्वसनीय हैं? हाल तक किसी ने भी जांच करने की जहमत नहीं उठाई; लेकिन फिर फिलिप टेटलॉक आये। 10 साल की अवधि में उन्होंने 284 स्व-नियुक्त पेशेवरों से 28,361 भविष्यवाणियों का मूल्यांकन किया; उनके परिणामों ने सटीकता के मामले में यादृच्छिक पूर्वानुमान जनरेटर पर केवल मामूली सुधार का संकेत दिया; मीडिया के प्रिय लोगों ने विशेष रूप से खराब प्रदर्शन किया जबकि कनाडा, नाइजीरिया, चीन, भारत, इंडोनेशिया, दक्षिण अफ्रीका बेल्जियम या यहां तक कि ई.यू. के पतन की भविष्यवाणी करने वाले कयामत के भविष्यवक्ता थे। कोई भी फटा नहीं है!

जॉन केनेथ गैलब्रेथ ने प्रसिद्ध रूप से कहा था, 'भविष्यवक्ता केवल दो प्रकार के होते हैं: वे जो कुछ नहीं जानते और वे जिन्हें एहसास नहीं होता कि वे कुछ भी नहीं जानते हैं,' इससे उन्हें अपने पेशे में व्यापक आलोचना मिली। फंड मैनेजर पीटर लिंच ने इसे संक्षेप में संक्षेप में प्रस्तुत किया: 'अमेरिका में लगभग 60,000 अर्थशास्त्री मंदी और ब्याज दरों का पूर्वानुमान लगाने के लिए पूर्णकालिक रूप से कार्यरत हैं; यदि उन्होंने इसे दो बार सफलतापूर्वक किया होता, तो वे सभी अब तक करोड़पति बन चुके होते; फिर भी अधिकांश लोग लाभप्रद रूप से कार्यरत रहते हैं जो हमें कुछ बताता है। यह दस साल पहले प्रकाशित हुआ था - आज यह संख्या गुणवत्ता पूर्वानुमान पर किसी भी प्रभाव के बिना तीन गुना हो सकती है!

समस्या यह है कि विशेषज्ञ कम प्रभाव के साथ अप्रतिबंधित विवेक का आनंद लेते हैं। यदि कोई विशेषज्ञ किसी अपेक्षा को तोड़ता है या नियमों का उल्लंघन करता है, तो उनके कार्यों के गंभीर परिणाम हो सकते हैं जिन्हें प्रभावी ढंग से प्रबंधित करना और प्रबंधित करना मुश्किल हो सकता है।
जब वे इसे सही कर लेते हैं, तो विशेषज्ञ प्रचार, परामर्श प्रस्ताव और प्रकाशन सौदों का लाभ उठाते हैं; जब वे इसे पूरी तरह से चूक जाते हैं, तो कोई जुर्माना - वित्तीय या प्रतिष्ठित - लागू नहीं होता है। यह प्रोत्साहन उन्हें यथासंभव अधिक से अधिक भविष्यवाणियाँ करने के लिए प्रेरित करता है; वास्तव में, वे जितनी अधिक भविष्यवाणियाँ करते हैं वे संयोगवश सच होती हैं! आदर्श रूप से, विशेषज्ञों को किसी प्रकार के पूर्वानुमान कोष में भुगतान करना चाहिए - जैसे प्रति पूर्वानुमान $1000; यदि उनका पूर्वानुमान सच होता है, तो उन्हें अपना निवेश और ब्याज वापस मिल जाता है, जबकि गलत भविष्यवाणियों के कारण खोया गया कोई भी पैसा दान में चला जाता है।

तो वास्तव में किसकी भविष्यवाणी की जा सकती है और किसकी नहीं? कुछ चीजों की भविष्यवाणी करना काफी आसान है; मुझे पता है कि अगले साल मेरा वजन लगभग कितना होगा। हालाँकि, जैसे-जैसे जटिलता और समय सीमा बढ़ती है, वैसे-वैसे इसके भविष्य की भविष्यवाणी करने की हमारी क्षमता भी बढ़ेगी - इसमें ग्लोबल वार्मिंग, तेल की कीमतें या विनिमय दरें शामिल हैं; आविष्कार भी समान रूप से अज्ञात हैं - यदि हमें पता होता कि हम भविष्य में कौन सी तकनीकों का आविष्कार करेंगे तो हमने उन्हें पहले ही बना लिया होता।

भविष्यवाणियों का सामना करते समय संदेहशील रहें। मैं हमेशा इस बात का ख्याल रखता हूं कि जब भी मैं सुनूं तो मुस्कुराऊं और फिर विशेषज्ञों द्वारा की गई किसी भी भविष्यवाणी के बारे में खुद से दो सवाल करूं: 1) गलत भविष्यवाणियां करते रहने के लिए उनके पास क्या प्रोत्साहन है? और 2) यदि कोई विशेषज्ञ एक कर्मचारी के रूप में काम करता है तो क्या उसकी भविष्यवाणियां विफल होने पर उसकी नौकरी खतरे में पड़ सकती है? क्या वे किताबों और व्याख्यानों में योग्यता रखने वाले वेतनभोगी सलाहकार हैं, या स्वयं-नियुक्त गुरु हैं जो स्वयं-प्रकाशन या सार्वजनिक व्याख्यानों के माध्यम से जीविकोपार्जन करते हैं? जो लोग मीडिया के ध्यान पर निर्भर रहते हैं वे चौंकाने वाली भविष्यवाणियां करते हैं जिन्हें अक्सर मीडिया आउटलेट्स द्वारा रिपोर्ट नहीं किया जाता है। दूसरा, पांच वर्षों में उनकी सफलता दर क्या रही है - भविष्यवक्ता ने कितनी भविष्यवाणियां की हैं और कितनी सफल रहीं बनाम कौन सी सही नहीं थीं - यह जानकारी कभी भी मीडिया आउटलेट्स द्वारा रिपोर्ट नहीं की जानी चाहिए, इसलिए कृपया ट्रैक रिकॉर्ड प्रदान किए बिना पूर्वानुमान प्रकाशित न करें। पंडितों से.

टोनी ब्लेयर ने एक बार इसे इस तरह कहा था: 'मैं भविष्यवाणियाँ नहीं करता; कभी नहीं होगा, कभी नहीं होगा.
उम्मीदें भी देखें (अध्याय 62); नियोजन भ्रांति (अध्याय 91); प्राधिकरण पूर्वाग्रह (अध्याय 9); हिंडसाइट बायस (अध्याय 14); अतिआत्मविश्वास प्रभाव (अध्याय 15); नियंत्रण का भ्रम (अध्याय 17); हेडोनिक ट्रेडमिल (अध्याय 46) और ब्लैक स्वान (अध्याय 75)

विशिष्ट मामलों की धोखाधड़ी

क्रिस 35 वर्ष के हैं। उन्होंने एक किशोर के रूप में सामाजिक दर्शन का अध्ययन किया और तब से विकासशील देशों में उनकी रुचि विकसित हुई। स्नातक स्तर की पढ़ाई के बाद, क्रिस ने पश्चिम अफ्रीका में रेड क्रॉस के साथ दो साल तक काम किया, इसके बाद इसके जिनेवा मुख्यालय में अफ्रीकी सहायता विभाग के प्रमुख के रूप में तीन और वर्षों तक काम किया और अंततः एमबीए हासिल किया और कॉर्पोरेट सामाजिक जिम्मेदारी पर अपनी थीसिस लिखी। अब ऐसा प्रतीत होता है कि या तो ए) क्रिस प्रमुख बैंकों में से एक के लिए काम करता है जहां वह इसके थर्ड वर्ल्ड फाउंडेशन की देखरेख भी करता है या बी)। कौन सा परिदृश्य सबसे अधिक संभावित लगता है?

अधिकांश लोग विकल्प बी का चयन करते हैं, हालाँकि यह गलत प्रतिक्रिया है। बी का कहना है कि क्रिस एक प्रमुख बैंक के लिए काम करता है और साथ ही एक अतिरिक्त शर्त भी पूरी की गई है - बैंक की तीसरी दुनिया की नींव के भीतर काम करने वाले कर्मचारियों में बैंकरों का एक छोटा उपसमूह शामिल है; इसलिए विकल्प ए की संभावना अधिक होगी। नोबेल पुरस्कार विजेता डेनियल काह्नमैन और अमोस टावर्सकी ने इस घटना का व्यापक अध्ययन किया है।

मनुष्य के रूप में, हम उन आख्यानों की ओर आकर्षित होते हैं जो सुखद या विश्वसनीय लगते हैं; सहायता कर्मी क्रिस के बारे में प्रेरक या आश्वस्त करने वाली कहानियाँ झूठे तर्क के जोखिम को बढ़ाती हैं। यदि मैंने यह प्रश्न अलग ढंग से रखा होता तो आप शायद इन सभी अतिरिक्त विवरणों को अत्यधिक मान लेते; शायद उदाहरण के लिए: 'क्रिस 35 वर्ष का है और या तो ए) न्यूयॉर्क के एक बैंक में काम करता है, जिसका कार्यालय सेंट्रल पार्क की ओर देखने वाली चौबीसवीं मंजिल पर है या बी) दोनों में से किसी में नहीं।'

फिर से, सिएटल हवाई अड्डे के बंद होने और उड़ान रद्द होने का एक उदाहरण लें: किस परिदृश्य की सबसे अधिक संभावना है? इस उदाहरण में, ए की संभावना अधिक है क्योंकि बी का तात्पर्य है कि एक अतिरिक्त शर्त पूरी हो गई है: खराब मौसम। अन्य संभावनाओं पर विचार करने पर भी इसे बंद किया जा सकता है जैसे बम की धमकी, दुर्घटना या हमले; लेकिन सबसे अधिक संभावना है कि हम ए या बी जैसी विश्वसनीय कहानियों पर विचार करते समय ऐसे मामलों पर विचार नहीं करते हैं। अब जब आप इस प्रक्रिया को बेहतर ढंग से समझ गए हैं, तो दोस्तों के साथ मिलकर यह देखें कि कौन सा परिणाम सबसे अधिक पसंद किया जाता है!

यहां तक कि विशेषज्ञ भी संयोजन भ्रांति का शिकार हो सकते हैं। 1982 में भविष्य के अनुसंधान के लिए एक अंतरराष्ट्रीय सम्मेलन में, डैनियल काह्नमैन द्वारा आयोजित एक कार्यक्रम में विशेषज्ञों - सभी शिक्षाविदों - को दो समूहों में विभाजित किया गया था: समूह ए ने अपना पूर्वानुमान प्राप्त किया कि तेल की खपत में 30% की कमी आएगी; समूह बी ने इसे "तेल की कीमतों में नाटकीय वृद्धि के कारण खपत में 30% की कमी होगी" के रूप में सुना। फिर दोनों समूहों को यह बताना था कि प्रत्येक परिदृश्य कितना संभावित लगता है; यह शीघ्र ही स्पष्ट हो गया कि समूह बी को समूह ए की तुलना में अपने पूर्वानुमान के बारे में अधिक मजबूत महसूस हुआ।

कन्नमन दो प्रकार की सोच में विश्वास करते हैं। एक प्रकार सहज, स्वचालित और प्रत्यक्ष है; दूसरा सचेतन, तर्कसंगत, धीमा, श्रमसाध्य और तर्कसंगत। दुर्भाग्य से, सहज ज्ञान युक्त सोच चेतन मन से बहुत पहले निष्कर्ष निकाल लेती है; 9/11 वर्ल्ड ट्रेड सेंटर हमलों के बाद जब मैं विशेष 'आतंकवाद कवर' के साथ यात्रा बीमा पॉलिसियों की तलाश कर रहा था तो मैंने व्यक्तिगत रूप से इसका अनुभव किया। हालाँकि अन्य नीतियों में आतंकवादी कृत्यों सहित सभी संभावित घटनाओं को शामिल किया गया था (लेकिन फिर भी मैं उनके प्रस्ताव के झांसे में आ गया!)। जिस चीज़ ने इसे और भी हास्यास्पद बना दिया वह थी एक आकर्षक परंतु अनावश्यक ऐड-ऑन के लिए अधिक भुगतान करने की मेरी इच्छा!

निष्कर्ष: बाएँ और दाएँ मस्तिष्क को भ्रमित न करें; सहज और सचेत सोच काफी अधिक भिन्न होती है। महत्वपूर्ण निर्णय लेते समय, महत्वपूर्ण विकल्प चुनते समय इस अंतर को ध्यान में रखें: अवचेतन रूप से हम प्रशंसनीय कहानियों को प्राथमिकता देते हैं; उन सुविधाजनक विवरणों और सुखद अंतों पर ध्यान दें जो आपको विश्वसनीय लगते हैं, बजाय उन विवरणों पर जिन्हें पूरा करने के लिए अतिरिक्त शर्तों की आवश्यकता होती है। याद रखें: अतिरिक्त स्थितियाँ बढ़ने की बजाय संभावना कम हो जाएंगी।

बेस-रेट उपेक्षा (अध्याय 28) भी देखें; कहानी पूर्वाग्रह (अध्याय 13) 42

यह वह नहीं है जो हम कहते हैं, बल्कि यह है कि हम इसे कैसे कहते हैं

फ़्रेम बनाते समय इन दो कथनों पर विचार करें:

"अरे, कूड़ेदान भर गया है!"

"यह सचमुच अद्भुत होगा यदि तुम कूड़ा खाली कर सको, प्रिये।"

स्वर संगीत बनाता है: महत्वपूर्ण बात यह है कि संदेश कैसे संप्रेषित किया जाता है; अलग-अलग तरीके से संप्रेषित संदेश भी उनके प्राप्तकर्ताओं को अलग-अलग तरीके से प्राप्त होंगे - इस तकनीक को मनोवैज्ञानिक भाषा में फ़्रेमिंग के रूप में जाना जाता है।

कन्नमैन और टावर्सकी ने 1980 के दशक में एक प्रयोग किया जिसमें उन्होंने महामारी-नियंत्रण रणनीति के लिए दो विकल्प प्रस्तुत किए; उनके प्रतिभागियों को बताया गया कि 600 जिंदगियाँ दांव पर थीं, या तो विकल्प ए या विकल्प बी से उनमें से 200 को बचा लिया गया। विकल्प बी ने केवल 33% संभावना दी कि सभी 600 व्यक्ति जीवित बचेंगे और 66% संभावना है कि कोई भी जीवित नहीं बचेगा, 200 जीवित बचे लोगों के दोनों परिदृश्यों से बाहर निकलने की उम्मीद है; अधिकांश उत्तरदाताओं ने जीवित रहने की अधिक संभावना के कारण बी के बजाय विकल्प ए को चुना - इस ज्ञान पर विश्वास करते हुए कि कुछ ठोस होना बाद में खोने से बेहतर है। उन्हीं विकल्पों को दोबारा तैयार करना बेहद दिलचस्प हो गया: "विकल्प ए 400 लोगों को मारता है", जबकि "विकल्प बी 33% संभावना देता है कि कोई भी नहीं मरेगा और 66% संभावना है कि सभी 600 लोग मर जाएंगे"। उस समय, केवल एक अल्पसंख्यक ने ए को चुना और सबसे अधिक ने बी को चुना; शोधकर्ताओं ने लगभग सभी प्रतिभागियों के बीच एक उल्लेखनीय यू-टर्न देखा; यह इस बात पर निर्भर करता है कि क्या वाक्यांश (जीवित रहना या मरना) ने निर्णय लेने की प्रक्रिया को पूरी तरह से बदल दिया है।

एक उदाहरण: शोधकर्ताओं ने लोगों के एक समूह को दो प्रकार के मांस के साथ प्रस्तुत किया जिन पर 99% वसा रहित और 1% वसा का लेबल लगा था, फिर उनसे पूछा कि कौन सा अधिक स्वास्थ्यप्रद है। क्या आप अनुमान लगा सकते हैं कि उन्होंने किसे चुना? आपने सही अनुमान लगाया - उत्तरदाताओं ने इसकी उच्च वसा सामग्री की परवाह किए बिना पहला विकल्प चुना!

ग्लोसिंग फ़्रेमिंग का एक तेजी से लोकप्रिय रूप है। इसके नियमों के अनुसार, गिरती शेयर कीमत सुधार का विषय बन जाती है जबकि अधिक भुगतान वाली अधिग्रहण कीमत "सद्भावना" बन जाती है।
प्रत्येक प्रबंधन पाठ्यक्रम जादुई ढंग से समस्याओं को अवसरों या चुनौतियों में बदल देता है; नौकरी से निकाला जाना 'मेरे करियर का पुनर्मूल्यांकन' करने का अवसर बन जाता है या शहीद सैनिकों से निपटने को अवसर पैदा करने या चुनौतियों का समाधान करने के अवसर के रूप में देखा जाता है।

युद्ध के मैदान में मृत्यु युद्ध नायक की स्थिति के बराबर हो जाती है; चाहे इसका कारण या तरीका कुछ भी हो। नरसंहार "जातीय सफाई" बन जाता है, जबकि आपातकालीन लैंडिंग, उदाहरण के लिए हडसन नदी पर, विमानन की विजय के रूप में मनाई जाती है (हालांकि निश्चित रूप से एक पाठ्यपुस्तक लैंडिंग को ऐसी विजय के रूप में और भी अधिक गिना जाएगा!)। उदाहरण के लिए, हडसन नदी पर एक सफल आपातकालीन लैंडिंग को ऐसी उपलब्धि के रूप में व्यापक रूप से मनाया जाता है (क्या हवाईअड्डे के रनवे को विमानन की इससे भी बड़ी जीत के रूप में नहीं गिना जाना चाहिए?)

क्या आपने कभी ईटीएफ (एक्सचेंज-ट्रेडेड फंड) प्रॉस्पेक्टस और ब्रोशर पर करीब से नज़र डाली है? आम तौर पर ब्रोशर एक आकर्षक उर्ध्व वक्र बनाने के लिए पर्याप्त ऐतिहासिक विवरण के साथ हाल के प्रदर्शन आंकड़ों को दर्शाता है, जिसे फ़्रेमिंग के रूप में जाना जाता है। रोटी का एक साधारण टुकड़ा एक और महान उदाहरण के रूप में काम कर सकता है - ईसा मसीह के प्रतीकात्मक या वास्तविक शरीर के रूप में इसके प्रतिनिधित्व के आधार पर धर्म के भीतर कलह पैदा हो सकती है जैसा कि 16 वीं शताब्दी के सुधार काल के दौरान देखा गया था।

फ़्रेमिंग का उपयोग वाणिज्य में भी प्रभावी ढंग से किया जा सकता है। प्रयुक्त कार सेल्समैन को लें: उनका संदेश उपभोक्ताओं को उन्हें खरीदने पर विचार करते समय केवल कुछ कारकों पर ध्यान केंद्रित करने के लिए प्रेरित करता है, चाहे सेल्समैन द्वारा दिए गए संदेशों के माध्यम से, विशिष्ट विशेषताओं या अपने स्वयं के मानदंडों के बारे में बताने वाले संकेतों के माध्यम से। उदाहरण के लिए, कम माइलेज और अच्छे टायरों वाली पुरानी कारों को विक्रय बिंदु के रूप में देखते समय - अक्सर इंजन की स्थिति, ब्रेक की स्थिति, आंतरिक स्थिति आदि की परवाह किए बिना - और किसी भी अन्य पहलू की तुलना में माइलेज/टायर पर अधिक ध्यान केंद्रित किया जाता है। दुर्भाग्यवश, खरीदारी संबंधी निर्णय लेते समय सभी संभावित फायदे/नुकसानों को ध्यान में रखना कठिन हो सकता है; यदि कार बेचते समय अन्य फ़्रेमों का उपयोग किया गया होता तो शायद हमने अपनी तुलना में भिन्न विकल्प चुने होते।

लेखक कुशल निर्माता हैं। एक अपराध उपन्यास शीघ्र ही उबाऊ हो जाएगा यदि उसके सभी पन्ने प्रत्येक हत्या को वैसे ही दिखाएँ जैसे वह हुई थी - "छुरा दर वार"। यहां तक कि जैसे-जैसे हम धीरे-धीरे हत्या के उद्देश्यों और हथियारों की खोज करते हैं, फ़्रेमिंग कहानी में नाटक और रहस्य जोड़ता है।

निष्कर्ष: सचेत रहें कि किसी भी संचार में कुछ हद तक फ़्रेमिंग होती है; प्रत्येक तथ्य, चाहे विश्वसनीय मित्रों द्वारा प्रदान किया गया हो या विश्वसनीय समाचार पत्रों में प्रकाशित हो, फ़्रेमिंग प्रभावों से प्रभावित हो सकता है - यहां तक कि इस अध्याय की सामग्री भी!

कंट्रास्ट इफ़ेक्ट भी देखें (अध्याय 10); कंट्रास्ट एवर्जन (अध्याय 21); पछतावे का डर (अध्याय 82); हानि विमुखता (अध्याय 32); पारस्परिकता (अध्याय 6); एंकर प्रभाव (अध्याय 30) और स्लीपर प्रभाव (अध्याय 70)।

देखना और इंतज़ार करना कष्टकारी है

कार्रवाई पूर्वाग्रह

फ़ुटबॉल पेनल्टी स्थितियों में, गेंद को उसके मूल किकर से गोलकीपर तक जाने में 0.3 सेकंड से भी कम समय लगता है; इस प्रकार उसे फिर से कब बाहर करना चाहिए, इस पर निर्णय लेने से पहले उसके प्रक्षेप पथ को देखने के लिए उसका समय सीमित हो जाता है। पेनल्टी किक लेने वाले फ़ुटबॉल खिलाड़ी अपने शॉट का एक तिहाई समय मध्य में, एक तिहाई समय दोनों ओर और एक तिहाई समय अपने गोल के केंद्र से बाहर निशाना साधते हैं, जिस पर गोलकीपरों का ध्यान नहीं जाता है जो या तो बाएँ या दाएँ गोता लगाते हैं। जहां से खिलाड़ी शूटिंग करते हैं. शायद ही कभी खिलाड़ी केंद्र में खड़े रहते हैं, भले ही लगभग एक-तिहाई गेंदें वहीं गिरती हैं। वे खड़े न होकर जुर्माना बचाने का जोखिम क्यों उठाएंगे? सिर्फ़ इसलिए कि यह बेहतर टेलीविजन बनाता है; दिखावट एक महत्वपूर्ण भूमिका निभाती है। मौके पर ही जमने की बजाय एक तरफ गोता लगाना अधिक प्रभावशाली और कम शर्मनाक लग सकता है; इसे क्रिया पूर्वाग्रह कहा जाता है: सक्रिय दिखना भले ही इससे कोई ठोस परिणाम नहीं निकलता हो।

यह शोध इज़राइली शोधकर्ता माइकल बार-एली से आया है, जिन्होंने पेनल्टी शूट-आउट के व्यापक परीक्षण किए। न केवल गोलकीपर कार्रवाई पूर्वाग्रह के प्रति संवेदनशील होते हैं - कल्पना करें कि युवाओं का एक समूह नाइट क्लब से निकलता है और विवादास्पद होने और आपस में बहस में उलझने से पहले एक-दूसरे पर चिल्लाना और इशारे करना शुरू कर देता है। स्थिति पूर्ण पैमाने पर हिंसा के कगार पर है, युवा और वरिष्ठ पुलिस अधिकारी समान रूप से तैयार रहते हैं, हताहतों की संख्या सामने आने तक दूर से निगरानी करते हैं और जरूरत पड़ने पर हस्तक्षेप करते हैं। यदि यह स्थिति अकेले युवा, अनुभवहीन अधिकारियों के हाथों में छोड़ दी गई, तो यह जल्दी ही हिंसक हो सकती है; कार्रवाई के प्रति पूर्वाग्रह के शिकार युवा, उत्सुक अधिकारी तुरंत प्रतिक्रिया कर सकते हैं और पहले जल्दबाजी कर सकते हैं, जिसके परिणामस्वरूप अक्सर हताहत होते हैं। शोध के निष्कर्षों के अनुसार, बाद में वरिष्ठ अधिकारियों द्वारा किए गए हस्तक्षेप से हताहतों की संख्या कम हो सकती है।

किसी अपरिचित या अस्पष्ट चीज़ का सामना होने पर कार्रवाई में पूर्वाग्रह बढ़ जाता है। सबसे पहले, कई निवेशक नाइट क्लब के बाहर युवा, अति-उत्सुक पुलिस अधिकारियों के समान व्यवहार करते हैं: उनकी अनुभवहीनता का मतलब है कि वे शेयर बाजार का आकलन नहीं कर सकते हैं इसलिए वे अति सक्रियता से क्षतिपूर्ति करते हैं; दुर्भाग्य से इससे बहुमूल्य समय बर्बाद होता है; चार्ली मंगर ने प्रसिद्ध रूप से इस दृष्टिकोण को यह कहते हुए संक्षेप में प्रस्तुत किया कि 'हमें कोई भी घिनौना काम करने से बचने के लिए अनुशासन की आवश्यकता है क्योंकि निष्क्रियता असहनीय हो जाती है।'

उच्च शिक्षित वर्ग में भी कार्रवाई को लेकर पूर्वाग्रह मौजूद है। जब कोई बीमारी किसी मरीज को घेर लेती है, तो उन्नत डिग्री वाले डॉक्टर भी अक्सर नकारात्मक प्रतिक्रिया देते हैं और उनके लिए उचित चिकित्सा उपचार खोजने में देरी करते हैं।

जैसे ही किसी स्थिति का ठीक से निदान नहीं किया जा सकता है और डॉक्टरों को हस्तक्षेप करने (यानी कुछ निर्धारित करने) या इंतजार करने और देखने के बीच चयन करना पड़ता है, हस्तक्षेप करने के उनके निर्णय कुछ निश्चित होने तक बैठने और इंतजार करने के बजाय तत्काल कार्रवाई करने की ओर जाते हैं। इस तरह के निर्णय मुनाफाखोरी को प्रतिबिंबित नहीं करते हैं, बल्कि अनिश्चितता का सामना करने पर निष्क्रिय रहने के बजाय कार्रवाई करने की मानवीय प्रवृत्ति को दर्शाते हैं।

तो इस प्रवृत्ति के पीछे क्या कारण है? हमारे पूर्व शिकारी-संग्रहकर्ता वातावरण में (जो हमारे लिए बिल्कुल उपयुक्त था), क्रियाएँ प्रतिबिंब से ऊपर थीं। जीवित रहने के लिए बिजली की तेज़ प्रतिक्रियाएँ आवश्यक थीं; विचार-विमर्श घातक साबित हो सकता है. जब हमारे पूर्वजों ने जंगल के किनारे पर कुछ देखा जो कृपाण-दांतेदार बाघ की छवि के समान था, तो उन्होंने तुरंत कार्रवाई की; इस पर विचार करने के बजाय कि क्या वहां कुछ हो सकता है, उन्होंने बस सुरक्षा के लिए बनाया था, संभावित खतरों पर बहुत लंबे समय तक ध्यान देने के बजाय जल्दी से भाग गए - आज हमारे विपरीत जहां हमारी प्रवृत्ति हमें अन्यथा बता सकती है।

यद्यपि हमारा समाज तेजी से चिंतन को मूल्यवान मानता है, पूर्ण निष्क्रियता एक प्रमुख पाप बनी हुई है। यदि आप प्रतीक्षा करके सही निर्णय लेते हैं, तो आपके नाम वाला कोई पदक या मूर्ति आपका इंतजार नहीं कर रही है; इसके विपरीत, हालात में सुधार होने पर निर्णायकता और त्वरित निर्णय का प्रदर्शन करने से नियोक्ताओं, राजनेताओं या यहां तक कि महापौरों से प्रशंसा मिल सकती है; विवेकपूर्ण प्रतीक्षा-और-देखने की रणनीतियों की तुलना में बड़े पैमाने पर जल्दबाजी में की गई कार्रवाइयाँ अधिक बार समाज में जीत हासिल करती हैं।

निष्कर्ष: जब नई या अनिश्चित परिस्थितियों का सामना करना पड़ता है, तो हमारी प्रवृत्ति कुछ भी, कुछ भी करने की हो सकती है - चाहे परिणाम कुछ भी हो - ताकि हम असहाय या परेशान महसूस न करें। दुर्भाग्य से, यह प्रवृत्ति अक्सर हमें ऐसे रास्ते पर ले जाकर उलटा असर डालती है जिससे चीज़ें सुधरने की बजाय और बिगड़ जाती हैं। हालाँकि प्रतीक्षा करना अपने आप में सुखियाँ नहीं बन सकता है, यदि कोई स्थिति अस्पष्ट रहती है तो तब तक हाथ पर हाथ धरे बैठे रहना बुद्धिमानी होगी जब तक कि आपके विकल्पों का स्पष्ट मूल्यांकन नहीं हो जाता; ब्लेज़ पास्कल के अनुसार 'सभी मानवीय समस्याएं घर में अपने अध्ययन के दौरान एक कमरे में अकेले चुपचाप बैठने में असमर्थ होने के कारण उत्पन्न होती हैं।'
यह भी देखें ओमिशन बायस (अध्याय 44); अत्यधिक सोचना (अध्याय 90); टालमटोल (अध्याय 85); यह बेहतर होने से पहले और भी बदतर हो जाएगा भ्रम (अध्याय 12); और गलत तरीके से संभाले गए संचार मुद्दों के संभावित कारकों के रूप में दरवाजे बंद करने में असमर्थता (अध्याय 68)।

आप समाधान या समस्या का हिस्सा क्यों हैं?

चूक पूर्वाग्रह

दो पर्वतारोहियों के साथ एक ग्लेशियर पर होने की कल्पना करें। एक व्यक्ति फिसलकर खाई में गिर जाता है; मदद के लिए पुकारने से हो सकता है कि वह बच गया हो, लेकिन आपने ऐसा नहीं किया - इसके बजाय उन दोनों को खड्डों में धकेल दिया जहां वे दोनों तुरंत मर जाते हैं - किसकी मृत्यु का आपके विवेक पर अधिक भार पड़ता है?

तर्कसंगत विचार से पता चलता है कि दोनों विकल्प समान रूप से प्रतिकूल हैं, जिससे आपके साथियों की मृत्यु हो सकती है। फिर भी कुछ चीज़ हमें निष्क्रिय विकल्प को अधिक अनुकूल रेटिंग देने के लिए प्रेरित करती है; इस घटना को चूक पूर्वाग्रह के रूप में जाना जाता है और यह तब होता है जहां कार्य और निष्क्रियता दोनों घातक परिणाम देते हैं; हम निष्क्रियता को प्राथमिकता देते हैं क्योंकि इसके परिणाम कम परेशान करने वाले लगते हैं।

कल्पना कीजिए कि आप संघीय औषधि प्रशासन के प्रमुख हैं, और आपको यह निर्णय लेना होगा कि संभावित घातक दुष्प्रभावों वाले असाध्य रूप से बीमार रोगियों के लिए एक दवा को मंजूरी दी जाए या नहीं - इन गोलियों ने 20% लोगों की तुरंत जान ले ली है, जबकि थोड़े समय में 80% से अधिक लोगों की जान बचाई है। . आपका निर्णय क्या होगा?

अधिकांश लोगों के अनुमोदन से इनकार करने की संभावना होगी; उनके लिए, ऐसी दवा से गुज़रना जो हर पाँच में से एक मरीज़ को मार देती है, अन्य 80% को इसका इलाज देने में विफल होने से कहीं अधिक बुरा लगता है। इस तरह के निर्णय पूरी तरह से चूक पूर्वाग्रह को दर्शाते हैं। कल्पना कीजिए कि आप इस तरह के पूर्वाग्रहों के बारे में जागरूक हो रहे हैं, लेकिन कारण और शालीनता के नाम पर किसी भी तरह से इसे स्वीकार करने का विकल्प चुन रहे हैं, केवल तभी जब आपके किसी मरीज की मृत्यु हो जाती है तो आक्रोश फैल जाता है और आप खुद को बिना काम के पाते हैं! सिविल सेवकों या राजनेताओं के रूप में यह बुद्धिमानी होगी - वास्तव में उनके लिए आवश्यक है - पूर्वाग्रह के इस व्यापक रूप को गंभीरता से लेते हुए इसे और भी प्रोत्साहित करें!

केस लॉ ऐसी "नैतिक विकृति" की गहराई को दर्शाता है। इच्छामृत्यु, भले ही मरने वालों की इच्छा हो, अवैध है, जबकि जीवन-रक्षक उपायों से जानबूझकर इनकार करना (उदाहरण के लिए डीएनआर आदेशों का पालन करना - पुनर्जीवन आदेश न दें) कानूनी बना हुआ है।

इस तरह के तर्क बताते हैं कि क्यों इतने सारे माता-पिता मानते हैं कि अपने बच्चों को टीकाकरण न कराना पूरी तरह से स्वीकार्य है, भले ही टीकाकरण रोग संचरण से जुड़े जोखिमों को काफी हद तक कम करने में सिद्ध हुआ है।
यद्यपि टीकाकरण में प्रतिकूल दुष्प्रभावों का बहुत कम जोखिम होता है, समग्र टीकाकरण समझ में आता है; न केवल व्यक्तियों के लिए बल्कि संपूर्ण समाज के लिए - प्रतिरक्षित व्यक्ति अपनी बीमारी से अन्य लोगों को संक्रमित नहीं कर सकते हैं और बदले में इसे आगे नहीं फैला सकते हैं। निःसंदेह यदि टीकाकरण न कराने वाले बच्चे किसी बीमारी से ग्रसित हो जाते हैं तो वे अपने

माता-पिता पर टीकाकरण से इनकार करके उन्हें नुकसान पहंचाने का आरोप लगा सकते हैं - फिर भी यह उससे कम गंभीर प्रतीत होगा यदि उन्होंने जानबूझकर अपने बच्चों को स्वयं संक्रमित किया हो!

चूक पूर्वाग्रह भ्रम की जड़ में निहित है: हम इस पर कार्रवाई करने के लिए स्वयं कदम उठाने के बजाय तब तक इंतजार करना पसंद करते हैं जब तक कि अन्य लोग ऐसा नहीं करते। निवेशक और व्यावसायिक पत्रकार उन कंपनियों के प्रति अधिक क्षमाशील हैं जो घटिया उत्पादन करने वाली कंपनियों की तुलना में कोई नया उत्पाद नहीं बनाती हैं, भले ही दोनों रास्ते बर्बादी की ओर ले जाते हैं। खराब शेयरों पर निष्क्रिय रूप से बैठना सक्रिय रूप से खराब शेयरों को खरीदने से बेहतर लगता है; कोयला संयंत्रों में कोई उत्सर्जन फ़िल्टर नहीं बनाना लागत कारणों से फ़िल्टर हटाने जैसे कदम उठाने से बेहतर लगता है; घरों को बचाने में असफल होना अतिरिक्त ईंधन जलाने से बेहतर लगता है; आयकर घोषित करने में असफल होना झूठे कर दस्तावेज़ दाखिल करने की तुलना में कम अप्रिय है, भले ही दोनों तरीकों से किसी भी तरह से राज्य को नुकसान होता है।

हमने अध्याय 7 में कार्रवाई पूर्वाग्रह की खोज की। हालाँकि, क्या यह चूक पूर्वाग्रह के विपरीत है? बिल्कुल नहीं; जब चीजें अस्पष्ट या विरोधाभासी लगती हैं तो कार्रवाई पूर्वाग्रह हमें व्यर्थ अति सक्रियता के साथ स्पष्टता की कमी की भरपाई करने के लिए प्रेरित करता है; जबकि चूक पूर्वाग्रह अक्सर प्रकट होता है जहां जानकारी आसानी से देखी जा सकती है: एक अंतर्दृष्टि भविष्य के दुर्भाग्य को प्रकट कर सकती है जिसे हम प्रत्यक्ष कार्रवाई के माध्यम से टाल सकते हैं लेकिन यह अंतर्दृष्टि हमारे अंदर इसके खिलाफ खड़े होने के लिए उतनी प्रेरणा पैदा नहीं करती है।

चूक पूर्वाग्रह का पता लगाना कठिन हो सकता है; क्रिया आमतौर पर निष्क्रियता की तुलना में अधिक ध्यान देने योग्य होती है। 1960 के दशक के छात्र आंदोलनों ने इसके खिलाफ एक प्रभावी नारा गढ़ा: 'यदि आप समाधान का हिस्सा नहीं हैं, तो आप समस्या का हिस्सा हैं।'

स्वयंसेवी त्रुटि पर नोट्स (अध्याय 65); एक्शन बायस (अध्याय 43); टालमटोल (अध्याय 85)।

मुझे दोष मत दो

स्वयं - सेवा पूर्वाग्रह

क्या आप नियमित रूप से वार्षिक रिपोर्ट पढ़ते हैं, जिसमें मुख्य कार्यकारी अधिकारी ने क्या कहा है उस पर विशेष ध्यान दिया जाता है? यदि नहीं, तो यह दुर्भाग्यपूर्ण है क्योंकि वहां आपको त्रुटि के कई उदाहरण मिल सकते हैं जो अक्सर सामने आते हैं - स्व-सेवा पूर्वाग्रह। जब भी कंपनी सफलता का अनुभव करती है, सीईओ उनके सभी प्रयासों को उजागर करने के लिए समय लेता है - जैसे कि स्मार्ट निर्णय लेना, अथक परिश्रम करना और एक नवीन कॉर्पोरेट संस्कृति विकसित करना। यदि किसी कंपनी का वर्ष असफल रहा है, तो हम उसके पतन में योगदान देने वाले विभिन्न कारकों के बारे में पढ़ते हैं: विनिमय दर में उतार-चढ़ाव, सरकारी हस्तक्षेप, चीनी व्यापार प्रथाएं जो पश्चिमी बौद्धिक संपदा मानकों का उल्लंघन करती हैं, छिपे हुए टैरिफ जो उपभोक्ता विश्वास को कम करते हैं आदि। संक्षेप में: हमारा दिमाग आंतरिक के बजाय बाहरी तौर पर सफलता और विफलताओं का श्रेय देता है - यह काम में स्वार्थी पूर्वाग्रह है!

भले ही आपने यह शब्द कभी नहीं सुना हो, हाई स्कूल ने कई छात्रों को स्व-सेवा पूर्वाग्रह का अर्थ सिखाया है। यदि उन्होंने ए अर्जित किया, तो उनकी सफलता पूरी तरह से उन पर प्रतिबिंबित होती है जबकि विफलता का मतलब है कि प्रशासकों और शिक्षकों द्वारा अनुचित परीक्षण प्रक्रियाओं का उपयोग किया गया था।

लेकिन ग्रेड अब मायने नहीं रखते: शायद शेयर बाज़ार ने उनकी जगह ले ली है। जब आपका पोर्टफोलियो लाभ कमाता है, तो आप स्वयं की सराहना करते हैं; जब यह खराब प्रदर्शन करता है, तो दोष पूरी तरह से "बाज़ार" (इसका जो भी अर्थ हो) या शायद उस कष्टप्रद निवेश सलाहकार को दिया जाता है। मैं स्वयं स्व-सेवा पूर्वाग्रह का एक कुशल उपयोगकर्ता हूं: जब मेरा नया उपन्यास बेस्टसेलर सूची की स्थिति तक पहुंच जाता है तो मैं इसे अपनी अब तक की सर्वश्रेष्ठ पुस्तक के रूप में मनाता हूं; यदि नई रिलीज़ों के बीच यह फ्लॉप हो जाती है तो इसका मतलब यह होगा कि पाठक इसे पहचान नहीं रहे हैं या आलोचकों को ईर्ष्या हो रही है कि मेरे खिलाफ कुछ ऐसा है जो मेरी किताबों में अच्छे साहित्य को नहीं पहचानता है!

शोधकर्ताओं ने एक व्यक्तित्व परीक्षण किया और प्रतिभागियों को यादृच्छिक रूप से उच्च या निम्न अंक आवंटित किए; उच्च अंक प्राप्त करने वालों ने इसे संपूर्ण और निष्पक्ष पाया; कम अंक प्राप्त करने वालों को यह पूरी तरह से बेकार लगा। हम सफलता का श्रेय खुद को और विफलता को कहीं और क्यों देते हैं? विभिन्न सिद्धांत हैं, शायद एक सरल व्याख्या यह है: यह अच्छा लगता है! इसके अलावा, विकास ने संभवतः इसे बहुत पहले ही संबोधित कर लिया होगा।

एक लाख वर्षों में, जैसे-जैसे मानव समाज आगे बढ़ा, स्व-सेवा पूर्वाग्रह समाप्त हो गया, लेकिन हमारी आधुनिक दुनिया में कई छिपे हुए जोखिमों के साथ यह फिर से उभर सकता है और जल्द ही तबाही का कारण बन सकता है। रिचर्ड फुलड, जिन्हें अक्सर स्व-घोषित 'ब्रह्मांड का स्वामी' कहा जाता है, इस दृष्टिकोण का अच्छी तरह से समर्थन कर सकते हैं; 2008 में लेहमैन ब्रदर्स के दिवालियापन दाखिल होने तक सीईओ रहने के बाद भी वह सरकारी कार्रवाई को इसका कारण बताते हुए इस उपाधि का दावा कर सकते हैं।

SAT परीक्षा देने वाले छात्र आमतौर पर 200 से 800 अंक के बीच स्कोर करते हैं। जब एक साल बाद अपने स्कोर को अपडेट करने के लिए कहा जाता है, तो कई लोग उन्हें लगभग 50 अंक तक बढ़ा देते हैं - बिना कभी झूठ बोले या संख्याओं को बढ़ा-चढ़ाकर पेश किए, बस इसे तब तक "बढ़ाते" रहते हैं जब तक कि उन्हें खुद नए नंबर पर विश्वास न हो जाए।

मेरी इमारत में पांच छात्रों द्वारा साझा किया जाने वाला एक अपार्टमेंट है, जिन्हें मैं अक्सर लिफ्ट में देखता हूं। एक ने कहा कि वह हर दूसरी या तीसरी बार अपना कचरा बाहर निकालता है; दूसरा: हर तीसरी या चौथी बार; जबकि रूममेट #3 ने लगभग 90% बार ऐसा करने का दावा किया! उनके उत्तरों को 100% तक जोड़ा जाना चाहिए था, लेकिन इसके बजाय कुल प्रभावशाली 320% हो गया! प्रत्येक लड़के ने अपनी भूमिकाओं को अधिक महत्व दिया - कुछ ऐसा जो सभी मनुष्य करते हैं। अध्ययनों ने विवाहित जोड़ों के बीच भी इस घटना को प्रदर्शित किया है, जहां प्रत्येक व्यक्ति मानता है कि वे विवाह स्वास्थ्य में 50% से अधिक योगदान देते हैं।

तो हम स्व-सेवा पूर्वाग्रह को कैसे दूर कर सकते हैं? क्या आपके ऐसे दोस्त हैं जो बिना किसी रोक-टोक के सच बोलते हैं? यदि आपके साथ भी ऐसा है, तो अपने आप को भाग्यशाली समझें। यदि नहीं, तो कम से कम एक दुश्मन को कॉफी के लिए बुलाएं और अपनी ताकत और कमजोरियों के बारे में उनकी ईमानदार राय पूछें; आप सदैव आभारी रहेंगे कि आपने यह किया!

हिंडसाइट बायस (अध्याय 14) भी देखें; अतिआत्मविश्वास प्रभाव (अध्याय 15); नॉट-इन्वेंटेड-हियर सिंड्रोम (अध्याय 74); उत्तरजीविता पूर्वाग्रह (अध्याय 1), शुरुआती भाग्य (अध्याय 49) संज्ञानात्मक असंगति (अध्याय 50); फोरर इफ़ेक्ट (अध्याय 64); आत्मनिरीक्षण भ्रम (अध्याय 67) और चेरी-पिकिंग (अध्याय 96) से परिचित होना।

आप जो चाहें वह देखें!

हेडोनिक ट्रेडमिल

कल्पना कीजिए कि एक दिन फोन की घंटी बजती है और एक उत्साही आवाज आपको बताती है कि आपने 10 मिलियन डॉलर का लॉटरी जैकपॉट जीत लिया है! इससे आपको कैसा महसूस होगा और यह कितने समय तक रहेगा? या कोई अन्य परिदृश्य सामने आ सकता है: कोई आपको अपने सबसे अच्छे दोस्त के खोने की सूचना देने के लिए कॉल करता है; फिर आप कैसे प्रतिक्रिया देंगे और इसका प्रभाव कितने समय तक रहेगा?

अध्याय 40 में, हमने राजनीति, अर्थशास्त्र और सामाजिक घटनाओं जैसे विभिन्न क्षेत्रों में भविष्यवाणियों की कम सटीकता की जांच की। हम इस निष्कर्ष पर पहुंचे कि स्व-नियुक्त विशेषज्ञ सटीक भविष्यवाणियां प्रदान करने में यादृच्छिक पूर्वानुमान जनरेटर से बेहतर नहीं हैं। अब हम दूसरे क्षेत्र की ओर बढ़ते हैं: हम अपनी भावनाओं का कितना सटीक अनुमान लगा सकते हैं? क्या हम स्वयं विशेषज्ञ हैं? क्या लॉटरी जीतने से हमें आने वाले वर्षों में अधिक खुशी मिलेगी? हार्वर्ड मनोवैज्ञानिक डैन गिल्बर्ट अन्यथा सुझाव देते हैं; लॉटरी विजेताओं के बारे में उनके अध्ययन से संकेत मिलता है कि कोई भी सकारात्मक प्रभाव कुछ ही महीनों के भीतर समाप्त हो जाता है, जिससे लोग चेक प्राप्त करने के बाद पहले की तरह संतुष्ट या असंतुष्ट रह जाते हैं - इस घटना को वह 'प्रभावी पूर्वानुमान' के रूप में संदर्भित करते हैं; हमारी अपनी भावनाओं का सही अनुमान लगाने में असमर्थता।

एक बैंकिंग कार्यकारी ने दस कमरों, स्विमिंग पूल और आश्चर्यजनक झील और पहाड़ के दृश्यों वाला एक विला बनाने का सपना देखते हुए, अपनी पर्याप्त आय के साथ शहर के बाहर एक नया घर बनाने का फैसला किया। उनकी योजना हकीकत बन गई. अपनी खरीदारी के कुछ ही हफ्तों के भीतर, वह उत्साह से झूम उठे। दुर्भाग्य से, वह उत्साह जल्द ही गायब हो गया और छह महीने बाद वह पहले से भी अधिक दुखी हो गया। ऐसा क्यों हुआ था? खैर, शोध से पता चलता है कि कुछ ही महीनों के बाद खुशी जल्दी ही खत्म हो जाती है, जिससे विला अब उसके सपनों का प्रतिनिधित्व नहीं करता है; हर दिन घर आकर एक अप्रिय वास्तविकता का सामना करना पड़ता है: दरवाजा खोलना और यह नहीं पता कि यह उसे कहाँ ले गया... गरीब आदमी: विला के प्रति उसकी भावनाएँ उसके एक कमरे वाले छात्र अपार्टमेंट के बारे में उसकी भावनाओं की तुलना में उदासीन थीं। इसके अतिरिक्त, अब उन्हें प्रतिदिन एक-एक घंटे की दो यात्राओं का सामना करना पड़ता है! अध्ययनों से पता चलता है कि ड्राइविंग असंतोष और तनाव का एक बड़ा स्रोत हो सकता है, और अधिकांश लोग कभी भी इस अनुभव के अभ्यस्त नहीं होते हैं। इसलिए, जिनके पास यात्रा करने की स्वाभाविक रुचि नहीं है, उन्हें संभवतः प्रत्येक दिन (कम से कम) दो लंबी यात्राएँ सहनी पड़ेंगी। इसलिए, मेरे दोस्त के सपनों के विला का उसकी खुशी पर समग्र रूप से नकारात्मक प्रभाव पड़ा।

कई अन्य लोगों का प्रदर्शन भी बेहतर नहीं है: जो व्यक्ति अपने करियर में बदलाव करते हैं या आगे बढ़ते हैं, उन्हें अक्सर इसी तरह का भाग्य भुगतना पड़ता है।

वैज्ञानिक इस घटना को सुखमय ट्रेडमिल के रूप में संदर्भित करते हैं: हम कड़ी मेहनत करते हैं, आर्थिक रूप से आगे बढ़ते हैं और अधिक धन प्राप्त करते हैं - फिर भी इनमें से कोई भी हमें अधिक खुश नहीं करता है।

तो रीढ़ की हड्डी की चोट और मित्र हानि जैसी नकारात्मक घटनाएं हम पर कैसे प्रभाव डालती हैं? आमतौर पर, हम उनकी अवधि और तीव्रता को अधिक महत्व देते हैं - उदाहरण के लिए, जब रिश्ते खत्म हो जाते हैं तो ऐसा लग सकता है कि जीवन कभी भी पहले जैसा नहीं रहेगा, लेकिन तीन या इतने महीनों के भीतर वे डेटिंग पर लौट आए हैं और एक बार फिर खुशी ढूंढ रहे हैं।

क्या यह अद्भुत नहीं होगा यदि हमें पता चले कि एक नई कार, करियर या रिश्ता हमें कितना खुश करेगा? सौभाग्य से यह कुछ ऐसा है जिसे हम आंशिक रूप से माप सकते हैं। बेहतर, उज्जवल निर्णय लेते समय इन वैज्ञानिक रूप से सुदृढ़ दिशानिर्देशों को अपने मार्गदर्शक के रूप में लें: 1) नकारात्मक चीजों से बचें जिन्हें आप समय के साथ अनुकूलित नहीं कर सकते, जैसे कि यात्रा, ध्वनि प्रदूषण या दीर्घकालिक तनाव। 2) दीर्घकालिक खुशी के स्रोत के रूप में भौतिक वस्तुओं जैसे कार, घर, लॉटरी जीत, बोनस या पुरस्कार पर बहुत अधिक निर्भरता न रखें। 3) यथासंभव स्वतंत्रता और स्वायत्तता की तलाश करें क्योंकि स्थायी सकारात्मक परिवर्तन अक्सर स्वयं की पहल पर सकारात्मक कार्रवाई करने से आते हैं। अपने जुनून को पूरा करें, भले ही इसके लिए आपको कुछ आय छोड़नी पड़े; मित्रता में निवेश करें; अधिकांश लोग पेशेवर स्थिति के माध्यम से स्थायी खुशी पाते हैं जब तक कि यह सहकर्मी समूहों को एक साथ नहीं बदलता है - दूसरे शब्दों में, यदि आप केवल अन्य अधिकारियों के साथ भाईचारा रखते हुए सीईओ की भूमिका में आते हैं, तो प्रभाव जल्दी से कम हो जाता है।

पूर्वानुमान भ्रम (अध्याय 40); नियोमेनिया (अध्याय 69) और ईर्ष्या (अध्याय 86) सभी को खतरे के संकेत के रूप में देखा जाना चाहिए और इन्हें हल्के में नहीं लिया जाना चाहिए।

हम सभी को याद रखना चाहिए कि हमें अपने अस्तित्व पर आश्चर्य नहीं करना चाहिए और उसके अनुसार जीना चाहिए!

जैसे ही मैं फिलाडेल्फिया से न्यूयॉर्क की यात्रा पर गया, मैं ट्रैफिक जाम में फंस गया। "यह हमेशा मुझे ही क्यों होना पड़ता है?", मैंने अपने विपरीत दिशा में प्रभावशाली गति से दौड़ते हुए दक्षिण की ओर जाने वाले ड्राइवरों को देखते हुए अफसोस जताया। घोंघे की गति से आगे रेंगते हुए और तेजी लाने के लिए बार-बार रुकने के साथ एक घंटा बिताने के दौरान, मेरा मन भटक गया। क्या मैं सचमुच जीवन में दुर्भाग्यशाली था या यह केवल मेरी धारणा थी? ऐसा प्रतीत होता है कि बैंक, डाकघर और किराने की दुकानों की कतारें दूसरों की तुलना में मुझे अधिक बार चुनती हैं या ये केवल धारणाएं थीं?

कल्पना कीजिए कि इस राजमार्ग पर 10% समय ट्रैफिक जाम रहता है; मेरे फंसने की संभावना इसकी संभावना से अधिक नहीं है, लेकिन ऐसी स्थितियों के दौरान मेरी आगे की गति सीमित होने के कारण मेरी यात्रा के किसी एक बिंदु पर फंसने की संभावना इस आंकड़े से अधिक है; इसके अलावा, एक बार जब कोई उठता है और मैं फंस जाता हूं, तो यह मेरे लिए अपनी सामान्य गति से आगे बढ़ने की तुलना में कहीं अधिक ध्यान देने योग्य हो जाता है।

इसी तरह का तर्क बैंक काउंटरों या ट्रैफिक लाइटों पर भी लागू होता है: ए और बी के बीच 10 ट्रैफिक लाइटों के साथ औसत यात्रा पर, एक हमेशा लाल होगी जबकि बाकी हरी; हालाँकि, आप अपनी यात्रा का 10% से अधिक समय लाल बत्ती पर इंतज़ार करते हुए बिता सकते हैं - हालाँकि यह सही नहीं लग सकता है; प्रकाश की गति के करीब यात्रा करने की कल्पना करें: आप संभवतः 99.99% (10% नहीं) समय इंतजार करने और लाल ट्रैफिक लाइट को कोसने में बिताएंगे!

जैसे ही हम दुर्भाग्य की शिकायत करते हैं, आत्म-चयन पूर्वाग्रह से सावधान रहना बुद्धिमानी है। जब मेरे पुरुष मित्र अपनी कंपनियों में महिलाओं की कमी के बारे में शिकायत करते हैं और महिला मित्र बहुत कम पुरुषों के बारे में शिकायत करती हैं, तो इसका दुर्भाग्य से कोई लेना-देना नहीं है - ये बड़बड़ाने वाले एक नमूने का हिस्सा बनते हैं जो इस बात की संभावना दर्शाता है कि अधिकांश पुरुष कर्मचारी उन उद्योगों में काम करते हैं जिनमें उनका वर्चस्व है अधिकतर पुरुष (या महिला श्रमिकों के लिए इसका विपरीत)। इसके अलावा, चीन या रूस जैसे देशों में किसी भी लिंग के बड़े अनुपात के साथ रहने का मतलब है कि आप उस बड़े समूह का हिस्सा बन सकते हैं और महसूस कर सकते हैं कि ऐसा किया गया है। जब चुनाव के दौरान मतदान होता है, तो यह घटना सबसे अधिक स्पष्ट हो जाती है;
मतदान के समय, इसकी अत्यधिक संभावना है कि आपका वोट विजयी बहुमत के बहुमत के वोट से मेल खाता हो।

विपणक अक्सर स्व-चयन पूर्वाग्रह का शिकार हो जाते हैं। विपणक विपणन सर्वेक्षणों के माध्यम से इसमें शामिल हो सकते हैं जो उनके न्यूज़लेटर के ग्राहक मूल्य का आकलन करने का प्रयास करते हैं, लेकिन केवल वर्तमान ग्राहकों तक ही पहुंचते हैं जो पूरी तरह से संतुष्ट हैं, उनके पास समय है और उन्होंने रद्द नहीं किया है। इस प्रकार, ये सर्वेक्षण निष्प्रभावी साबित होते हैं।

हाल ही में मेरे दुःखी मित्र द्वारा की गई टिप्पणियाँ एक सामान्य स्व-चयन पूर्वाग्रह को छू गईं; केवल जीवित प्राणी ही ऐसे अवलोकन कर सकते हैं; गैर-अस्तित्व अक्सर अपने अस्तित्व के बारे में ज्यादा विचार नहीं करते हैं। फिर भी यही भ्रम कई दार्शनिक कार्यों का आधार बनता है क्योंकि वे साल-दर-साल भाषा के विकास पर आश्चर्य करते हैं; मुझे उनके आश्चर्य से सहानुभूति है लेकिन उनका आश्चर्य अनुचित लगता है; हमारे द्वारा इसके चमत्कार का सम्मान किए बिना भाषा का अस्तित्व ही नहीं होता; इसका आश्चर्य केवल इसके परिवेश के संपर्क में आने से ही मूर्त होता है - इसका चमत्कार केवल इसके वातावरण में इसके अस्तित्व के माध्यम से ही मूर्त होता है - जैसे मानव मस्तिष्क द्वारा सृजन या विनाश का चमत्कार!

यह हालिया टेलीफोन सर्वेक्षण मनोरंजक है: एक कंपनी ने यह पता लगाने के लिए इसे आयोजित किया कि प्रत्येक घर में औसतन कितने फोन (लैंडलाइन और सेल) हैं। उन्हें यह जानकर आश्चर्य हुआ कि किसी भी परिवार ने यह दावा नहीं किया कि उनके पास कुछ भी नहीं है! सचमुच एक आश्चर्यजनक उपलब्धि.

वैकल्पिक पथ भी देखें (अध्याय 39); फ़ीचर-सकारात्मक प्रभाव (अध्याय 95); आगे की चर्चा के लिए तैराक का शारीरिक भ्रम (अध्याय 2)।

क्यों अनुभव हमारे निर्णयों को नुकसान पहुंचा सकता है?

एसोसिएशन पूर्वाग्रह

केविन ने कंपनी के बोर्ड में अपने डिवीजन के परिणामों की तीन प्रस्तुतियाँ दी हैं और हर बार, सब कुछ त्रुटिहीन रहा - और केविन का मानना है कि यह हरा पोल्का-डॉट बॉक्सर शॉर्ट्स उनके लिए भाग्यशाली अंडरपैंट है!

केविन उस शानदार सगाई की अंगूठी को खरीदने से खुद को नहीं रोक सका जो उसने उसे दिखाई थी; हालाँकि, 10,000 डॉलर में यह दूसरी शादी के लिए उनके बजट से काफी अधिक था, लेकिन इस महिला के बारे में कुछ बात ने इसे उनके लिए अनूठा बना दिया; शायद इस खूबसूरत वस्तु को किसी के साथ जोड़ने से भावी दुल्हनों में आशा जगेगी कि वह भी बेहद खूबसूरत हो सकती है?

हर साल, केविन चेक-अप के लिए अपने डॉक्टर के पास जाता है और आमतौर पर उसे बताया जाता है कि, 44 साल की उम्र में, उसका स्वास्थ्य अच्छी स्थिति में है। हालाँकि दो बार वह चिंताजनक समाचार लेकर गया: एक बार उसके अपेंडिक्स के लिए (जिसे तुरंत हटा दिया गया था); और दूसरा शुरू में सूजे हुए प्रोस्टेट के लिए, जो आगे की जांच में कैंसर के बजाय केवल सूजन निकला - दोनों बार केविन चिंतित महसूस कर रहा था और दोनों दिन असाधारण रूप से गर्म थे; तब से जब भी उनकी किसी चेक-अप अपॉइंटमेंट के आसपास तापमान बढ़ने लगता है तो वह तुरंत उसे तुरंत रद्द कर देते हैं!

हमारा दिमाग कनेक्शन मशीनें हैं। उदाहरण के लिए, जब हम किसी अज्ञात फल का सेवन करते हैं और उसके बाद मतली का अनुभव करते हैं, तो हमारा दिमाग ज्ञान पैदा करता है। हालाँकि, यह विधि मिथ्या ज्ञान भी उत्पन्न करती है। रूसी वैज्ञानिक इवान पावलोव कुत्तों में लार को मापने के लिए घंटियों का उपयोग करके इस घटना का अध्ययन करने वाले पहले व्यक्ति थे; हालाँकि, बाद में केवल ध्वनि से ही लार टपकने लगती थी; जानवरों के मस्तिष्क के भीतर घंटी बजाने और लार उत्पादन जैसे दो असंबद्ध कार्यों के बीच संबंध बनाना - जैसे ध्वनि ही उनमें लार उत्पन्न करने के लिए पर्याप्त है।

पावलोव की विधि मनुष्यों पर भी समान रूप से लागू होती है। विज्ञापन कोका-कोला जैसे उत्पादों और भावनाओं के बीच संबंध बनाता है। परिणामस्वरूप, विज्ञापन खुश चेहरे वाले कोक लोगों को एक साथ दिखाते हैं - जो कि डूबते चेहरों या झुर्रीदार शरीरों के विपरीत होते हैं जिन्हें आप वास्तविक जीवन में कहीं और देख सकते हैं। वास्तविक जीवन की तुलना में कोक लोग बड़े समूहों में दिखाई देते हैं।

गलत संगति एसोसिएशन पूर्वाग्रह के कारण होती है, जो हमारी निर्णय लेने की गुणवत्ता से भी समझौता करती है। हम बुरी ख़बरों के वाहक को इसकी सामग्री के साथ स्वचालित रूप से जोड़ सकते हैं (जिसे शूट-द-मैसेंजर सिंड्रोम कहा जाता है)। कुछ सीईओ और निवेशक जानबूझकर या अनजाने में नकारात्मक खबरें सुनने से बचते हैं - जिससे वास्तविकता की गलत तस्वीर सामने आती है। लोगों के समूहों का नेतृत्व करते समय झूठे कनेक्शनों का शिकार बनने से बचने के लिए,

अपने स्टाफ सदस्यों को जितनी जल्दी हो सके केवल बुरी खबरें देने का निर्देश दें ताकि शूट-द-मैसेंजर सिंड्रोम का प्रतिकार किया जा सके - भरोसा रखें कि पर्याप्त सकारात्मक खबरें मिलेंगी अभी भी अपने रास्ते आओ! शूट-द-मैसेंजर सिंड्रोम के लिए सकारात्मक संदेशों से अधिक क्षतिपूर्ति करके झूठे संबंधों पर काबू पाने के लिए - अच्छी ख़बरों से अधिक क्षतिपूर्ति करके झूठे संबंधों पर काबू पाने के लिए!

ईमेल और टेलीमार्केटिंग के अस्तित्व में आने से पहले, यात्रा करने वाले सेल्समैन घर-घर बिक्री के तरीकों का इस्तेमाल करते थे। एक दिन जॉर्ज फॉस्टर की नज़र एक ख़ाली घर पर पड़ी जहाँ एक अदृश्य रिसाव के कारण कई हफ़्तों से गैस भर रही थी - उसे पता ही नहीं चला कि जब जॉर्ज ने घंटी को दबाया तो क्षतिग्रस्त घंटी में चिंगारी निकली जिससे एक विस्फोट हुआ जिसने जॉर्ज को सीधे अस्पताल पहुँचाया, हालाँकि अंततः वह जल्दी ठीक हो गया. दुर्भाग्यवश, दरवाजे की घंटियों का डर उसके मन में इतना बना रहा कि वर्षों बाद भी वह काम पर वापस नहीं जा सका; कड़ी मेहनत कर रहा था क्योंकि वह केवल एक और भावनात्मक लगाव पैदा कर सकता था जो यह जानते हुए भी कि इसकी संभावना नहीं थी, खुद को उलट नहीं सकता था।

मार्क ट्वेन ने इस महत्वपूर्ण संदेश को खूबसूरती से कैद किया है: 'हमें हर अनुभव से केवल उन्हीं पाठों को ग्रहण करना चाहिए जो उसमें निहित हैं; ऐसा न हो कि हम उस बिल्ली की तरह हो जाएं जो गर्म चूल्हे के ढक्कन पर बैठती है और जल जाती है - फिर कभी गर्म या ठंडे ढक्कन पर नहीं बैठेगी।'

जब चीजें अच्छी तरह से शुरू हों तो सावधान रहें; संक्रामक पूर्वाग्रह पर ध्यान दें (अध्याय 54); मिथ्या कारणता (अध्याय 37); शुरुआती भाग्य (अध्याय 49) के साथ-साथ उपलब्धता पूर्वाग्रह और प्रभावित अनुमान। (इन विषयों पर आगे पढ़ने के लिए अध्याय 54 देखें)।

ध्यान रखें कि चीजें कब तेजी से घटित होने लगती हैं

नौसिखिया की किस्मत

हमने हाल ही में एसोसिएशन पूर्वाग्रह, या कनेक्शन देखने की हमारी प्रवृत्ति का पता लगाया जहां कोई मौजूद नहीं है। उदाहरण के लिए, हरे पोल्का-डॉट अंडरपैंट पहनकर बड़ी प्रस्तुतियों के साथ केविन की सफलता की परवाह किए बिना, वे हर बार उसकी सफलता की गारंटी नहीं दे सकते।

अब हम साहचर्य पूर्वाग्रह के अधिक पेचीदा रूपों में से एक पर आते हैं: अतीत के साथ एक कृत्रिम संबंध बनाना। कैसीनो खिलाड़ी इस रणनीति को अच्छी तरह से जानते हैं: वे इसे शुरुआती लोगों की किस्मत कहते हैं। खेल में नए लोग जो शुरुआती दौर में हार जाते हैं वे अक्सर समझदारी से हार मान लेते हैं, जबकि जो भी भाग्यशाली होता है वह आगे बढ़ना जारी रखता है। हालाँकि, जब पहली बार आने वाले भाग्यशाली साबित होते हैं, तो उनका आत्मविश्वास उन्हें आगे भी दांव बढ़ाने के लिए प्रेरित कर सकता है - बाद में उन्हें पता चलता है कि संभावनाएँ जल्द ही औसत स्तर पर वापस आ गई हैं!

आर्थिक सफलता में शुरुआती लोगों की किस्मत अहम भूमिका निभाती है। कंपनी ए की कल्पना करें, जो बिना किसी घटना के छोटी कंपनियों बी, सी और डी का अधिग्रहण करती है और प्रत्येक अधिग्रहण को सफलतापूर्वक पूरा करती है - अपने आत्मविश्वास का निर्माण करना क्योंकि प्रत्येक विलय का प्रबंधन करना बहुत चुनौतीपूर्ण साबित होता है और पिछले अधिग्रहणों से इस दिशा में इशारा करने वाले वस्तुनिष्ठ साक्ष्य के बावजूद तालमेल का अनुमान लगाना असंभव है - केवल शुरुआती लोगों की किस्मत को इस वास्तविकता से दूर करने के लिए।

इसी तरह का रुझान स्टॉक एक्सचेंज के साथ भी हुआ। इसकी शुरुआती सफलता से आकर्षित होकर, कई निवेशकों ने 90 के दशक के अंत में अपनी जीवन भर की बचत और यहां तक कि ऋण भी इंटरनेट स्टॉक में डाल दिए - इस बात से अनजान कि उस समय उनका उल्लेखनीय मुनाफा किसी ज्ञान-आधारित स्टॉक-चुनने की क्षमता के कारण नहीं था, बल्कि केवल ऊपर की और बढ़ते बाजार के रुझान के कारण था ; यहां तक कि जिन लोगों को भी निवेश का कोई पूर्व ज्ञान नहीं था, उन्हें भी अक्सर भारी जीत का आनंद मिलता था, जब चीजें अंततः नीचे की ओर जाती थीं। हालाँकि, जब वह गति अंततः फीकी पड़ गई, तो कई लोगों को डॉट-कॉम ऋण के पहाड़ का सामना करना पड़ा।

जैसा कि हाल ही में अमेरिकी हाउसिंग बूम के दौरान देखा गया था, कई व्यक्ति इस जाल में फंस गए: दंत चिकित्सकों, वकीलों, शिक्षकों और टैक्सी ड्राइवरों ने लाभ के लिए घरों को 'फ्लिप' करने के लिए अपना करियर छोड़ दिया - उन्हें सस्ते बेसमेंट कीमतों पर खरीदा और फिर तुरंत उन्हें उच्च कीमत पर वापस बेच दिया। कीमतें - उन्हें मोटे मुनाफ़े की ओर एक मादक रास्ते पर ले जा रही हैं लेकिन वास्तव में वास्तविक जीवन या उनके करियर से उनकी कोई प्रासंगिकता नहीं है। हाउसिंग बूम ने शौकिया दलालों को भी समृद्ध होने की अनुमति दी; निवेशकों ने अधिक और बड़ी हवेलियाँ खरीदने के कारण भारी कर्ज ले लिया, और जब बुलबुला अंततः फूट गया तो उनके पास संपत्ति के रूप में केवल न बेचने योग्य संपत्तियाँ रह गईं।

इतिहास हमें नौसिखियों की किस्मत के पर्याप्त सबूत प्रदान करता है: न तो नेपोलियन और न ही हिटलर ने छोटी लड़ाइयों में पिछली जीत के बिना रूस के खिलाफ अभियान शुरू किया होगा ताकि उनका समर्थन किया जा सके।

लेकिन कोई शुरुआती भाग्य को वास्तविक प्रतिभा से कैसे अलग कर सकता है? हालाँकि उस दृढ़ संकल्प को बनाने में मदद करने के लिए कोई निर्धारित नियम नहीं है, दो युक्तियाँ प्रभावी साबित हो सकती हैं: सबसे पहले, यदि आपका प्रदर्शन लंबे समय तक लगातार दूसरों से बेहतर प्रदर्शन करता है, तो प्रतिभा संभवतः एक भूमिका निभाती है। दूसरा, जब आपके व्यवसाय के लिए प्रतिस्पर्धा करने वाले अधिक प्रतिस्पर्धी होते हैं, तो संभावना बढ़ जाती है कि कोई इसे बड़ा बना देगा और कई वर्षों तक बाजार का नेतृत्व करेगा - संभवतः आप! जब ऐसा दस प्रतिस्पर्धियों के बीच होता है, तो अपने आप को बाज़ार के नेता के रूप में मनाने में गर्व महसूस करें! हालाँकि, (वित्तीय बाज़ारों में) शीर्ष खिलाड़ियों में से एक होना प्रतिभा के प्रमाण के रूप में देखा जा सकता है; लेकिन यदि आप किसी विशेष वर्ष में 10 मिलियन खिलाड़ियों के बीच खुद को शीर्ष पर पाते हैं - जो कि सभी प्रकार के खिलाड़ियों के भाग लेने पर आसानी से हो सकता है - तो अभी बफेट जैसे साम्राज्य की कल्पना करना शुरू न करें; संभावना है कि आप अभी-अभी भाग्यशाली रहे हैं!

कोई भी निश्चित निष्कर्ष निकालने से पहले देखें और प्रतीक्षा करें। शुरुआती लोगों की किस्मत विनाशकारी हो सकती है; एक प्रभावी वैज्ञानिक की तरह ग़लतफ़हमियों से बचने और सिद्धांतों का खंडन करने के लिए, मैंने अपना उपन्यास थर्टी-फ़ाइव एक प्रकाशक को भेजा जहाँ इसे तुरंत स्वीकार कर लिया गया; एक पल के लिए ऐसा लगा जैसे यह एक प्रतिभाशाली सफलता है (इस प्रकाशक द्वारा इसे लेने की संभावना 1/15,000 थी। अपने सिद्धांत का और अधिक परीक्षण करने के लिए मैंने 10 अतिरिक्त बड़े प्रकाशकों को प्रतियां भेजीं... और 10 अस्वीकृति पत्र वापस प्राप्त किए जिससे मेरी धारणा सामने आई। जल्दी से धरती पर वापस आ जाओ।

यह भी देखें: उत्तरजीविता पूर्वाग्रह (अध्याय 1); स्व-सेवा पूर्वाग्रह (अध्याय 45); एसोसिएशन बायस (अध्याय 48); मिथ्या कारणता (अध्याय 37); कौशल का भ्रम (अध्याय 94)

मीठे छोटे झूठ

संज्ञानात्मक मतभेद

एक लोमड़ी धीरे-धीरे रेंगते हुए एक बेल के पास पहुँची और उसके प्रचुर, बैंगनी अंगूरों को बड़ी लालसा से देखने लगी। उसने अपने अगले पंजे उसीके धड़ पर रखे, अपनी गर्दन फैलाई और उन तक पहुंचने की कोशिश की लेकिन वे बहुत ऊपर थे। चिढ़कर उसने एक और प्रयास किया - हवा में ही उसका जबड़ा टूट गया। आखिरकार उसने अपनी पूरी ताकत से छलांग लगाई और एक तेज़ आवाज़ के साथ फिर से धरती पर आ गिरा; एक पत्ता भी नहीं हिला था. अपना सिर ऊँचा रखते हुए, वह वापस जंगल की ओर चला गया - लोमड़ी ने ऐसा ही सोचा।

ग्रीक कवि ईसप ने तर्क में सबसे प्रचलित त्रुटियों में से एक को उजागर करने के लिए इस कहानी की रचना की। एक विसंगति तब उत्पन्न हुई जब लोमड़ी कुछ करने के लिए निकली लेकिन असफल रही, जिससे एक विसंगति पैदा हुई जिसे केवल तीन तरीकों में से एक में हल किया जा सकता है: ए) किसी तरह कुछ अंगूरों पर अपना हाथ जमाना बी) यह स्वीकार करना कि उसका कौशल पर्याप्त नहीं हो सकता है सी) अपनी बात स्वीकार करना अक्षमता

सी) जो घटित हुआ है उसकी पूर्वप्रभावी ढंग से पुनर्व्याख्या करके। यह दृष्टिकोण संज्ञानात्मक असंगति या उसके समाधान का प्रतिनिधित्व करता है।

कल्पना करें कि एक नई कार खरीदने पर आपको जल्द ही अपनी पसंद पर पछतावा होगा: इसका इंजन ऐसा लगता है जैसे यह बंद हो रहा है और इसकी ड्राइवर सीट असहज है। तो फिर आप क्या करते हो? इसे लौटाना गलती स्वीकार करना होगा और संभवत: इससे आपका सारा पैसा वापस नहीं आएगा; इसलिए एक वैकल्पिक दृष्टिकोण के रूप में आप खुद को समझा सकते हैं कि तेज़ इंजन और असुविधाजनक बैठने की सुविधाएँ इसकी सुरक्षा सुविधाओं का हिस्सा हैं, जो आपको गाड़ी चलाते समय सोने से बचाती हैं; इसमें कोई संदेह नहीं कि ये स्मार्ट विकल्प अच्छी तरह से सोच-समझकर की गई खरीदारी थी जो अपने साथ आनंददायक अनुभव लेकर आई है!

स्टैनफोर्ड विश्वविद्यालय के लियोन फेस्टिंगर और मेरिल कार्लस्मिथ ने एक बार अपने छात्रों को दो समूहों में विभाजित करने से पहले एक घंटे का कठिन, नीरस काम करने का निर्देश दिया था। समूह ए के सदस्यों को मुआवजे के रूप में $1 (यह 1959 था) प्राप्त हुआ; समूह बी के लोगों को $20 प्राप्त हुए; बाद में उन्हें यह बताना पड़ा कि वास्तव में उन्हें यह सब कैसे मिला - आश्चर्यजनक रूप से, केवल एक डॉलर प्राप्त करने वालों को यह अधिक मनोरंजक और आकर्षक लगा!
उन्होंने ऐसा क्यों किया? सिर्फ इसलिए कि एक मामूली डॉलर उनके लिए झूठ बोलने के लिए पर्याप्त प्रोत्साहन नहीं था; इसलिए इसके बजाय उन्होंने खुद को आश्वस्त किया कि काम उतना बुरा नहीं था; ठीक उसी तरह जैसे ईसप की लोमड़ी ने इन छात्रों की तरह ही स्थिति की अलग तरह से व्याख्या की थी। इसके अलावा, अधिक प्राप्त करने वालों को अपने किए को सही ठहराने की कोई आवश्यकता नहीं थी, क्योंकि वे पहले ही झूठ बोल चुके थे जबकि उन्हें उचित देय के रूप में

20 डॉलर का मुआवजा मिल रहा था। इन छात्रों को कोई संज्ञानात्मक असंगति का अनुभव नहीं हुआ।

एक नौकरी के लिए आवेदन करने और दूसरे उम्मीदवार से हार जाने की कल्पना करें। यह स्वीकार करने के बजाय कि वे इसके लिए आपसे अधिक योग्य हो सकते हैं, आप स्वयं को यह विश्वास दिलाते हैं कि आप वास्तव में उस विशेष भूमिका को निभाने में रुचि नहीं रखते थे; कुल मिलाकर यह केवल यह देखने के लिए एक प्रयोग था कि क्या आपका 'बाजार मूल्य' आपको साक्षात्कार निमंत्रण दिला सकता है।

मुझे हाल ही में कुछ ऐसा ही अनुभव हुआ जब मुझे दो शेयरों में निवेश के बीच चयन करने का सामना करना पड़ा। जिसे मैंने चुना था, उसकी खरीद के तुरंत बाद मूल्य में गिरावट आई, जबकि दूसरे, बिना निवेश वाले शेयर के शेयर आसमान छू गए - मैं बस अपनी गलती को पहचानने में खुद को सक्षम नहीं कर सका! वास्तव में, इसके विपरीतः मुझे स्पष्ट रूप से याद है कि मैंने एक मित्र को समझाया था कि भले ही स्टॉक शुरुआती समस्याओं का सामना कर रहा था, फिर भी कुल मिलाकर इसमें अधिक संभावनाएँ थीं। संज्ञानात्मक असंगति इस प्रतीत होने वाली अतार्किक प्रतिक्रिया की व्याख्या कर सकती है। जैसा कि मेरे मित्र ने मुझे याद दिलाया, अगर मैंने आज तक शेयर खरीदने में देरी की होती तो "संभावना" और भी अधिक होती। ईसप ने उस परिदृश्य के प्रति चेतावनी दी थी: 'आप जितना चाहें उतना चतुर बनने का प्रयास कर सकते हैं, लेकिन अंततः आप किसी भी लाभ तक नहीं पहुंच पाएंगे।'

बंदोबस्ती प्रभाव (अध्याय 23) भी देखें; स्व-सेवा पूर्वाग्रह (अध्याय 45); पुष्टिकरण पूर्वाग्रह (अध्याय 7-8); "क्योंकि औचित्य" (अध्याय 52) और प्रयास औचित्य (अध्याय 60)।

प्रत्येक क्षण का आनंद ऐसे लें जैसे कि यह आपका आखिरी क्षण हो; लेकिन केवल रविवार को!

अतिशयोक्तिपूर्ण छूट

क्या आपने वह कहावत सुनी है 'हर दिन ऐसे जियो जैसे कि वह तुम्हारा आखिरी हो।'? ऐसा प्रतीत होता है कि यह जीवनशैली पत्रिकाओं और स्व-सहायता मैनुअल में समान रूप से कम से कम तीन बार दिखाई देता है; फिर भी ऐसी ज्ञानवर्धक कहावत का आपकी बुद्धि पर कोई प्रभाव नहीं पड़ता है! कल्पना करें कि यदि आपने इस सलाह का अक्षरशः पालन किया तो क्या होगा: अब आप अपने दाँत ब्रश नहीं करेंगे, अपने बाल नहीं धोएँगे, अपार्टमेंट साफ़ नहीं करेंगे, काम पर नहीं आएँगे और समय पर अपने बिलों का भुगतान नहीं करेंगे? बिना किसी सवाल के, कुछ ही समय में आप टूट जाएंगे, बीमार हो जाएंगे और संभवतः सलाखों के पीछे भी पहुंच जाएंगे - फिर भी इसका अर्थ स्वाभाविक रूप से महान बना हुआ है; यह तात्कालिकता की लालसा और इच्छा को व्यक्त करता है जिसे अक्सर तर्कसंगत विचार से ऊपर प्राथमिकता दी जाती है; कल की चिंता किए बिना आज पूरी तरह से जीवन जीना कोई समझदारी भरी सलाह नहीं है।

क्या आप एक वर्ष में 1,000 डॉलर या बारह महीने में 1,100 डॉलर प्राप्त करना चाहेंगे? अधिकांश लोग संभवतः बाद वाले विकल्प को चुनेंगे - इसकी मासिक ब्याज दर 10% प्रति वर्ष होगी! साथ ही अतिरिक्त दो सप्ताह का इंतजार बढ़िया रिटर्न प्रदान कर सकता है, जिससे बहुत लंबे समय तक इंतजार करने की तुलना में समझदारी भरा निर्णय लिया जा सकता है!

दो और प्रश्न. क्या आप आज नकद में 1,000 डॉलर प्राप्त करना चाहेंगे या एक महीने इंतजार करके 1,100 डॉलर और प्राप्त करना चाहेंगे? सबसे अधिक संभावना है, अधिकांश लोग आज नकद को प्राथमिकता देंगे; फिर भी यह आश्चर्यजनक है क्योंकि एक महीने तक प्रतीक्षा करने पर भी दोनों मामलों में $100 अतिरिक्त मिलते हैं; एक परिदृश्य में यह काफी स्पष्ट लगता है जबकि दूसरे परिदृश्य में तदनुसार उत्तर देने से पहले धैर्य और विचार की आवश्यकता हो सकती है। "एक और साल क्या है?" आप स्वयं से पूछ रहे होंगे. इस उदाहरण में नहीं; हालाँकि, जब हम "अभी" का परिचय देते हैं, तो हमारा मस्तिष्क अक्सर असंगत निर्णय लेता है और विज्ञान इस घटना को अतिशयोक्तिपूर्ण छूट के रूप में संदर्भित करता है। सीधे शब्दों में कहें तो, जैसे-जैसे पुरस्कार करीब आते हैं, हमारी 'भावनात्मक ब्याज दर' बढ़ती है और हम उनके बदले में और अधिक त्याग करने को तैयार हो जाते हैं। दुर्भाग्य से, अधिकांश अर्थशास्त्री अभी भी यह समझने में विफल हैं कि मनुष्य ब्याज दरों पर असंगत और व्यक्तिपरक प्रतिक्रिया करते हैं; परिणामस्वरूप, उनके मॉडल निरंतर ब्याज दरों पर निर्भर करते हैं जो अत्यधिक संदिग्ध है।

अतिशयोक्तिपूर्ण छूट, या तात्कालिक पुरस्कारों की हमारी इच्छा, हमारे पाशविक अतीत से उत्पन्न होती है। जानवर कभी भी तत्काल इनाम से इनकार नहीं करेंगे जो उन्हें अधिक तेज़ी से जीवित रहने में मदद कर सकता है।
आपके चूहे प्रशिक्षण के प्रति अच्छी प्रतिक्रिया नहीं देते; वे आज पनीर का एक टुकड़ा नहीं छोड़ेंगे ताकि कल और अधिक प्राप्त कर सकें। हाँ, गिलहरियाँ भोजन एकत्र करती हैं और उसे बाद में

उपभोग के लिए बचाकर रखती हैं; हालाँकि, उस व्यवहार का आवेग नियंत्रण या सीखने से कोई लेना-देना नहीं है।

और बच्चों का क्या? 1960 के दशक में, वाल्टर मिशेल ने विलंबित संतुष्टि पर एक प्रयोग किया था जिसे आप YouTube पर "मार्शमैलो प्रयोग" के साथ खोज कर पा सकते हैं। चार साल के बच्चों के एक समूह को या तो तुरंत खाने के लिए या कई मिनट इंतजार करने और दूसरा प्राप्त करने के लिए एक मार्शमैलो दिया गया; दुर्भाग्य से अधिकांश बच्चों के लिए प्रतीक्षा करना असंभव था; इससे भी अधिक प्रभावशाली ढंग से मिशेल ने पाया कि विलंबित संतुष्टि की क्षमता भविष्य के करियर की सफलता का एक संकेतक है - इस प्रकार यह दर्शाता है कि धैर्य वास्तव में गुण है।

उम्र के साथ आत्म-नियंत्रण बढ़ता है, जिससे पुरस्कारों को स्थगित करना आसान हो जाता है। अतिरिक्त $100 घर लाने के लिए बारह महीनों तक प्रतीक्षा करने के बजाय, यदि कोई तत्काल इनाम मिलता है तो हम खुशी-खुशी तेरह महीनों तक प्रतीक्षा कर सकते हैं; जैसे कि क्रेडिट-कार्ड ऋण या अल्पकालिक व्यक्तिगत ऋण पर बैंक की अत्यधिक ब्याज दरें जो तत्काल संतुष्टि की हमारी इच्छा का शिकार होती हैं।

निष्कर्ष: हालांकि तात्कालिक पुरस्कार बहुत आकर्षक हो सकते हैं, अतिशयोक्तिपूर्ण छूट एक दोष बनी हुई है। जब हम अपने आवेगों पर नियंत्रण हासिल कर लेते हैं - उदाहरण के लिए शराब पीते समय - तो हम इस जाल से बचने में उतना ही बेहतर होते हैं; अन्यथा हम असुरक्षित हो जाते हैं। दूसरी ओर, यदि आप उपभोक्ता उत्पाद बेचते हैं तो ग्राहकों को तुरंत उन तक पहुंच प्रदान करें क्योंकि कुछ लोग अतिरिक्त भुगतान कर सकते हैं ताकि उन्हें इंतजार न करना पड़े, अमेज़ॅन इसका पूरा फायदा उठाता है; अगले दिन डिलीवरी अधिभार का एक हिस्सा सीधे उनके खजाने में चला जाता है! प्रत्येक सप्ताह एक अनुस्मारक इस जाल से बचने में मदद कर सकता है -

निर्णय थकान देखें (अध्याय 53); सरल तर्क (अध्याय 63) और टालमटोल (अध्याय 85)।

टालमटोल के लिए कोई भी बेकार बहाना

कारण एवं औचित्य

सतह की मरम्मत के कारण लॉस एंजिल्स और सैन फ्रांसिस्को के बीच ट्रैफिक जाम ने मेरी यात्रा में तीस मिनट का समय लिया और अंततः मेरे पीछे के दृश्य दर्पण में अराजकता में बदल गया - या ऐसा मैंने सोचा था। हालाँकि, आधे घंटे बाद, अधिक रखरखाव का काम फिर से शुरू हो गया था, लेकिन अजीब बात यह थी कि मेरी निराशा का स्तर बहुत कम हो गया था क्योंकि सड़क पर आश्वस्त करने वाले संकेतों ने घोषणा की थी: 'हम आपके लिए इस राजमार्ग का नवीनीकरण कर रहे हैं!'

जाम ने मुझे 1970 के दशक में हार्वर्ड मनोवैज्ञानिक एलेन लैंगर द्वारा किए गए एक प्रयोग की याद दिला दी। इसके लिए, वह एक लाइब्रेरी में गई और एक फोटोकॉपियर के पास तब तक इंतजार करती रही जब तक कि उसके चारों ओर एक लाइन नहीं बन गई और उसके पहले उपयोगकर्ता के पास जाकर बोली: 'माफ करें, मेरे पास कॉपी करने के लिए पांच पेज हैं; क्या मैं आपकी ज़ेरॉक्स मशीन का उपयोग कर सकता हूँ?' उसकी सफलता दर 60% थी। इसे 94% तक बढ़ाने के लिए उसने औचित्य प्रस्तुत करते हुए प्रयोग दोहराया: 'क्षमा करें। मुझे अब पाँच प्रतियाँ छपवाने की आवश्यकता है। क्या समय के दबाव के कारण मैं आपकी ज़ेरॉक्स मशीन का उपयोग कर सकता हूँ?' लगभग हर मामले में उसे आगे बढ़ने की अनुमति दी गई। यह समझ में आने योग्य था: जल्दी में लोग अक्सर बिना यह समझे कि क्यों लाइन में सबसे आगे चले जाते हैं। उसने फिर कोशिश की, इस बार कहा: 'माफ करें, लेकिन क्या मैं आपसे पहले जा सकती हूं क्योंकि मुझे प्रतियों की आवश्यकता है?' उसे आश्चर्य हुआ कि यह लगभग हमेशा (93%) सफल साबित हुआ।

अपने व्यवहार को उचित ठहराने से सहनशीलता और सहायता बढ़ती है। "क्योंकि" जैसे औचित्य का उपयोग करना पर्याप्त लगता है; इससे कोई फर्क नहीं पड़ता कि वे इस तरह से व्यवहार क्यों कर रहे हैं, इसके लिए आप जो बहाना देते हैं वह अच्छा है या नहीं; यह उतना ही प्रभावी है! "हम आपके लिए राजमार्ग का नवीनीकरण कर रहे हैं" की घोषणा करने वाला एक संकेत केवल मामलों को भ्रमित करने का काम करेगा; कोई भी रखरखाव दल वैसे भी आसानी से राजमार्ग पर कहीं और अपना काम कर सकता है! जो चल रहा है उसे देखना किसी को अनजान बनाए रखने के बजाय आश्वस्त और शांत करता है। आख़िरकार, अनजान बने रहने से अधिक निराशाजनक कुछ भी नहीं है!

जेएफके हवाई अड्डे के गेट ए57 पर, मैं उत्सुकता से उड़ान 1234 का इंतजार कर रहा था, तभी लाउडस्पीकर पर घोषणा में कहा गया, 'यात्रियों, ध्यान दें। उड़ान 1234 वर्तमान में तीन घंटे विलंबित है' मैंने कारण जानने के लिए डेस्क पर जाने का फैसला किया और 15 मिनट के भीतर वापस आ गया लेकिन इसके स्थगन के लिए कोई उत्तर या स्पष्टीकरण नहीं दिया गया। मैं गुस्से में था; उनकी हिम्मत कैसे हुई हमें अज्ञानता में इंतज़ार करते हुए छोड़ने की! अन्य एयरलाइनों में कम से कम अपने यात्रियों को सूचित करने की शालीनता थी: 'परिचालन कारणों से उड़ान 5678 में तीन घंटे की देरी हुई है' - इस तरह के एक बेकार बहाने से कम से कम पर्याप्त आराम मिलेगा।

लोग 'क्योंकि' शब्द का उपयोग करने के प्रति जुनूनी प्रतीत होते हैं, भले ही यह आवश्यक न हो; नेताओं के रूप में हमने निस्संदेह यह प्रवृत्ति देखी है; प्रभावी रैली कॉल के बिना कर्मचारी प्रेरणा तेजी से कम हो जाती है। केवल यह कहना कि आपकी जूता कंपनी जूते बनाने के लिए अस्तित्व में है, अब कोई प्रभावशाली मामला नहीं बनता है: आज आपकी कहानी के पीछे उच्च उद्देश्यों और कहानियों को भी एक भूमिका निभानी चाहिए - जैसे कि यह कहना कि आप चाहते हैं कि आपके जूते बाजार में क्रांति लाएँ (इसका जो भी मतलब हो); अगर हम सफलता चाहते हैं (चाहे इसका कोई भी मतलब हो) बेहतर दुनिया के लिए कट्टर समर्थन प्रदान करना (या ज़ैप्पो का खुशी के व्यवसाय में होने का दावा) आज व्यावसायिक निर्णयों को समझने के सभी आवश्यक भाग हैं।

यदि शेयर बाज़ार आधे प्रतिशत अंक तक बढ़ता या गिरता है, तो बाज़ार टिप्पणीकार कोई विश्वसनीय स्पष्टीकरण नहीं देंगे - कि यह सफ़ेद शोर या बाज़ार की गतिविधियों की अनंत श्रृंखला के कारण हुआ था। इसके बजाय, लोग ठोस कारण चाहते हैं और टिप्पणीकार किसी एक को दोष देने के लिए चुनेंगे; फेडरल रिजर्व बैंक के अध्यक्षों की दोषियों के रूप में की गई घोषणाओं का बार-बार संदर्भ दिए जाने से उनकी व्याख्या अक्सर निरर्थक लगेगी।

यदि कोई पूछता है कि आपने अभी तक कोई कार्य पूरा क्यों नहीं किया है, तो एक सरल उत्तर हो सकता है: 'क्योंकि मैं अभी तक उस तक नहीं पहुंच पाया हूं।' हालाँकि यह पहली बार में हास्यास्पद लग सकता है, लेकिन यह आमतौर पर इसे तुरंत पूरा न करने के लिए अधिक प्रशंसनीय कारणों के साथ आने की आवश्यकता के बिना काम करता है।

एक दिन मैंने देखा कि मेरी पत्नी बड़ी मेहनत से काले कपड़े को नीले कपड़े से अलग कर रही थी। मुझे यह अनावश्यक लगा क्योंकि दोनों गहरे रंगों का समान महत्व है, फिर भी यह अभ्यास कई वर्षों से मेरे कपड़ों को पहनने से मुक्त रखने में कामयाब रहा है। "आप यह क्यों करते हैं?" मैंने उससे पूछताछ की; जिस पर उसने उत्तर दिया 'क्योंकि मैं उन्हें अलग से धोना पसंद करती हूं।' मेरे लिए यह पर्याप्त स्पष्टीकरण था।

"क्योंकि" का प्रयोग किये बिना कभी भी घर से बाहर न निकलें। यह सरल लेकिन प्रभावी शब्द मानवीय संपर्क को सुचारू बनाने में मदद करता है और इसका स्वतंत्र रूप से उपयोग किया जाना चाहिए।

संज्ञानात्मक असंगति (अध्याय 50) भी देखें; कहानी पूर्वाग्रह (अध्याय 13) और एकल कारण की भ्रांति (अध्याय 97)

बेहतर निर्णय लें - कम निर्णय लें

निर्णय थकान

आप इस प्रेजेंटेशन पर कई हफ्तों से अथक प्रयास कर रहे हैं। आपकी पावरपॉइंट स्लाइड्स को चमकदार चमक के लिए पॉलिश किया गया है; एक्सेल में प्रत्येक आंकड़ा सटीक साबित हुआ है; पिच बिल्कुल स्पष्ट तर्क का उदाहरण प्रस्तुत करती है। सब कुछ इस पिच पर निर्भर करता है - सफल होने पर, सब कुछ इस पर निर्भर करता है - सीईओ से अनुमोदन प्राप्त करने का मतलब कार्यकारी कोने के कार्यालय में पदोन्नत होना होगा; अन्यथा इसके परिणामस्वरूप बेरोजगारी लाभ दिया जा सकता है या तुरंत नौकरी से निकाल दिया जा सकता है! आपके बॉस का सहायक तीन संभावित समय स्लॉट सुझाता है: सुबह 8.00 बजे, सुबह 11.30 बजे। या शाम 6.00 बजे - यह कौन सा होना चाहिए?

मनोवैज्ञानिक रॉय बाउमिस्टर और जीन ट्वेंज ने एक बार पूरी मेज को टेनिस बॉल और मोमबत्तियों से लेकर टी-शर्ट, च्युइंग गम और कोक के डिब्बे तक सैकड़ों सस्ती वस्तुओं से भर दिया था। फिर उन्होंने अपने छात्रों को दो समूहों में विभाजित कर दिया; जिन लोगों को निर्णय लेने वालों के रूप में लेबल किया गया था, उन्हें अलग कर दिया गया था, जबकि जो शामिल नहीं थे, उन्हें गैर-निर्णायकों के रूप में लेबल किया गया था। उन्होंने पहले समूह से कहा: 'मैं आपको एक समय में दो यादृच्छिक वस्तुओं वाले सेट दिखाऊंगा और हर बार आपको दो विकल्पों में से एक को चुनना होगा - मेरे प्रयोग के अंत में मैं उनमें से एक को आपको स्मारिका के रूप में दूंगा। ' उनका मानना था कि उनके निर्णय यह निर्धारित करेंगे कि वे प्रत्येक सेट से कौन सी वस्तु रखेंगे। उन्होंने दूसरे समूह को निर्देश दिया: 'आप प्रत्येक आइटम के बारे में क्या सोचते हैं, उसे लिखें और मैं अंत में आपको देने के लिए यादृच्छिक रूप से एक का चयन करूंगा।' कुछ ही समय बाद उन्होंने प्रत्येक छात्र को निर्देश दिया कि वे यथासंभव लंबे समय तक बर्फ-ठंडे पानी के स्रोत में अपना हाथ डालें और मुक्त होने तक इसी स्थिति में रहें। मनोविज्ञान इस परीक्षण को इच्छाशक्ति या आत्म-अनुशासन के एक उत्कृष्ट उपाय के रूप में उपयोग करता है; जिन लोगों में इच्छाशक्ति की कमी है, वे तुरंत बर्फीले पानी से अपना हाथ खींच लेंगे, निर्णय लेने वाले गैर-निर्णायकों की तुलना में तेजी से पीछे हटते हैं क्योंकि उनकी गहन निर्णय लेने की प्रक्रिया ने उनकी इच्छाशक्ति को कम कर दिया है - यह प्रभाव कई अन्य प्रयोगों में पुष्टि की गई है।

निर्णय लेना थका देने वाला हो सकता है। जिस किसी ने भी अपने कंप्यूटर को ऑनलाइन कॉन्फ़िगर किया है या लंबी यात्राओं पर शोध किया है - उड़ानें, होटल, गतिविधियां, रेस्तरां और मौसम शामिल हैं - यह सब अच्छी तरह से जानता है: तुलना करने, विचार करने और चुनने के बाद, कोई व्यक्ति थकावट महसूस कर सकता है। स्थान - विज्ञान इस घटना को निर्णय थकान के रूप में संदर्भित करता है।

निर्णय की थकान खतरनाक हो सकती है: एक उपभोक्ता के रूप में, आप विज्ञापन संदेशों और आवेगपूर्ण खरीदारी के प्रति अधिक संवेदनशील हो जाते हैं; एक कार्यकारी स्तर के निर्णय-निर्माता के रूप में, सही निर्णय लेने की आपकी क्षमता काफी कम हो सकती है।

इच्छाशक्ति एक बैटरी की तरह हो सकती है: कुछ समय बाद यह सूख जाती है और इसे चार्ज करने की आवश्यकता होती है। ऐसा करने का एक तरीका आराम करने और कुछ खाने के लिए ब्रेक लेना है; अन्यथा जब आपकी रक्त शर्करा बहुत कम हो जाएगी तो इच्छाशक्ति कम हो जाएगी; IKEA इसे किसी से भी बेहतर जानता है; यही कारण है कि इसके रेस्तरां इसके सभी स्टोरों में सुविधाजनक रूप से स्थित हैं, क्योंकि भूलभुलैया जैसे प्रदर्शन क्षेत्रों और विशाल गोदाम अलमारियों के माध्यम से आपकी यात्रा के दौरान निर्णय थकान जल्दी से सेट हो जाती है; स्वीडिश व्यंजनों के लिए कुछ लाभ मार्जिन का त्याग करें जो रक्त शर्करा को फिर से भरने में मदद कर सकते हैं इससे पहले कि आप फिर से शुरू करने से पहले सही कैंडलस्टिक्स की खोज जारी रखें!

इज़राइली जेल में चार कैदियों ने शीघ्र रिहाई के लिए अदालत में याचिका दायर की, जिसकी शुरुआत सुबह 8.50 बजे केस 1 से हुई: एक अरब को धोखाधड़ी के लिए 30 महीने की सजा सुनाई गई; केस 2 (अपराह्न 1.27 बजे निर्धारित) में एक यहूदी को हमले के लिए 16 महीने की सज़ा शामिल है; केस 3 अपराह्न 3.10 बजे के लिए सेट किया गया था)। केस 1 (शाम 4.35 बजे निर्धारित) में एक यहूदी शामिल था जिसे हमले के लिए 16 महीने का समय दिया गया था; केस 4 में एक अरब को धोखाधड़ी के लिए 30 महीने की सजा सुनाई गई थी। न्यायाधीशों ने अपने निर्णय कैसे लिये? बंदियों की निष्ठा या गंभीरता से अधिक महत्वपूर्ण निर्णय लेने में उनकी थकान थी। न्यायाधीशों ने अनुरोध 1 और 2 को स्वीकार कर लिया, क्योंकि नाश्ते या दोपहर के भोजन के बाद उनके रक्त शर्करा का स्तर अभी तक सामान्य नहीं हुआ था, फिर भी जल्दी रिहाई के जोखिम के लिए अपर्याप्त ऊर्जा भंडार के कारण आवेदन 3 और 4 को खारिज कर दिया। उन्होंने पुरुषों को जेल में छोड़कर आसान विकल्प (यथास्थिति) अपनाया। सैकड़ों फैसलों के अध्ययन से पता चलता है कि अकेले एक सत्र के दौरान, अवकाश के बाद वापस लौटने से पहले 'साहसी' फैसलों का प्रतिशत धीरे-धीरे 65% से घटकर लगभग शून्य हो जाता है - लेडी जस्टिस के लिए इतना ही! फिर भी, सब कुछ ख़त्म नहीं हुआ है: अब आप जानते हैं कि अपने सीईओ के सामने अपना प्रोजेक्ट कब प्रस्तुत करना सबसे अच्छा है।

यह भी देखें: पसंद का विरोधाभास (अध्याय 21); अतिपरवलयिक छूट (अध्याय 51); सरल तर्क (अध्याय 63) और डिफ़ॉल्ट प्रभाव (अध्याय 81)।

क्या आप हिटलर का स्वेटर पहनेंगे?

छूत का पूर्वाग्रह

नौवीं शताब्दी के दौरान फ्रांस में कैरोलिंगियन साम्राज्य के पतन के बाद, यूरोप अराजकता की स्थिति में आ गया। गिनती, कमांडर, शूरवीर और अन्य स्थानीय शासक अक्सर खूनी लड़ाई में लगे रहते थे; उनके योद्धाओं ने खेतों को लूटा, महिलाओं के साथ बलात्कार किया, खेतों को रौंद डाला, चर्च सेवाओं से पादरियों का अपहरण कर लिया, पादरियों को बंधक बना लिया और मठों में आग लगा दी; चर्च के अधिकारी और किसान दोनों ही इन रईसों के निरंतर युद्ध के सामने शक्तिहीन थे।

दसवीं शताब्दी में, एक फ्रांसीसी बिशप एक प्रभावशाली योजना लेकर आया। उन्होंने फ्रांस के सभी राजकुमारों और शूरवीरों को एक मैदान में इकट्ठा होने के लिए आमंत्रित किया, जबकि पुजारियों, बिशपों और मठाधीशों ने उस क्षेत्र के आसपास जो भी अवशेष मिले, उन्हें वहां प्रदर्शित करने के लिए एकत्र किया। पहली नज़र में, यह एक आकर्षक दृश्य था: हड्डियाँ, खून से लथपथ कपड़े के चिथड़े, ईंटें और टाइलें सभी संतों के बीच संपर्क के संकेत दे रही थीं। उस समय, बिशप ने, सम्मान पाने के लिए प्रसिद्ध व्यक्ति के रूप में, पवित्र अवशेषों के सामने उपस्थित रईसों से निहत्थे पीड़ितों के खिलाफ हिंसा और निहत्थे नागरिकों के खिलाफ हमलों को छोड़ने की भावुक अपील की। अपनी माँगों पर और ज़ोर देने के लिए, उसने सबूत के तौर पर उनके सामने खून से सने कपड़े और पवित्र हड्डियाँ लहराईं। कलीन लोग ऐसे प्रतीकों को बड़ी श्रद्धा से रखते होंगे; उनकी अंतरात्मा के प्रति बिशप ग्रेगरी की अनूठी अपील पूरे यूरोप में फैल गई, जिससे 'ईश्वर की शांति और संघर्ष विराम' को प्रोत्साहन मिला। अमेरिकी इतिहासकार फिलिप डेलाइडर के अनुसार किसी को भी इस अवधि के दौरान संतों से जुड़े डर या संतों के अवशेषों को कम नहीं आंकना चाहिए।

एक शिक्षित व्यक्ति के रूप में, आपके लिए इन अंधविश्वासों को मूर्खतापूर्ण कहकर हंसना आसान हो सकता है। हालाँकि, इस पर विचार करें: क्या आप वही पहनेंगे जो कभी हिटलर ने पहना था? असंभावित - शायद यह दर्शाता है कि अदृश्य शक्तियों के प्रति आपका सम्मान अभी भी बना हुआ है। स्वेटर का अब हिटलर से कोई संबंध नहीं है; इस पर उसके पसीने की एक बूंद भी नहीं है - फिर भी इसे पहनने से इसके लेखक के प्रति शर्म और सम्मान की भावना उत्पन्न होती है। इसमें कोई संदेह नहीं कि हम अपने साथी मनुष्यों और खुद के लिए एक आदर्श छवि पेश करना चाहते हैं; फिर भी यह विचार हमें अकेले होने पर भी विचलित कर सकता है और हम खुद को समझाते हैं कि ऐसे कपड़ों को छूना किसी भी तरह से हिटलर का समर्थन नहीं करता है। दुर्भाग्य से, ऐसी भावनात्मक प्रतिक्रियाओं पर उन लोगों के बीच भी काबू पाना मुश्किल हो सकता है जो इस विषय को महत्वपूर्ण मानते हैं - जैसे राजनेता।
यहां तक कि जो लोग खुद को अत्यधिक तर्कसंगत मानते हैं वे कभी-कभी रहस्यमय ताकतों (मैं भी शामिल) में किसी भी विश्वास को दूर करने के लिए संघर्ष करते हैं।

पेंसिल्वेनिया विश्वविद्यालय के पॉल रोज़िन और उनके शोध सहयोगियों ने पाया कि रहस्यमय शक्तियों को आसानी से बंद नहीं किया जा सकता है। परीक्षण विषय अपने प्रियजनों की तस्वीरें लेकर आए, जिन पर उन्हें चित्रित लोगों को नुकसान पहुंचाए बिना, डार्ट शूट करना था; हालाँकि

नियमित लक्ष्यों की तुलना में उनकी झिझक और सटीकता बहुत कम साबित हुई - जैसे कि किसी अदृश्य शक्ति ने उन्हें इन कीमती तस्वीरों को हिट करने से रोक दिया हो।

संक्रामक पूर्वाग्रह कुछ वस्तुओं से खुद को अलग करने में हमारी असमर्थता को संदर्भित करता है - चाहे वे बहुत पहले से हों या अधिक अप्रत्यक्ष रूप से संबंधित हों (जैसा कि तस्वीरों के साथ)। मेरे दोस्त ने फ्रांसीसी सार्वजनिक टेलीविजन चैनल फ्रांस 2 के लिए युद्ध संवाददाता के रूप में काम किया। कैरेबियन क्रूज पर यात्रियों की तरह, मेरे दोस्त ने भी अपने साहसिक कार्यों से स्मृति चिन्ह एकत्र किए - जैसे कि वह जिस भी द्वीप पर गई थी, वहां से पुआल टोपी या चित्रित नारियल - प्रत्येक साहसिक कार्य के स्मृति चिन्ह के रूप में, 2003 में बगदाद सहित एक। अमेरिकी सैनिकों द्वारा सद्दाम हुसैन के सरकारी महल पर हमला करने के तुरंत बाद, वह उनके निजी क्वार्टर में घुस गई। एक बार अंदर जाने के बाद, उसने तुरंत भोजन क्षेत्र में छह सोने की परत चढ़े वाइन ग्लास देखे और जल्दी से उन्हें लेकर चली गई। हाल ही में पेरिस में उनकी एक डिनर पार्टी में, खाने की मेज पर अपना गौरवपूर्ण स्थान रखने वाले प्यालों ने मेरा ध्यान खींचा - एक अतिथि ने उनसे पूछा कि क्या वे लाफायेट से आए हैं; जब मैंने उससे सद्दाम हुसैन का जिक्र किया तो उसने सहजता से उत्तर दिया 'नहीं - वे सद्दाम से हैं। एक अत्यंत व्यथित अतिथि चौंक गया और अनियंत्रित रूप से खांसने लगा, जिसने मुझे यह टिप्पणी करने के लिए मजबूर किया: 'क्या आपको एहसास है कि अकेले सांस लेने से सद्दाम के कितने अणु पहले से ही आपका हिस्सा हैं? मैंने पूछ लिया। उसकी खांसी खराब हो गई.

एसोसिएशन बायस (अध्याय 48) भी देखें; अधिक जानकारी के लिए प्रभावित अनुमान (अध्याय 66)।

कोई औसत युद्ध क्यों नहीं होता?

49 अन्य लोगों के साथ बस में यात्रा करने की कल्पना करें, जब एक स्टॉप पर अमेरिका का सबसे भारी व्यक्ति चढ़ता है; उस समय से, यात्रियों के बीच औसत वजन में कितने प्रतिशत की वृद्धि हुई है? शायद चार प्रतिशत? पाँच? इसके विपरीत, दूसरे पड़ाव पर बिल गेट्स सवार हो जाते हैं; अब हमारा ध्यान वजन पर नहीं बल्कि धन पर होना चाहिए - चार प्रतिशत और पांच प्रतिशत से क्रमशः कितनी संपत्ति बढ़ी है? कोई भी परिदृश्य सही नहीं है!

आइए जल्दी से अपने दूसरे उदाहरण की गणना करें। प्रारंभ में, $54,000 की संपत्ति वाला प्रत्येक व्यक्ति सांख्यिकीय मध्य मूल्य, या माध्यिका का गठन करता है। अब इस मिश्रण में बिल गेट्स को भी जोड़ लें, जिनकी अनुमानित संपत्ति लगभग $59 बिलियन है और देखें कि औसत संपत्ति कितनी तेजी से दो मिलियन प्रतिशत से अधिक बढ़कर लगभग दो बिलियन प्रतिशत की वृद्धि पर पहुंच गई है; "औसत" की किसी भी धारणा को पूरी तरह से अर्थहीन बना देना।

संभाव्यता सिद्धांत पर अपने कार्यों में नसीम तालेब सलाह देते हैं कि औसतन चार फीट गहरी नदियों को पार न करें, क्योंकि यदि उनकी गहराई चार से अधिक बढ़ जाती है तो उन्हें पार करने में जोखिम होता है। नदियाँ लंबी दूरी तक उथली - मात्र इंच - दिखाई दे सकती हैं और फिर अचानक बीस फुट गहरी धार में बदल जाती हैं, जिसे पार करने पर आपकी जान को खतरा हो सकता है। औसतें अक्सर वितरण संबंधी विवरणों को छिपा सकते हैं - वे अस्पष्ट करते हैं कि समय के साथ मूल्य कैसे बढ़ते हैं।

औसत स्तर पर, जून के दिनों में यूवी जोखिम स्वास्थ्य के लिए खतरा पैदा नहीं करता है। लेकिन अगर आपको पूरी गर्मी किसी कार्यालय में घर के अंदर बितानी है और फिर बारबाडोस जाना है और पूरे एक सप्ताह तक बिना सुरक्षा के धूप में रहना है, बिना सनस्क्रीन का उपयोग किए - भले ही कुल मिलाकर आपको नियमित रूप से बाहर निकलने वाले किसी व्यक्ति की तुलना में कम यूवी प्रकाश जोखिम प्राप्त हो रहा हो। - इससे समस्याएँ पैदा होंगी।

यह सब आपके लिए पहले से ही स्पष्ट होना चाहिए; शायद आप भी. उदाहरण के लिए, मान लीजिए, आप हर शाम रात के खाने के दौरान एक गिलास रेड वाइन पीते हैं - इससे कोई स्वास्थ्य समस्या नहीं होगी और कई चिकित्सकों द्वारा इसकी सिफारिश की जाती है। हालाँकि, 31 दिसंबर को, यदि आप पूरे वर्ष कुछ भी नहीं पीते हैं और अचानक 356 गिलास (साठ बोतलों के बराबर) पी जाते हैं, तो आपको स्वास्थ्य संबंधी जटिलताओं का अनुभव होने की संभावना है, भले ही वर्ष का औसत कुछ भी रहा हो।

अद्यतनः आज की जटिल दुनिया में, वितरण और अधिक अनियमित होता जा रहा है; इसलिए हम अधिक डोमेन में बिल गेट्स जैसे परिणाम देखेंगे। जब ऑनलाइन वितरण और वेबसाइट विज़िट की बात आती है, तो औसत वेबसाइट विज़िटर संख्या मौजूद नहीं होती है: किसी भी वेबसाइट को समान ट्रैफिक स्तर प्राप्त नहीं होता है। गणितज्ञ अक्सर इस घटना को तथाकथित शक्ति कानून के रूप में संदर्भित करते हैं, कुछ साइटों (जैसे न्यूयॉर्क टाइम्स, फेसबुक या गूगल) पर सबसे अधिक विज़िट होती है जबकि अन्य पेजों पर अपेक्षाकृत कम विज़िट होती है। उदाहरण के तौर पर शहरों को लें। टोक्यो पृथ्वी पर 30 मिलियन से अधिक अनुमानित जनसंख्या वाला

एकमात्र शहर है, जबकि 20-30 मिलियन के बीच 11, 10-20 मिलियन के बीच 15, 5-10 मिलियन के बीच 48 और 1-5 मिलियन के बीच हजारों लोग हैं - यह वितरण एक शक्ति कानून का पालन करता है जहां कुछ चरम मामले समग्र वितरण पर हावी हो जाते हैं, जिससे कोई सार्थक औसत आंकड़ा पीछे नहीं छूटता।

एक कंपनी का औसत आकार क्या है, एक शहर की जनसंख्या, एक औसत युद्ध के दौरान मौतों की संख्या (मृत्यु और अवधि दोनों के संदर्भ में), डॉव जोन्स दैनिक उतार-चढ़ाव का औसत, निर्माण परियोजनाओं की लागत में वृद्धि का औसत, एक औसत पुस्तक की कितनी प्रतियां प्रकाशक द्वारा बेची गई प्रति प्रति बेचता है; तूफ़ान से हुई क्षति की औसत मात्रा; बैंकर को औसतन भुगतान किया गया बोनस; मार्केटिंग अभियान की सफलता का iPhone ऐप डाउनलोड और अभिनेताओं के वेतन का औसत क्या है? आप इन उत्तरों की गणना कर सकते हैं, लेकिन ऐसा करना निरर्थक होगा क्योंकि शक्ति कानून यहां भी लागू होता है।

इस अंतिम उदाहरण को एक उदाहरण के रूप में लें: कुछ चुनिंदा अभिनेता सालाना 10 मिलियन डॉलर से अधिक कमाते हैं जबकि हजारों लोग गरीबी रेखा से नीचे रहते हैं। क्या आप अपने बच्चे या बेटी को स्वीकार्य औसत वेतन के आधार पर अभिनय में प्रवेश करने की सलाह देंगे? शायद नहीं - यह मूर्खतापूर्ण सलाह होगी।

निष्कर्ष: 'औसत' शब्द का उपयोग करने वाले किसी व्यक्ति के आधार पर निष्कर्ष पर पहुंचने से पहले, एक क्षण रुकें और इसके अंतर्निहित वितरण का आकलन करें। यदि असामान्य मामलों (जैसे बिल गेट्स की घटना) का प्रभाव न्यूनतम हो, तो हम इस अवधारणा का उपयोग जारी रख सकते हैं; लेकिन जब चरम मामले (जैसे कि बिल गेट्स) हावी हो जाते हैं (जैसे कि माइक्रोसॉफ्ट के साथ उनकी सफलता), तो हमें इसकी उपयोगिता को पूरी तरह से नजरअंदाज कर देना चाहिए और इस शब्द को नजरअंदाज कर देना चाहिए। उपन्यासकार विलियम गिब्सन ने हम सभी को सलाह दी: 'भविष्य पहले से ही यहाँ है - यह अभी भी समान रूप से वितरित नहीं है।'

बेस-रेट उपेक्षा (अध्याय 28) भी देखें; सरल तर्क (अध्याय 63); माध्य का प्रतिगमन (अध्याय 19); संभाव्यता की उपेक्षा (अध्याय 26) और जुआरी की भ्रांति (अध्याय 29)

बोनस प्रेरणा को नष्ट कर देता है

प्रेरणा भीड़

हाल ही में, मेरे कनेक्टिकट मित्र ने न्यूयॉर्क शहर जाने का निर्णय लिया। उनके इस कदम में दुर्लभ पुरानी किताबों और पिछली पीढ़ियों से हाथ से उड़ाए गए मुरानो चश्मे जैसी प्राचीन वस्तुओं का एक प्रभावशाली संग्रह परिवहन करना शामिल होगा - मुझे पता था कि वह इन्हें एक चलती कंपनी को देने के लिए कितना संलग्न होंगे; इस प्रकार, पिछली बार जब मैं गया था, तो मैंने NYC से कनेक्टिकट लौटते समय कुछ नाजुक वस्तुओं को स्वयं ले जाने की पेशकश की थी। दो सप्ताह बाद, पचास डॉलर के बिल के साथ एक धन्यवाद पत्र आया!

स्विट्ज़रलैंड ने अपने रेडियोधर्मी कचरे को संग्रहित करने के लिए एक उपयुक्त भूमिगत भंडार की खोज में वर्षों बिताए हैं, जिसमें मध्य स्विट्ज़रलैंड में बर्न के पास वोल्फेंशिसैन सहित कई स्थानों पर विचार किया गया है। ज्यूरिख विश्वविद्यालय के अर्थशास्त्री ब्रूनो फ्रे ने एक सामुदायिक बैठक में लोगों की राय इकट्ठा करने के लिए सहयोगियों के साथ वहां की यात्रा की; उन्हें आश्चर्य हुआ, 50.8% ने उनके प्रस्ताव का समर्थन किया! उनकी सकारात्मक प्रतिक्रिया को विभिन्न कारकों के लिए जिम्मेदार ठहराया जा सकता है: राष्ट्रीय गौरव, सामान्य शालीनता, सामाजिक दायित्व और अन्य लोगों के बीच नई नौकरियों की संभावना। टीम ने एक और सर्वेक्षण किया, इस बार प्रस्ताव दिया कि प्रत्येक शहरवासी इस प्रस्ताव को स्वीकार कर ले, यदि उसे स्वीकार करने पर स्विस करदाताओं से $5,000 का काल्पनिक इनाम दिया जाए। परिणाम क्या हुआ? परिणाम में नाटकीय रूप से कमी आई: केवल 24.6% ही इससे सहमत हुए।

बच्चों के डेकेयर केंद्रों को समान कठिनाइयों का सामना करना पड़ता है: माता-पिता बंद होने के समय के बाद अपने बच्चों को इकट्ठा करते हैं। डेकेयर स्टाफ किसी भी बचे हुए बच्चे को तब तक टैक्सियों में नहीं डाल सकता या उन्हें किनारे पर नहीं छोड़ सकता जब तक कि सभी बचे हुए बच्चों को स्कूल से वापस नहीं ले लिया जाता। माता-पिता की देरी को हतोत्साहित करने के लिए, कई नर्सरीज़ ने देरी के लिए शुल्क की शुरुआत की है; लेकिन अध्ययनों से पता चलता है कि इससे वास्तव में विलंब कम होने के बजाय बढ़ गया है। निःसंदेह, वे प्रति घंटे $500 जैसे कठोर दंड लगा सकते थे जैसा कि प्रत्येक स्विस गाँव के निवासी को दिया जाता था - लेकिन इससे बात खत्म हो जाएगी; छोटे लेकिन आश्चर्यजनक वित्तीय प्रोत्साहन अन्य प्रकार के प्रोत्साहनों को खत्म कर देते हैं जो बड़े मौद्रिक प्रोत्साहनों की तुलना में इसमें शामिल सभी लोगों के लिए रिटर्न के संदर्भ में बहुत अधिक रिटर्न प्रदान करते हैं - इस उदाहरण के विपरीत।

तीन कहानियाँ एक महत्वपूर्ण सत्य को दर्शाती हैं: पैसा हमेशा प्रेरित नहीं करता है। कभी-कभी पैसा फायदे से ज्यादा नुकसान पहुंचाता है। मेरे मित्र ने अपने बुरे कर्म का प्रायश्चित करने के लिये मुझे पचास दिये; इसके बजाय उसने हमारी दोस्ती को खतरे में डालते हुए इसे कमजोर कर दिया। परमाणु भंडार को मुआवज़ा देने की पेशकश को कुछ लोगों द्वारा रिश्वतखोरी के रूप में देखा गया और सामान्य रूप से देशभक्ति की भावना को कम किया गया; नर्सरी की लेट फीस ने माता-पिता के साथ उनके रिश्ते को व्यक्तिगत से मौद्रिक में बदल दिया, अनिवार्य रूप से माता-पिता द्वारा देरी को वैध बना दिया गया।

विज्ञान के पास इस घटना के लिए एक शब्द है: प्रेरणा भीड़। जब लोग गैर-मौद्रिक, धर्मार्थ कारणों से कुछ करते हैं - अच्छे काम के लिए, ऐसा कहा जा सकता है - लेकिन भुगतान बढ़ने से इन इरादों में बाधा आती है और इसकी उपस्थिति से कोई अन्य प्रेरणा कम हो जाती है। इसके बजाय वित्तीय पुरस्कार उनके कार्यों में प्रेरक शक्ति बन जाते हैं।

कल्पना कीजिए कि आप एक गैर-लाभकारी संगठन चलाते हैं। आपके कर्मचारियों को मामूली वेतन मिल सकता है; फिर भी वे अत्यधिक प्रेरित हैं क्योंकि उनका मानना है कि वे एक प्रभावशाली बदलाव ला रहे हैं। हालाँकि, क्या आपको एक बोनस प्रणाली लागू करने का निर्णय लेना चाहिए - उदाहरण के लिए प्रत्येक दान के लिए एक छोटी सी वेतन वृद्धि - प्रेरणा जल्दी से कम हो जाएगी क्योंकि आपकी टीम उन कार्यों से ध्यान हटाने लगती है जो कोई अतिरिक्त इनाम नहीं लाते हैं; रचनात्मकता, कंपनी की प्रतिष्ठा या ज्ञान हस्तांतरण अब कोई मायने नहीं रखता - इसके बजाय, सभी प्रयास यथाशीघ्र दान मांगने पर केंद्रित होंगे।

तो प्रेरणा भीड़ से किसे सुरक्षित रहना चाहिए? एक त्वरित परीक्षण से पता चल सकता है कि इससे कौन सुरक्षित हो सकता है: क्या आप किसी निजी बैंकर, बीमा एजेंट या लेखा परीक्षकों को जानते हैं जो अपने कर्तव्यों को जुनून के साथ निभाते हैं और एक बड़े मिशन में विश्वास करते हैं? नहीं? वित्तीय प्रोत्साहन और प्रदर्शन बोनस सुस्त नौकरियों वाले उद्योगों में सबसे अच्छा काम करते हैं; जहां कर्मचारी उत्पादों या कंपनियों की ज्यादा परवाह नहीं करते हैं, बल्कि वेतन चेक मिलने के कारण बस काम पूरा कर लेते हैं। हालाँकि, स्टार्ट-अप मालिकों को ऐसे प्रोत्साहन की पेशकश करने के बजाय प्रयास को बढ़ावा देने के हिस्से के रूप में कर्मचारी जुनून का उपयोग करना अच्छा होगा जो वे किसी भी तरह से भुगतान नहीं कर सकते।

आपमें से उन लोगों के लिए एक आखिरी सलाह जिनके बच्चे हैं: अनुभव ने हमें सिखाया है कि युवाओं को खरीदा नहीं जा सकता। यदि आप चाहते हैं कि आपके बच्चे अपना होमवर्क करें, संगीत वाद्ययंत्रों का अभ्यास करें या कभी-कभी अपने बटुए को खाली किए बिना लॉन की घास काटें - तो इसके बजाय एक निश्चित साप्ताहिक भत्ता दें क्योंकि इससे वे ईमानदार रहेंगे और वे इसका दुरुपयोग नहीं करेंगे और बिना किसी प्रकार के सोने से इनकार कर देंगे। मुआवज़ा।

इंसेंटिव सुपर-रिस्पॉन्स टेंडेंसी (अध्याय 18) भी देखें; पारस्परिकता (अध्याय 6); इन विषयों पर अतिरिक्त चर्चा के लिए सोशल लोफिंग (अध्याय 33)।

यदि आपके पास कहने के लिए कुछ नहीं है, तो कुछ भी न कहें

घुंघरू प्रवृत्ति

जब रोलिंग कैमरों द्वारा पूछा गया कि पांचवां अमेरिकी विश्व मानचित्र पर अपने देश का पता क्यों नहीं लगा सका, तो मिस टीन साउथ कैरोलिना ने रोलिंग कैमरों के सामने यह प्रतिक्रिया दी: 'मैं व्यक्तिगत रूप से मानता हूं कि अमेरिकी अमेरिकी ऐसा करने में असमर्थ हैं क्योंकि वहां कुछ लोग हैं हमारे देश में नक्शे नहीं हैं; और मेरा मानना है कि दक्षिण अफ्रीका और इराक की तरह हमारी शिक्षा से इन देशों को एक एकजुट वैश्विक समाज के रूप में हमारे भविष्य को विकसित करने में मदद मिलनी चाहिए।' वीडियो वायरल हो गया.

विनाशकारी, आप इसे स्वीकार करते हैं; फिर भी आप ब्यूटी क्वीन्स को सुनने में ज्यादा समय बर्बाद न करें। शायद इस वाक्य की तरह कुछ पर्याप्त होगा: "निश्चित रूप से कोई आवश्यकता नहीं है कि सांस्कृतिक परंपराओं का यह तेजी से प्रतिवर्ती संचरण विषय-केंद्रित कारण और भविष्य-उन्मुख ऐतिहासिक चेतना से जुड़ा हो। जब हम स्वतंत्रता के अंतर्विषयक संविधान के बारे में जागरूक हो जाते हैं, तो स्वामित्व-व्यक्तिवादी स्वायत्तता का भ्रम टूट जाता है।""

जर्गेन हैबरमास याद है? वह एक उत्कृष्ट जर्मन दार्शनिक और समाजशास्त्री हैं जो बिटवीन फैक्ट्स एंड नॉर्म्स लिखने के लिए जाने जाते हैं।

दोनों ही उस प्रवृत्ति के उदाहरण हैं जिसे टेडल प्रवृत्ति के रूप में जाना जाता है, जहां शब्दों का उपयोग बौद्धिक आलस्य, मूर्खता या अविकसित विचारों को छिपाने के लिए किया जाता है। कभी-कभी यह काम करता है और कभी-कभी नहीं; ब्यूटी क्वीन के लिए यह रणनीति शानदार ढंग से विफल रही जबकि हेबरमास के लिए यह काम कर सकती है; भाषा जितनी अधिक वाक्पटु हो जाती है, हम उसके आकर्षण का शिकार बनना उतना ही आसान हो जाते हैं; जब इसे अधिकार पूर्वाग्रह के साथ जोड़ दिया जाता है तो यह और भी खतरनाक हो जाता है क्योंकि हम इसके संदेश को उसकी सच्चाई पर सवाल उठाए बिना स्वीकार कर लेते हैं।

मैं भी खोखली बकवास की प्रवृत्ति का शिकार हो गया हूं। जब मैं छोटा था, फ्रांसीसी दार्शनिक जैक्स डेरिडा ने मेरी कल्पना पर कब्जा कर लिया था; मैंने उनकी किताबें बड़े चाव से पढ़ीं, लेकिन बहुत चिंतन और गहन विश्लेषण के बाद भी उनमें मुझे स्पष्टता नहीं मिली। इसके बाद उनके लेखन में लगभग जादुई गुणवत्ता आ गई जिसने अंततः दर्शन पर मेरे शोध प्रबंध विषय को प्रेरित किया - दोनों ग्रंथ अंततः बेकार बकवास थे; अज्ञानतावश दोनों ही मेरे दिमाग में जगह की बर्बादी बन गए थे।
मैं स्वयं एक मानव, बात करने वाली धूम्रपान मशीन में बदल गया हूँ।

खेल में झगड़े विशेष रूप से व्यापक हो सकते हैं। बेदम साक्षात्कारकर्ता समान रूप से बेदम फुटबॉल खिलाड़ियों को खेल के हर पहलू को तोड़ने के लिए मजबूर करते हैं, जबकि उनका वास्तव में कहने का मतलब यह है, 'हम हार गए, यह इतना आसान है' लेकिन प्रस्तुतकर्ताओं को एयरटाइम भरने के लिए कुछ चाहिए - और जाहिर तौर पर ऐसा करने का एक तरीका प्रभावी ढंग

से है खिलाड़ियों और कोचों को डांटना और उन्हें इसमें शामिल होने के लिए मजबूर करना; किसी भी घटना में, इस प्रकार की बयानबाजी केवल अज्ञानता को छुपाने और जनता की नजरों से अज्ञान को छिपाने का काम करती है।

शैक्षणिक वातावरण में भी यह घटना देखी गई है: जब विज्ञान के किसी भी क्षेत्र से कम परिणाम प्रकाशित होते हैं, तो अर्थशास्त्री अपनी टिप्पणियों और पूर्वानुमानों में विशेष रूप से उजागर हो जाते हैं। यह वाणिज्य में भी सच है: जब कंपनियां आर्थिक रूप से बदतर हो जाती हैं, तो उनके सीईओ की बातचीत तेज हो जाती है - अक्सर कठिनाइयों को छिपाने या कठिन परिस्थितियों को छिपाने के लिए। इस संबंध में एक उल्लेखनीय अपवाद पूर्व जनरल इलेक्ट्रिक सीईओ जैक वेल्च थे; एक साक्षात्कार के दौरान उन्होंने इसकी कठिनाई पर ध्यान दिया: लोग साधारण व्यक्ति समझे जाने से डरते हैं लेकिन वास्तव में ऐसा नहीं है!'

मौखिक अभिव्यक्ति हमारे मन का दर्पण है; स्पष्ट विचार कथन बन जाते हैं जबकि अस्पष्ट अवधारणाएँ अस्पष्ट प्रलाप में बदल जाती हैं। दुर्भाग्य से, हमारे पास अक्सर स्पष्ट विचारों का अभाव होता है; जीवन जटिल है, इसलिए केवल एक पहलू को समझने के लिए काफी मानसिक प्रयास की आवश्यकता होती है और स्पष्टता उभरने में काफी समय लग सकता है; उस बिंदु तक आने तक मार्क ट्वेन की सलाह का पालन करना बुद्धिमानी होगी कि 'यदि आपके पास कहने के लिए कुछ नहीं है... तो कुछ भी न कहें।' सादगी को इसकी शुरुआत के रूप में नहीं बल्कि इसकी मंजिल के रूप में देखा जाना चाहिए।

प्राधिकरण पूर्वाग्रह (अध्याय 9) भी देखें; डोमेन निर्भरता (अध्याय 76); और इस प्रश्न पर अधिक जानकारी प्राप्त करने के लिए ड्राइवर नॉलेज (अध्याय 16)।

दो राज्य औसत खुफिया भागफल कैसे बढ़ा सकते हैं?

कल्पना कीजिए कि आप एक छोटा निजी बैंक चला रहे हैं जो अमीर और ज्यादातर सेवानिवृत्त व्यक्तियों के धन को संभालता है, जैसे कि विल रोजर्स फेनोमेनन में
आपके दो धन प्रबंधक - ए और बी - सीधे आपको रिपोर्ट करते हैं; मनी मैनेजर ए केवल अति उच्च निवल मूल्य वाले व्यक्तियों को संभालता है जबकि मनी मैनेजर बी अमीर ग्राहकों को संभालता है लेकिन मनी मैनेजर ए की तरह अत्यधिक अमीर ग्राहकों को नहीं संभालता है। अब कल्पना करें कि बोर्ड ने आपको छह महीने के भीतर धन के दोनों औसत पूल बढ़ाने के लिए कहा है ताकि उन्हें अच्छा बोनस प्राप्त हो; अन्यथा वे किसी और को ढूंढ लेंगे। आपको कहां से शुरुआत करनी चाहिए?

सरल! अंतर को पूरा करने के लिए ए और बी के बीच औसत प्रबंधित संपत्ति वाले एक ग्राहक को स्थानांतरित करें, दोनों औसत प्रबंधित संपत्ति के आंकड़ों को एक साथ बढ़ाएं - नए ग्राहकों को प्राप्त करने की आवश्यकता के बिना! एक बार पूरा हो जाने पर, बस यह तय करना बाकी है: मैं अपना बोनस कहां और कैसे खर्च करूंगा।

करियर बदलने और तीन हेज फंडों का कार्यभार संभालने की कल्पना करें जो मुख्य रूप से निजी तौर पर आयोजित कंपनियों में निवेश करते हैं। फंड ए आश्चर्यजनक रिटर्न दे रहा है जबकि फंड बी और सी संघर्ष कर रहे हैं। आप खुद को मास्टरमाइंड दिखाना चाहते हैं तो आपका प्लान क्या है? यह दिखाने के लिए कि इन-हाउस परिवर्तन के लिए शुल्क खर्च किए बिना तीनों फंडों में उल्लेखनीय सुधार हआ है, कुछ शेयरों को ए से बी या सी में स्थानांतरित करें; ऐसे निवेश चुनें जो ए के औसत रिटर्न को नकारात्मक रूप से प्रभावित कर रहे थे लेकिन बी या सी को मजबूत करने में मदद कर सकते थे; आपको परिवर्तन के लिए कोई शुल्क खर्च किए बिना अचानक तीनों फंडों को बेहतर होते देखना चाहिए - ऐसा करने के लिए लोग निश्चित रूप से आपको पहचानेंगे!

इस प्रभाव को ओक्लाहोमा के एक अमेरिकी हास्य अभिनेता के नाम पर स्टेज माइग्रेशन या विल रोजर्स घटना के रूप में जाना जाता है, जिन्होंने प्रसिद्ध रूप से मजाक किया था कि कैलिफोर्निया जाने वाले ओक्लाहोमन्स दोनों राज्यों के औसत आईक्यू को बढ़ाते हैं। चूंकि अधिकांश लोग ऐसी स्थितियों को अक्सर पहचान नहीं पाते हैं, आइए हम इस विषय पर और गहराई से विचार करें और इसके अर्थ को अपनी यादों में पिरोएं।

एक ऑटो फ्रैंचाइज़ी पर विचार करें: आप छह सेल्सपर्सन के साथ एक शहर के भीतर दो छोटी शाखाओं का प्रभार ले सकते हैं: शाखा ए से सेल्समैन संख्या 1, 2, 3, 4, 5, और 6 आम तौर पर शाखा बी के अपने समकक्षों की तुलना में बिक्री करने में अधिक सफल होते हैं। . औसतन, विक्रेता 1 अधिक बिक्री करता है।
शाखा ए का प्रत्येक सेल्समैन प्रति सप्ताह एक कार बेचता है; सेल्सपर्सन 2 दो शिफ्ट करता है, उसके बाद शीर्ष सेल्समैन नंबर 6 होता है जो हर हफ्ते छह शिफ्ट करता है। गणित करने पर, यह स्पष्ट हो जाता है कि शाखा ए में प्रति सप्ताह औसतन दो सेल्सपर्सन कार बेचते हैं, जबकि शाखा बी प्रति सप्ताह प्रति सेल्सपर्सन पांच औसत के साथ काफी आगे है! सेल्समैन नंबर 4 को शाखा ए से शाखा बी में स्थानांतरित करने के आपके निर्णय के परिणामस्वरूप दोनों स्थानों पर प्रति व्यक्ति औसत बिक्री में वृद्धि हुई है; शाखा ए की औसत बिक्री 2.5 यूनिट प्रति व्यक्ति से बढ़कर

2.5 यूनिट हो गई है, जबकि शाखा बी में अब केवल दो विक्रेता शामिल हैं - संख्या 5 और 6, जिससे इसकी औसत बिक्री प्रति व्यक्ति 5.5 यूनिट तक बढ़ जाती है। स्विचरू रणनीतियाँ समग्र रूप से किसी भी चीज़ को प्रभावित नहीं करती हैं; बल्कि वे एक प्रभावशाली भ्रम पैदा करते हैं। इसलिए पत्रकारों, निवेशकों और बोर्ड के सदस्यों को देशों, कंपनियों, विभागों, लागत केंद्रों या उत्पाद लाइनों में बढ़ते औसत के बारे में सुनते समय सावधान रहना चाहिए।

चिकित्सा हमें विल रोजर्स की घटना का एक विशेष रूप से भ्रामक उदाहरण प्रदान करती है। ट्यूमर को आम तौर पर चार चरणों में विभाजित किया जाता है; सबसे अधिक इलाज योग्य ट्यूमर स्टेज I के अंतर्गत आते हैं, जबकि अधिक आक्रामक ट्यूमर स्टेज IV स्थिति तक पहुंचने से पहले चार और चरणों से गुजरेंगे - इसलिए जैसे-जैसे वे अपने पाठ्यक्रम के साथ आगे बढ़ते हैं, स्टेज माइग्रेशन को बढ़ावा मिलता है। चरण-एक के कैंसर रोगियों के लिए जीवित रहने की दर सबसे अधिक है जबकि चरण-चार के कैंसर पीड़ितों के लिए जीवित रहने की दर सबसे कम है। हर साल नई प्रक्रियाएं सामने आती हैं जो अधिक सटीक निदान करने में सक्षम बनाती हैं; स्क्रीनिंग तकनीकें अब छोटे ट्यूमर को भी उजागर कर देती हैं जिन पर पहले किसी ने ध्यान नहीं दिया था। परिणामस्वरूप, जिन रोगियों को पहले गलत तरीके से स्वस्थ मान लिया गया था, उन्हें अब चरण-एक के रोगियों में गिना जाता है और परिणामस्वरूप, इस समूह के लोगों के लिए औसत जीवन प्रत्याशा बढ़ गई है। क्या हम इसे एक असाधारण चिकित्सीय उपलब्धि मान सकते हैं? दुर्भाग्य से नहीं; बल्कि चरणबद्ध प्रवासन।

यह भी देखें: इलाज करने का इरादा त्रुटि (अध्याय 98); छोटी संख्याओं का नियम (अध्याय 61);

यदि आपका कोई शत्रु है, तो जानकारी प्रदान करें

जॉर्ज लुइस बोर्गेस ने अपनी लघु कहानी 'डेल रिगिडिट एन ला सिएन्सिया' में एक ऐसे देश का चित्रण किया है जिसमें मानचित्रकला इतनी परिष्कृत ऊंचाइयों तक पहुंच गई है कि केवल सबसे विस्तृत मानचित्रों का ही उपयोग किया जा सकता है; अर्थात्, उनके पूरे देश का प्रतिनिधित्व करने वाले 1:1 के पैमाने वाले मानचित्र स्वीकार्य हैं। हालाँकि, नागरिकों को जल्द ही एहसास होता है कि ऐसे मानचित्र कोई वास्तविक अंतर्दृष्टि प्रदान नहीं करते हैं और बस उनके पास पहले से मौजूद जानकारी को दोहराते हैं; सूचना पूर्वाग्रह का एक चरम मामला - अधिक डेटा पर विश्वास करने का मतलब है बेहतर निर्णय।

जब मैंने हाल ही में मियामी में होटलों की खोज की, तो मैंने पांच संभावित प्रस्तावों की एक छोटी सूची बनाई, जो तुरंत मेरे मन में आ गए। एक तुरंत बाहर खड़ा हो गया; हालाँकि, यह सुनिश्चित करने के लिए कि मुझे सर्वोत्तम मूल्य मिले, मैंने आगे शोध करना जारी रखा - ग्राहक समीक्षाएँ और ब्लॉग पोस्ट पढ़ना, तस्वीरें और वीडियो ऑनलाइन देखना और दो घंटे बाद तक ग्राहक सहायता कॉल से गुजरना, जब यह स्पष्ट हो गया कि वास्तव में मेरा आदर्श होटल कौन सा था: वह जिसने पहली नजर में ही मेरा ध्यान खींच लिया; अतिरिक्त शोध मुझे सही रास्ते पर नहीं ले गया और इसके परिणामस्वरूप मुझे फोर सीजन्स में ही रहना पड़ा!

पेंसिल्वेनिया विश्वविद्यालय के जोनाथन बैरन ने चिकित्सकों से यह प्रश्न पूछा: एक मरीज में ऐसे लक्षण दिखाई देते हैं जो 80% संभावना के साथ संकेत देते हैं कि उसे रोग ए है; अन्यथा, संभावना या तो रोग X या Y होने की ओर बढ़ जाती है। एक डॉक्टर के रूप में, आपको इन बीमारियों और समान दुष्प्रभाव पैदा करने वाले उपचारों के बीच कैसे चयन करना चाहिए? तार्किक रूप से, मैं रोग ए का चयन करने और उपचार के रूप में प्रासंगिक चिकित्सा की पेशकश करने का सुझाव दूंगा। कल्पना कीजिए कि एक नैदानिक परीक्षण है जो इंगित करता है कि रोग एक्स मौजूद है और रोग वाई का पता चला है, लेकिन सभी मामलों में वास्तविक बीमारी ए को सटीक रूप से प्रतिबिंबित नहीं करता है; आधे बार इसके परिणाम सकारात्मक और आधे बार नकारात्मक दिखाई देंगे। हालाँकि, अगर किसी को वास्तव में बीमारी ए है, तो उनके परीक्षण के आधे परिणाम सकारात्मक दिखाई देंगे जबकि 50% नकारात्मक दिखाई देंगे। क्या आप परीक्षण आयोजित करने की सलाह देंगे? अधिकांश डॉक्टरों ने हाँ कहा - भले ही इसके परिणाम संभवतः अप्रासंगिक होंगे। भले ही परीक्षण से कोई सकारात्मक परिणाम आया हो, संभावना यह है कि रोग ए, रोग एक्स से अधिक है, इसलिए कोई भी अतिरिक्त जानकारी निर्णय लेने के संदर्भ में कोई वास्तविक मूल्य नहीं जोड़ती है।

अतिरिक्त जानकारी प्रदान करने की इच्छा रखने वाले मेडिकल डॉक्टर एकमात्र पेशेवर नहीं हैं। प्रबंधक और निवेशक जानकारी की अधिकता से रोमांचित प्रतीत होते हैं। अध्ययन अक्सर तब किया जाता है जब आवश्यक तथ्य आसानी से उपलब्ध हों - अधिक डेटा केवल आपका समय और पैसा बर्बाद कर सकता है, संभवतः आपको नुकसान भी पहुंचा सकता है। इस प्रश्न पर विचार करें: किस शहर में अधिक निवासी हैं - सैन डिएगो या सैन एंटोनियो? जर्मनी के मैक्स प्लैंक इंस्टीट्यूट के गर्ड गिगरेंजर ने इसे शिकागो और म्यूनिख विश्वविद्यालयों के छात्रों के सामने प्रस्तुत किया और 62% ने सही अनुमान लगाया: सैन डिएगो। प्रत्येक जर्मन छात्र ने आश्चर्यजनक रूप से सही

उत्तर दिया! उनका तर्क? सभी ने सैन डिएगो के बारे में सुना था लेकिन जरूरी नहीं कि सैन एंटोनियो के बारे में; इस प्रकार सैन एंटोनियो के स्थान पर सैन डिएगो को अधिक परिचित होने के रूप में चुना गया। इसके विपरीत, शिकागोवासियों के दिमाग में दोनों शहर एक साथ थे, जो अधिक जानकारी प्रदान करते थे और संभावित रूप से उनके उत्तरों को गुमराह करते थे।

2005 और 2007 के बीच बैंकों, थिंक टैंक, हेज फंड और सरकारों के लिए काम करने वाले सभी अर्थशास्त्रियों के बारे में सोचें, जिन्होंने 2005 से उस समय अवधि के दौरान - बैंकों, थिंक टैंक, हेज फंड और सरकारों के लिए - समान रूप से - कई पूर्वानुमानों और टिप्पणियों के साथ श्वेत पत्र प्रकाशित किए। -2007; उनके सभी प्रकाशित श्वेत पत्र; अनुसंधान रिपोर्टों और गणितीय मॉडलों का विशाल पुस्तकालय; की गई टिप्पणियों की दुर्जेय श्रृंखला; परिष्कृत पॉवरपॉइंट प्रस्तुतियाँ बनाई गईं; ब्लूमबर्ग/रॉयटर्स समाचार सेवाओं और सूचना के देवता की पूजा के माध्यम से टेराबाइट्स की जानकारी उपलब्ध है... यह सब निरर्थक साबित हुआ क्योंकि वित्तीय संकट ने वैश्विक बाजारों को प्रभावित किया - जिससे उनके पूर्वानुमान और टिप्पणियाँ अर्थहीन हो गईं; उन पूर्वानुमानों को बेकार साबित करना!

सभी उपलब्ध डेटा एकत्र करने से बचें - इसके बजाय केवल वही एकत्र करने पर ध्यान केंद्रित करें जो आवश्यक है। ऐसा करने से आप बेहतर निर्णय लेने में सक्षम होंगे; फालतू ज्ञान बेकार है, चाहे इसके बारे में कोई भी जानता हो - डेनियल जे. बरस्टिन ने इसे सबसे अच्छी तरह से कहा है: 'खोज में सबसे बड़ी बाधा अज्ञानता नहीं है, बल्कि ज्ञान का भ्रम है'; जब प्रतिद्वंद्वियों का सामना हो तो नरम शब्दों के बजाय डेटा विश्लेषण से उन्हें मारने पर विचार करें।

ओवरथिंकिंग (अध्याय 90) भी देखें; समाचार भ्रम (अध्याय 99); अतिरिक्त पढ़ने के लिए आधार दर उपेक्षा (अध्याय 28)।

इतना अच्छा दर्द होता है

अमेरिकी सेना में एक सैनिक जॉन ने हाल ही में अपना पैराट्रूपर कोर्स पूरा किया है और वह अपने वरिष्ठ अधिकारी से अपने पैराशूट पिन प्राप्त करने का बेसब्री से इंतजार कर रहा है। अंत में, सत्य के अंतिम क्षण में, उसका वरिष्ठ अधिकारी उसके सामने खड़ा होता है, उसकी छाती पर पिन लगाता है, उस पर इतनी जोर से प्रहार करता है कि वह जॉन के मांस को छेद देता है जिससे वह संपर्क बनाता है और उसकी त्वचा पर एक निशान छोड़ देता है - तब से फिर, जब भी कोई मौका मिलता है तो वह अपनी शर्ट के ऊपर का छोटा सा निशान दिखाने के लिए उसका बटन खोल देता है। दशकों बाद इस छोटे पिन को छोड़कर सभी यादगार वस्तुएं अभी भी उनके लिविंग रूम की दीवार पर एक विशेष फ्रेम में मौजूद हैं।

मार्क ने कड़ी मेहनत से बिना किसी सहायता के जंग लगी हार्ले-डेविडसन को बहाल किया था, हर सप्ताहांत और छुट्टियों को इसे चलाने में खर्च किया था जबकि उनकी शादी टूटने के करीब थी। अंततः, महीनों के काम के बाद यह सड़क तैयार हो गई और सूरज की किरणों के नीचे शानदार ढंग से चमकने लगी। हालाँकि, दो साल बाद, जब पैसे की सख्त जरूरत पड़ी तो मार्क ने टीवी, कार और घर सहित अपनी सारी संपत्ति बेच दी... लेकिन अपनी बेशकीमती संपत्ति नहीं; संभावित खरीदारों द्वारा इसकी वास्तविक कीमत से दोगुनी कीमत की पेशकश किए जाने पर भी नहीं!

जॉन और मार्क दोनों ही प्रयास के औचित्य से पीड़ित हैं: जब किसी चीज़ में बहुत अधिक ऊर्जा लगाते हैं, तो आप उसके परिणामों को अधिक महत्व देते हैं। जॉन को अपने पैराशूट पिन के कारण शारीरिक दर्द का अनुभव हुआ; मार्क की हार्ले की कीमत उन्हें कई घंटों तक चुकानी पड़ी - लगभग उनकी पत्नी! - इतना कि वह इसे बहुत महत्व देता है और इसे कभी नहीं बेचेगा।

प्रयास का औचित्य संज्ञानात्मक असंगति का एक उत्कृष्ट उदाहरण है। योग्यता बैज जैसी किसी चीज़ के लिए अपनी छाती में छेद करना बेतुका लगता है। क्षतिपूर्ति करने के लिए, जॉन का दिमाग इसे अत्यधिक महत्व देता है, इसकी स्थिति को कुछ सांसारिक से बढ़ाकर कुछ अर्ध-पवित्र बना देता है। दुर्भाग्य से, यह सब अनजाने में होता है और इसे रोकना मुश्किल है।

समूह सदस्यों को एक साथ बांधने के लिए प्रयास औचित्य का उपयोग करते हैं - उदाहरण के लिए दीक्षा संस्कार के माध्यम से। गिरोह और बिरादरी नए सदस्यों को दर्दनाक या अप्रिय परीक्षणों के अधीन करके आरंभ करते हैं। शोध से पता चलता है कि प्रवेश परीक्षा उत्तीर्ण करना जितना कठिन होता है, सदस्यों को अपनेपन पर उतना ही अधिक गर्व होता है। एमबीए स्कूल इसी तरह प्रयास के औचित्य का उपयोग करते हैं: एमबीए स्नातकों को अक्सर एमबीए कार्यक्रमों में कठोर प्रवेश परीक्षा उत्तीर्ण करने का श्रेय मिलता है।
एमबीए प्रोग्राम के छात्र अक्सर इस योग्यता के अध्ययन के दौरान थक जाते हैं; फिर भी जब उनके एमबीए हासिल हो गए हैं, तो कई लोग उन्हें अपने करियर के लिए आवश्यक मानेंगे क्योंकि उन पर कोर्सवर्क की मांगें रखी गई थीं जो अक्सर बेकार या अप्रासंगिक थीं।

प्रयास के औचित्य का एक आसान रूप IKEA प्रभाव है: फर्नीचर जिसे हम स्वयं इकट्ठा करते हैं वह किसी भी महंगे डिजाइनर टुकड़े की तुलना में अधिक मूल्यवान लग सकता है, जैसे हाथ से बुने हुए मोज़े जिन्हें बनाने में हम घंटों बिताते हैं, अक्सर किसी भी महंगे डिजाइनर आइटम की तुलना

में अधिक मूल्यवान लगते हैं। यहां तक कि हाथ से बने मोज़े भी अलग करना कठिन लग सकता है; देखभाल के साथ बनाई गई एक अप्रचलित जोड़ी को फेंकना मुश्किल है। रणनीति प्रस्ताव तैयार करने में लंबे समय तक कड़ी मेहनत करने वाले प्रबंधक खुद को निष्पक्ष रूप से मूल्यांकन करने में असमर्थ पा सकते हैं; इसी तरह डिज़ाइनर, कॉपीराइटर, उत्पाद डेवलपर या कोई अन्य पेशेवर जो अपनी रचनाओं पर चिंता करते हैं, वे भी दोषी हैं।

1950 के दशक में, इंस्टेंट केक मिक्स बाजार में पेश किए गए थे - जिसके बारे में निर्माताओं का मानना था कि यह गृहिणियों के बीच तुरंत हिट होगा। दुर्भाग्य से, गृहिणियों ने निर्माताओं को गलत साबित करते हुए उन्हें तुरंत नापसंद कर दिया।

उनकी सहजता पर प्रतिक्रिया करते हुए, कंपनियों ने भोजन तैयार करने (स्वयं अंडा फोड़ना) की कठिनाई बढ़ा दी। इससे उन महिलाओं में उपलब्धि की भावना बढ़ी जिन्होंने इसे स्वयं तैयार किया और सुविधाजनक खाद्य उत्पादों की सराहना में वृद्धि की।

अब जब आप प्रयास के औचित्य को समझ गए हैं, तो आप परियोजनाओं को अधिक निष्पक्षता से रेटिंग दे सकते हैं। प्रयोग: जब भी आप किसी चीज़ में बहुत अधिक समय और ऊर्जा निवेश करते हैं, तो उसके परिणाम का आकलन करने के लिए एक कदम पीछे हटें - केवल परिणाम। वह उपन्यास जिसे लिखने में आपने पाँच साल लगा दिए, जिसे प्रकाशित करने में किसी की रुचि नहीं है? शायद आखिर यह नोबेल-योग्य नहीं है? और वे महिलाएं जिनका आपने वर्षों तक पीछा किया? यदि उन्हें एक और मौका दिया जाए तो क्या वे आपको अधिक आसानी से स्वीकार करेंगे?

यह भी देखें: सनक कॉस्ट फ़ॉलेसी (अध्याय 5); संज्ञानात्मक असंगति (अध्याय 50)

छोटी-छोटी चीजें एक साथ क्यों फैलती हैं?, ये टुकड़े क्यों चमकते हैं?

मान लीजिए कि आप 1,000 स्टोर वाली एक खुदरा कंपनी के कॉर्पोरेट बोर्ड में बैठे हैं; आधे शहरी परिवेश में और आधे ग्रामीण इलाकों में स्थित हैं। आपके सीईओ ने एक सलाहकार से शॉपलिफ्टिंग पर एक अध्ययन करने का अनुरोध किया; अब उनके निष्कर्ष प्रस्तुत किये गये हैं। उनके सामने एक दीवार पर 100 शाखाओं के नाम प्रदर्शित थे जिनमें बिक्री की तुलना में उच्च चोरी दर का अनुभव हुआ था, साथ ही उनका चौंकाने वाला निष्कर्ष था: 'उच्च चोरी दर वाली शाखाएँ मुख्य रूप से ग्रामीण क्षेत्रों में स्थित होती हैं' थोड़ी देर की चुप्पी के बाद और अविश्वास के बाद, सीईओ ने अपने कर्मचारियों को सीधे संबोधित किया: 'बहुत विचार-विमर्श और सावधानीपूर्वक विचार के बाद, हमारे अगले कदम स्पष्ट हैं। आगे बढ़ते हुए, हम सभी ग्रामीण शाखाओं में अतिरिक्त सुरक्षा प्रणालियाँ स्थापित करेंगे ताकि हम उन पहाड़ी लोगों को फिर से हमसे चोरी करने की कोशिश करते हुए देख सकें। क्या हम सब सहमत हैं?'

खैर...पूरी तरह से नहीं. सलाहकार से सबसे कम चोरी दर वाली 100 शाखाओं की सूची संकलित करने के लिए कहने के बाद, आप आश्चर्यचकित हो जाते हैं जब आपकी सूची में ग्रामीण स्टोर भी शामिल होते हैं! "स्थान निर्धारण कारक नहीं है," आप गर्व से कहते हैं जब आप मेज के चारों ओर अपने सहकर्मियों को देखते हैं। 'आकार मायने रखती ह; ग्रामीण दुकानों में अक्सर एक घटना का चोरी की दर पर शहर की बड़ी शाखाओं की तुलना में बड़ा प्रभाव पड़ता है - इसलिए शहर की शाखाओं की तुलना में यहाँ दरें अधिक महत्वपूर्ण रूप से भिन्न क्यों होती हैं।" "देवियो और सज्जनो, मैं आप सभी को छोटी संख्याओं के नियम से परिचित कराता हूँ - और इसने आपको अचंभित कर दिया है!"

लोगों को छोटी संख्या के नियम को सहजता से समझना मुश्किल लगता है, इसलिए पत्रकार, प्रबंधक और बोर्ड के सदस्य अक्सर इसके जाल में फंस जाते हैं। चलिए एक चरम उदाहरण लेते हैं. चोरी की दर के बजाय हम प्रत्येक शाखा में कर्मचारियों के औसत भार को देखेंगे। हमारे उदाहरण के लिए हम 1,000 के बजाय दो स्टोरों पर विचार करेंगे: 1,000 कर्मचारियों वाली मेगा-शाखा और दो कर्मचारियों वाली मिनी-शाखा; दोनों दुकानों में औसत वजन लगभग जनसंख्या के औसत वजन (उदाहरण के लिए 170 पाउंड) से मेल खाता है; जब कर्मियों को काम पर रखा जाता है या निकाल दिया जाता है तो इस औसत में महत्वपूर्ण परिवर्तन नहीं होता है। लेकिन छोटे स्टोर में यह उन बदलावों के कारण काफी हद तक बदल जाएगा जो उनके स्टोर प्रबंधक के सहकर्मियों के वजन से अधिक या कम वजन वाले हैं, जो इस औसत वजन को काफी हद तक प्रभावित करेगा, बड़ी शाखाओं की तुलना में जहां स्टोर प्रबंधकों द्वारा कोई भी नियुक्ति या बर्खास्तगी का निर्णय इसके औसत वजन को प्रभावित करता है। अधिक। छोटे स्टोरों के मामलों में स्टोर प्रबंधक किसी कर्मचारी या प्रबंधक को काम पर रखने/निकालने के द्वारा इसके औसत वजन को प्रभावित कर सकते हैं, जिनके सहकर्मी या तो अधिक वजन वाले/दुबले हैं (उन मामलों में यह औसत वजन को महत्वपूर्ण रूप से प्रभावित करता है)।
आइए एक पल के लिए अपनी शॉपलिफ्टिंग समस्या पर वापस जाएं और इसे और अधिक गहराई से जानें। जैसा कि यह पता चला है, छोटी शाखाएं अपनी चोरी की दरों में बहुत अधिक उतार-चढ़ाव का अनुभव करती हैं, बहुत अधिक से लेकर बहुत कम तक - कुछ ऐसा जिसे कोई भी सलाहकार स्प्रेडशीट पकड़ नहीं सकता है। आकार के आधार पर सभी चोरी की दरों को सूचीबद्ध करते समय -

छोटे स्टोर पहले नीचे दिखाई देंगे, उसके बाद बड़े स्टोर और फिर छोटे स्टोर सबसे ऊपर दिखाई देंगे; मतलब सीईओ का निष्कर्ष बेकार हो सकता है लेकिन कम से कम अब उन्हें छोटे स्थानों पर महंगी सुरक्षा प्रणाली की आवश्यकता नहीं है।

अखबार में पढ़ने की कल्पना करें: 'स्टार्ट-अप अधिक बुद्धिमान कर्मचारियों को नियुक्त करते हैं। नेशनल इंस्टीट्यूट ऑफ अननेसेसरी रिसर्च के एक अध्ययन ने सभी अमेरिकी कंपनियों के औसत आईक्यू की गणना की; स्टार्ट-अप ने मेन्सा सामग्री किराए पर ली!' आपकी पहली प्रतिक्रिया क्या होगी? आशा है कि एक भौंह उठेगी। यह घटना इस बात का उदाहरण देती है कि कैसे छोटी कंपनियाँ कम श्रमिकों को रोजगार देती हैं; इस प्रकार उनके औसत आईक्यू में बड़े निगमों की तुलना में अधिक बार उतार-चढ़ाव होता है, जिससे छोटे और नए व्यवसायों को उच्च और निम्न स्कोर मिलते हैं; इसलिए राष्ट्रीय संस्थान का अध्ययन कोई वास्तविक महत्व नहीं रखता और संयोग की पुष्टि करता है।

व्यवसायों, घरों, शहरों, डेटा केंद्रों, एंथिल, पैरिश या स्कूलों जैसी किसी भी छोटी इकाई के संबंध में उल्लेखनीय आंकड़े सुनते समय सावधान रहें; जो आश्चर्यजनक निष्कर्ष प्रतीत हो सकता है वह वास्तव में यादृच्छिक वितरण का एक सहज परिणाम हो सकता है। नोबेल पुरस्कार विजेता डैनियल कन्नमैन ने अपनी हालिया पुस्तक में खुलासा किया कि अनुभवी वैज्ञानिक भी छोटी संख्या के इस नियम के आगे झुक जाते हैं; जिसे केवल आरामदायक ही माना जा सकता है।

यह भी देखें: घातीय वृद्धि (अध्याय 34);

इस सामग्री को संभालते समय सावधानी बरतें!

अपेक्षाएं

31 जनवरी 2006 को, Google ने 2005 की अंतिम तिमाही के लिए अपने वित्तीय परिणाम जारी किए: राजस्व में 97% की वृद्धि हुई जबकि शुद्ध लाभ में साल दर साल 82% की वृद्धि हुई - क्रमशः राजस्व और शुद्ध लाभ के लिए एक रिकॉर्ड तिमाही। जैसा कि अपेक्षित था, इन अविश्वसनीय आंकड़ों को सुनते ही स्टॉक तुरंत 16% गिर गया; ट्रेडिंग को निलंबित करना पड़ा और बाद में शेयरों में 15% की गिरावट के साथ फिर से शुरू किया गया - जिससे सभी ट्रेडिंग प्लेटफॉर्म पर घबराए हुए व्यापारी परेशान हो गए, जिन्होंने ब्लॉग पर पूछताछ की कि 'कौन सी गगनचुंबी इमारत से कूदना सबसे अच्छा है? '

क्या गलत हो गया? वॉल स्ट्रीट के विश्लेषकों ने और भी बेहतर परिणामों की आशा की थी, इसलिए जब वे सफल नहीं हुए, तो मीडिया दिग्गज के मूल्य से 20 बिलियन डॉलर घटा दिए गए।

प्रत्येक निवेशक जानता है कि वित्तीय परिणामों का सटीक पूर्वानुमान लगाना असंभव है। जबकि कोई यह उम्मीद कर सकता है कि निवेशक खराब पूर्वानुमानों को "बुरा अनुमान, मेरी गलती" कहकर टाल देंगे, निवेशक अक्सर अधिक कठोर प्रतिक्रिया देते हैं; जैसा कि जनवरी 2006 में देखा गया जब जुनिपर नेटवर्क्स ने अप्रत्याशित रूप से प्रति शेयर आय के आंकड़े जारी किए जो विश्लेषकों के अनुमान से दसवां कम था; उनके शेयर की कीमत में 21% की गिरावट आई और कंपनी का मूल्य 2.5 बिलियन डॉलर कम हो गया क्योंकि उनकी घोषणा से पहले उम्मीदें बहुत अधिक थीं और किसी भी असमानता, चाहे वह कितनी भी मामूली क्यों न हो, को निवेशकों से त्वरित सजा मिली।

कई कंपनियां विश्लेषकों के पूर्वानुमानों पर खरा उतरने के लिए कड़ी मेहनत करती हैं। अपने डर से बचने के लिए, कुछ लोगों ने आय मार्गदर्शन अनुमान प्रकाशित करना शुरू कर दिया; यह एक गलती थी क्योंकि अब बाजार केवल इन आंतरिक पूर्वानुमानों को ही देखता है - जिनका वह अक्सर अधिक बारीकी से विश्लेषण करता है - पूर्वानुमान उपकरण के रूप में। सीएफओ को इन लक्ष्यों को सटीक रूप से हासिल करना होगा; अधिकतम सफलता के लिए अपने पास मौजूद सभी लेखांकन तकनीकों का उपयोग करना।

अपेक्षाओं से सराहनीय प्रोत्साहन भी मिल सकता है। अमेरिकी मनोवैज्ञानिक रॉबर्ट रोसेंथल ने विभिन्न स्कूलों में आंखें खोल देने वाला प्रयोग किया। शिक्षकों को एक (नकली) नए परीक्षण के बारे में सूचित किया गया था जो बौद्धिक विकास का अनुभव करने के कगार पर छात्रों का पता लगा सकता था; तथाकथित 'ब्लूमर्स'। बेतरतीब ढंग से चुने गए बीस प्रतिशत छात्रों को बेतरतीब ढंग से उच्च क्षमता वाले के रूप में वर्गीकृत किया गया था; शिक्षकों का मानना था कि ये उच्च प्रदर्शन करने वाले लोग हैं।
रोसेन्थल ने एक वर्ष तक छात्रों पर प्रयोग किए, जिसके बाद उन्हें पता चला कि नियंत्रण समूह के बच्चों की तुलना में उन छात्रों का आईक्यू नाटकीय रूप से अधिक था - इसे रोसेन्थल प्रभाव (या पाइग्मेलियन प्रभाव) के रूप में जाना जाता है।

हालाँकि, सीईओ और सीएफओ के विपरीत, जो सचेत रूप से अपेक्षाओं को पूरा करने के लिए अपने प्रदर्शन को तैयार करते हैं, शिक्षकों के कार्य आम तौर पर अचेतन थे। स्वयं से अनभिज्ञ, शिक्षकों ने अवचेतन रूप से ब्लूमर्स पर अधिक समय केंद्रित किया होगा जिसके परिणामस्वरूप समूह में अधिक से अधिक शिक्षा प्राप्त हुई। इसके अलावा, शिक्षक प्रतिभाशाली छात्रों से इतने प्रभावित हुए कि उन्होंने उन्हें न केवल बेहतर ग्रेड का श्रेय दिया, बल्कि बेहतर व्यक्तित्व गुणों को भी जिम्मेदार ठहराया - जिसे हेलो प्रभाव के रूप में जाना जाता है।

लेकिन हमें व्यक्तिगत अपेक्षाओं पर कैसे प्रतिक्रिया देनी चाहिए? एक समाधान प्लेसिबो प्रभाव है - गोलियाँ और उपचार जो स्वास्थ्य में सुधार की संभावना नहीं रखते हैं लेकिन वास्तव में ऐसा करते हैं। एक तिहाई रोगियों ने प्रभाव दर्ज किया, हालांकि इसका सटीक कामकाज अज्ञात है; हम निश्चित रूप से जानते हैं कि उम्मीदें मस्तिष्क के भीतर जैव रसायन को प्रभावित करती हैं और परिणामस्वरूप पूरे शरीर को - हालांकि अल्जाइमर के रोगियों को लाभ नहीं हो सकता है क्योंकि उनकी स्थिति मस्तिष्क में उम्मीदों को संभालने के लिए जिम्मेदार क्षेत्र को ख़राब कर देती है।

उम्मीदें अमूर्त लग सकती हैं, लेकिन उनके वास्तविक दुनिया पर प्रभाव होते हैं। अपेक्षाओं में वास्तविकता को बदलने की शक्ति होती है और उनसे पूरी तरह छुटकारा पाना असंभव है; लेकिन आप अपेक्षाओं से अधिक समझदारी से निपट सकते हैं: प्रेरणा बढ़ाने के लिए उन्हें अपने और अपने करीबी लोगों के लिए बढ़ाएं; साथ ही शेयर बाज़ार जैसी आपके नियंत्रण से परे चीज़ों पर उम्मीदें कम करें। प्रत्याशा अप्रिय आश्चर्य से बचने में मदद कर सकती है!

ब्लैक स्वान (अध्याय 75) भी देखें; पूर्वानुमान भ्रम (अध्याय 40); हेलो इफ़ेक्ट (अध्याय 38)

जहाज़ पर स्पीड जाल!

सरल तर्क

तीन आसान प्रश्न. जल्दी से अपनी कलम पकड़ें और अपने उत्तर हाशिये में जल्दी से लिख दें। पहला प्रश्न: एक डिपार्टमेंटल स्टोर में, पिंग-पोंग पैडल और प्लास्टिक बॉल दोनों की कीमत $1.10 है। यदि किसी की कीमत एक डॉलर अधिक है, तो दूसरी वस्तु की कीमत कितनी है? दूसरा प्रश्न: एक कपड़ा कारखाने में, पाँच मशीनों को पाँच शर्ट बनाने में ठीक पाँच मिनट लगते हैं; 100 को 100 बनाने में कितना समय लगेगा? तीसरा: एक तालाब में पानी की लिली होती है जो हर दिन तेजी से बढ़ती है, हर दिन अधिक क्षेत्र लेती है जब तक कि इसकी सतह पूरी तरह से पूरी तरह से कवर नहीं हो जाती (पूर्ण कवरेज के लिए 48 दिन! सभी उत्तर दर्ज होने तक आगे न पढ़ें! जब तक आगे न पढ़ें सभी उत्तर लिख दिए गए हैं! लिखने के बाद तक न पढ़ें।

प्रत्येक प्रश्न में सहज और सटीक समाधान दोनों शामिल हैं; त्वरित, सहज उत्तरों में 10 सेंट, 100 मिनट और 24 दिन शामिल हो सकते हैं; हालाँकि ये गलत उत्तर हैं और इसके समाधान के लिए पाँच सेंट, पाँच मिनट और 47 दिनों की आवश्यकता होती है। आपने कितनों का सही उत्तर दिया?

प्रोफेसर शेन फ्रेडरिक ने कॉग्निटिव रिफ्लेक्शन टेस्ट (सीआरटी) बनाया और प्रशासित किया है, जिसमें हजारों लोगों ने इसे लिया और कम से कम एक बार स्कोर किया। अब तक, बोस्टन में मैसाचुसेट्स इंस्टीट्यूट ऑफ टेक्नोलॉजी (एमआईटी) के छात्रों ने औसतन 2.18 सही उत्तर प्राप्त करके सर्वश्रेष्ठ प्रदर्शन किया है; प्रिंसटन यूनिवर्सिटी 1.63 के साथ दूसरे स्थान पर रही जबकि मिशिगन यूनिवर्सिटी के छात्रों ने औसतन केवल 0.83 अंक हासिल किए। लेकिन इस मामले में औसत स्कोर बहुत कुछ नहीं बताते हैं: दिलचस्प बात यह है कि अत्यधिक स्कोर करने वाले बाकी लोगों से कैसे भिन्न होते हैं।

फ्रेडरिक ने पाया कि कम सीआरटी परिणाम वाले लोग सुरक्षित विकल्प चुनते हैं; कुछ नहीं से कुछ हमेशा बेहतर होता है! जबकि जिन लोगों ने कम से कम 2 या अधिक स्कोर किया, वे अक्सर जुएँ जैसे जोखिम भरे विकल्प को प्राथमिकता देते थे - यह विशेष रूप से पुरुषों के बीच स्पष्ट था।

एक चीज़ जो समूहों को अलग करती है वह है आवेगों को नियंत्रित करने की उनकी क्षमता। हमने अध्याय 5 में अतिशयोक्तिपूर्ण छूट पर विस्तार से चर्चा की, जहां इसने "अभी" की मोहक शक्ति पर चर्चा की। इसके बाद फ्रेडरिक ने प्रतिभागियों से यह प्रश्न पूछा: 'क्या आप जीवन में अभी या बाद में अपनी वांछित वस्तु पाना चाहेंगे?'
"क्या मुझे अभी या एक महीने में $3,400 पाने के बीच चयन करना चाहिए?" अक्सर इसे तुरंत प्राप्त करने के पक्ष में उत्तर दिया जाता है; कम सीआरटी स्कोर वाले लोग अधिक आवेगी होने के कारण खरीदारी के त्वरित निर्णय लेते हैं। इसके विपरीत, उच्च सीआरटी परिणाम वाले लोग आमतौर पर कई और हफ्तों तक इंतजार करने का विकल्प चुनते हैं और तत्काल संतुष्टि को दूर करने के लिए दृढ़ इच्छाशक्ति का प्रदर्शन करते हैं - और उन्हें उचित समय पर पुरस्कृत किया जाता है।"

सोचना थका देने वाला है; दूसरे शब्दों में, तर्कसंगत विचार के लिए अंतर्ज्ञान की तुलना में अधिक इच्छाशक्ति की आवश्यकता होती है। इस प्रकार हार्वर्ड मनोवैज्ञानिक अमिताई शैन्हाव और उनके शोध सहयोगियों ने यह देखने के लिए एक जांच की कि लोगों के सीआरटी परिणाम उनके धार्मिक जुड़ाव से कैसे संबंधित हैं; जिन लोगों ने उच्च अंक प्राप्त किए वे अक्सर नास्तिक थे जबकि कम सीआरटी स्कोर वाले प्रतिभागी ईश्वर में विश्वास करते थे और उन्हें नास्तिकों की तुलना में अधिक बार दिव्य अनुभव प्राप्त हुए थे - इससे यह समझ में आता है कि सहज निर्णय लेने वाले लोग धार्मिक सिद्धांत पर तर्कसंगत रूप से सवाल नहीं उठाते हैं।

यदि आपका सीआरटी स्कोर वांछित नहीं है और आप इसे बढ़ाना चाहते हैं, तो सरल तार्किक प्रश्नों का भी अविश्वास के साथ स्वागत करके शुरुआत करें। याद रखें: जो कुछ भी प्रशंसनीय लगता है वह सच नहीं होता है! तो एक और प्रयास करें: आप ए से बी तक यात्रा कर रहे हैं; एक रास्ते पर आप 100 मील प्रति घंटे की रफ्तार से गाड़ी चलाते हैं जबकि लौटते समय आप केवल 50 मील प्रति घंटे की रफ्तार से गाड़ी चलाते हैं। दोनों यात्राओं पर आपकी औसत गति क्या थी? 75? गति कम करो!

हाइपरबोलिक डिस्काउंटिंग (अध्याय 51) भी देखें; निर्णय थकान (अध्याय 53); घातीय वृद्धि (अध्याय 34); जुआरी की भ्रांति (अध्याय 29) और औसत के साथ समस्या (अध्याय 55) अतिरिक्त संसाधनों के रूप में।

धोखेबाज़ों को बेनकाब कैसे करें (चरण-दर-चरण निर्देश)

प्रिय पाठक: मुझे यह जानकर बहुत आश्चर्य हुआ कि मैं आपको बहुत करीब से जानता हं। यहां मैं आपका वर्णन इस प्रकार करूंगा: 'आपको इसकी सख्त जरूरत है कि दूसरे लोग आपकी सराहना करें और आपकी प्रशंसा करें; हालाँकि, आप अक्सर अपनी आलोचना भी करते हैं।' आपकी क्षमता का बहुत कम उपयोग हुआ है और उसका अधिकतम उपयोग होना बाकी है। हालाँकि आपके व्यक्तित्व में कुछ खामियाँ हैं, लेकिन आम तौर पर उन्हें कुछ समायोजनों के साथ प्रबंधित किया जा सकता है; हालाँकि, आपके यौन समायोजन ने आपके लिए चुनौतियाँ प्रस्तुत की हैं। हालाँकि बाहरी तौर पर अनुशासित और नियंत्रित होते हुए भी आप अक्सर अंदर से असुरक्षित महसूस करते हैं। कभी-कभी आप सवाल कर सकते हैं कि क्या आपने उचित निर्णय लिया या आवश्यक कार्रवाई की। परिवर्तन और विविधता की आपकी भावना आपको असहज कर देती है, जब दुनिया स्थिर या प्रतिबंधात्मक हो जाती है तो आप असंतुष्ट हो जाते हैं। एक स्वतंत्र विचारक के रूप में, आप पर्याप्त प्रमाण के बिना दूसरों के कथनों को स्वीकार नहीं करते हैं। आपके अनुभव ने आपको सिखाया है कि दूसरों के सामने खुद को प्रकट करने में बहुत अधिक खुला होना बुद्धिमानी नहीं है। आपका व्यक्तित्व मिलनसार और मिलनसार से लेकर कभी-कभी अंतर्मुखी और आरक्षित तक होता है; आपकी कुछ आकांक्षाएँ ऊँची भी लग सकती हैं! सुरक्षा आपके जीवन के प्राथमिक लक्ष्यों में से एक है।'

क्या आप स्वयं को पहचानते हैं? मेरा मूल्यांकन 1 (खराब) से 5 (उत्कृष्ट) तक कैसे जाएगा?

बर्ट्राम फ़ोरर ने 1948 में विभिन्न पत्रिकाओं के ज्योतिष स्तंभों का उपयोग करके एक सटीक मार्ग तैयार करने के लिए एक प्रयोग किया, जिसे बाद में उनके छात्रों को पढ़ने और मूल्यांकन करने के लिए दिया जा सकता था, यह सुझाव देते हुए कि प्रत्येक व्यक्ति को एक व्यक्तिगत मूल्यांकन प्राप्त हुआ। औसतन, उनके छात्रों ने फ़ोरर को 86% का सटीकता स्कोर दिया, जिसके परिणामस्वरूप दशकों तक बार-बार परीक्षण किए गए और परिणाम लगभग समान रहे।

सबसे अधिक संभावना है कि आपने पाठ को चार या पाँच सितारों के साथ रेटिंग दी है। सार्वभौमिक विवरण पढ़ते समय लोग अपने स्वयं के कई लक्षणों को पहचानने लगते हैं - एक घटना जिसे फ़ोरर प्रभाव (या बार्नम प्रभाव) कहा जाता है। यह बताता है कि ज्योतिष, एस्ट्रोथेरेपी, लिखावट विश्लेषण, बायोरिदम विश्लेषण, हस्तरेखा टैरो कार्ड रीडिंग और मृत लोगों के साथ सेंस जैसे छद्म विज्ञान इतने प्रभावी ढंग से क्यों काम करते हैं।

फ़ोरर का प्रभाव क्यों मौजूद है? सबसे पहले, फ़ोरर ने अपनी पुस्तक में अपने अधिकांश वक्तव्य इन्हीं विषयों पर दिये।
दूसरा, ये कथन सभी पर लागू होते हैं: 'कभी-कभी आप अपने कार्यों पर गंभीरता से संदेह करते हैं।' इससे कोई इनकार नहीं करेगा! तीसरा, हम चापलूसी वाले बयानों को स्वीकार कर लेते हैं जिनका हमसे सीधा संबंध नहीं होता: 'आपको अपनी स्वतंत्र सोच पर गर्व है।' कौन नहीं करेगा? चौथा, पुष्टिकरण पूर्वाग्रह: हम ऐसी जानकारी स्वीकार करते हैं जो पुष्टि करती है कि हम अपने बारे में क्या सोचते हैं जबकि किसी भी विरोधाभासी चीज़ को फ़िल्टर कर देते हैं; जो बचता है वह एक सुसंगत चित्र है।

सलाहकार और विश्लेषक भी इसी तरह का जादू कर सकते हैं: "इस स्टॉक में बहुत प्रतिस्पर्धी माहौल में भी महत्वपूर्ण विकास क्षमता है; हालांकि, प्रबंधन के पास अपनी विकास टीम के विचारों को पूरी तरह से समझने और लागू करने के लिए प्रेरणा का अभाव है। प्रबंधन अनुभवी उद्योग पेशेवर हैं; हालांकि, नौकरशाही के संकेत स्पष्ट हैं; बचत के अवसर इसके लाभ और हानि विवरण पर मौजूद हैं और हम कंपनी को सलाह देते हैं कि भविष्य में बाजार हिस्सेदारी सुरक्षित करने के लिए उभरती अर्थव्यवस्थाओं पर अधिक ध्यान केंद्रित करें।" काफी प्रशंसनीय लगता है?

कोई ज्योतिषी का मूल्यांकन कैसे कर सकता है? निष्पक्ष मूल्यांकन के लिए, बीस लोगों का चयन करें और प्रत्येक को एक नंबर दें। सभी प्रतियाँ प्राप्त होने तक गुरु से कार्डों पर प्रत्येक व्यक्ति का व्यक्तिगत रूप से वर्णन करने को कहें, बिना यह पता लगाए कि उनका नंबर कौन सा है। केवल जब अधिकांश प्रतिभागियों ने 'अपने' विवरण को सटीक रूप से वर्णित किया है, तभी सच्ची प्रतिभा सामने आ सकती है - मैं अभी भी प्रतीक्षा कर रहा हूं!

यह भी देखें: फ़ीचर-सकारात्मक प्रभाव (अध्याय 95); पुष्टिकरण पूर्वाग्रह (अध्याय 7-8);

स्वयंसेवी कार्य पक्षियों के लिए क्यों है?

स्वयंसेवक की मूर्खता

फ़ैशन पत्रिकाओं के लिए फ़ोटोग्राफ़र जैक सोमवार से शुक्रवार तक मिलान, पेरिस और न्यूयॉर्क के बीच फ़ैशन पत्रिकाओं के असाइनमेंट पर दिलचस्प डिज़ाइन वाली सुंदर लड़कियों की तलाश में, प्राचीन प्रकाश व्यवस्था में यात्रा करता है। सामाजिक दायरे में मशहूर वह अपने दोस्तों के सामने डींगें मारता है कि उसकी लगभग $500 प्रति घंटे की फीस वाणिज्यिक कानून दरों के साथ अनुकूल रूप से तुलना करती है; "और मेरे शॉट किसी भी बैंकर से कहीं बेहतर दिखते हैं!"

जैक एक ईर्ष्यापूर्ण जीवन शैली का नेतृत्व करता है, फिर भी हाल ही में वह अधिक दार्शनिक हो गया है। किसी चीज़ ने उन्हें फैशन के साथ उनके रिश्ते पर सवाल उठाने पर मजबूर कर दिया है: उद्योग अब उन्हें स्वार्थी लगता है और रात में उन्हें बेचैन कर देता है, अधिक संतुष्टिदायक काम के लिए तरसता है जो उन्हें समाज में कुछ सार्थक वापस देने की अनुमति देता है - चाहे वह कितना भी छोटा क्यों न हो।

एक दिन उसका फ़ोन बजता है. यह पैट्रिक था, उसका पूर्व सहपाठी और अब एक स्थानीय पक्षी क्लब का अध्यक्ष: 'अगले शनिवार को हमारा वार्षिक बर्डहाउस ड्राइव है - हमें लुप्तप्राय प्रजातियों के लिए बर्डहाउस बनाने और फिर उन्हें लगाने के बाद जंगल में रखने के लिए स्वयंसेवकों की आवश्यकता है। कृपया हमसे जुड़ें! हम सुबह 8 बजे मिलना शुरू करते हैं; उम्मीद है कि हम दोपहर के भोजन के समय से पहले समाप्त कर लेंगे'

यदि जैक वास्तव में एक बेहतर दुनिया बनाने की परवाह करता है तो उसे क्या कहना चाहिए? बस, उसे मना कर देना चाहिए. क्यों? जैक प्रति घंटे $500 कमाता है जबकि बढ़ई आमतौर पर $50 कमाते हैं। खुद गुणवत्तापूर्ण बर्डहाउस बनाने की कोशिश करने के बजाय (ऐसा कुछ जो कभी नहीं होगा), एक फोटोग्राफर के रूप में एक अतिरिक्त घंटे काम क्यों न करें और फिर शीर्ष गुणवत्ता वाले घर बनाने के लिए छह घंटे के लिए एक पेशेवर बढ़ई को क्यों नियुक्त करें जो संभवतः एक शौकिया द्वारा नहीं किया जा सकता है? उसका टैक्स रिटर्न $200 के इस अंतर को कवर करेगा जिसे बाद में सीधे एक पक्षी क्लब को दान किया जा सकता है? इस तरह उनका योगदान बहुत आगे तक जायेगा.

जैक संभवत: अगले शनिवार को जल्दी-जल्दी पक्षीघरों को इकट्ठा करने के लिए उपस्थित होंगे, जिसे अर्थशास्त्री स्वयंसेवक की मूर्खता कहते हैं। हालाँकि स्वयंसेवा एक लोकप्रिय प्रवृत्ति है; एक-चौथाई से अधिक अमेरिकी स्वेच्छा से अपना समय देते हैं। फिर भी अर्थशास्त्री किसी भी उद्देश्य के लिए स्वयंसेवा करने के प्रति सावधान करते हैं - स्वयंसेवा उन व्यवसायियों से काम छीन सकती है जो अन्यथा उन घंटों का उपयोग उत्पादक रूप से बर्डहाउस बनाने में कर सकते हैं, इसके बजाय स्वयं उनसे समय लेना या हाथ से कुछ बर्डहाउस को एक साथ जोड़ना अधिक कुशल है - उसे प्रदान करना ऐसे अवसर जो पुरस्कार लाएंगे जो किसी भी स्वयंसेवी गतिविधि द्वारा प्रदान किए जा सकने वाले इस प्रकार के किसी भी ठोस योगदान से कहीं अधिक होंगे।

जैक जानता है कि उसका कौशल तभी वास्तव में मूल्य जोड़ सकता है जब उसे सीधे लागू किया जाए। उदाहरण के लिए, यदि बर्ड क्लब एक धन उगाहने वाले मेल अभियान की योजना बना रहा था और उसे अपने मेलिंग अभियान में शामिल करने के लिए सदस्यों की खींची गई पेशेवर तस्वीरों की आवश्यकता थी, तो वह या तो उन्हें स्वयं शूट कर सकता था या किसी अन्य शीर्ष फोटोग्राफर को नियुक्त करने के लिए एक अतिरिक्त घंटे काम कर सकता था और शेष धनराशि किसी अन्य को काम पर रखने से दान कर सकता था। शीर्ष फोटोग्राफर.

अब हम परोपकारिता के विवादास्पद विषय पर पहुंचते हैं: क्या निःस्वार्थता अस्तित्व में है या यह हमारे लिए अपने अहंकार को कम करने का एक तरीका मात्र है? जबकि स्वयंसेवा अक्सर अपने समुदाय की मदद करने के अवसर के रूप में कार्य करती है, कौशल विकास और नेटवर्किंग के अवसर जैसे व्यक्तिगत लाभ भी महत्वपूर्ण भूमिका निभाते हैं। अचानक हम अब विशुद्ध रूप से परोपकारी ढंग से कार्य नहीं कर रहे हैं; कई स्वयंसेवक "व्यक्तिगत खुशी प्रबंधन" में संलग्न हैं, जिसका लाभ मूल रूप से स्वयंसेवा के उद्देश्य से बहुत दूर है - सख्ती से कहें तो जो कोई भी स्वयंसेवा से लाभान्वित होता है या कोई संतुष्टि महसूस करता है वह शुद्ध परोपकारी नहीं है

क्या जैक शनिवार की सुबह स्वेच्छा से काम करके गलत कदम उठाता है? आवश्यक रूप से नहीं; एक समूह जो इस प्रवृत्ति को कम कर सकता है वह बोनो, केट विंसलेट या मार्क जुकरबर्ग जैसी हस्तियां हैं; बर्डहाउस निर्माण, समुद्र तट की सफाई या भूकंप राहत प्रयासों से जुड़ी स्वयंसेवी परियोजनाओं में भाग लेते समय वे बहुत आवश्यक प्रचार प्रदान करते हैं। इसलिए जैक को सावधानीपूर्वक मूल्यांकन करना चाहिए कि क्या उनकी भागीदारी से कुछ भी मूल्य जुड़ेगा; अन्यथा व्यक्तियों के लिए योगदान करने का सबसे अच्छा तरीका कठिन परिश्रम के बजाय अपने पैसे से होगा।

विरूपण प्रोफेशनलनेल (अध्याय 92) भी देखें; चूक पूर्वाग्रह (अध्याय 44);

आप अपने सेवक क्यों हैं?

आप आनुवंशिक रूप से संशोधित गेहूं के बारे में क्या सोचते हैं? यह एक भावनात्मक विषय है और बहुत जल्दी जवाब देने से अफसोसजनक निर्णय हो सकते हैं; वस्तुनिष्ठ दृष्टिकोण अपनाने के लिए इसके लाभ और नुकसान दोनों को अलग-अलग ध्यान में रखना होगा। सभी संभावित लाभों को लिखें, उन्हें उनके महत्व के अनुसार तौलें, और उनकी संभावना को संभाव्यता से गुणा करें - इससे अपेक्षित मूल्यों की एक सूची मिलती है। अब संभावित नुकसानों पर विचार करते समय भी यही प्रक्रिया लागू करें। सभी नुकसानों की सूची बनाएं, उनकी संभावित क्षति का अनुमान लगाएं और उस आंकड़े को उनकी संभावना से गुणा करें। ऋणात्मक योगों में से धनात्मक योग घटाने पर शुद्ध अपेक्षित मूल्य प्राप्त होता है - यदि वह संख्या शून्य से ऊपर है तो आप जीएम गेहूं समर्थक हैं; अन्यथा यह इंगित करता है कि आप इसका विरोध करते हैं। निस्संदेह आप निर्णय सिद्धांत के इस दृष्टिकोण से परिचित हैं जिसे अपेक्षित मूल्य कहा जाता है, जिसे निर्णय साहित्य में व्यापक रूप से दर्शाया गया है। फिर भी संभावना अच्छी है कि इस तरह का मूल्यांकन करने का विचार आपके दिमाग में कभी नहीं आया - और निश्चित रूप से पाठ्यपुस्तकें लिखने वाले प्रोफेसरों में से किसी ने भी अपने जीवनसाथी का चयन करते समय इस पद्धति का उपयोग नहीं किया!

कोई भी वास्तव में निर्णय लेने के लिए इस पद्धति पर भरोसा नहीं करता है। सबसे पहले, हमारी कल्पनाएँ पर्याप्त दूर तक नहीं फैलतीं; हमारी समझ केवल उस तक ही पहुँच सकती है जो अनुभव के माध्यम से पहले ही आ चुका है। यदि आप केवल 30 वर्ष के हैं तो एक महाकाव्य तूफान की कल्पना करना कठिन है, जबकि दुर्लभ घटनाओं के बारे में डेटा की कमी के कारण छोटी संभावनाओं की गणना करना लगभग असंभव है। तीसरा, छोटी संभावनाओं के लिए अक्सर कम डेटा बिंदुओं की आवश्यकता होती है और सटीक संभावनाओं पर बड़ी त्रुटियां होती हैं - जिससे त्रुटि का एक अपरिहार्य चक्र बन जाता है। हमारा मस्तिष्क ऐसी गणनाओं के लिए भी नहीं बना है; ऐसी गणनाओं के लिए समय और प्रयास की आवश्यकता होती है - हमारी प्राकृतिक स्थिति की नहीं! हमारे विकासवादी अतीत में, जो लोग ज़्यादा सोचते थे उन्हें अक्सर शिकारियों के हाथों असामयिक मृत्यु का सामना करना पड़ता था। आज के निर्णय निर्माता तेजी से निर्णय लेने की प्रक्रियाओं के लिए मानसिक शॉर्टकट्स पर बहुत अधिक भरोसा करते हैं जिन्हें अनुमान के रूप में जाना जाता है।

सबसे अधिक उपयोग किए जाने वाले अनुमानों में से एक प्रभाव अनुमान है। प्रभाव एक तात्कालिक प्रतिक्रिया है: कुछ ऐसा जो आपको पसंद हो या नापसंद हो; उदाहरण के लिए, "बंदूक की आग" सुनने से नकारात्मक संगति उत्पन्न होती है जबकि "विलासिता" सुनने से सकारात्मक संगति उत्पन्न होती है; यह स्वचालित एक-आयामी आवेग निर्णय लेते समय जोखिमों और लाभों को ध्यान में रखने से रोकता है।
जोखिमों और लाभों को स्वतंत्र चर के रूप में मानने के बजाय, जो कि वे निश्चित रूप से हैं, एक प्रभाव अनुमान उन्हें संवेदी चैनलों के माध्यम से जोड़ता है।

परमाणु ऊर्जा, जैविक सब्जियां, निजी स्कूल और मोटरबाइक जैसे मुद्दों पर आपकी भावनात्मक प्रतिक्रियाएँ उनसे जुड़े जोखिमों और लाभों के बारे में आपका आकलन निर्धारित करती हैं। यदि

कोई चीज़ आपको भावनात्मक रूप से प्रभावित करती है, तो इसके जोखिम कम दिखाई देते हैं जबकि इसके लाभ वास्तव में जितने हैं उससे कहीं अधिक दिखाई देते हैं; इसके विपरीत यदि कोई चीज आपको नापसंद है तो उसके खिलाफ तीव्र भावनाएं भड़कती हैं; जोखिम और लाभ वास्तविकता पर अन्यथा निर्भर होने के बावजूद निर्भर प्रतीत होते हैं।

एक हार्ले-डेविडसन के मालिक होने की कल्पना करें। यदि कोई अध्ययन इंगित करता है कि गाड़ी चलाना पहले की तुलना में जोखिम भरा हो सकता है, तो आपका अवचेतन मन इसके लाभों को अलग-अलग रेटिंग देकर और अनुभव को और भी अधिक स्वतंत्रता देकर प्रतिक्रिया दे सकता है।

लेकिन खुशी या क्रोध जैसी प्रारंभिक, सहज भावना कैसे उत्पन्न होती है? मिशिगन विश्वविद्यालय के शोधकर्ताओं ने प्रतिभागियों को एक सेकंड के सौवें हिस्से से भी कम समय के लिए तीन छवियों में से कोई एक प्रदान की; या तो मुस्कुराते हुए चेहरे, क्रोधित चेहरे या तटस्थ आकृतियाँ पहले संक्षेप में दिखाई गई थीं। इसके बाद विषयों को चयन करना था कि क्या उन्हें कोई यादृच्छिक चीनी चरित्र पसंद है जो उन्हें दिखाया गया था (चीनी जानने के बिना), अधिकांश प्रतिभागियों ने उन लोगों का पक्ष लिया जो तुरंत मुस्कुराते हुए चेहरे के प्रतीक से पहले थे। यहां तक कि महत्वहीन प्रतीत होने वाले कारक भी हमारी भावनाओं पर गहरा प्रभाव डाल सकते हैं। हिर्शलीफ़र और शुमवे ने जांच की कि कैसे एक अन्यथा महत्वहीन कारक ने 1982-1997 तक 26 प्रमुख स्टॉक एक्सचेंजों के बाजार प्रदर्शन में एक भूमिका निभाई, प्रत्येक एक्सचेंज में प्रति सुबह सूरज की रोशनी के घंटों और बाजार के प्रदर्शन के बीच उनके संबंधों का परीक्षण करके। उन्होंने एक दिलचस्प सहसंबंध की खोज की जो एक बूढ़े किसान की कहावत की तरह है: यदि सुबह सूरज चमकता है, तो स्टॉक पूरे दिन बढ़ता रहता है - हमेशा नहीं, लेकिन अक्सर पर्याप्त। किसने सोचा होगा कि सूरज की रोशनी अरबों लोगों को हिला सकती है? सुबह की धूप का भी उतना ही सकारात्मक प्रभाव पड़ता है जितना मुस्कुराते चेहरों का!

हमारे इरादे चाहे जो भी हों, हमारी भावनाएँ हमें नियंत्रित करती हैं। निर्णय अक्सर विचारों के बजाय भावनाओं के आधार पर लिए जाते हैं; सभी सर्वोत्तम इरादों के विरुद्ध हम "मैं इस बारे में क्या सोचता हूँ?" को प्रतिस्थापित करते हैं। "मैं इस बारे में कैसा महसूस करता हूँ" के साथ। तो मुस्कुराओ! आपका भविष्य इस पर निर्भर करता है!

एसोसिएशन बायस (अध्याय 48) भी देखें; हानि विमुखता (अध्याय 32), नमकीन प्रभाव (अध्याय 83) और छूत पूर्वाग्रह (अध्याय 54)

अपना खुद का विधर्मी बनाने के लिए!

ब्रूस विटामिन व्यवसाय में काम करता है। उनके पिता ने इसे उस युग में शुरू किया था जब पूरक आहार अभी भी दैनिक जीवनशैली का हिस्सा नहीं थे; डॉक्टरों को उन्हें लिखना होगा। 90 के दशक की शुरुआत में जब ब्रूस ने सीईओ का पद संभाला, तो मांग आसमान छू गई, जिससे उन्हें उत्पादन बढ़ाने के लिए बड़े पैमाने पर ऋण लेने के लिए प्रेरित किया गया। आज वह अपने उद्योग में सबसे सफल व्यक्तियों में से एक और विटामिन निर्माताओं के एक राष्ट्रीय संघ के अध्यक्ष के रूप में खड़े हैं; बचपन से ही वह लगभग प्रतिदिन कम से कम तीन मल्टीविटामिन लेता है। जब पत्रकारों ने इसकी प्रभावशीलता के बारे में साक्षात्कार लिया; जब पत्रकार ने पूछा कि क्या उन्होंने कुछ किया है, तो ब्रूस ने जवाब दिया 'मुझे इस पर यकीन है' - क्या आप उस पर विश्वास कर सकते हैं?

यहां आपके लिए एक और चुनौती है. किसी भी विचार या विश्वास के बारे में सोचें जिसके बारे में आप निश्चित हैं; शायद अगले पांच वर्षों में सोना बढ़ेगा, ईश्वर मौजूद है, या आपका दंत चिकित्सक आपसे अधिक शुल्क ले रहा है - यह सब एक वाक्य में लिखें और देखें कि क्या आप वास्तव में खुद पर विश्वास करते हैं!

क्या आप आश्वस्त नहीं हैं कि आपका विश्वास ब्रूस की तुलना में अधिक वैध है? खैर, इसका कारण यह है: आपका अवलोकन आंतरिक है, जबकि ब्रूस का बाहरी है; दूसरे शब्दों में, आप उनकी आत्मा में देख सकते हैं जबकि अपनी आत्मा में नहीं।

ब्रूस के मामले में, आप सोच सकते हैं: 'ठीक है, बेशक यह विश्वास करना उसके सर्वोत्तम हित में है कि विटामिन फायदेमंद हैं - उसकी संपत्ति और सामाजिक स्थिति उनकी सफलता पर निर्भर करती है; अपने पूरे जीवन में वह गोलियाँ लेता रहा है इसलिए वह कभी स्वीकार नहीं करेगा कि वे समय की बर्बादी थीं' लेकिन आपके लिए व्यक्तिगत रूप से यह अलग है: आपने अपने अंदर व्यापक शोध किया है और पूरी तरह से निष्पक्ष पर्यवेक्षकों के रूप में सामने आए हैं।

लेकिन क्या आंतरिक प्रतिबिंब वास्तव में शुद्ध और ईमानदार हो सकता है? स्वीडिश मनोवैज्ञानिक पेट्टर जोहानसन ने एक अध्ययन किया जहां परीक्षण विषयों ने याद्दृच्छिक लोगों की दो चित्र तस्वीरें देखीं और चुना कि कौन सा चेहरा अधिक आकर्षक था; फिर उनसे इसकी सबसे आकर्षक विशेषताओं का बारीकी से वर्णन करने को कहा। लेकिन एक सरल चाल के साथ - अधिकांश प्रतिभागी यह नोटिस करने में विफल रहे कि उसने छवियों को बीच में ही बदल दिया - अधिकांश यह उचित ठहराते रहे कि उन्होंने एक छवि को इतनी अच्छी तरह से क्यों पसंद किया! उनके अध्ययन के परिणाम: आत्मनिरीक्षण विश्वसनीय नहीं है: जब हम आत्मा की खोज करते हैं तो हम अक्सर व्यक्तिपरक विकल्प चुनते हैं - जिसका अर्थ है कि आत्मनिरीक्षण अविश्वसनीय है: जब हम आंतरिक आत्म-विश्लेषण करते हैं
वांछित निष्कर्ष प्राप्त करने के लिए निष्कर्ष निकालना आत्मनिरीक्षण भ्रम के रूप में जाना जाता है - यह विश्वास कि प्रतिबिंब सत्य या सटीकता की ओर ले जाता है, कुतर्क से कहीं अधिक है, क्योंकि हमारे दृढ़ विश्वासों के कारण जब कोई हमारे दृष्टिकोण को साझा नहीं करता है तो हम तीन प्रतिक्रियाओं का अनुभव करते हैं: प्रतिक्रिया 1, 2, या 3.

पहली प्रतिक्रिया: अज्ञानता की धारणा. आप मानते हैं कि दूसरे पक्ष के पास पर्याप्त ज्ञान नहीं है; यदि उन्हें आपका ज्ञान प्राप्त हुआ, तो वे आपके दृष्टिकोण को अच्छी तरह से साझा कर सकते हैं। राजनीतिक कार्यकर्ता इस प्रकार सोचते हैं: उनका मानना है कि ज्ञानोदय दूसरों को उनके खेमे में लाने के लिए प्रेरित करेगा। प्रतिक्रिया 2: मूर्खता की धारणा प्रतिक्रिया 3: द्वेष की धारणा। जब कोई व्यक्ति उपलब्ध जानकारी से स्पष्ट निष्कर्ष नहीं निकाल पाता है, और इसलिए स्पष्ट निष्कर्ष नहीं निकाल पाता है तो वह हम सभी को अज्ञानी और मूर्ख प्रतीत हो सकता है। नौकरशाह विशेष रूप से इस दृष्टिकोण का उपयोग करना पसंद करते हैं क्योंकि यह 'बेवकूफ' उपभोक्ताओं को खुद से बचाता है। प्रतिक्रिया 1: उचित प्रक्रिया का अभाव। आपके समकक्ष के पास सभी आवश्यक जानकारी है - और यहां तक कि बहस को भी समझता है - लेकिन वह जानबूझकर आक्रामक है, दुर्भावनापूर्ण इरादे रखता है। कई धार्मिक नेता और अनुयायी अविश्वासियों को इसी दृष्टि से देखते हैं: यदि वे उनसे असहमत हैं, तो उन्हें शैतान का एजेंट होना चाहिए!

निष्कर्ष: आपके अपने विश्वासों जितना ठोस कुछ भी नहीं है, यही कारण है कि आत्मनिरीक्षण वास्तविक आत्म-ज्ञान प्रदान कर सकता है। दुर्भाग्य से, आत्मनिरीक्षण को अक्सर मिथ्या या मिथ्या बना दिया जाता है क्योंकि आंतरिक अवलोकनों पर बहुत अधिक और बहुत लंबे समय तक भरोसा किया जाता है; दूसरे, हमारी धारणा अक्सर दूसरों की तुलना में अपने बारे में ऊंची होती है और इससे श्रेष्ठता का भ्रम पैदा होता है; दोनों के लिए उपाय यह है कि हम स्वयं के प्रति अधिक से अधिक आलोचनात्मक बनें - आंतरिक टिप्पणियों को तीसरे पक्ष के दावों के समान संदेह के साथ लें; अपने सबसे कड़े आलोचक बनें!

नियंत्रण का भ्रम (अध्याय 17) भी देखें; स्व-सेवा पूर्वाग्रह (अध्याय 45); इन विषयों पर अधिक जानकारी के लिए पुष्टिकरण पूर्वाग्रह (अध्याय 7-8) और नॉट-इन्वेंटेड-हियर सिंड्रोम (अध्याय 74)।

आपको अपने जहाजों में आग क्यों लगानी चाहिए?

मेरे बिस्तर के बगल में 24 किताबें रखी हुई हैं। यद्यपि मैं अन्दर-बाहर डुबकी लगाता हूँ, कोई भी मेरा अधिकार नहीं छोड़ सकता। हालाँकि मुझे पता है कि छिटपुट पढ़ने से मुझे पढ़ने में बिताए गए मेरे सभी घंटों के बावजूद कोई वास्तविक अंतर्दृष्टि नहीं मिलेगी, इसलिए इसके बजाय मेरे लिए एक समय में एक किताब पर ध्यान केंद्रित करना अधिक सार्थक होगा; तो फिर मैं अभी भी उन सभी 24 को एक साथ क्यों जुटा रहा हूँ?

मेरा मित्र एक ऐसे आदमी को जानता है जो एक साथ तीन महिलाओं को डेट कर रहा है और उनमें से किसी एक के साथ खुद को परिवार शुरू करते हुए देख सकता है, फिर भी वह खुद को सिर्फ एक को चुनने के लिए नहीं ला सकता है - इसका मतलब होगा कि दो अन्य को स्थायी रूप से छोड़ देना; विकल्प खुले रखने से सभी विकल्प उपलब्ध रहते हैं, हालाँकि इसके परिणामस्वरूप कोई वास्तविक संबंध नहीं बनता है।

तीसरी शताब्दी ईसा पूर्व में जनरल जियांग यू ने किन राजवंश को चुनौती देने के लिए यांग्त्ज़ी नदी के पार अपनी सेना भेजी थी। जब उसके सैनिक सो रहे थे तो उसने सभी जहाजों को आग लगाने का आदेश दिया; अगली सुबह उसने उनसे कहा: 'अब आपके पास केवल एक ही विकल्प है: या तो जीतने के लिए लड़ो या मर जाओ।' एक विकल्प के रूप में पीछे हटने को समाप्त करके उन्होंने उनका ध्यान केवल युद्ध पर केंद्रित करने में मदद की। स्पैनिश विजेता कॉर्टेस ने सोलहवीं शताब्दी में मैक्सिको की अपनी विजय के दौरान इसी तरह की प्रेरक रणनीति का इस्तेमाल किया था, जब इसके पूर्वी तट पर उतरने के बाद उन्होंने प्रेरणा के रूप में अपना जहाज डुबो दिया था।

जियांग यू और कॉर्टेस आउटलेयर के रूप में खड़े हैं; अधिकांश लोग हमारे विकल्पों को यथासंभव बढ़ाने का प्रयास करते हैं। मनोविज्ञान के प्रोफेसर डैन एरीली और जिवॉन्ग शिन ने एक ऑनलाइन गेम के माध्यम से इस प्रवृत्ति की ताकत का प्रदर्शन किया है। शुरुआत में खिलाड़ियों को 100 अंक दिए गए, और स्क्रीन पर तीन दरवाजे दिखाई दिए - लाल, नीले और हरे दरवाजे। उनमें से प्रत्येक को खोलने पर एक अंक खर्च होता है; हालाँकि, प्रत्येक कमरे में प्रवेश के साथ वे अतिरिक्त अंक अर्जित कर सकते थे। खिलाड़ियों ने तार्किक ढंग से प्रतिक्रिया व्यक्त की और इसके पूरा होने तक एक ही कमरे में रहने का विकल्प चुना। एरीली और शिन ने फिर नियम बदल दिए, इसलिए यदि बारह चालों के भीतर दरवाजे नहीं खोले गए तो वे स्क्रीन पर सिकुड़ने लगे, अंततः पूरी तरह से गायब हो गए; फिर खिलाड़ी संभावित खजाने की तलाश में घर-घर दौड़ते रहे; इस अनुत्पादक हाथापाई के परिणामस्वरूप उन्हें अपने पिछले गेम की तुलना में 15% कम अंक प्राप्त हुए। अंत में, एरीली और शिन ने एक अंतिम मोड़ जोड़ा: उन्होंने दरवाजे के आकार को 25% बढ़ाकर आपके अंक अर्जित करने के तरीके को बदल दिया! अंततः उन्होंने एक और मोड़ जोड़ा: खिलाड़ी इस बार भी 10% अंक अर्जित करेंगे! आयोजकों ने एक और मोड़ के साथ एक और शिकन जोड़ दी: एक बार फिर: दरवाजे सामने आने पर बारह चालों के भीतर बंद हो सकते थे - खिलाड़ियों को पहले की तरह जल्दी से दरवाजा खोलने के लिए मजबूर होना पड़ा! एरीली और शिन ने फिर एक और बदलाव किया; इस बार जब बारह चालों के भीतर दरवाजे नहीं खुले, तो दरवाजे ऑफ-स्क्रीन सिकुड़ने लगे और अंततः ऑफ-स्क्रीन गायब हो गए! जब नियमों को बदलकर एरीली और शिन एक बार फिर बदल गए: दरवाज़ों को बारह चालों के भीतर खोलना होगा अन्यथा वे ऑफ-स्क्रीन गायब हो जाएंगे!

खिलाड़ियों ने सभी संभावित खजाने तक पहुँचने की कोशिश करते हुए घर-घर दौड़ना शुरू कर दिया, जिसके परिणामस्वरूप 15% कम अंक प्राप्त हुए! एरीली और शिन ने एक अंतिम मोड़ जोड़ा: इस बार पिछले गेम की तुलना में 15% कम अंक मिले, जबकि एक आखिरी मोड़ जोड़ते हुए पहले की तुलना में 15% कम अंक मिले: आयोजकों ने एक और मोड़ जोड़ा: एक बार बारह चालों के भीतर खुलने के बाद वे अंततः स्क्रीन से धीरे-धीरे गायब हो गए। पहले गायब हो गए, पूरी तरह से गायब हो गए क्योंकि दरवाजे सिकुड़ने लगे, एरीली बदले गए नियमों के अनुसार दरवाजे को अब बारह चालों के भीतर खोला जाना था, अन्यथा, बारह चालों के भीतर स्क्रीन को सिकोड़ना शुरू कर दिया या अन्यथा तुरंत 12 चालों के बाद दरवाजा बनाकर गायब हो गए या उनके पिछले स्कोर 15 इतनी जल्दी इतना अधिक हो गए। पहले 15% कम अंक प्राप्त करने के बाद 15% कम अंक प्राप्त करने के बाद इसमें एक और मोड़ जुड़ गया... -

दरवाजे खोलने के लिए अब तीन अंक खर्च करने पड़ते हैं और वही चिंता घर कर गई है: खिलाड़ियों ने सभी दरवाजे खुले रखने की कोशिश में अपने अंक बर्बाद कर दिए। यह जानने के बाद भी कि प्रत्येक कमरे में कितने बिंदु छिपे हुए थे, कोई परिवर्तन नहीं हुआ; विकल्पों को छोड़ना उनके लिए बहुत बड़ा खर्च था।

हम तर्कहीन कार्य क्यों करते हैं? क्योंकि इसके परिणाम अक्सर स्पष्ट नहीं होते. उदाहरण के लिए, वित्तीय बाज़ारों में, यह स्पष्ट है: सुरक्षा पर किसी भी विकल्प की हमेशा कुछ कीमत होती है; मुफ़्त विकल्प जैसी कोई चीज़ नहीं है; फिर भी अन्य क्षेत्रों में विकल्प अक्सर मुफ़्त दिखाई देते हैं; हालाँकि सच तो यह है कि इसकी भी कीमत चुकानी पड़ती है; प्रत्येक निर्णय के लिए मानसिक ऊर्जा की आवश्यकता होती है और सोचने और जीने के लिए कीमती समय बर्बाद हो जाता है; हर संभव विस्तार विकल्प तलाशने वाले सीईओ अक्सर अंत में किसी का चयन नहीं करते; जो कंपनियाँ सभी ग्राहक वर्गों को सेवा देने का प्रयास करती हैं वे अक्सर विफल हो जाती हैं; लीड का पीछा करने वाले सेल्सपर्सन अक्सर सभी प्रयासों के बावजूद कोई सौदा नहीं कर पाते हैं।

आज लोग एक साथ कई परियोजनाएँ शुरू करने और आने वाले हर अवसर के लिए तैयार रहने पर अड़े हुए हैं; लेकिन यह दृष्टिकोण सफलता को तुरंत पटरी से उतार सकता है। इसके बजाय, हमें सीखना चाहिए कि दरवाजे कब और क्यों बंद करने हैं; व्यावसायिक रणनीतियाँ मुख्य रूप से कथन के रूप में काम करती हैं कि किन गतिविधियों में संलग्न नहीं होना चाहिए। व्यवसायों के समान दृष्टिकोण का उपयोग करें: जीवन में क्या नहीं करना है इसकी सूची बनाएं और कुछ संभावनाओं का पीछा न करने के लिए परिकलित निर्णय लें; जब कोई विकल्प सामने आता है, तो आगे कदम उठाने से पहले अपनी न करने योग्य सूची के विरुद्ध उसका परीक्षण करें। एक सूची न केवल आपको परेशानी से दूर रखने में मदद करेगी, बल्कि निर्णय लेने में लगने वाला समय भी बचाएगी। अपनी सूची हाथ में लेकर, हर बार कोई नया दरवाज़ा खुलने पर निर्णय लेने के बजाय - कई दरवाज़ों का कोई मतलब नहीं होता, भले ही उनके हैंडल काफी आसान लगते हों - आपको बस चुनाव करते समय इसे वापस देखना है।

यह भी देखें: सनक कॉस्ट फ़ॉलेसी (अध्याय 5);

निओमेनिया के बारे में चेतावनी

पचास वर्षों में, हमारी दुनिया कैसी दिखेगी और कौन सी वस्तुएँ हमें प्रतिदिन घेरेंगी? नियोमेनिया में फंसना आसान है; आइए किसी भी "बिल्कुल नए" को अलग रख दें।

पचास साल पहले इस प्रश्न पर विचार करने वाले लोगों के पास काल्पनिक विचार थे कि 'भविष्य' कैसा दिखेगा: आसमान में राजमार्ग, कांच की दुनिया जैसे शहर और गगनचुंबी इमारतों के बीच चलती बुलेट ट्रेनें। हम गर्भाधान के माध्यम से जैविक बच्चे पैदा करने के बजाय पानी के नीचे शहरों में प्लास्टिक के कैप्सूल में रहेंगे और चांद पर छुट्टियां मनाते हुए गोलियां खाएंगे; इसके बजाय कैटलॉग से बच्चों को हमारे बच्चे बनने के लिए चुनें; रोबोट लोगों के साथी के बजाय सबसे अच्छे दोस्त बन जाएंगे, जबकि मृत्यु को बहुत पहले ही मिटा दिया गया था - जिस तस्वीर की उन्होंने कल्पना की थी वह बहुत दूर नहीं है!

लेकिन एक सेकंड रुकें: अपने चारों ओर ध्यान से देखें: आप प्राचीन मिस्र में बनी कुर्सी पर बैठे हैं; पैंट पहनने का विकास लगभग 5,000 साल पहले 750 ईसा पूर्व जर्मनिक जनजातियों द्वारा किया गया था; आपके पैरों में चमड़े के जूते की उत्पत्ति पिछले हिमयुग के दौरान हुई थी; आपकी किताबों की अलमारियाँ लकड़ी से बनी हैं - जो मनुष्य को ज्ञात सबसे पुरानी निर्माण सामग्री में से एक है; रात्रिभोज के समय आप अपने कांटे का उपयोग करते हैं जैसा कि रोमनों द्वारा किया जाता था: रात्रिभोज के समय मृत जानवरों और पौधों के टुकड़ों को अपने मुंह में डालने के लिए - कुछ भी नहीं बदला है - कुछ भी नहीं बदला है;

क्या हम सोच रहे हैं कि पचास वर्षों में हमारी दुनिया कैसी दिखेगी? नसीम तालेब हमें अपनी पुस्तक एंटीफ्रैगाइल में कुछ मार्गदर्शन प्रदान करते हैं; इस बात को ध्यान में रखें कि पिछली आधी सदी में मौजूद अधिकांश प्रौद्योगिकियाँ अगली आधी सदी तक मानवता की सेवा करती रहेंगी - जबकि हाल की तकनीक अपेक्षा से अधिक तेजी से पुरानी हो जाएगी। क्यों? आविष्कारों को एक प्रजाति के रूप में सोचें: जो कुछ भी सदियों के विकास को झेल चुका है, वह संभवतः भविष्य में भी मजबूत बना रहेगा। पुरानी तकनीक सिद्ध है; इसके अंतर्निहित तर्क को हमेशा पूरी तरह से नहीं समझा जा सकता है। अगली बार जब आप किसी रणनीति बैठक में भाग लें तो आपको इसे ध्यान में रखना चाहिए, क्योंकि जो चीज़ सदियों से चली आ रही है उसका कुछ मूल्य तो होना ही चाहिए। भविष्य में पचास साल संभवतः आज के समान होंगे, हालाँकि आप नए आकर्षक गैजेट या आविष्कार देख सकते हैं जो पहली बार में रुचि पैदा कर सकते हैं। फिर भी वे अक्सर आते हैं और जल्दी चले जाते हैं।

अपने भविष्य पर विचार करते समय, हम अक्सर तकनीकी नवाचारों और "हत्यारे ऐप्स" पर बहुत अधिक जोर देते हैं, जबकि उनकी भूमिका को कम आंकते हैं।
तालेब ने पूरे इतिहास में इस प्रवृत्ति को देखा है। 1960 के दशक में, अंतरिक्ष यात्रा बहुत लोकप्रिय थी, जिसके कारण कई छात्रों ने खुद को मंगल ग्रह की स्कूली यात्राओं पर ले जाने की कल्पना की। बाद के दशक में प्लास्टिक के घर फैशनेबल बन गए, इसलिए हमने सोचा कि हम अपने पारदर्शी

आवासों को प्लास्टिक के फर्नीचर से कैसे सजाएंगे। वह इस प्रवृति का श्रेय "नियोमेनिया" को देते हैं, जो सभी नई और चमकदार चीजों के प्रति आकर्षण है।

सबसे पहले मुझे शुरुआती अपनाने वालों के प्रति सहानुभूति महसूस हुई - वे लोग जो नवीनतम आईफोन तक पहुंच के बिना नहीं रह सकते। उस समय मुझे लगा कि वे अपने समय से आगे हैं; हालाँकि, अब मैं उन्हें नियोमेनिया से पीड़ित तर्कहीन व्यक्तियों के रूप में देखता हूँ - वे इस बात से कम चिंतित हैं कि कोई उत्पाद वास्तविक लाभ प्रदान करता है या नहीं, लेकिन वास्तविक उपयोगिता की तुलना में नवीनता के बारे में अधिक चिंतित हैं।

भविष्य की भविष्यवाणी करते समय कठोर कदम न उठाएं। स्टेनली कुब्रिक की 1968 की क्लासिक फिल्म 2001: ए स्पेस ओडिसी एक चित्रण के रूप में कार्य करती है। सहस्राब्दी के मोड़ पर स्थापित, इस दूरदर्शी टुकड़े ने भविष्यवाणी की थी कि अमेरिका एक हजार-मजबूत चंद्रमा कॉलोनी की मेजबानी करेगा, जो पैनएएम कम्प्यूटर उड़ानों द्वारा सेवा प्रदान करेगा - कुछ ऐसा जिसे किसी ने भी आते हुए नहीं देखा था। मैं इसके बजाय इस सामान्य नियम का सुझाव देता हूं: जो कुछ भी X वर्षों तक जीवित रहा है वह अगले X वर्षों तक ऐसा ही जारी रहेगा - नसीम तालेब का मानना है कि इतिहास का "बकवास फ़िल्टर" नौटंकी को गेम-चेंजर्स से अलग कर सकता है, इसलिए मैं उसके साथ यह शर्त लगाने को तैयार हूं!

प्रचार क्यों काम करता है इसके उदाहरण के रूप में हेडोनिक ट्रेडमिल (अध्याय 46) भी देखें। द्वितीय विश्व युद्ध में हर देश ने प्रचार फिल्में बनाईं। इनका उपयोग नागरिकों और सैनिकों के बीच समान रूप से राष्ट्रवादी भावनाओं को जगाने और अपने राष्ट्र के लिए बलिदान को प्रोत्साहित करने के लिए किया गया था। अकेले प्रचार फिल्मों पर अत्यधिक राशि खर्च करने के बाद, अमेरिकी युद्ध विभाग ने इस बात पर अध्ययन किया कि क्या इस खर्च का कोई रिटर्न था। अध्ययन नियमित सैनिकों को शामिल करके किया गया; उनकी प्रतिक्रिया से युद्ध के प्रति उत्साह में बिल्कुल भी वृद्धि नहीं दिखी!

क्या सैनिकों ने इन फिल्मों को खराब तरीके से बनाई गई फिल्म के रूप में देखा? मुश्किल से। बल्कि, सैनिक इन फिल्मों को प्रचार के रूप में जानते थे जिससे इन फिल्मों में प्रस्तुत किसी भी संदेश का दर्शकों के बीच कोई प्रभाव पड़ना लगभग असंभव हो गया था; भले ही किसी फिल्म ने कोई बहस की हो या दर्शकों को इतना उत्तेजित किया हो कि उसके संदेश पर विचार किया जा सके या उसकी सराहना की जा सके; इसकी सामग्री को केवल खोखला माना जाएगा और सिरे से उपेक्षित किया जाएगा।

नौ सप्ताह बाद, कुछ अप्रत्याशित घटित हआ: मनोवैज्ञानिकों ने युद्ध के संबंध में सैनिकों के दृष्टिकोण का एक और मूल्यांकन किया; परिणामः जिन लोगों ने फिल्म देखी थी, उन्होंने उन लोगों की तुलना में कहीं अधिक समर्थन व्यक्त किया, जिन्होंने फिल्म नहीं देखी थी। जाहिर है, प्रचार ने काम किया!

वैज्ञानिक आश्चर्यचकित थे, यह जानकर कि समय के साथ तर्क की प्रेरक शक्ति रेडियोधर्मी सामग्री की तरह कम हो जाती है। आपने संभवतः स्वयं इसका अनुभव किया होगा: जीन थेरेपी के

लाभों पर एक लेख पढ़ा, पहले उत्साही हो गए लेकिन कुछ हफ्तों के बाद जल्दी ही रुचि खो दी; अंततः उत्साह के अवशेष ही बचे हैं।

आश्चर्यजनक रूप से, प्रचार अक्सर दूसरे तरीके से काम करता है: एक बार जब यह लोगों को प्रभावित करता है, तो इसका प्रभाव समय के साथ बढ़ता ही जाता है। क्यों? मनोवैज्ञानिक कार्ल होवलैंड ने युद्ध विभाग के लिए एक प्रयोग का नेतृत्व किया और इस घटना को "स्लीपर इफ़ेक्ट" कहा। वर्तमान में, इसके लिए हमारी सबसे अच्छी व्याख्या यह है कि हमारी यादें स्रोत को भूलने की तुलना में तेज़ी से भूल जाती हैं कि तर्क (उदाहरण के लिए प्रचार विभाग) ने संदेश को याद करते समय क्या कहा था (यानी युद्ध आवश्यक और महान है)।
इसलिए, अविश्वसनीय स्रोतों से प्राप्त जानकारी धीरे-धीरे समय के साथ विश्वास हासिल करती है क्योंकि बदनाम करने वाली ताकतें उनके संदेश की तुलना में तेजी से नष्ट हो जाती हैं।

अमेरिकी चुनावों में तेजी से नकारात्मक राजनीतिक विज्ञापन दिखाए जा रहे हैं, जिसमें उम्मीदवार भ्रामक सरल तरीकों से एक-दूसरे के रिकॉर्ड या प्रतिष्ठा को अपमानित करने का प्रयास करते हैं - इस उदाहरण में, राजनीतिक विज्ञापनों को प्रत्येक विज्ञापन के अंत में अपने प्रायोजकों का खुलासा करके अमेरिकी चुनाव प्रचार कानून का पालन करना होगा, फिर भी कई अध्ययन दिखाते हैं अनिर्णीत मतदाताओं के बीच स्लीपर प्रभाव अभी भी जारी है क्योंकि संदेशवाहक फीका पड़ जाता है जबकि उनके बयान स्मृति पर अंकित रहते हैं - इससे उम्मीदवारों को प्रतिशोध के डर के बिना प्रतिद्वंद्वी उम्मीदवारों के खिलाफ सबसे हानिकारक आरोप लगाने की अनुमति मिलती है या यदि अंतिम परिणाम होता है तो किसी भी पक्ष के खिलाफ परिणाम जारी किए जा सकते हैं। कानून द्वारा अपेक्षा से कम नकारात्मक होना - यह चुनावी विज्ञापनों को बहुत अधिक कठिन प्रक्रिया बनाता है, जिसका उपयोग प्रतिद्वंद्वी अभियानों के खिलाफ दोनों पक्षों के विरोधियों द्वारा मतदाता मतदान या मतदान संख्या के संदर्भ में किया जाना चाहिए, अन्यथा पहले के अभियान सत्रों में संभव था।

मुझे अक्सर यह बात हैरान करने वाली लगती है कि विज्ञापन आखिर कैसे काम कर सकता है। किसी भी तार्किक व्यक्ति को विज्ञापनों को उनके वास्तविक स्वरूप में आसानी से पहचानना चाहिए और उन्हें अयोग्य घोषित करना चाहिए या उचित रूप से वर्गीकृत करना चाहिए; फिर भी एक समझदार और बुद्धिमान पाठक के रूप में भी आप इसे सफलतापूर्वक करने में हमेशा सफल नहीं होंगे; आप भूल सकते हैं कि कई हफ्तों के बाद कुछ जानकारी कहाँ से आई - चाहे वह जानकारीपूर्ण लेख हो या जटिल विज्ञापन!

आप स्लीपर प्रभाव का प्रतिकार कैसे कर सकते हैं? सबसे पहले, किसी भी अनचाही सलाह से सावधान रहें, भले ही वह अच्छी मंशा वाली लगे - ऐसा करने से आप कुछ हद तक हेरफेर से बच जाते हैं। दूसरा, जितना संभव हो विज्ञापन वाले स्रोतों से बचें (हम भाग्यशाली हैं कि पुस्तकें विज्ञापन-मुक्त रहती हैं!)। तीसरा, पहचानें और याद रखें कि आपके सामने आने वाले प्रत्येक तर्क का स्रोत कौन था। जितना संभव हो सके उनके तर्क को समझने की कोशिश करें और साथ ही यह भी समझने की कोशिश करें कि इससे किसे लाभ होता है। हालाँकि यह प्रक्रिया निर्णय लेने की प्रक्रिया को कुछ हद तक धीमा कर सकती है लेकिन समय के साथ उनमें सुधार भी करेगी।

फ़्रेमिंग भी देखें (अध्याय 42); प्रधानता और नवीनता प्रभाव (अध्याय 73); समाचार भ्रम (अध्याय 99)।

रेसिंग कभी भी केवल दो घोड़ों की दौड़ क्यों नहीं होती?

वैकल्पिक अंधापन

इसकी कल्पना करें: आप अपने स्थानीय विश्वविद्यालय में दी जाने वाली एमबीए डिग्री के लाभों के बारे में बताने वाले ब्रोशर को पलट रहे हैं। आपकी नज़र इसके आइवी-आच्छादित परिसर और अत्याधुनिक खेल सुविधाओं की तस्वीरों पर टिक जाती है; युवा महिलाओं, चीनी और भारतीय शौकीनों पर जोर देने के साथ विविध जातीय पृष्ठभूमि के मुस्कराते हुए छात्रों की छवियों के साथ। अंत में आप एक सिंहावलोकन पर पहुँचते हैं जो इसके वित्तीय मूल्य को दर्शाता है: इसकी $100,000 फीस की भरपाई सेवानिवृत्त होने से पहले अतिरिक्त कमाई करने वाले स्नातकों द्वारा आसानी से की जा सकती है: करों के बाद लगभग $400,000! बिल्कुल आसान।

गलत। ऐसा तर्क एक नहीं, बल्कि चार भ्रांतियों को छुपाता है। पहला है "तैराक के शरीर का भ्रम", इसमें एमबीए कार्यक्रम कैरियर-दिमाग वाले व्यक्तियों को आकर्षित करते हैं, जो एमबीए योग्यता जैसी अतिरिक्त योग्यता के बिना औसत वेतन से ऊपर कमा सकते हैं। दूसरा मिथक: एमबीए में दो साल लगते हैं और उस दौरान आप $100,000 की कमाई के नुकसान की उम्मीद कर सकते हैं; इसलिए निवेश से संभावित रिटर्न को ध्यान में रखते हुए एमबीए की वास्तविक लागत $100,000 से अधिक होने की संभावना है। तीसरा, तीस साल से अधिक का अनुमान लगाना मूर्खतापूर्ण है - कौन जानता है कि उस समय सीमा के दौरान क्या होगा? अंततः, अन्य विकल्प मौजूद हैं; अकेले 'एमबीए करो या एमबीए मत करो' से बंधा हुआ महसूस न करें। शायद कोई अन्य कार्यक्रम उपलब्ध है जिसकी लागत काफी कम है और कैरियर में उन्नति के लाभ भी मिलते हैं। मुझे चौथी ग़लतफ़हमी विशेष रूप से आकर्षक लगती है; आइए इसे वैकल्पिक अंधापन कहें: जब हम किसी मौजूदा ऑफर की तुलना उसके अगले सर्वोत्तम वैकल्पिक ऑफर से करने में विफल हो जाते हैं।

यहां वित्त से एक उदाहरण दिया गया है: कल्पना करें कि आपने बचत खाते में कुछ पैसे बचाए हैं और एक निवेश दलाल से सलाह मांगी है, जो एक ऐसा बांड खरीदने की सलाह देता है जो बचत खातों पर केवल 1% के बजाय 5% ब्याज देता है। क्या हमें लगता है कि बांड खरीदना उचित है? कोई नहीं जानता। केवल इन दो विकल्पों पर विचार करने से सटीक मूल्यांकन नहीं मिलेगा; वास्तव में सभी संभावित निवेश विकल्पों का आकलन करने के लिए सर्वोत्तम विकल्प का चयन करें (शीर्ष निवेशक वॉरेन बफेट ऐसा ही करते हैं)।
बफेट प्रत्येक लेन-देन को किसी भी समय उपलब्ध दूसरे सबसे अच्छे सौदे के विरुद्ध मापता है - भले ही इसका मतलब है कि हम जो पहले से कर रहे हैं उससे अधिक करना।'

वॉरेन बफेट के विपरीत, राजनेता अक्सर वैकल्पिक अंधता के शिकार हो जाते हैं। भूमि के एक खाली भूखंड पर खेल का मैदान बनाने की अपने शहर की योजना पर विचार करें; समर्थक यह तर्क दे सकते हैं कि इससे खाली स्थान की तुलना में निवासियों को भावनात्मक और आर्थिक रूप से अधिक लाभ होगा - हालाँकि यह तुलना त्रुटिपूर्ण है: इसके बजाय उन्हें उन सभी विचारों का मूल्यांकन करना चाहिए जो इसके निर्माण के कारण असंभव हो जाते हैं जैसे कि स्कूल, प्रदर्शन कला केंद्र, अस्पताल या भस्मक; वैकल्पिक रूप से वे जमीन बेच सकते हैं और प्राप्त आय का निवेश कर सकते हैं या इस वैकल्पिक समाधान के साथ शहर के ऋण को कम कर सकते हैं।

क्या आप वैकल्पिक समाधानों की अनदेखी कर रहे हैं? कल्पना कीजिए कि आपका डॉक्टर पांच साल में एक ट्यूमर का पता लगाता है और एक जटिल ऑपरेशन का प्रस्ताव करता है जो सफल होने पर इसे पूरी तरह से हटा देगा, लेकिन हालांकि जोखिम केवल 50% की समग्र जीवित रहने की दर के साथ उच्च माना जाता है, आप कैसे निर्णय लेते हैं? अपने विकल्पों पर ध्यान से विचार करें: पाँच वर्षों में निश्चित मृत्यु या अगले सप्ताह मरने की 50% संभावना; वैकल्पिक अंधापन! शायद शहर के किसी अन्य अस्पताल में आक्रामक सर्जरी प्रक्रिया का एक प्रकार उपलब्ध है जो वर्तमान में आपके संस्थान में उपलब्ध नहीं है। ट्यूमर के विकास को धीमा करने के लिए सर्जरी केवल अस्थायी रूप से लक्षणों को कम कर सकती है; हालाँकि, यह आक्रामक सर्जरी इसके विकल्पों की तुलना में अधिक समय और मन की शांति प्रदान करती है; कौन जानता है, शायद उन दस वर्षों के दौरान ट्यूमर को खत्म करने के लिए अधिक उन्नत उपचार सामने आएंगे?

निचली पंक्ति: यदि आपको निर्णय लेने में कठिनाई हो रही है, तो याद रखें कि दो से अधिक विकल्प हैं - जैसे कोई सर्जरी नहीं और उच्च जोखिम वाली सर्जरी - आपके लिए उपलब्ध हैं। एक पूर्ण विकल्प और उसके संभावित विकल्पों के बीच फंसा हुआ महसूस न करें; दिमाग खुला रखना!

पसंद का विरोधाभास देखें (अध्याय 21); इन विषयों पर आगे पढ़ने के लिए स्विमर्स बॉडी इल्यूजन (अध्याय 2)।

हमारा लक्ष्य युवा बंदूकें क्यों हैं?

सामाजिक तुलना पूर्वाग्रह

मेरी पुस्तक बेस्टसेलर सूची में #1 पर पहुंचने के बाद, मेरे प्रकाशक ने शीर्ष दस की सूची में आने के लिए एक परिचित द्वारा एक अन्य शीर्षक के लिए समर्थन प्रदान करने में मेरी मदद मांगी; उनका मानना था कि मेरी ओर से एक प्रशंसापत्र इसे उस सूची में शामिल होने के लिए अतिरिक्त प्रोत्साहन देगा।

हमेशा आश्चर्य होता है कि ये प्रशंसापत्र बिल्कुल काम करते हैं, यह देखते हुए कि हम सभी जानते हैं कि केवल सकारात्मक टिप्पणियाँ ही बुक जैकेट (इस पुस्तक में शामिल) पर आती हैं। एक तर्कसंगत पाठक को प्रशंसा को किनारे रख देना चाहिए या कम से कम किसी भी संभावित आलोचना के साथ उस पर विचार करना चाहिए जो हमेशा मौजूद रहती है, भले ही विभिन्न रूपों में। हालाँकि मैंने अन्य पुस्तकों के लिए कई प्रशंसापत्र लिखे हैं, लेकिन कोई भी प्रतिद्वंद्वी शीर्षकों के लिए नहीं था। जैसे ही मैंने अपने विकल्पों पर विचार किया, मुझे एहसास हुआ कि सामाजिक तुलना पूर्वाग्रह प्रभावी हो गया है - उन लोगों की मदद करने से बचने की प्रवृत्ति जो जल्द ही आप पर हावी हो सकते हैं और लंबे समय में मूर्ख दिख सकते हैं।

पुस्तक प्रशंसापत्र सामाजिक तुलना पूर्वाग्रह के एक हानिरहित उदाहरण के रूप में काम कर सकते हैं; हालाँकि, शिक्षा जगत ने इसे और भी अधिक खतरनाक स्तर पर ले लिया है। प्रत्येक वैज्ञानिक प्रतिष्ठित वैज्ञानिक पत्रिकाओं में अधिक से अधिक लेख प्रकाशित करने की इच्छा रखता है, जिससे उसे प्रकाशन के लिए काम प्रस्तुत करने वाले साथी वैज्ञानिकों की प्रस्तुतियों का आकलन करने का अधिकार प्राप्त हो सके। समय के साथ, संपादक आपसे अन्य वैज्ञानिकों की प्रस्तुतियों का मूल्यांकन करने के लिए कहते हैं - अक्सर केवल दो या तीन विशेषज्ञ ही यह निर्णय लेते हैं कि कौन से लेख किसी दिए गए क्षेत्र में उपयुक्त होंगे; इस ज्ञान को ध्यान में रखते हुए, क्या होगा जब एक नवोदित शोधकर्ता एक चौंकाने वाला पेपर प्रस्तुत करेगा जो स्थापित विशेषज्ञों को उखाड़ फेंकने की धमकी देता है? इसका मूल्यांकन करते समय वे संभवतः विशेष रूप से कठोर हो जाएंगे - यह काम पर सामाजिक तुलना पूर्वाग्रह है!

मनोवैज्ञानिक स्टीफन गार्सिया और उनके साथी शोधकर्ता एक उदाहरण का वर्णन करते हैं जिसमें एक नोबेल पुरस्कार विजेता ने अपने होनहार युवा सहयोगियों में से एक को "अपने" विश्वविद्यालय में काम करने के लिए आवेदन करने से रोक दिया था, हालांकि यह शुरू में विवेकपूर्ण लग सकता है; समय के साथ यह प्रतिकूल हो जाता है जब उक्त युवा सहकर्मी किसी अन्य अनुसंधान समूह में शामिल हो जाता है - संभावित रूप से पुराने प्रोफेसर और उसके और इस युवा प्रतिभाशाली व्यक्ति के बीच किसी भी अन्य संपर्क को रोकता है।
गार्सिया का सुझाव है कि सामाजिक तुलना पूर्वाग्रह एक ऐसा कारक हो सकता है जो संस्थानों को लंबे समय तक विश्व स्तरीय अनुसंधान समूहों के रूप में अपनी स्थिति बनाए रखने से रोकता है। कुछ शोध समूह लगातार कई वर्षों तक शीर्ष पर बने रहने का प्रबंधन करते हैं।

सामाजिक तुलना पूर्वाग्रह स्टार्ट-अप कंपनियों के साथ एक और महत्वपूर्ण मुद्दा है। गाइ कावासाकी ने चार वर्षों तक एप्पल के 'मुख्य प्रचारक' के रूप में कार्य किया और आज एक उद्यम पूंजीपति और सलाहकार के रूप में उद्यमियों को सलाह देते हैं। कावासाकी के अनुसार: 'ए-खिलाड़ी अपने से भी बेहतर लोगों को काम पर रखते हैं। जैसा कि स्टीव [जॉब्स] ने कहा, बी-खिलाड़ी सी-खिलाड़ियों की भर्ती करते हैं ताकि वे उनसे बेहतर महसूस कर सकें और सी-खिलाड़ी डी-खिलाड़ियों की भर्ती करते हैं; जब बी-खिलाड़ियों को काम पर रखा जाता है, तो वे उम्मीद करते हैं कि आपके संगठन के भीतर जिसे उन्होंने "बोज़ो विस्फोट" कहा है; बी-खिलाड़ियों को काम पर रखने से अंततः बी-खिलाड़ियों के बजाय ज़ेड-खिलाड़ियों को काम पर रखा जाता है। सिफ़ारिश: ऐसे लोगों को काम पर रखें जो आपसे बेहतर हों अन्यथा आप जल्द ही वंचितों की एक टीम का नेतृत्व करेंगे। तथाकथित डनिंग-क्रूगर प्रभाव यहां लागू होता है; अक्षमता वाले ज़ेड-खिलाड़ियों में अक्सर इसकी सीमा को नज़रअंदाज़ करने का गुण होता है, वे मानते हैं कि उनके पास वास्तव में जितनी बुद्धिमत्ता है, उससे अधिक है; ऐसे लोग एक भ्रामक श्रेष्ठता पैदा करते हैं जो उन्हें और भी अधिक गलतियाँ करने के लिए प्रेरित करता है जिसके परिणामस्वरूप समय के साथ प्रतिभा पूल नष्ट हो जाता है।

उस समय आइजैक न्यूटन 25 वर्ष के थे और जब 1666-7 में प्लेग के प्रकोप के कारण उनका स्कूल बंद हो गया, तो आइजैक बैरो ने उनके साथ आने और उनके शोध को देखने की पेशकश की, जिसे बैरो ने तुरंत न्यूटन के छात्रों में से एक के रूप में शामिल होने के लिए प्रोफेसर के रूप में छोड़ दिया। - यह सचमुच उसका नेक काम था! इसने कितना नैतिक उदाहरण प्रस्तुत किया। और आखिरी बार आपने कब सुना था कि किसी प्रोफेसर ने किसी अन्य उम्मीदवार या सीईओ के पक्ष में अपना पद छोड़ दिया है क्योंकि उन्हें पता था कि उनका एक कर्मचारी बेहतर काम कर सकता है?

निष्कर्ष: निष्कर्ष के तौर पर, क्या आप अपने से अधिक प्रतिभाशाली व्यक्तियों को बढ़ावा देते हैं? हालांकि शुरुआत में इससे आपकी स्थिति को खतरा हो सकता है, लेकिन लंबे समय में इससे फायदा ही होगा। दूसरे किसी न किसी स्तर पर आपसे आगे निकल ही जायेंगे; जब तक वह समय नहीं आ जाता, उनके अच्छे पक्षों को समझना और उनसे सीखना बुद्धिमानी होगी - जो अंत में प्रशंसापत्र लिखने में मेरी प्रेरणा थी। आगे पढ़ने के लिए देखें: ईर्ष्या (अध्याय 86); कंट्रास्ट प्रभाव (अध्याय 10)।

पहली छाप भ्रामक क्यों होती है?

प्रधानता और नवीनता प्रभाव

मैं दो व्यक्तियों, एलन और बेन का परिचय कराता हूँ। बिना ज़्यादा सोचे-समझे तुरंत निर्णय लें कि आप किसे पसंद करते हैं: एलन स्मार्ट, मेहनती, आवेगी, आलोचनात्मक, जिद्दी और ईर्ष्यालु है जबकि बेन के गुणों में ये विशेषताएं शामिल हैं लेकिन एक बदलाव के साथ: बेन ईर्ष्यालु, जिद्दी, आलोचनात्मक, आवेगी, कड़ी मेहनत करने वाला स्मार्ट भी हो सकता है भी। अधिकांश लोग एलन को चुनते हैं, भले ही दोनों विवरण समान लगते हों। आपका मस्तिष्क पहले सूचीबद्ध विशेषणों पर अधिक ध्यान देता है जिससे दो अलग-अलग व्यक्तित्व बनते हैं - एलन कड़ी मेहनत करता है जबकि बेन ईर्ष्या और जिद्दी गुण प्रदर्शित करता है - जिसे प्रधानता प्रभाव के रूप में जाना जाता है।

प्रधानता प्रभाव के बिना, लोग अपने मुख्यालयों में भव्य प्रवेश कक्षों को त्याग देंगे; आपका वकील आपकी बैठकों में डिज़ाइनर ऑक्सफ़ोर्ड के बजाय घिसे-पिटे स्नीकर्स पहनकर आने में संतुष्ट महसूस करेगा।

प्रधानता प्रभाव अक्सर व्यावहारिक त्रुटियों का कारण बनता है। नोबेल पुरस्कार विजेता डैनियल कन्नमैन चर्चा करते हैं कि कैसे, अपनी प्रोफेसरशिप की शुरुआत में, उन्होंने परीक्षा पत्रों को क्रम में वर्गीकृत किया: छात्र 1 के बाद छात्र 2, फिर बाद के सभी प्रश्नों का त्रुटिहीन उत्तर देने पर उच्च अंक दिए गए; इसका मतलब यह था कि जो छात्र पूरी तरह से उत्तर देंगे वे काह्नमैन के पसंदीदा बन जाएंगे और इसका अंततः इस पर प्रभाव पड़ेगा कि उन्होंने उनकी परीक्षाओं के अन्य भागों को कैसे ग्रेड किया। इस प्रभाव का प्रतिकार करने के लिए, काह्नमैन ने अलग-अलग प्रश्नों को बैचों में वर्गीकृत करना शुरू कर दिया - प्रश्न 1 के सभी उत्तरों को वर्गीकृत किया गया, फिर प्रश्न 2 के सभी उत्तरों आदि को - इस प्रकार इस प्रभाव का प्रतिकार किया गया और इसे पूरी तरह से निष्क्रिय कर दिया गया।

दुर्भाग्य से, यह तरकीब हमेशा व्यवहार में काम नहीं कर सकती; उदाहरण के लिए, नए कर्मचारियों को काम पर रखते समय आप उस व्यक्ति को काम पर रखने का जोखिम उठाते हैं जो पहले अच्छा प्रभाव डालता है। पंक्ति में सभी उम्मीदवारों से एक-एक करके समान प्रश्नों का उत्तर देते समय दक्षता को अधिकतम करना।

अपने आप को एक कंपनी बोर्ड के हिस्से के रूप में कल्पना करें। एक चर्चा का विषय उठता है जिस पर आपने अभी तक अपना मन नहीं बनाया है, और उपस्थित एक या अधिक प्रतिभागी एक राय व्यक्त करते हैं जो समग्र रूप से आपके मूल्यांकन को प्रभावित कर सकती है। दूसरों के कहने से पहले इसे व्यक्त करने में संकोच न करें - इस तरह से सभी सीख सकते हैं।
ऐसा करने से आप अपने सहकर्मियों पर अधिक प्रभाव डालेंगे और उन्हें अपने पक्ष में कर लेंगे। यदि किसी समिति की अध्यक्षता कर रहे हैं, तो यादृच्छिक क्रम में राय एकत्र करना सुनिश्चित करें ताकि किसी को भी किसी अन्य सदस्य पर अनुचित बढ़त न मिले।

प्रधानता प्रभाव सदैव दोषपूर्ण नहीं हो सकता; रीसेंसी प्रभाव अक्सर समान रूप से प्रभावशाली भूमिका निभाता है। हाल ही में संग्रहीत जानकारी हमारी मेमोरी में बेहतर तरीके से चिपकी रहती है - ऐसा इसलिए होता है क्योंकि हमारी अल्पकालिक मेमोरी फ़ाइलों में केवल सीमित स्थान होता है; जैसे ही कुछ नया आता है, एक पुराने टुकड़े को जगह बनानी ही पड़ती है।

प्राइमेसी कब रीसेंसी प्रभाव पर हावी हो जाती है, और इसके विपरीत? जब कई छापों (विशेषताओं, परीक्षा उत्तर आदि) के आधार पर तत्काल निर्णय लेने का सामना करना पड़ता है, तो प्रधानता का प्रभाव अधिक महत्वपूर्ण हो जाता है। लेकिन यदि ये धारणाएँ लंबी समय सीमा में बनी हैं - उदाहरण के लिए यदि आपने हाल ही में कोई भाषण सुना है तो पुनरावृत्ति प्रभाव अधिक प्रमुख है; आपको शुरुआती बिंदुओं के बजाय इसके अंतिम बिंदु/पंचलाइन अधिक स्पष्ट रूप से याद रहेंगे।

निष्कर्ष: प्रारंभिक और अंतिम प्रभाव हावी हैं, जिसका अर्थ है कि बीच की सामग्री का प्रभाव न्यूनतम है। केवल प्रारंभिक छापों के आधार पर निर्णय लेने से बचने का प्रयास करें; ये निस्संदेह आपको किसी न किसी रूप में धोखा देंगे। निष्पक्ष और निष्पक्ष रूप से सभी पहलुओं का मूल्यांकन करें - हालांकि यह कहना आसान है लेकिन करना आसान नहीं है - जैसे कि हर पाँच मिनट में अंकों को नोट करके साक्षात्कार आयोजित करना और फिर बाद में उनका औसत निकालना यह सुनिश्चित करने के लिए कि सभी पहलुओं को समान रूप से गिना जाए जैसे हैलो और अलविदा स्कोर।

ध्यान का भ्रम (अध्याय 88) भी देखें; स्लीपर इफ़ेक्ट (अध्याय 70); प्रमुखता प्रभाव (अध्याय 83)

क्यों घर का बना सबसे अच्छा है?

नॉट-इनवेंटेड-हियर सिंड्रोम

मेरी खाना पकाने की क्षमताएँ बुनियादी हैं, और मेरी पत्नी यह जानती है। हालाँकि, कभी-कभार, मैं कुछ खाने योग्य चीज़ बनाने में कामयाब हो जाता हूँ। हाल ही में, कुछ सोल खरीदते समय, मैंने सफेद वाइन, शुद्ध पिस्ता नट्स, शहद, कसा हुआ संतरे के छिलके और बाल्समिक सिरका से बना एक असामान्य सॉस बनाया - और जब उसने इसे चखा तो उसने इसे एक प्रयोग के रूप में बहुत बोल्ड के रूप में देखा; लेकिन मुझे लगा कि इसका स्वाद अद्भुत है और मैंने इसका विवरण भी समझाया लेकिन उसके हाव-भाव में कोई बदलाव नहीं देखा गया।

दो हफ्ते बाद, मेरी पत्नी ने फिर से रात के खाने के लिए सोल तैयार किया, इस बार उसने इसे खुद ही पकाया। उसने दो सॉस तैयार किए: उसकी आजमाई हुई ब्यूरे ब्लैंक सॉस और साथ ही एक शौर्ष फ्रांसीसी शेफ की असामान्य रेसिपी जिसका स्वाद बहुत ही भयानक था; बाद में इसके स्थान पर स्विस के रूप में प्रकट किया गया! स्पष्टतः उसने मुझे चकमा दे दिया; मैं नॉट-इन्वेंटेड-हियर सिंड्रोम (एनआईएच सिंड्रोम) का शिकार हो गया था, जिसमें आप जो भी रचना करते हैं वह उसके बाद आने वाली किसी भी चीज़ की तुलना में श्रेष्ठ हो जाती है।

एनआईएच सिंड्रोम लोगों को अपने विचारों से प्यार करने का कारण बनता है। यह न केवल मछली सॉस व्यंजनों पर लागू होता है, बल्कि आंतरिक रूप से विकसित सभी प्रकार के समाधानों, व्यावसायिक विचारों और आविष्कारों पर भी लागू होता है; कंपनियां अक्सर ऐसी अवधारणाओं को बाहरी स्रोतों से प्राप्त किसी भी अवधारणा से अधिक महत्वपूर्ण मानती हैं; हालाँकि यह आवश्यक नहीं है कि यह वास्तविकता में सटीक हो। हाल ही में मेरी मुलाकात स्वास्थ्य बीमा कंपनियों के लिए एक सॉफ्टवेयर प्रदाता के सीईओ से हुई। उन्होंने बताया कि उनकी कंपनी के लिए - भले ही वह सेवा, सुरक्षा और कार्यक्षमता के मामले में बाजार में सबसे आगे है - अपने सॉफ्टवेयर उत्पादों को संभावित ग्राहकों को सीधे बेचना कितना मुश्किल था। कई बीमाकर्ताओं का मानना है कि उनके स्वयं के घरेलू समाधान इष्टतम समाधान प्रदान करते हैं, फिर भी एक अन्य सीईओ ने मुझे बताया कि मुख्यालय में अपने कर्मचारियों को दूर-दराज की सहायक कंपनियों से प्रस्तावित समाधान स्वीकार करने के लिए मनाना कितना मुश्किल था।

जब लोग समस्याओं को हल करने के लिए सहयोग करते हैं और इन विचारों का स्वयं मूल्यांकन करते हैं, तो एनआईएच सिंड्रोम अपरिहार्य रूप से प्रकट होगा और अपना काम करेगा। इस प्रकार इसका अनिवार्य रूप से एक प्रभावशाली परिणाम होता है जिसके परिणामस्वरूप इसकी प्रभावशाली अभिव्यक्ति होती है। इससे स्थिति और भी महत्वपूर्ण हो जाती है।
टीमों को दो समूहों में विभाजित करना समझ में आता है: एक विचार उत्पन्न करेगा जबकि दूसरा उन्हें रेट करेगा, एक टीम द्वारा उत्पन्न विचारों का दूसरे द्वारा मूल्यांकन किया जाएगा, फिर उलट दिया जाएगा - इस तरह दोनों समूहों को विचार बनाने और दूसरे से अवधारणाओं की रेटिंग करने में समान समय मिलता है। हम अपने स्वयं के व्यावसायिक विचारों का मूल्यांकन दूसरों द्वारा प्रस्तावित विचारों की तुलना में अधिक सकारात्मक रूप से करते हैं - यह उद्यमशीलता की

सफलता के लिए आवश्यक विशेषता है, फिर भी अक्सर स्टार्ट-अप व्यवसायों में निराशाजनक रिटर्न का कारण बनता है।

मनोवैज्ञानिक डैन एरीली ने एनआईएच सिंड्रोम की मात्रा निर्धारित करने के लिए द न्यूयॉर्क टाइम्स में अपने ब्लॉग का उपयोग किया। एरीली ने पाठकों से छह समस्याओं का समाधान प्रदान करने का अनुरोध किया, जैसे "कानून द्वारा सीमित किए बिना शहर पानी की खपत कैसे कम कर सकते हैं?" सुझाव देना और व्यवहार्यता का मूल्यांकन करना; प्रस्तावित प्रत्येक विचार में समय और धन निवेश को और निर्दिष्ट करना; अंततः केवल पचास शब्दों का उपयोग करते हुए, प्रदान की गई सभी प्रतिक्रियाएँ बिल्कुल मेल खाती हैं। इसके बावजूद, अधिकांश पाठकों ने अपनी प्रतिक्रियाओं को अपने साथी योगदानकर्ताओं की तुलना में अधिक महत्वपूर्ण और लागू माना, भले ही प्रस्तुतियाँ व्यावहारिक रूप से समान थीं।

सामाजिक स्तर पर, एनआईएच सिंड्रोम के विनाशकारी परिणाम हो सकते हैं। हम अक्सर अन्य संस्कृतियों के बुद्धिमान विचारों को केवल इसलिए खारिज कर देते हैं क्योंकि हम उनकी सिद्ध खूबियों की सराहना नहीं कर सकते। स्विट्ज़रलैंड, जहां प्रत्येक राज्य या कैंटन (फ्रेंच में कैंटोनसेली उच्चारित) के पास कुछ शक्तियां हैं, स्वास्थ्य में राष्ट्रीय भागीदारी (एनआईएच) के एक असामान्य मामले का घर था, जब एक छोटे कैंटन ने 1990 में एक नाराज संघीय अदालत के फैसले के बावजूद महिलाओं के मताधिकार को मंजूरी देने से इनकार कर दिया था। इसे बदल दिया - स्वास्थ्य में राष्ट्रीय हस्तक्षेप का एक और ज्वलंत उदाहरण। 1960 के दशक के दौरान ब्रिटिश परिवहन इंजीनियरों द्वारा डिजाइन किए गए और पूरे ब्रिटेन में लागू किए गए आधुनिक ट्रैफिक राउंडअबाउट पर भी विचार करें। यह कठोर उपज आवश्यकताओं का दावा करता है। कई दशकों के विस्मृति और प्रतिरोध के बाद, राउंडअबाउट जैसे यातायात भीड़ कम करने के उपाय अंततः उत्तरी अमेरिका और महाद्वीपीय यूरोप दोनों में फैल गए। अकेले फ्रांस में अब 30,00 से अधिक गोलचक्कर हैं जिनका श्रेय कई फ्रांसीसी लोग गलती से इसके निर्माता को देते हैं, जिन्होंने प्लेस डे ल'एटोइल को डिज़ाइन किया था।

निष्कर्ष: हम अपने ही विचारों में बह जाते हैं, जिससे हम उनकी शक्ति के नशे में चूर हो जाते हैं। शांत रहने और उनकी गुणवत्ता का निष्पक्षता से मूल्यांकन करने के लिए - पिछले दस वर्षों में आपके कौन से विचार वास्तव में उत्कृष्ट थे? बिल्कुल।

आत्मनिरीक्षण भ्रम (अध्याय 67) भी देखें; बंदोबस्ती प्रभाव (अध्याय 23); स्व-सेवा पूर्वाग्रह (अध्याय 45); झूठी आम सहमति प्रभाव (अध्याय 77)

अथाह संपत्ति से लाभ कैसे प्राप्त करें

"सभी हंस सफेद हैं।" सदियों तक यह कथन सत्य रहा। प्रत्येक बर्फीला नमूना इस दावे का प्रमाण था; कोई अन्य रंग? अकल्पनीय. यह 1697 तक था, जब विलेम डी व्लामिंग को पहली बार ऑस्ट्रेलिया के एक अभियान पर एक काले हंस का सामना करना पड़ा; तब से काले हंस जीवन में असंभवताओं का प्रतीक बन गए हैं।

1987 में एक दिन ऐसा ही था - नसीम तालेब ने अपनी पुस्तक में इस घटना का प्रसिद्ध वर्णन किया है और इसके परिणाम के बारे में कोई चेतावनी नहीं दी है! एक ब्लैक स्वान घटना.

ब्लैक स्वान घटनाएँ अकल्पनीय घटनाएँ हैं जो नाटकीय रूप से जीवन, करियर और समाज को बदल देती हैं - उल्कापिंडों से जो आप पर हमला करते हैं से लेकर कैलिफ़ोर्निया में सटर की सोने की खोज या सटर की मृत्यु तक; सटर की खोज से लेकर स्पूतनिक और इंटरनेट ब्राउज़र विकास तक; या कोई अन्य मुठभेड़ जो जीवन को पूरी तरह से उलट देती है - प्रत्येक संभावित ब्लैक स्वान हैं जिनके सकारात्मक या नकारात्मक प्रभाव हो सकते हैं - ये सभी ब्लैक स्वान के रूप में योग्य हैं।

डोनाल्ड रम्सफेल्ड एक बार एक प्रेस कॉन्फ्रेंस में एक शक्तिशाली दार्शनिक विचार व्यक्त करने के लिए प्रसिद्ध थे: ऐसी चीजें हैं जिन्हें हम निश्चित रूप से जानते हैं ('ज्ञात तथ्य'), कुछ चीजें जो अज्ञात रहती हैं (ज्ञात अज्ञात), और वे चीजें जो हमारे लिए छिपी या रहस्यमय रहती हैं ('अज्ञात अज्ञात')।

क्या हम वर्तमान में ब्रह्मांड के आकार और दायरे, ईरान में परमाणु हथियारों की उपस्थिति की खोज कर रहे हैं, या इंटरनेट हमें स्मार्ट या मूर्ख बनाता है या नहीं? ये प्रश्न 'ज्ञात अज्ञात' का प्रतिनिधित्व करते हैं, जिनके पर्याप्त प्रयास से हम एक दिन उत्तर प्रदान करने की आशा कर सकते हैं; फेसबुक उन्माद जैसे अज्ञात अज्ञात के विपरीत, जिसकी दस साल पहले शुरुआत में किसी ने भी उम्मीद नहीं की थी: यह वास्तव में अप्रत्याशित और अप्रत्याशित था।

काले हंस क्यों महत्वपूर्ण हैं? हालाँकि यह अजीब लग सकता है, ब्लैक स्वान समय के साथ तेजी से घटित हो रहे हैं और तेजी से परिणामी होते जा रहे हैं। हालाँकि हम अपने भविष्य के लिए निश्चितता के साथ योजना बना सकते हैं, ब्लैक स्वान जैसी अप्रत्याशित घटनाएँ अक्सर हमें प्रतिक्रिया देने में उलझा सकती हैं।
फीडबैक लूप और अरेखीय प्रभाव अक्सर हमारे सर्वोत्तम इरादों को नष्ट कर देते हैं, जिससे अप्रत्याशित परिणाम मिलते हैं। इसका एक कारण हमारे दिमाग की शिकार करने और इकट्ठा करने की अंतर्निहित क्षमता है। पाषाण युग के समय में, शिकारियों को शायद ही किसी असाधारण चीज़ का सामना करना पड़ता था - हमारे हिरणों का पीछा अक्सर धीमा या तेज़, मोटा या पतला होता था। हर चीज़ एक स्थिर माध्य की ओर प्रवृत्त थी।

आज का दिन अलग है; एक सफलता आपकी आय को परिमाण के क्रम से कई गुना बढ़ा सकती है - बस लैरी पेज, उसेन बोल्ट, जॉर्ज सोरोस, जे.के. से पूछें। उदाहरण के लिए राउलिंग या बोनो। अब से पहले ऐसी किस्मत अकल्पनीय थी - हाल ही में ऐसे कारनामे संभव हुए हैं और हमारे आधुनिक

समय में चरम परिदृश्यों का डर पैदा हो गया है। चूँकि संभावनाएँ शून्य से नीचे नहीं गिर सकतीं और मानवीय विचार अक्सर त्रुटियाँ प्रदर्शित करते हैं, आपको यह मान लेना चाहिए कि हर चीज़ की संभावना शून्य से ऊपर है।

क्या किया जा सकता है? अपने आप को उन स्थितियों में रखें जो आपको सवारी पकड़ने की अनुमति दे सकें।

एक सकारात्मक ब्लैक स्वान घटना का अनुभव करने के लिए पर्याप्त भाग्यशाली होने की संभावना बनाएं (हालांकि यह बेहद असंभव है)। एक स्केलेबल उत्पाद के साथ एक कलाकार, आविष्कारक या उद्यमी बनने पर विचार करें। एक कर्मचारी, दंत चिकित्सक या पत्रकार के रूप में अपना समय बेचने से काम नहीं चलेगा - हालाँकि अगर इस रास्ते पर चलने के लिए मजबूर किया जाता है तो ऐसे वातावरण से बचें जो नकारात्मक ब्लैक स्वान घटनाओं को उत्पन्न होने की अनुमति दे सकता है।
कर्ज से दूर रहें, अपनी बचत को यथासंभव रूढ़िवादी तरीके से निवेश करें, और चाहे आपकी बड़ी सफलता हो या न हो, मामूली जीवन स्तर पर रहना स्वीकार करें।

अस्पष्टता विमुखता पर नोट्स (अध्याय 80); पूर्वानुमान भ्रम (अध्याय 40); इस पुस्तक से वैकल्पिक पथ (अध्याय 39) और अपेक्षाएँ (अध्याय 62)।

ज्ञान अहस्तांतरणीय है

स्पष्ट सोच के बारे में किताबें लिखने से कई पुरस्कार मिलते हैं: व्यापार जगत के नेता और निवेशक अच्छे पैसे के लिए इस पर बातचीत करने के लिए मुझे भुगतान करने में प्रसन्न होते हैं, हालांकि यह अजीब लगता है क्योंकि किताबें बहुत सस्ती हैं। एक चिकित्सा सम्मेलन में मैंने चिकित्सा से सादृश्य का उपयोग करते हुए आधार दर की उपेक्षा पर एक भाषण दिया: विशेष रूप से जब 40 वर्षीय रोगियों के बीच सीने में तेज दर्द पर चर्चा की गई तो यह हृदय रोग या बस तनाव का संकेत हो सकता है - तनाव की संभावना बहुत अधिक है (उच्च आधार के साथ) दर), इसलिए हृदय की स्थिति या तनाव के परीक्षण से पहले इस संभावना का परीक्षण करना समझदारी होगी - जब मैंने अर्थशास्त्र का उदाहरण इस्तेमाल किया तो सभी डॉक्टरों ने इसे सहजता से समझा; हालाँकि, इस विचार को विस्तार से समझने की कोशिश करते समय सबसे अधिक लड़खड़ाहट हुई, जब चिकित्सा से अर्थशास्त्र के उदाहरण का उपयोग करते समय की तुलना में चिकित्सा या सामान्य रूप से दवा से तुलना की गई, आधार दर उपेक्षा के इस पहलू को समझाते समय यह सादृश्य सबसे अधिक बुरी तरह से लड़खड़ाया: अर्थशास्त्र के उदाहरण का उपयोग करते समय सबसे अधिक लड़खड़ाया। आधार दर उपेक्षा के बारे में बोलते समय (आधार दर उपेक्षा आसान है)।

निवेशकों की तरह, दर्शकों के सामने बोलते समय मुझे भी ऐसी ही घटनाओं का अनुभव होता है: जब वित्त या अर्थशास्त्र के उदाहरणों का उपयोग करके स्पष्ट किया जाता है तो भ्रांतियां तुरंत पकड़ में आ जाती हैं; लेकिन अगर मैं जीव विज्ञान के उदाहरणों का उपयोग करता हं तो वे खोए हुए लगते हैं - यह दर्शाता है कि कैसे अंतर्दृष्टि क्षेत्रों के बीच आसानी से नहीं गुजरती है - एक प्रभाव जिसे डोमेन निर्भरता के रूप में जाना जाता है।

हैरी मार्कोविट्ज़ ने "पोर्टफोलियो चयन" के सिद्धांत के लिए अर्थशास्त्र में 1990 का नोबेल पुरस्कार जीता। यह प्रक्रिया जोखिम और रिटर्न दोनों को ध्यान में रखते हुए पोर्टफोलियो की इष्टतम संरचना निर्धारित करती है। जब मार्कोविट्ज़ की अपनी बचत पर लागू किया गया - उन्हें स्टॉक और बॉन्ड के बीच कैसे आवंटित किया जाए - उन्होंने बस 50/50 वितरण चुना। नोबेल पुरस्कार प्राप्तकर्ता अपने व्यक्तिगत मामलों में अपनी कार्यप्रणाली प्रक्रिया को प्रभावी ढंग से लागू नहीं कर सका; डोमेन निर्भरता का एक स्पष्ट मामला; इसलिए शिक्षा जगत से ज्ञान को दैनिक जीवन में स्थानांतरित करने में असफल होना।

मेरा मित्र एड्रेनालाईन उत्साही है। उसे अन्य साहसिक कार्यों के अलावा, अपने नंगे हाथों से लटकती चट्टानों पर चढ़ना और विंगसूट में पहाड़ों से कूदना पसंद है। पिछले सप्ताह उन्होंने मुझे बताया कि व्यवसाय शुरू करना जोखिम भरा क्यों हो सकता है; दिवालियापन को हमेशा एक विकल्प के रूप में बाहर नहीं रखा जा सकता। जब हमने उनकी बात पर चर्चा की, तो मैंने जवाब दिया 'व्यक्तिगत रूप से, मैं मरने के बजाय दिवालिया होना पसंद करूंगा!' उसने मेरे तर्क की सराहना नहीं की!

एक लेखक के रूप में, मैं विशेषज्ञता के एक क्षेत्र से दूसरे क्षेत्र में संक्रमण में आने वाली कठिनाई को समझता हं। उपन्यासों की योजना बनाना और पात्रों का निर्माण करना मेरे लिए आसानी से आता है; खाली पन्ने मुझे नहीं डराते! दूसरी ओर, खाली बक्सों और स्क्रीन से निपटना बिल्कुल अलग है।

आंतरिक साज-सज्जा कठिन हो सकती है; मैं बिना किसी विचार के अंतरिक्ष में घंटों घूरता रह सकता हूँ।

व्यवसाय अक्सर डोमेन निर्भरता पर निर्भर रहते हैं। एक सॉफ्टवेयर कंपनी एक प्रभावी उपभोक्ता-वस्तु विक्रेता को काम पर रख सकती है और उसे पता चलेगा कि उसकी प्रतिभा को उपभोक्ता उत्पादों से सेवाओं की बिक्री में स्थानांतरित करना बेहद चुनौतीपूर्ण साबित होता है। एक प्रस्तुतकर्ता जो छोटे समूहों से बात करने में उत्कृष्टता प्राप्त करता है, जब उसके दर्शकों की संख्या 100 से अधिक हो जाती है तो वह लड़खड़ा सकता है; या एक कुशल विपणक में सीईओ की भूमिका से परिवर्तन होते ही अचानक किसी रणनीतिक रचनात्मकता की कमी हो सकती है।

मार्कोविट्ज़ हमें एक उदाहरण प्रदान करता है जो इस बात पर प्रकाश डालता है कि पेशेवर से निजी जीवन में संक्रमण कितना कठिन हो सकता है। मैं ऐसे सीईओ के बारे में जानता हूं जो काम में अग्रणी के रूप में उत्कृष्ट हैं, फिर भी जब कार्यालय की दीवारों के बाहर घनिष्ठ संबंधों का समय आता है तो वे खोखले लगते हैं। जैसा कि अक्सर होता है, जब सिगरेट पीने और तंबाकू उत्पादों का उपयोग करने की बात आती है तो डॉक्टर सबसे खराब पेशा है। पुलिस अधिकारी आम नागरिकों की तुलना में घर में दोगुने हिंसक होते हैं जबकि साहित्यिक आलोचकों को उनकी पुस्तकों के लिए खराब समीक्षा मिलती है। युगल चिकित्सक अपने ग्राहकों की तुलना में अधिक कमजोर विवाह करते हैं; गणित के प्रोफेसर बैरी मज़ूर के अनुसार। "कई साल पहले मैं यह तय करने की कोशिश कर रहा था कि मुझे स्टैनफोर्ड से हार्वर्ड जाना चाहिए या नहीं।" अंतहीन चर्चा से मेरे दोस्तों को बोर करने के बाद, एक ने सुझाव दिया कि मैं मोटे तौर पर गणना करने के लिए अपनी अपेक्षित उपयोगिता के साथ-साथ लागत और लाभों की एक सूची तैयार कर लूं। बिना सोचे-समझे, मेरी प्रतिक्रिया थी: 'चलो सैंडी, यह गंभीर है।'" मेरी प्रतिक्रिया पर ठीक से विचार किए बिना, मेरी प्रतिक्रिया थी:

ज्ञान को एक क्षेत्र से दूसरे क्षेत्र में स्थानांतरित करना चुनौतीपूर्ण हो सकता है, विशेष रूप से अकादमिक और वास्तविक जीवन सेटिंग्स के बीच - और विशेष रूप से अकादमिक और वास्तविक जीवन सेटिंग्स जैसे अकादमिक बनाम वास्तविक जीवन परिदृश्यों के बीच। दुर्भाग्य से, यह बात इस पुस्तक के ज्ञान पर भी लागू होती है: आपको इसे दैनिक जीवन में लागू करने में कठिनाई हो सकती है; यहां तक कि इसके लेखक के रूप में मेरे लिए भी वह परिवर्तन कठिन साबित हुआ! बुक स्मार्ट का अनुवाद आसानी से स्ट्रीट स्मार्ट में नहीं होता।

डिफॉर्मेशन प्रोफेशनल (अध्याय 92) भी देखें; चालक ज्ञान (अध्याय 16) और ट्वैडल प्रवृति (अध्याय 57)

समान विचारधारा का मिथक

आप कौन सा संगीत पसंद करते हैं: 60 या 80 के दशक का संगीत? आम जनता कैसे प्रतिक्रिया देगी? लोग अपनी प्राथमिकताएँ दूसरों पर थोपते हैं; जो लोग 1960 के दशक को पसंद करते हैं वे यह मान सकते हैं कि अधिकांश अन्य लोग भी ऐसा ही करते हैं; इसी तरह, 1980 के दशक के उत्साही लोग यह मान सकते हैं कि अधिकांश अन्य लोगों की रुचि भी संगीत में समान है। हम अक्सर अपने आस-पास के लोगों के बीच सर्वसम्मति को अधिक महत्व दे सकते हैं और मान सकते हैं कि हर कोई हमारे विचारों और विश्वासों से सहमत है - इस घटना को गलत-आम सहमति प्रभाव के रूप में जाना जाता है।

स्टैनफोर्ड के मनोवैज्ञानिक ली रॉस ने पहली बार 1977 में 'ईट एट जोज़' के नारे से सजा एक सैंडविच बोर्ड बनाकर और यादृच्छिक रूप से चयनित छात्रों को इसे तीस मिनट के लिए परिसर में पहनने के लिए कहा, जिससे यह अनुमान लगाया गया कि कितने अन्य छात्र इसके लिए स्वेच्छा से काम करेंगे; जो लोग इस चिन्ह को पहनने के इच्छुक थे उन्होंने यह मान लिया कि अधिकांश अन्य लोग (62%) इससे सहमत होंगे, जबकि विनम्रतापूर्वक अस्वीकार करने वालों का मानना था कि अधिकांश (67%) को यह विचार बहुत मूर्खतापूर्ण लगेगा; छात्रों के दोनों समूहों ने खुद को लोकप्रिय बहुमत का हिस्सा होने की कल्पना की।

गलत-सर्वसम्मति का प्रभाव हित समूहों और राजनीतिक गुटों के बीच देखा जा सकता है जो ग्लोबल वार्मिंग जैसे अपने कारणों की लोकप्रियता को लगातार कम आंकते हैं। इससे कोई फर्क नहीं पड़ता कि आपको यह मुद्दा कितना महत्वपूर्ण लगता है, सबसे अधिक संभावना है कि आप मानते हैं कि अधिकांश अन्य लोग इस पर आपका दृष्टिकोण साझा करते हैं। राजनेता इसी तरह एक अंतर्निहित आशावाद पूर्वाग्रह के कारण अपनी लोकप्रियता को अधिक महत्व देते हैं जो उन्हें यह विश्वास दिलाने में मदद नहीं कर सकता है कि उनकी चुनाव संभावनाएं वास्तव में उनकी तुलना में अधिक हैं।

कलाकारों का हाल और भी बुरा है: नई परियोजनाएँ शुरू करते समय, कलाकार पहले से कहीं अधिक सफलता की उम्मीद करते हैं। मेरा व्यक्तिगत उदाहरण मेरे उपन्यास मास्सिमो मारिनी का निरंतर सफल होना था; आखिरकार, इसने अपने पूर्ववर्तियों की तुलना में अच्छा प्रदर्शन किया था (हालाँकि इन्हें सकारात्मक समीक्षाएँ भी मिली थीं), जो मेरे अनुमान में भी उतना ही अच्छा लगा। दुर्भाग्य से मेरे लिए, हालांकि, जनता की राय असहमत थी और मुझे गलत साबित कर दिया: इस घटना को झूठी-आम सहमति प्रभाव के रूप में जाना जाता है।

और यह व्यवसाय में समान रूप से लागू होता है: सिर्फ इसलिए कि एक अनुसंधान एवं विकास विभाग का मानना है कि उसका उत्पाद उपभोक्ताओं को पसंद आएगा, इसका मतलब यह नहीं है कि उपभोक्ता भी ऐसा करते हैं। तकनीकी पेशेवरों के नेतृत्व वाली कंपनियां इस पूर्वाग्रह को ध्यान में रखकर निर्णय लेती हैं।
आविष्कारक अपने उत्पादों की उन्नत विशेषताओं से मंत्रमुग्ध हो जाते हैं और गलत तरीके से मान लेते हैं कि ये ग्राहकों को भी आकर्षित करेंगे।

झूठी-सर्वसम्मति का प्रभाव एक अन्य कारण से आकर्षक है। जब लोग हमारी राय साझा नहीं करते हैं, तो हम तुरंत उन्हें असामान्य या संदिग्ध करार दे देते हैं। रॉस के प्रयोग ने इसकी पुष्टि की; सैंडविच बोर्ड पहनने वाले छात्रों ने उन लोगों को अहंकारी या आत्म-केंद्रित के रूप में देखा जो सहमत नहीं थे, जबकि दूसरे शिविर के लोगों ने उन्हें ध्यान आकर्षित करने वाले या संकेत-पहनने वालों को बेवकूफ और शोर मचाने वाले के रूप में देखा।

शायद आपको सामाजिक प्रमाण की भ्रांति याद आ जाए - यह विचार कि एक विचार बेहतर हो जाता है क्योंकि अधिक लोग इसकी सदस्यता लेते हैं - जो झूठी सर्वसम्मति के प्रभाव का सुझाव देता है जो कि झूठी-आम सहमति वाले चुनावों के दौरान देखा जाता है। नहीं, सामाजिक प्रमाण एक विकासवादी अस्तित्व रणनीति है। पिछले 100,000 वर्षों में अकेले चलने की तुलना में भीड़ का अनुसरण करने से हमारी त्वचा अधिक बार बची है। हालाँकि गलत-सर्वसम्मति प्रभाव पैदा करने में कोई बाहरी प्रभाव शामिल नहीं है, फिर भी वे एक सामाजिक कार्य करते हैं; इसलिए विकास ने उन्हें ख़त्म नहीं किया। हमारा मस्तिष्क सत्य को पहचानने के लिए नहीं बना है; इसके बजाय उनका उद्देश्य अधिक से अधिक बार संतान पैदा करना है। जिस किसी को भी साहसी और आश्वस्त करने वाला माना गया (झूठी-सर्वसम्मति प्रभाव के माध्यम से) उसने एक प्रभावशाली पहली छाप छोड़ी, अधिक संसाधनों को आकर्षित किया, और भविष्य की पीढ़ियों तक अपने जीन को पारित करने की संभावना बढ़ा दी। संदेह करने वालों को कम आकर्षक देखा गया।

निष्कर्ष: यह स्वीकार करना कि आपका विश्वदृष्टिकोण सार्वजनिक भावनाओं से मेल नहीं खाता है, केवल आधी लड़ाई है - अलग-अलग विचारों वाले लोगों को पूरी तरह से खारिज करने और उन पर अविश्वास करने से पहले यह न मानें कि वे बेवकूफ हैं, पहले अपनी धारणाओं पर एक कठिन, वस्तुनिष्ठ नजर डालें और खुद को चुनौती देने का प्रयास करें। भिन्न दृष्टिकोण वाले लोगों के प्रति नकारात्मक प्रतिक्रिया करने से पहले।

इन अवधारणाओं पर आगे की चर्चा के लिए सोशल प्रूफ (अध्याय 4) और नॉट-इन्वेंटेड-हियर सिंड्रोम (अध्याय 75) भी देखें।

जोखिम और अनिश्चितता का अंतर

अस्पष्टता घृणा

दो बक्से। बॉक्स A में 100 गेंदें हैं: 50 लाल और 50 काली। बॉक्स बी में, कोई फर्क नहीं पड़ता कि बिना देखे किसे चुना जाता है, 100 एक ही आकार के लेकिन कोई जानकारी नहीं है कि इनमें से कौन सी लाल या काली गेंदें होंगी, अगर कोई गलती से वहां से खींच लिया जाता है - अगर कोई लाल गेंद निकलती है, तो आप 100 डॉलर जीतेंगे ! आप कौन सा बॉक्स चुनेंगे: ए या बी? अधिकांश लोग विकल्प के रूप में A का चयन करते हैं।

बिल्कुल उन्हीं बक्सों का उपयोग करके दोबारा खेलें, और इस बार $100 में एक काली गेंद निकालने का प्रयास करें! इस बार आप कौन सा बॉक्स चुनेंगे? सबसे अधिक संभावना यह होगी कि यह ए होगा; हालाँकि, तार्किक दृष्टि से बी में कम लाल गेंदें होंगी (और इस प्रकार अधिक काली गेंदें), इस प्रकार इस बार आपकी पसंद उचित होगी।

त्रुटि आम है; चिंता न करें: इस घटना को एल्सबर्ग पैराडॉक्स के रूप में जाना जाता है और इसका नाम हार्वर्ड के पूर्व मनोवैज्ञानिक डैनियल एल्सबर्ग के नाम पर रखा गया है (उन्होंने बाद में शीर्ष-गुप्त पेंटागन पेपर्स को प्रेस में लीक कर दिया जिसके कारण अंततः राष्ट्रपति निक्सन को इस्तीफा देना पड़ा)। एल्सबर्ग विरोधाभास अनुभवजन्य प्रमाण प्रदान करता है कि हम अज्ञात संभावनाओं (बॉक्स ए बनाम बॉक्स बी) की तुलना में परिचित संभावनाओं को प्राथमिकता देते हैं।

इसलिए हम जोखिम और अनिश्चितता (या अस्पष्टता) और उनके मतभेदों पर वापस आते हैं। जोखिम का अर्थ है कि संभावनाएँ ज्ञात हैं; अनिश्चितता तब होती है जब संभावनाएँ अज्ञात रहती हैं; जोखिम को ध्यान में रखकर आप यह निर्णय ले सकते हैं कि जुआ खेलना उचित है या नहीं। अनिश्चितता निर्णय लेने को और भी कठिन बना देती है, और अक्सर विनाशकारी परिणामों की ओर ले जाती है। जोखिम और अनिश्चितता आसानी से भ्रमित हो जाते हैं - अक्सर एक बनाम दूसरे के साथ गणना करने का प्रयास करने वाले किसी भी व्यक्ति के लिए गंभीर परिणाम होते हैं। सांख्यिकी 300 साल पुराना एक प्राचीन विज्ञान है जो जोखिम की जांच करता है। अनेक प्रोफेसर इसकी अवधारणाओं का अध्ययन करते हैं; हालांकि, अनिश्चितता पर कोई पाठ्यपुस्तक मौजूद नहीं है; इसलिए हम अनिश्चितता को जोखिम श्रेणियों में बिना ज्यादा अर्थ लगाए फिट करने का प्रयास करते हैं। नीचे दो उदाहरण हैं जहां यह सिद्धांत काम करता है और एक जहां यह नहीं करता है: एक चिकित्सा से (जहां यह अच्छा काम करता है) और एक अर्थशास्त्र से (जहां यह नहीं करता है)।

पृथ्वी पर मनुष्य अरबों की संख्या में हैं। हमारे शरीर में बहुत ज्यादा अंतर नहीं होता, समान ऊंचाई और उम्र तक पहुंचते हैं (कोई भी कभी भी 100 फीट लंबा नहीं हो पाएगा)। कोई 10,000 वर्ष (या केवल मिलीसेकेंड!) तक जीवित रह सकता है। अधिकांश मनुष्यों के पास दो आंखें, चार हृदय वाल्व और 32 दांत होते हैं; इसका मतलब है कि हम दूसरी प्रजाति के दृष्टिकोण से चूहों के समान दिखाई देंगे। इसके कारण, जब कैंसर जैसी समान लक्षण वाली बीमारियों से निपटते हैं, तो यह कहना समझ में आता है, उदाहरण के लिए: '30% जोखिम है कि आप कैंसर से

मर जाएंगे।' दूसरी ओर, यह दावा करना कि "इस बात की 30% संभावना है कि यूरो पांच साल के भीतर ढह जाएगा" बिल्कुल भी समझ में नहीं आएगा। क्यों? अर्थव्यवस्था अप्रत्याशितता के माहौल में रहती है। कोई भी मुद्रा इतिहास हमें निश्चितता के साथ संभावनाएँ प्राप्त करने की अनुमति नहीं देता है; और जोखिम और अनिश्चितता के बीच का अंतर यह भी दर्शाता है कि जीवन बीमा और क्रेडिट डिफॉल्ट स्वैप में काफी अंतर क्यों है। क्रेडिट डिफॉल्ट स्वैप (सीडीएस) कंपनियों की भुगतान करने में असमर्थता के विशिष्ट डिफॉल्ट के खिलाफ बीमा पॉलिसियां हैं, जैसे जीवन बीमा आसानी से गणना योग्य रूप में जोखिमों को कवर करता है; सीडीएस हमारे जीवन में अनिश्चितता लाते हैं जिसने 2008 की वित्तीय उथल-पुथल में योगदान दिया। जब 'अति मुद्रास्फीति का जोखिम x प्रतिशत है' या 'हमारी इक्विटी स्थिति जोखिम y प्रतिशत पर है' जैसे वाक्यांश सुने जाते हैं, तो ध्यान दें: उन्हें लाल झंडे उठाने चाहिए।

जल्दबाजी में लिए गए निर्णयों से बचने के लिए आपको अस्पष्टता को स्वीकार करना सीखना चाहिए। दुर्भाग्य से, यह एक चुनौतीपूर्ण और दुर्गम कार्य हो सकता है जिसे आप सीधे प्रभावित नहीं कर सकते। आपका अमिगडाला यहां एक आवश्यक भूमिका निभाता है - मस्तिष्क के केंद्र में यह अखरोट के आकार का क्षेत्र जो स्मृति प्रसंस्करण और भावनाओं के लिए जिम्मेदार है, यहां भी एक महत्वपूर्ण भूमिका निभाता है: इसका आकार अनिश्चितता से निपटने में आपकी क्षमता या उसकी कमी को निर्धारित करता है; आपका राजनीतिक झुकाव इस गतिशीलता को दर्शाता है क्योंकि अनिश्चितता के प्रति आपकी सहनशीलता इसके निर्माण के आधार पर भिन्न होती है; कई मायनों में इसका संबंध इस बात से है कि आपका वोट कितनी बार रूढ़िवाद की ओर झुकता है - इसका प्रमाण आंशिक रूप से उनके राजनीतिक झुकाव के पीछे जैविक कारणों से होता है!

जो कोई भी स्पष्ट रूप से सोचना चाहता है उसे जोखिम और अनिश्चितता के बीच अंतर को समझना चाहिए। केवल कुछ मामलों में ही हम स्पष्ट संभावनाओं पर भरोसा कर सकते हैं - कैसिनो, सिक्का उछालनों या संभाव्यता पाठ्यपुस्तकें ऐसा आश्वासन प्रदान कर सकती हैं - अक्सर हम परेशान करने वाली अस्पष्टताओं से बचे रहते हैं जिन्हें संभालने में धैर्य की आवश्यकता होती है। इन सबको जीवन का हिस्सा मानना सीखें!

यह भी देखें: ब्लैक स्वान (अध्याय 75); संभाव्यता की उपेक्षा (अध्याय 26); आधार दर की उपेक्षा (अध्याय 28); आगे के विचार के लिए उपलब्धता पूर्वाग्रह (अध्याय 11) और वैकल्पिक पथ (अध्याय 39)। (82-91).

आप यथास्थिति पर क्यों कायम हैं?

हाल ही में एक रेस्तरां में, मैंने हताशा में उनकी वाइन सूची देखी: इरूलेगुइ? हस्र्लेवेलु? सुसुमानिएलो? हालांकि विशेषज्ञ नहीं थे, लेकिन यह स्पष्ट था कि उनका परिचारक अपने सांसारिक चयनों से हमें प्रभावित करने की कोशिश कर रहा था। अंत में पेज आठ पर "अवर फ्रेंच हाउस वाइन: रिज़र्व डु पैट्रन, बौर्गोगेन $52" के रूप में मोचन था। तुरंत एक विचार आया "निश्चित रूप से इससे बुरा कुछ नहीं हो सकता..."।

चूँकि मैंने कई साल पहले एक iPhone खरीदा था, इसने मुझे हर चीज़ को अनुकूलित करने की अनुमति दी है - डेटा उपयोग, ऐप सिंक्रोनाइज़ेशन, एन्क्रिप्शन सेटिंग्स और उनमें से कैमरा शटर ध्वनि वॉल्यूम स्तर - मेरे सटीक विनिर्देशों के अनुसार। लेकिन आप सही अनुमान लगा सकते हैं: अभी तक कोई भी कॉन्फ़िगर नहीं किया गया है!

मूलतः, मैं तकनीकी रूप से चुनौतीपूर्ण नहीं हूँ; बल्कि मैं बस "डिफ़ॉल्ट प्रभाव" का एक और शिकार हूँ। जब कोई चीज़ हमें आरामदायक और आकर्षक लगती है, तो हम उसकी डिफ़ॉल्ट सेटिंग से चिपके रहते हैं - जैसे घरेलू वाइन और फ़ैक्टरी सेलफोन सेटिंग, जिसमें हम आमतौर पर ख़ुशी से बस जाते हैं। मेरी ही तरह, कई अन्य लोग व्यक्तिगत विकल्पों के बजाय मानक विकल्प पसंद करते हैं - उदाहरण के लिए, नई कार खरीदते समय कई खरीदार अन्य मॉडलों में इसकी उपलब्धता की परवाह किए बिना डिफ़ॉल्ट रंग का चयन करते हैं; कई खरीदार इसकी परवाह किए बिना इसे चुनते हैं। कई लोग किसी भी अन्य चीज़ की अपेक्षा डिफ़ॉल्ट का विकल्प चुनते हैं!

अर्थशास्त्री रिचर्ड थेलर और कानून के प्रोफेसर कैस सनस्टीन ने अपनी पुस्तक नज में बताया है कि कैसे सरकारें संवैधानिक रूप से संरक्षित स्वतंत्रता का उल्लंघन किए बिना अपने नागरिकों का प्रभावी ढंग से मार्गदर्शन कर सकती हैं। लोगों को अपने और अपने पड़ोसियों के लिए कार-बीमा पॉलिसियों के बारे में जानकारीपूर्ण निर्णय लेने के लिए अधिकारियों को केवल कुछ विकल्प पेश करने की आवश्यकता है - जिसमें हमेशा उनके बीच निर्णय लेने में असमर्थ लोगों के लिए "आउट" भी शामिल है। न्यू जर्सी और पेंसिल्वेनिया ने अपने निवासियों को प्रदान की गई दो कार-बीमा पॉलिसियों के साथ इसका प्रदर्शन किया। न्यू जर्सी ने इस नीति को अपने मानक विकल्प के रूप में विज्ञापित किया और अधिकांश लोग इसकी कम लागत और दुर्घटना होने पर कुछ मुआवजे के अधिकारों की छूट को स्वीकार करने से खुश थे। पेंसिल्वेनिया ड्राइवर अपनी मानक पसंद के रूप में दूसरे, अधिक महंगे विकल्प को चुनने के प्रति अधिक इच्छुक लग रहे थे, और जल्दी ही इसे अपना शीर्ष विक्रेता बना लिया। यह परिणाम काफी उल्लेखनीय था क्योंकि दोनों राज्यों के ड्राइवर आम तौर पर समान हैं।
किसी व्यक्ति की पसंद और उसके वांछित बजट के आधार पर कवरेज भिन्न हो सकती है।

इस प्रयोग पर विचार करें: अंग दाताओं की भारी कमी है, फिर भी केवल 40% ही अंग दान का विकल्प चुनते हैं। एरिक जॉनसन और डैन गोल्डस्टीन ने एक सर्वेक्षण आयोजित कर लोगों से पूछा कि क्या मृत्यु के बाद वे सक्रिय रूप से बाहर निकलना चाहते हैं। अंग दान को ऑप्ट-इन/ऑप्ट-आउट डिफॉल्ट के बजाय डिफ़ॉल्ट विकल्प बनाने से, टेक-अप नाटकीय रूप से

40% से बढ़कर 80% से अधिक हो गया! इसने ऑप्ट-इन डिफ़ॉल्ट बनाम ऑप्ट-आउट डिफ़ॉल्ट दृष्टिकोण के बीच बड़ा अंतर दिखाया।

जब कोई मानक विकल्प निर्दिष्ट नहीं किया जाता है, तो हम जो भी डिफ़ॉल्ट सेटिंग मौजूद होती है, उसके साथ काम करते हैं और उसकी वर्तमान स्थिति का विस्तार और सत्यापन करते हैं। मानव स्वभाव वही पसंद करता है जो वे जानते हैं; कुछ नया आज़माने या जो हम पहले से जानते हैं उसी पर टिके रहने के बीच विकल्प दिए जाने पर, कई लोग यह जानने के बावजूद कि किसी भी बदलाव से उन्हें लाभ होगा, परिचित चीज़ों पर टिके रहने का पक्ष लेते हैं; मेरा बैंक मुझसे खाता विवरण डाक से भेजने के लिए सालाना $60 का शुल्क लेता है; इसके बजाय उन्हें डाउनलोड करने से यह खर्च बच जाएगा, फिर भी किसी तरह यह सेवा अभी भी मुझे परेशान करती है; शायद इसलिए क्योंकि यह काफी सुरक्षित लगता है?

तो यथास्थिति पूर्वाग्रह कहाँ से उत्पन्न होता है? हानि से बचने की भावना इस घटना में एक अभिन्न भूमिका निभाती है। हानियाँ हमें लाभ की तुलना में दोगुनी तीव्रता से प्रभावित करती हैं और यह अनुबंध पर पुनः बातचीत जैसे कार्यों को बेहद चुनौतीपूर्ण बना देती है - आपके द्वारा दी गई प्रत्येक रियायत आपको वापस प्राप्त होने वाली किसी भी चीज़ की तुलना में दोगुनी भारी होती है, जिससे ऐसे आदान-प्रदान के माध्यम से शुद्ध घाटा होता है।

डिफ़ॉल्ट प्रभाव और यथास्थिति पूर्वाग्रह दोनों ही चीजें जैसी हैं, उसी पर कायम रहने की हमारी मजबूत प्रवृत्ति को प्रदर्शित करते हैं, भले ही इससे हमें नुकसान हो। डिफ़ॉल्ट सेटिंग्स को अलग तरीके से सेट करके मानव व्यवहार को बदलकर, आप मानव निर्णयों को अधिक सफलतापूर्वक प्रभावित कर सकते हैं।

"शायद हमारा जीवन एक भव्य, छिपी हुई डिफ़ॉल्ट अवधारणा का पालन करता है," मैंने एक रात्रिभोज साथी को सुझाव दिया, जिससे उसे गहरी दार्शनिक चर्चा में उकसाया जा सके। इसके बजाय, रिज़र्व डु पैट्रन वाइन का नमूना लेने के बाद उन्होंने बस इतना कहा, 'शायद इसके लिए बस समय चाहिए।'
निर्णय थकान (अध्याय 53) भी देखें; पसंद का विरोधाभास (अध्याय 21); हानि टालना (अध्याय 32)।

क्यों "आखिरी मौका" हमें भयभीत कर देता है?

पछतावे का डर || पॉल के पास कंपनी ए में शेयर हैं, लेकिन साल के दौरान वह उन्हें बेचने और कंपनी बी से शेयर खरीदने पर विचार कर रहा था - आखिरकार उसने ऐसा न करने का विकल्प चुना और आज उसे एहसास हुआ कि अगर उसने ऐसा किया होता तो उसे अतिरिक्त $1,200 की कमाई होती। इस बीच जॉर्ज के पास कंपनी बी के शेयर थे लेकिन उन्होंने ए शेयर खरीदने के लिए उन्हें बेच दिया; आज दोनों व्यक्तियों को एहसास हुआ कि वे इसके बजाय बी के साथ बने रहना बेहतर बना सकते थे और अतिरिक्त $1200 का लाभ प्राप्त कर सकते थे यदि वे इसे लंबे समय तक अटकाए रखते; कौन अधिक पछतावा महसूस करता है? पॉल या जॉर्ज?

पछतावा गलत निर्णय लेने की भावना है, काश कोई हमें एक और मौका देता। जब पूछा गया कि खराब विकल्प चुनने के बाद किसे बुरा लगेगा, तो केवल 8% ने पॉल को चुना जबकि 92% ने जॉर्ज को चुना, जबकि दोनों स्थितियाँ समान थीं: पॉल और जॉर्ज दोनों ने खराब स्टॉक विकल्प चुने, जिससे उनकी जेब से समान राशि का नुकसान हुआ; पॉल के पास पहले से ही ए में शेयर थे जबकि जॉर्ज को उन्हें स्वयं खरीदना पड़ा, पॉल निष्क्रिय था जबकि जॉर्ज सक्रिय रूप से काम कर रहा था - ऐसा प्रतीत होता है कि जो लोग मुख्यधारा के तर्क का पालन नहीं करते हैं उन्हें अधिक पछतावा होता है।

अभिनय हमेशा पछतावे का कारण नहीं होता; कभी-कभी निष्क्रियता इसके बारे में कुछ करने की तुलना में अधिक भावनात्मक प्रभाव पैदा कर सकती है। उदाहरण के लिए, एक प्रकाशन गृह को लीजिए जो आधुनिक ई-पुस्तकों को प्रकाशित करने से इनकार करने में अकेला खड़ा है; इसके मालिक का कहना है कि परंपरा के अनुसार किताबें कागज पर ही छपी रहनी चाहिए। कुछ ही समय बाद, ई-पुस्तक रणनीतियों को लॉन्च करने की योजना वाले नौ प्रकाशक विफल हो गए थे; इससे केवल पारंपरिक पेपर प्रकाशक ही दिवालिया होने से पहले बचे रह गए - जिसमें एक ऐसा प्रकाशक भी शामिल है जिसने कोशिश की लेकिन अंततः हार मान ली और पारंपरिक प्रकाशक की राह पर चला गया और पारंपरिक प्रकाशन गृह ही अंतिम शिकार बने; आखिरकार, लिए गए निर्णयों की इस शृंखला के बारे में सबसे अधिक किसने महसूस किया? और सबसे अधिक समर्थन किसने जीता? दाएँ: पारंपरिक पेपर-ओनली प्रकाशक ट्रेंडी ई-ग्रंबलर प्रकाशित करने के खिलाफ अपने पारंपरिक रुख के साथ!

एक उदाहरण के रूप में डैनियल काह्नमैन की पुस्तक थिंकिंग, फास्ट एंड स्लो पर विचार करें: प्रत्येक विमान दुर्घटना के बाद, हम एक ऐसे व्यक्ति के बारे में सुनते हैं जो एक दिन पहले या बाद में उड़ान भरने का इरादा रखता था, लेकिन किसी भी कारण से अंतिम समय में अपनी बुकिंग बदल दी - एक अपवाद पैदा किया जो हमारा ध्यान आकर्षित करता है शुरू से ही दुर्भाग्यपूर्ण उड़ान में सवार उन 'सामान्य' यात्रियों की तुलना में सहानुभूति अधिक थी।
पछतावे का डर हमें अतार्किक कार्य करने पर मजबूर कर सकता है; हम पर इसकी अवांछित पकड़ से बचने के लिए, हम अक्सर रूढ़िवादी तरीके से कार्य करते हैं ताकि दूसरे हमसे जो अपेक्षा करते हैं उससे बहुत दूर न जाएँ। कोई भी प्रतिरक्षित नहीं है; यहां तक कि अत्यधिक आश्वस्त व्यापारी भी 31 दिसंबर (प्रदर्शन समीक्षा और बोनस गणना के लिए डी-डे) पर अधिक विदेशी स्टॉक बेचते हैं ताकि झुंड से बहुत दूर न जाएं। इसी तरह, पछतावे का डर (एंडोमेंट प्रभाव के रूप में जाना जाता है)

लोगों को उन वस्तुओं को त्यागने से रोकता है जिनकी अब आवश्यकता नहीं है - इसके पछतावे के परिणामों के डर से, अगर यह पता चला कि आखिरकार आपको उन घिसे-पिटे टेनिस जूतों की ज़रूरत थी!

पछतावा विशेष रूप से भारी हो सकता है जब उसे "अंतिम अवसर" की पेशकश के साथ जोड़ा जाता है, जैसे कि सफारी ब्रोशर जो दावा करते हैं कि वे "गैंडे को उसकी प्रजाति विलुप्त होने से पहले देखने का आपका आखिरी अवसर" प्रदान करते हैं। लेकिन ऐसे अतार्किक उद्देश्य के लिए अभी कोई यूरोप से इतनी उड़ान क्यों भरेगा?

तो मान लीजिए कि आपने लंबे समय से अपना खुद का घर बनाने का सपना देखा है, फिर भी जमीन दुर्लभ होती जा रही है और झील के नज़ारे वाले केवल कुछ ही भूखंड बचे हैं; तीन आए और चले गए, केवल एक को आखिरी मौके के रूप में छोड़ दिया! ऐसा प्रतीत होता है कि आखिरी अवसर उपलब्ध होने पर घबराहट महसूस करते हुए, आप इस भूखंड को अत्यधिक कीमत पर खरीदते हैं, यह विश्वास करते हुए कि यही हो सकता है; वास्तविकता तो यह है कि आश्चर्यजनक झील के दृश्यों के साथ अचल संपत्ति बाजार में दिखाई देती रहेगी; आखिरी मौके हमें घबरा सकते हैं, हमें इस रास्ते पर ले जा सकते हैं - यहां तक कि अनुभवी सौदा निर्माताओं के लिए भी!

कमी त्रुटि (अध्याय 27) भी देखें; बंदोबस्ती प्रभाव (अध्याय 23); वैकल्पिक पथ (अध्याय 39) और फ्रेमिंग (अध्याय 42)

आकर्षक विवरण जो हमें भटका देते हैं।

एक पल के लिए कल्पना करें कि मारिजुआना पिछले कुछ समय से मुख्यधारा के मीडिया प्रवचन का केंद्र बिंदु रहा है, जिसमें टेलीविज़न शो में गड्ढों, गुप्त उत्पादकों और डीलरों को चित्रित किया गया है; टैब्लॉयड प्रेस में धूम्रपान करती 12 वर्षीय लड़कियों की तस्वीरें छापी गईं; चिकित्सा पहलुओं के साथ-साथ मारिजुआना के उपयोग के दार्शनिक विचारों की खोज करने वाली ब्रॉडशीट - हर कोई इसके बारे में बात करता हुआ प्रतीत होता है! आइए मान लें कि धूम्रपान किसी भी तरह से ड्राइविंग पर प्रतिकूल प्रभाव नहीं डालता है - कोई भी ड्राइवर किसी बिंदु पर सिर्फ संयोगवश दुर्घटना में शामिल हो सकता है; इसी प्रकार जोड़ वाले ड्राइवर भी अन्य लोगों की तरह समय-समय पर दुर्घटनाओं में शामिल हो सकते हैं - पूरी तरह से अकेले संयोग से!

कर्ट एक स्थानीय पत्रकार हैं. एक शाम घर जाते समय उसकी नज़र एक दुर्घटनास्थल पर पड़ी, जिसमें एक कार पेड़ के तने से लिपटी हुई थी। स्थानीय कानून प्रवर्तन के साथ अपने संबंधों के कारण उसे पता चला कि उन्हें इस कार की पिछली सीट के भीतर छिपा हुआ मारिजुआना मिला - जिससे वह इस शीर्षक के साथ न्यूज़ रूम में वापस चला गया: 'मारिजुआना ने एक और मोटर यात्री को मार डाला'।

जैसा कि पहले चर्चा की गई थी, हम मानते हैं कि मारिजुआना के उपयोग और कार दुर्घटनाओं और उनके संबंधित दुर्घटनाओं के बीच कोई सांख्यिकीय संबंध नहीं है, जिससे कर्ट का शीर्षक अनुचित हो गया है और उनके दावे तथ्यों से असमर्थित हैं। कर्ट नमकीन प्रभाव नामक किसी चीज़ का शिकार हो गया है - जिसमें प्रमुख विशेषताओं या विशेषताओं को उनकी अपेक्षा से अधिक ध्यान दिया जाता है; यहाँ मारिजुआना इतना स्पष्ट होने के कारण उसे विश्वास हो गया कि यह घटना उसी के कारण हुई थी।

एक बार जब कर्ट व्यावसायिक पत्रकारिता में प्रवेश करता है, तो एक महत्वपूर्ण घटना घटती है: दुनिया की सबसे बड़ी कंपनियों में से एक ने हाल ही में घोषणा की है कि वह एक महिला को सीईओ के रूप में पदोन्नत करेगी! कर्ट, इस विकास से रोमांचित होकर, तुरंत अपनी टिप्पणी लिखना शुरू कर देते हैं: महिला को संभवतः महिला होने के कारण पदोन्नत किया गया था - जबकि वास्तव में इसका लिंग से कोई लेना-देना नहीं था (क्योंकि पुरुष आमतौर पर अधिकांश शीर्ष भूमिकाएँ निभाते हैं); यदि पहले से ही कार्य कर रही अन्य कंपनियों द्वारा महिला नेतृत्व को इतना महत्वपूर्ण माना गया होता, तो संभवतः ये बहुत पहले ही हो गया होता; इस समाचार कहानी में अकेले लिंग प्रमुख हो जाता है, इस प्रकार कर्ट और उसके पाठक से अतिरिक्त वजन अर्जित होता है।

जब नमकीन प्रभाव का शिकार होने की बात आती है तो पत्रकार अकेले नहीं हैं - हम सभी हैं। दो आदमी एक दुकान लूटते हैं।
नाइजीरियाई अप्रवासी एक बैंक लूटते हैं, उन्हें तुरंत गिरफ्तार कर लिया जाता है, और उसके तुरंत बाद कानून प्रवर्तन अधिकारियों द्वारा पूछताछ करने पर इसका खुलासा हो जाता है। हालाँकि बैंक डकैतियों के लिए किसी विशेष जातीय समूह को असंगत रूप से जिम्मेदार नहीं ठहराया जा सकता है, फिर भी हम अराजक नाइजीरियाई अप्रवासियों को बैंक डकैतियों से जोड़ते हैं; यह हमारी सोच को विकृत करता है; हम मानते हैं कि वे फिर से अराजक आप्रवासी हैं! इसी तरह अगर कोई

अर्मेनियाई बलात्कार करता है तो अक्सर अमेरिकियों के बीच मौजूद अन्य कारकों के बजाय अमेरिकियों के बीच मौजूद अन्य कारकों के बजाय उन पर दोषारोपण किया जाता है, जो अमेरिकियों के भीतर मौजूद अन्य कारकों के बजाय पूर्वाग्रहों के निर्माण में योगदान देता है, जबकि वैध जीवन जीने वाले विशाल बहुमत को भुला दिया जाता है - हम याद कर रहे हैं विशेष रूप से उल्लेखनीय घटनाएं जिनमें अप्रवासी शामिल होते हैं, जैसे ही हम उनसे संबंधित किसी चीज़ के बारे में सुनते हैं और यह आमतौर पर सबसे पहले नकारात्मक घटनाओं से शुरू होती है!

प्रमुखता का प्रभाव अतीत की घटनाओं के बारे में हमारी धारणा के साथ-साथ हम भविष्य की कल्पना कैसे करते हैं, दोनों को आकार दे सकता है। डैनियल काह्नमैन और अमोस टावर्सकी ने पाया कि पूर्वानुमान लगाते समय हम अक्सर मुख्य जानकारी पर अनुचित भार डालते हैं, जो यह बता सकता है कि निवेशक लंबी अवधि के लाभ वृद्धि अनुमानों जैसी कम हड़ताली जानकारी की तुलना में सनसनीखेज समाचारों (जैसे सीईओ बर्खास्तगी) पर अधिक दृढ़ता से प्रतिक्रिया क्यों करते हैं। यहां तक कि पेशेवर विश्लेषक भी हमेशा इसके प्रभाव से बच नहीं सकते।

निष्कर्ष: मुख्य जानकारी का हमारे विचारों और कार्यों पर अत्यधिक प्रभाव पड़ता है। हम दीर्घकालिक प्रभाव वाले धीमी गति से विकसित होने वाले कारकों को नज़रअंदाज़ कर देते हैं जिन्हें हम पूरी तरह से नज़रअंदाज कर देते हैं। अनियमितताओं से अंधे मत बनो; उदाहरण के लिए, आकर्षक, जीवंत लाल जैकेट वाली एक पुस्तक बेस्टसेलर सूची में आती है, जो पाठकों को इसकी सफलता का श्रेय पूरी तरह से इसके कवर आर्ट को देने के लिए प्रेरित करती है - इस प्रलोभन में न पड़ें: प्रतीत होने वाले स्पष्ट स्पष्टीकरणों से लड़ने के लिए पर्याप्त मानसिक शक्ति इकट्ठा करें!

हेलो इफ़ेक्ट (अध्याय 38) भी देखें; प्रधानता और नवीनता प्रभाव (अध्याय 73); पुष्टिकरण पूर्वाग्रह (अध्याय 7-8); प्रेरण (अध्याय 31); मौलिक एट्रिब्यूशन त्रुटि (अध्याय 36) और प्रभावित अनुमानी (अध्याय 66)

पैसा नग्न क्यों नहीं है?

1980 के दशक की शुरुआत में एक पतझड़ का दिन तेज़ हवा वाला था और गीले पत्ते घूम रहे थे। अपनी बाइक को स्कूल की ओर पहाड़ी पर धकेलते हुए, मैंने अपने पैरों पर कुछ अजीब देखा: एक बड़ा और जंग-भूरा पत्ता 500 स्विस फ़्रैंक बिलों के लायक निकला - आज लगभग 250 डॉलर; उस समय एक हाई स्कूल के छात्र के लिए यह एक परम सौभाग्य था! वह पैसा जल्द ही मेरी जेब से गायब हो गया; मैंने डिस्क ब्रेक और शिमैनो गियर के साथ उपलब्ध शीर्ष मॉडलों में से एक को खरीदने के लिए तुरंत इसका उपयोग किया (हालांकि मेरी पिछली बाइक ठीक काम करती थी!), हालांकि मेरी पुरानी बाइक अभी भी पहले की तरह ठीक काम करती थी!

हालाँकि उस समय मैं पूरी तरह से दरिद्र नहीं था, अपने पड़ोस में घास काटकर कुछ सौ फ़्रैंक बचाने में कामयाब रहा, फिर भी मेरे मन में यह विचार कभी नहीं आया कि अपनी मेहनत की कमाई को फिल्मों में जाने या खरीदारी करने जैसी तुच्छ चीज़ों पर बर्बाद कर दूँ। - मेरा खर्च अत्यधिक नहीं था और इस व्यवहार पर विचार करने पर यह अधिक समझ में आता था; धन को केवल उसके स्रोत के आधार पर अलग-अलग माना जा सकता है; इसलिए यह भावनात्मक जुड़ाव के साथ आता है जो अतिरिक्त परतें जोड़ता है।

दो सवाल। आइए कल्पना करें कि एक वर्ष तक कड़ी मेहनत करने के बाद, और इसके अंत में आपको पता चलता है कि आपके खाते में शुरुआत की तुलना में अतिरिक्त $20,000 हैं, तो आप इसका क्या करेंगे? ए) इसे अपने बैंक में ही छोड़ दें। बी) इसे निवेश करें। सी) इसका उपयोग आवश्यक सुधारों के लिए करें जैसे कि फफूंद लगी रसोई का नवीनीकरण करना या घिसे-पिटे टायरों को बदलना। डी) अपने आप को एक असाधारण क्रूज छुट्टी का आनंद लें।

जैसा कि अधिकांश लोगों के लिए सामान्य है, आप संभवतः उनके उत्तर के रूप में ए, बी, या सी चुनेंगे।

दूसरा सवाल। यदि आप लॉटरी में 20,000 डॉलर जीत जाएं तो आप क्या करेंगे? ऊपर बताए अनुसार ए, बी, सी या डी में से चुनें; अधिकांश लोग अब या तो सी या डी लेते हैं जो त्रुटिपूर्ण सोच को प्रकट करता है; हालाँकि आप इसे अपनी इच्छानुसार गिनने के लिए स्वतंत्र हैं; $20,000 $20,000 ही रहता है।

कैसिनो हमें इसी तरह के भ्रम के कई उदाहरण प्रदान करते हैं। एक मित्र रूलेट टेबल पर 1,000 डॉलर रखता है - लेकिन वह सब हार जाता है - फिर दावा करता है: 'मैंने 1,000 डॉलर का जुआ नहीं खेला; मैंने पहले वह सब जीता था।' जब दूसरों ने उसके नुकसान के बारे में पूछा, तो उसने जवाब दिया: 'लेकिन यह वही राशि है!' और जोर देकर कहते हैं: 'बिल्कुल नहीं!
""मुझे मत बताओ!" वह हंसता है। हम जो पैसा जीतते हैं, पाते हैं या विरासत में पाते हैं, उसके साथ हम कड़ी मेहनत से कमाए गए पैसे की तुलना में अधिक लापरवाही बरतते हैं; अर्थशास्त्री रिचर्ड थेलर ने इस प्रभाव को हाउस-मनी प्रभाव कहा; यह हमें अधिक जोखिम लेने के लिए प्रेरित करता है; लॉटरी विजेता अक्सर अपनी जीत का नकदीकरण करने के बाद खुद को बदतर स्थिति में पाते

हैं; इस अर्थ में पुरानी कहावत - कुछ जीतो, कुछ हारो - केवल वास्तविक नुकसान को कम करने के लिए ही काम आ सकती है।

थेलर ने अपने छात्रों को दो समूहों में विभाजित कर दिया। किसी को पता चला कि उन्होंने 30 डॉलर जीते हैं और सिक्का उछालने में भाग ले सकते हैं, जहां टेल का मतलब रिटर्न में 9 डॉलर होगा, और हेड के परिणामस्वरूप 9 डॉलर का नुकसान होगा; 10 में से 7 छात्रों ने जोखिम उठाने और भाग लेने का फैसला किया। इसके विपरीत, एक अन्य समूह को पता चला कि उन्होंने पहली नज़र में कुछ भी नहीं जीता है, फिर भी उनके पास वादे के अनुसार $30 प्राप्त करने या किसी अन्य सिक्के को उछालने के बीच एक विकल्प था जहां हेड ने $21 जीते जबकि टेल ने $39 जीते। हालाँकि, केवल 43% ने किसी भी विकल्प को चुना, भले ही दोनों विकल्पों ने समान अपेक्षित मूल्य की पेशकश की: $30

विपणन रणनीतिकार घर-धन प्रभाव की शक्ति को समझते हैं। साइन अप करते समय ऑनलाइन जुआ साइटें आपको $100 क्रेडिट का इनाम देती हैं, क्रेडिट कार्ड कंपनियां आवेदन फॉर्म भरते समय मुफ्त कॉल क्रेडिट देती हैं, एयरलाइंस फ्रीक्वेंट फ़्लायर क्लब में शामिल होने पर मील देती हैं और फोन कंपनियां लोगों को कॉल करने की आदत डालने में मदद करने के लिए कॉल क्रेडिट प्रदान करती हैं। अधिक बार - यह सब गृह-धन प्रभाव के रूप में जानी जाने वाली सूक्ष्म रणनीति के लिए धन्यवाद! कूपन का अधिकांश क्रेज इसी घटना से उत्पन्न होता है।

निष्कर्ष: पैसा जीतते समय या किसी व्यवसाय से मुफ्त में कुछ प्राप्त करते समय सावधान रहें। संभावना अधिक है कि आप अतिउत्साह के कारण इसे ब्याज सहित वापस कर देंगे; इसलिए बेहतर है कि इस स्पष्ट मुफ्त पैसे से किसी भी ऐश्वर्य को छीन लिया जाए, इसे कामगार के कपड़ों में बदल दिया जाए, इसे अपने बैंक खाते में जमा कर दिया जाए, या इसे जितनी जल्दी हो सके अपनी कंपनी में वापस डाल दिया जाए।

यह भी देखें: काम न करने वाले संकल्पों के आगे के विश्लेषण के लिए अध्याय 23-32 में बंदोबस्ती प्रभाव, कमी त्रुटि और हानि निवारण (अध्याय 23-25 और 32-33)

टालमटोल

यार मेरा कलाकार; उनकी किताबें हर सात साल में लगभग 100 पेज की होती हैं और प्रतिदिन दो पंक्तियाँ छापती हैं - अधिक से अधिक! जब उनसे उनकी दयनीय उत्पादकता के बारे में सवाल किया गया तो उन्होंने जवाब दिया 'शोध लेखन से कहीं अधिक आनंददायक है।' इस प्रकार, वह अपने डेस्क पर बैठा रहता है, घंटों तक वेब सर्फ करता है या महान और भूली हुई कहानियों की तलाश में अस्पष्ट पुस्तकों पर ध्यान केंद्रित करता है, खुद को आश्वस्त करने से पहले कि जब तक वह "सही मूड" में न हो, तब तक इसका कोई मतलब नहीं होगा। दुर्भाग्य से ऐसा बहुत कम होता है जिससे उनके लेखन को विलंबित करने को उचित ठहराया जा सके क्योंकि उन्होंने खुद को केवल एक बार "सही मूड" आने और गति पकड़ने के बाद ही शुरुआत करने के लिए आश्वस्त किया - ऐसा शायद ही कभी होता है!

एक अन्य मित्र ने पिछले दस वर्षों से धूम्रपान छोड़ने के लिए प्रतिदिन प्रयास किया है; प्रत्येक सिगरेट उसकी अंतिम सिगरेट हो सकती है। इस बीच, मेरा टैक्स रिटर्न छह महीने से मेरी मेज पर अधूरा पड़ा हुआ है; हालाँकि मैंने यह आशा नहीं खोई है कि अंततः वे स्वयं को भर लेंगे।

टालमटोल उन कार्यों को टालने की प्रवृत्ति है जिनमें बलिदान की आवश्यकता होती है - जिम जाना, सस्ती पॉलिसियों के लिए बीमा पॉलिसियों को बदलना या धन्यवाद पत्र लिखना ऐसे कार्यों के कुछ उदाहरण हैं जिन्हें करने की आवश्यकता हो सकती है और संकल्प इनमें मदद नहीं करेंगे। उदाहरण.

टालमटोल करना मूर्खता है, यह देखते हुए कि कोई भी कार्य अपने आप पूरा नहीं होता। हम जानते हैं कि वे उपयोगी हैं तो हम उन्हें किसी और समय के लिए क्यों टाल देते हैं? क्योंकि बुआई और कटाई के बीच काफी समय लग जाता है। मनोविज्ञान के प्रोफेसर रॉय बाउमिस्टर ने एक शानदार प्रयोग के माध्यम से इस विचार का प्रदर्शन किया। उन्होंने छात्रों को बेक की जा रही चॉकलेट कुकीज़ से भरे ओवन के सामने खड़ा कर दिया, जिससे कमरे में उनकी अनूठी सुगंधित सुगंध फैल गई। फिर उन्होंने ओवन के पास मूली से भरा एक कटोरा रखा, और छात्रों को निर्देश दिया कि वे बिना किसी प्रतिबंध के जितनी चाहें उतनी खा सकते हैं; हालाँकि कुकीज़ पूरी तरह से सीमा से बाहर थीं। उसने उन्हें तीस मिनट के लिए कमरे में अकेला छोड़ दिया। दूसरे समूह के छात्रों को कुकीज़ से संबंधित एक कठिन गणित समस्या का प्रयास करने से पहले कुकीज़ को स्वतंत्र रूप से खाने की अनुमति दी गई थी; जिन लोगों को असीमित कुकी उपभोग की अनुमति दी गई थी, उनकी तुलना में किसी भी गिराए गए भोजन को दो बार जल्दी से खाने से मना किया गया; आत्म-नियंत्रण की यह अवधि सफलतापूर्वक बीत चुकी थी।
इच्छाशक्ति ख़त्म हो गई थी, जिससे उनके पास काम को निपटाने के लिए पर्याप्त मानसिक ऊर्जा या इच्छाशक्ति नहीं रह गई थी। इच्छाशक्ति एक बैटरी की तरह काम करती है; एक बार ख़त्म हो जाने पर, भविष्य की चुनौतियाँ दुर्गम साबित हो सकती हैं।

आत्म-नियंत्रण हमेशा हर समय उपलब्ध नहीं हो सकता; इसे कायाकल्प के लिए समय और स्थान की आवश्यकता है। सौभाग्य से, इस लक्ष्य को पूरा करने के लिए केवल रक्त शर्करा को फिर से भरना और आराम करना आवश्यक है - दो सरल लेकिन महत्वपूर्ण रणनीतियाँ!

हालाँकि पर्याप्त भोजन करना और नियमित ब्रेक लेना सफलता के आवश्यक घटक हैं, अगला महत्वपूर्ण तत्व सही रास्ते पर बने रहने के लिए विभिन्न तरकीबों का उपयोग करना है। इसमें विकर्षणों को दूर करना शामिल हो सकता है - उदाहरण के लिए, उपन्यास लिखते समय मैं अक्सर इंटरनेट का उपयोग अक्षम कर देता हूं ताकि लेखन के किसी जटिल हिस्से तक पहुंचने पर मैं भटक न जाऊं। लेकिन सभी में से सबसे शक्तिशाली तकनीक समय सीमा निर्धारित करना है; मनोवैज्ञानिक डैन एरीली ने पाया कि बाहरी अधिकारी - जैसे शिक्षक या आईआरएस अधिकारी - सबसे अच्छा काम करते हैं। स्वयं-लगाई गई समय-सीमाएँ केवल तभी काम करती हैं जब कार्य को चरणबद्ध तरीके से विभाजित किया गया हो और प्रत्येक भाग को अपनी नियत तारीख प्राप्त हो; इसलिए नए साल के इस अस्पष्ट संकल्प का असफल होना निश्चित है!

टालमटोल मानवीय और अतार्किक दोनों है; इसलिए, इससे प्रभावी ढंग से निपटने के लिए एक एकीकृत दृष्टिकोण का उपयोग करें। मेरी पड़ोसी इस रणनीति का उपयोग करके तीन महीने में अपनी डॉक्टरेट थीसिस लिखने में कामयाब रही: टेलीफोन या इंटरनेट कनेक्टिविटी के बिना एक छोटा सा कमरा किराए पर लेना और प्रत्येक समय सीमा के लिए अपने पेपर के प्रत्येक भाग के लिए तीन तिथियां निर्धारित करना, जिसे उसने सुनने के इच्छुक किसी भी व्यक्ति के लिए घोषित किया (जिसमें उन्हें अपने व्यवसाय पर प्रिंट करना भी शामिल था) कार्ड!) वह दोपहर के भोजन के समय या शाम के समय फैशन पत्रिकाएँ पढ़कर या सोकर खुद को ऊर्जावान बनाती थी।

यह भी देखें: चूक पूर्वाग्रह (अध्याय 44); नियोजन भ्रांति (अध्याय 91); एक्शन बायस (अध्याय 43); अतिपरवलयिक छूट (अध्याय 51); ज़िगार्निक प्रभाव (अध्याय 93)

अपना खुद का महल बनाएं

ईर्ष्या आपको सबसे अधिक ईर्ष्या किस चीज़ से होगी? ईर्ष्या के तीन परिदृश्य हैं जो आपको परेशान कर सकते हैं: ए) जब आपके दोस्तों का वेतन बढ़ जाता है जबकि आपका वही रहता है। बी) उनका औसत वेतन घट जाता है जबकि आपका। सी) आपका औसत वेतन घटता है और इसका विपरीत भी।

यदि आपका उत्तर ए था, तो चिंता न करें: यह बिल्कुल सामान्य है: हरी आंखों वाले राक्षस का सिर्फ एक और शिकार!

यहाँ एक रूसी कहानी है: एक किसान को एक जादुई दीपक मिलता है। इसे रगड़ने के बाद, हवा से एक अनाम जिन्न निकलता है, जो उन्हें एक इच्छा का वादा करता है। कुछ समय तक सोचने और अपने विकल्पों पर विचार करने के बाद, किसान अंततः निर्णय लेता है: मेरे पड़ोसी के पास एक गाय है; इसलिए मुझे आशा है कि वह मर जाएगी ताकि मैं उसका उत्तराधिकारी बन सकूं।'

यह सुनने में भले ही बेतुका लगे, आप संभवतः किसान से संबंधित हो सकते हैं। इसे स्वीकार करें: जीवन में कभी न कभी आपके मन में भी ऐसे ही विचार आए होंगे। अपने सहकर्मी पर विचार करें जो एक बड़ा बोनस कमाता है जबकि आपको केवल एक उपहार प्रमाण पत्र प्राप्त होता है: ईर्ष्या मूर्खतापूर्ण कार्यों को जन्म दे सकती है जैसे कि उसे अब और मदद करने से इनकार करना और यहां तक कि उसके पोर्श के टायर को पंचर करना; जब स्कीइंग में उसका पैर टूट जाता है तो गुप्त रूप से आनंद लेना एक ऐसा परिणाम है जिस पर आप गुप्त रूप से आनंद लेते हैं।

क्रोध, उदासी या भय के विपरीत, ईर्ष्या सभी भावनाओं में से एक ऐसी भावना है जिसे दूर करना आसान है। बाल्ज़ाक के ईर्ष्या को बुराई के रूप में विश्लेषण के अनुसार - क्योंकि यह अपने साथ कोई एक लाभ नहीं लाता है - ईर्ष्या केवल एक ही उद्देश्य की पूर्ति कर सकती है - ईमानदारी से चापलूसी; अन्यथा यह समय बर्बाद है।

ईर्ष्या कई रूपों में उत्पन्न हो सकती है: स्वामित्व, स्थिति, स्वास्थ्य, युवा प्रतिभा लोकप्रियता सौंदर्य। क्योंकि दोनों की शारीरिक प्रतिक्रियाएँ समान हैं, ईर्ष्या को आसानी से ईर्ष्या समझ लिया जा सकता है; अंतर इस बात में है कि इसका विषय क्या है (स्थिति, धन, स्वास्थ्य आदि)। ईर्ष्या उत्पन्न करने के लिए इसमें कम से कम दो पक्षों की आवश्यकता होती है जबकि ईर्ष्या के लिए कम से कम तीन की आवश्यकता होती है (पीटर को ईर्ष्या होती है कि सैम उसके फोन का जवाब नहीं देता है जबकि उसके बगल की खूबसूरत लड़की उसे फोन करती है)।

ईर्ष्या अक्सर उम्र, करियर और निवास में हमारे जैसे लोगों को परेशान करके हमें अस्वस्थ रास्ते पर ले जा सकती है। लेकिन हम दूसरी सदी के व्यवसायियों, पौधों या जानवरों के प्रति नाराजगी क्यों महसूस करते हैं जो खतरा पैदा नहीं करते हैं या सामाजिक स्थिति में कमी रखते हैं - इनमें से कोई भी किसी भी मामले में ईर्ष्या के योग्य नहीं है!

एक लेखक के रूप में, मैं दुनिया भर के करोड़पतियों से ईर्ष्या नहीं करता; बल्कि मेरे शहर के भीतर वाले। संगीतकार, प्रबंधक या दंत चिकित्सक पहले आते हैं। सीईओ अन्य बड़े सीईओ से ईर्ष्या

करते हैं; सुपरमॉडल अधिक सफल सुपरमॉडल से ईर्ष्या करते हैं; जैसा कि अरस्तू ने सबसे अच्छा कहा था: 'कुम्हार कुम्हार से ईर्ष्या करते हैं।'

उदाहरण के लिए मान लें कि आपकी वित्तीय सफलता आपको न्यूयॉर्क के एक ऊबड़-खाबड़ इलाके से मैनहट्टन के अपर ईस्ट साइड में स्थानांतरित होने की अनुमति देती है। सबसे पहले, यह कदम बहुत अच्छा लग सकता है; मित्र आपके अपार्टमेंट और पते की प्रशंसा कर सकते हैं। लेकिन इसके तुरंत बाद, आपको एहसास होता है कि आपके आस-पास अलग-अलग अनुपात के अपार्टमेंट हैं, साथ ही आपके पुराने सहकर्मी समूह की तुलना में बहुत अधिक अमीर व्यक्तियों से बने नए सहकर्मी समूह हैं, जिससे नए मुद्दे सामने आते हैं - उनमें ईर्ष्या और स्थिति की चिंता।

आप ईर्ष्या का मुकाबला कैसे कर सकते हैं? सबसे पहले, दूसरों से अपनी तुलना करना बंद करें। दूसरा, अपनी योग्यता का दायरा ढूंढें और उसे स्वयं भरें; एक ऐसा क्षेत्र बनाएं जिसमें आप चमक सकें - चाहे कितना भी छोटा क्यों न हो - ताकि हर कोई जान सके कि आप उस महल के मालिक हैं।

सभी भावनाओं की तरह, ईर्ष्या की जड़ें भी मानव विकास में हैं। यदि बगल की गुफा से मानव ने मैमथ का अधिक मांस ले लिया जो हम हारे हुए लोगों के लिए उचित नहीं था, तो ईर्ष्या ने हमें इसके बारे में कुछ करने के लिए प्रेरित किया; ढीले शिकारी-संग्रहकर्ता भूख से मर गए जबकि अन्य दावत कर रहे थे। हालाँकि, आज ईर्ष्या इतनी अभिन्न भूमिका नहीं निभाती है। अगर मेरा पड़ोसी अपने लिए पोर्श खरीदता है तो मेरे लिए इसका कोई मतलब नहीं है!

जब मुझे लगता है कि मेरी ईर्ष्या बढ़ रही है, तो मेरी पत्नी मुझे याद दिलाती है: 'उन लोगों से ईर्ष्या करना ठीक है जिनके जैसा आप बनना चाहते हैं।'

सामाजिक तुलना पूर्वाग्रह (अध्याय 72) भी देखें; हेडोनिक ट्रेडमिल (अध्याय 46)।

आप सांख्यिकीविदों की अपेक्षा उपन्यासों को अधिक प्राथमिकता क्यों देते हैं?

वैयक्तिकरण 18 वर्षों तक, अमेरिकी मीडिया को शहीद सैनिकों के ताबूतों की तस्वीरें दिखाने से प्रतिबंधित कर दिया गया था। फरवरी 2009 में जब रक्षा सचिव रॉबर्ट गेट्स ने यह प्रतिबंध हटाया, तो इंटरनेट पर हजारों की संख्या में तस्वीरें आने लगीं। आधिकारिक तौर पर, किसी भी चीज़ को प्रकाशित करने से पहले परिवार के सदस्यों को अनुमोदन देना होगा; लेकिन वास्तव में इस नियम को प्रभावी ढंग से लागू नहीं किया जा सकता है। इस प्रतिबंध का एक उद्देश्य था - युद्ध की वास्तविक लागत को कवर करना - आंकड़ों के रूप में उनकी वास्तविक संख्या को छिपाना जबकि वास्तविक लोग हम सभी में भावनाएँ पैदा करते हैं।

यह एक केस क्यों है? सहस्राब्दियों से, समूह हमारे अस्तित्व के लिए आवश्यक रहे हैं, इसलिए पिछले 100,000 वर्षों में हमने अन्य लोगों के दिमाग को पढ़ने की अविश्वसनीय क्षमता विकसित की है - इस वैज्ञानिक शब्द को 'मन के सिद्धांत' के रूप में जाना जाता है। इसे प्रदर्शित करने के लिए यहां एक प्रयोग दिया गया है: आपको $100 दिए जाते हैं और आपको इसे किसी के साथ बांटना होगा, आपके सुझाव पर विचार किया जा रहा है कि क्या यदि वह आपका प्रस्ताव स्वीकार करता है, तो पैसा तदनुसार विभाजित किया जाएगा या वापस लौटा दिया जाएगा - यदि दूसरा व्यक्ति सहमत नहीं है, तो आपको वापस लौटना होगा बिना कुछ वापस पाए यह सब - यह कैसे चलेगा?

पहली नज़र में किसी अनजान अजनबी को बहुत कम देना उचित होगा - जैसे कि केवल $1 - क्योंकि कुछ भी न होने से कुछ भी बेहतर होगा। फिर भी अल्टीमेटम गेम (तकनीकी शब्द) का उपयोग करके प्रयोग करने वाले अर्थशास्त्रियों ने भाग लेते समय विषयों को काफी अलग व्यवहार करते हुए देखा। वे 30%-50% के बीच की पेशकश करेंगे, इससे नीचे कुछ भी अनुचित माना जाएगा - दूसरे इंसान के प्रति हमारी सहानुभूति का एक उदाहरण। अल्टीमेटम गेम आंखें खोलने का काम कर सकता है कि हमारी धारणाएं इस बात पर निर्भर करती हैं कि कौन बाहर देख रहा है।

हालाँकि, एक छोटे से संशोधन से इस भावना को काफी हद तक कम करना संभव है: खिलाड़ियों को अलग कमरे में ले जाना। जब लोग अब अपने समकक्षों को नहीं देख सकते हैं या उनसे कभी नहीं मिले हैं - या उनके बारे में कभी नहीं जानते हैं - तो उनकी भावनाओं का अनुकरण करना बहुत कठिन हो जाता है; अंततः पूरी तरह से एक अमूर्तता बन जाती है और उनकी हिस्सेदारी औसतन 20% से नीचे गिर जाती है।

पॉल स्लोविक ने दान मांगकर एक और प्रयोग किया। एक समूह ने मलावी की रोकिया की तस्वीर देखी - दान पर जीवन जीने वाली एक कुपोषित बच्ची - उसकी तस्वीर दिखाने से पहले और दिखाया गया कि कितना पैसा मदद करेगा।
मलावी के अकाल के संबंध में आंकड़े दिखाए जाने के बाद, एक समूह के लोगों ने एक संक्षिप्त सर्वेक्षण पूरा करने के लिए प्राप्त $5 में से औसतन $2.83 का दान दिया; तीन मिलियन से अधिक कुपोषित बच्चों के प्रभावित होने के विवरण दिखाए जाने के बाद, औसत दान में 50% की गिरावट आई; यह प्रति-सहज ज्ञान युक्त प्रतीत नहीं होता क्योंकि किसी को लगता है कि इसके पैमाने के

बारे में जानने से लोगों की उदारता बढ़ जाएगी; दुर्भाग्य से ऐसा प्रतीत नहीं होता; आंकड़े नहीं लोग हमारे कार्यों को संचालित करते हैं!

मीडिया संगठनों ने लंबे समय से माना है कि उबाऊ तथ्यात्मक रिपोर्ट और बार चार्ट पाठकों को आकर्षित नहीं करते हैं; परिणामस्वरूप, कहानियों की रिपोर्टिंग के लिए उनका दिशानिर्देश लंबे समय से प्रत्येक घटना को एक "छवि" देने का रहा है। उदाहरण के लिए, जब किसी कंपनी या राज्य के बारे में समाचारों में रिपोर्टिंग की जाती है, तो उसके सीईओ की तस्वीर आम तौर पर उसके साथ दिखाई देती है (या तो बाजार की मांग के आधार पर मुस्कराते हुए या मुंह बनाते हुए), राज्य के अध्यक्ष या राज्यपाल इन कहानियों के प्रतीक बन जाते हैं; जब भूकंप जैसी कोई चीज़ आती है, तो उसके पीड़ित सभी का चेहरा बन जाते हैं।

यह जुनून संस्कृति के महान आविष्कारों में से एक: उपन्यास की सफलता की व्याख्या करता है। यह साहित्यिक "हत्यारा ऐप" व्यक्तिगत और पारस्परिक संघर्षों को व्यक्तिगत नियति पर प्रोजेक्ट करता है। प्यूरिटन न्यू इंग्लैंड में मनोवैज्ञानिक यातना के बारे में एक अकादमिक लेखन के बजाय, हम अभी भी हॉथोर्न का द स्कार्लेट लेटर पढ़ते हैं; महामंदी के लिए भी इसी तरह? हालाँकि इसके आँकड़े हममें से अधिकांश को दूर के लग सकते हैं, जैसा कि स्टीनबेक के द ग्रेप्स ऑफ़ रैथ के माध्यम से अनुभव किया गया है, यह स्मृति में ज्वलंत बना हुआ है।

निष्कर्ष: मानवीय कहानियों का सामना करते समय सावधान रहें। उनके तथ्यों और सांख्यिकीय वितरण के बारे में पूछताछ करें ताकि आप उनकी कथा को बेहतर ढंग से प्रासंगिक बना सकें। हालाँकि, यदि आप अपने स्वयं के उद्देश्यों के लिए लोगों को प्रेरित करना या प्रेरित करना चाहते हैं, तो सुनिश्चित करें कि आपकी कहानी में नाम और चेहरे शामिल हों क्योंकि इससे कहानी कहने की क्षमता अधिक हो जाएगी।

स्टोरी बायस (अध्याय 13) भी देखें; समाचार भ्रम (अध्याय 99); पूर्वाग्रह को जोड़ना (अध्याय 22)

आपको एहसास नहीं है कि आप क्या खो रहे हैं

दक्षिणी इंग्लैंड में भारी वर्षा के बाद, एक नदी अपने किनारों पर बह निकली। पुलिस ने दो सप्ताह के लिए अपने क्रॉसिंग पर यातायात को बंद कर दिया और उसका मार्ग बदल दिया - फिर भी हर दिन कम से कम एक बार कम से कम एक कार चेतावनी के संकेतों को पार करते हुए तेजी से बहते पानी में चली गई, इस बात से पूरी तरह से अनजान कि उनके सामने क्या हो रहा है।

हार्वर्ड के मनोवैज्ञानिक डैनियल सिमंस और क्रिस्टोफर चैब्रिस ने एक प्रयोग किया जिसमें छात्रों की दो टीमों ने काले या सफेद टी-शर्ट पहनने वाली टीमों के बीच एक बास्केटबॉल को आगे-पीछे किया - जिसमें काले रंग की टी-शर्ट पहनने वाले अपने समकक्षों की तुलना में गेंदों को आगे-पीछे करने में अधिक कुशल थे। उन्हें पीछे की ओर से गुजारना. 'द मंकी बिजनेस इल्यूजन' के नाम से जानी जाने वाली यह छोटी क्लिप ऑनलाइन देखी जा सकती है (अधिक पढ़ने से पहले इसे देखें!)। आगे पढ़ने से पहले यहां देखें!) दर्शकों को यह गिनने के लिए कहा जाता है कि सफेद टी-शर्ट में खिलाड़ी कितनी बार गेंद को पास करते हैं दोनों टीमें अंदर-बाहर और आगे-पीछे घूमते हुए वृत्तों को बुनती हैं। वीडियो में एक बिंदु पर, कुछ अप्रत्याशित हुआ: गोरिल्ला के रूप में तैयार एक छात्र अचानक प्रवेश कर गया और जल्दी से फिर से प्रस्थान करने से पहले अपनी छाती को पीटना शुरू कर दिया। आपसे पूछा गया है यदि आपने कुछ भी असामान्य देखा तो अंत; आधे दर्शकों ने अविश्वास में उत्तर दिया कि यहां तक कि कोई अजीब व्यवहार भी हुआ था; वे ऐसी किसी उपस्थिति को समझ नहीं सके - निश्चित रूप से यहां कोई गोरिल्ला मौजूद नहीं है?

मंकी बिजनेस टेस्ट मनोविज्ञान में सबसे प्रसिद्ध प्रयोगों में से एक है और मनोवैज्ञानिक इसे ध्यान का भ्रम कहते हैं, इस पर प्रकाश डालता है: हम सोचते हैं कि हम अपने आस-पास होने वाली हर चीज को नोटिस करते हैं, जबकि वास्तव में हम केवल उस पर ध्यान केंद्रित करते हैं जिस पर हम ध्यान केंद्रित कर रहे हैं - यहां, टीम व्हाइट द्वारा बनाए गए पास; अघोषित रुकावटें गोरिल्ला जितनी बड़ी और सुस्पष्ट भी हो सकती हैं!

कभी-कभी, गाड़ी चलाते समय फ़ोन कॉल करने से ध्यान की हमारी धारणा ख़तरे में पड़ सकती है। अधिकांश बार इससे कोई समस्या उत्पन्न नहीं होती; कॉल करने से आम तौर पर ड्राइविंग कार्यों जैसे लेन के भीतर रहना और आवश्यक होने पर ब्रेक लगाना पर कोई प्रतिकूल प्रभाव नहीं पड़ता है। लेकिन एक बार जब कुछ अप्रत्याशित घटित होता है - जैसे कि सड़क पर दौड़ता हुआ बच्चा - तो आपका ध्यान समय पर उचित प्रतिक्रिया देने के लिए बहुत कम हो जाता है; अध्ययनों से पता चलता है कि सेल फोन या शराब इसमें शामिल होने पर यह सच है।
इससे कोई फर्क नहीं पड़ता कि आप फ़ोन कैसे पकड़ते हैं या उसका उपयोग करते हैं, अप्रत्याशित घटनाओं पर आपके प्रतिक्रिया समय पर इसका प्रभाव सीमित रहता है।

क्या आप इस वाक्यांश को पहचानते हैं, 'कमरे में हाथी?' यह एक स्पष्ट विषय को संदर्भित करता है जिस पर कोई भी चर्चा नहीं करना चाहता; एक अनकही वर्जना. इसके विपरीत, हम "कमरे में गोरिल्ला" को इस प्रकार परिभाषित कर सकते हैं: एक ऐसा मुद्दा जिस पर तुरंत चर्चा की जानी चाहिए लेकिन इसे अनदेखा या नजरअंदाज किया जा रहा है क्योंकि इसके बारे में कोई नहीं जानता है।

स्विसएयर एक एयरलाइन थी जो विस्तार पर इतना केंद्रित थी कि उसने अपनी तेजी से घटती तरलता को नजरअंदाज कर दिया, जिसके कारण 2001 और 2002 में दिवालिया हो गई। या पूर्वी ब्लॉक देशों के भीतर कुप्रबंधन पर विचार करें जिसके कारण वे अलग हो गए, जिसके कारण बर्लिन की दीवार गिर गई और बैंकों के बही-खातों पर जोखिम पैदा हो गया। 2007 से पहले किसी को इसकी ज्यादा परवाह नहीं थी। ये उदाहरण हमें दिखाते हैं कि कितनी बार गोरिल्ला हमारे बीच घूमते रहते हैं और हमें पता भी नहीं चलता।

हर असाधारण घटना हमसे बच नहीं पाती; बल्कि, जिसे हम नोटिस नहीं कर पाते, वह अनसुना हो जाता है और हमसे अनदेखा हो जाता है; इस प्रकार हम किसी भी महत्वपूर्ण वस्तु से अनभिज्ञ रह जाते हैं जिसे हम नज़रअंदाज कर रहे हैं और इस गलत धारणा को जन्म दे रहे हैं कि महत्व की हर चीज़ का हम ध्यान रख रहे हैं।

समय-समय पर, अपने आप को ध्यान के भ्रम से मुक्त करें। सभी संभावित और असंभव प्रतीत होने वाले परिदृश्यों पर विचार करें - अप्रत्याशित घटनाएं उत्पन्न हो सकती हैं जिनके बारे में कोई बात नहीं कर रहा है; गुप्त मुद्दे जिनका किसी को पता नहीं है, उनका समाधान नहीं किया जा रहा है; शोर के समान ही सन्नाटे से भी सावधान रहें; केवल केंद्रीय क्षेत्रों के बजाय परिधीय क्षेत्रों की जाँच करें; किसी असामान्य लेकिन विशाल चीज़ की आशा करें - विशाल होना इस बात की गारंटी नहीं देता कि ध्यान दिया जाएगा; कुछ असामान्य भी सामने आने की उम्मीद की जानी चाहिए!

यह भी देखें: फ़ीचर-सकारात्मक प्रभाव (अध्याय 95); पुष्टिकरण पूर्वाग्रह (अध्याय 7-8), उपलब्धता पूर्वाग्रह (अध्याय 11) और प्रधानता और नवीनता प्रभाव (अध्याय 73)

रणनीतिक गलतबयानी बेहतर

अपने सपनों की नौकरी के लिए आवेदन करने की कल्पना करें: आप अपने बायोडाटा को तब तक चमकाते हैं जब तक वह चमक न जाए, साक्षात्कार के दौरान चमक न जाए, और किसी भी कमजोरी या असफलता को कम करते हुए अपनी सभी उपलब्धियों और क्षमताओं को उजागर करें। जब वे पूछते हैं कि क्या आप लागत में 30% की कटौती करते हुए बिक्री को 30% तक बढ़ा सकते हैं, तो आपकी प्रतिक्रिया होनी चाहिए: 'मान लीजिए कि यह हो गया।' बाद में अनुसरण करें; गैर-काल्पनिक उत्तर प्रदान करने का कोई भी प्रयास संभवतः आपको विवाद से बाहर कर सकता है और अंततः आपको साक्षात्कारकर्ताओं द्वारा आगे विचार करने से अयोग्य घोषित कर सकता है; यहां तक कि अर्ध-यथार्थवादी उत्तर भी दें जो आपको विचार से बाहर कर सकते हैं - चाहे वे कितने भी अच्छे क्यों न लगें बदले में।

अपने आप को एक उत्कृष्ट पुस्तक विचार वाले पत्रकार के रूप में कल्पना करें जिसके बारे में हर कोई बात कर रहा है। एक इच्छुक प्रकाशक को अग्रिम भुगतान करने को तैयार पाकर, वह पूछता है कि वह पांडुलिपि की उम्मीद कब कर सकता है (क्या यह छह महीने में तैयार हो सकती है?) आप हकलाते हैं: 'हम्म... कोई जानकारी नहीं। पिछली बार मुझे कितना समय लगा?" आप उत्तर देते हैं: 'मान लीजिए कि यह हो गया।' एक बार जब अनुबंध पर हस्ताक्षर हो जाते हैं और आपके बैंक खाते में पैसा आ जाता है, तो अन्य परियोजनाओं और कहानियाँ लिखने के लिए हमेशा समय होता है!

रणनीतिक गलत बयानी ऐसे व्यवहार के लिए आधिकारिक शब्द है: जितना अधिक दांव होगा, आपके दावे उतने ही अतिरंजित होने चाहिए। हालाँकि रणनीतिक गलतबयानी हर जगह काम नहीं करेगी - उदाहरण के लिए, यदि कोई नेत्र चिकित्सक आपको हर प्रक्रिया के बाद पहले से भी बदतर परिणाम देने के लिए लगातार पांच बार सही दृष्टि देने का वादा करता है, तो अंततः आप उसके वादों पर विश्वास करना पूरी तरह से बंद कर सकते हैं - रणनीतिक गलतबयानी अभी भी हो सकती है एक बार के प्रयास, जैसे साक्षात्कार (जहां एक कंपनी आपको एक से अधिक बार काम पर नहीं रखेगी!) का प्रयास करते समय मूल्यवान साबित हों। हालाँकि इसे यहाँ भी काम नहीं करना चाहिए; इसके बजाय यह तब काम कर सकता है जब केवल एक बार के प्रयासों या अनूठे प्रयासों से जुड़े अनूठे प्रयासों का सामना करना पड़े - ऐसा कुछ जो एक नेत्र रोग विशेषज्ञ नहीं करेगा।

मेगा-प्रोजेक्ट विशेष रूप से गलतबयानी के प्रति संवेदनशील होते हैं जब उनकी जवाबदेही फैली हुई होती है, जैसे कि जब सरकार जो मूल रूप से उन्हें वित्त पोषित करती थी वह अब सत्ता में नहीं है, कई व्यवसाय भाग लेते हैं और अक्सर उंगलियां उठाते हैं, या अंतिम तिथि कुछ साल दूर होती है। ऑक्सफोर्ड के बेंट फ्लाईवबजर्ग बड़े पैमाने की परियोजनाओं को गहराई से जानते हैं। लागत और शेड्यूल में बढ़ोतरी आम बात है क्योंकि जीतने वाले ऑफर हमेशा समग्र उत्कृष्टता को प्रतिबिंबित नहीं करते हैं; बल्कि यह इस बात पर निर्भर करता है कि कागज पर सबसे अच्छा क्या दिखता है - जिसे फ्लाईवबजर्ग 'रिवर्स डार्विनिज्म' कहते हैं: सबसे अधिक गर्म हवा पैदा करने वाला आमतौर पर जीत जाएगा। क्या रणनीतिक ग़लतबयानी केवल भ्रामक अभ्यास है? आवश्यक रूप से नहीं; जिस तरह महिलाएं मेकअप करती हैं वह धोखेबाज है, जबकि पुरुष वित्तीय ताकत दिखाने के लिए पॉर्श को किराए पर लेते हैं, यह भ्रामक है - धोखेबाज है, लेकिन सामाजिक रूप से स्वीकार्य है, इसलिए हम इससे परेशान नहीं होते हैं - उसी तरह जब महिलाएं मेकअप पहनती हैं या पुरुष पोर्श

को दिखाने के लिए किराए पर लेते हैं तो गलत बयानी की प्रथाओं का उपयोग किया जाता है। वित्तीय कौशल वस्तुनिष्ठ रूप से धोखा दिया जाता है लेकिन सामाजिक रूप से स्वीकार्य है इसलिए हम इससे परेशान नहीं होते हैं! यही बात बातचीत के दौरान इस्तेमाल की जाने वाली रणनीतिक गलत बयानी योजनाओं के साथ भी सच है - भले ही केवल एक पक्ष ही दूसरे पक्ष के खिलाफ इस्तेमाल की गई गलत बयानी की रणनीति के बारे में जानता हो, लेकिन बातचीत के दौरान गलत बयानी किए जाने से बच सकता है; यही मायने रखता है जब रणनीतिक रूप से लागू किया जाता है तो गलत बयानी को धोखे के संदर्भ में लागू करने पर बदनाम होने से बचा जा सकता है जब इसे रणनीतिक रूप से भी लागू किया जाता है - जैसे कि वित्तीय कौशल का संकेत देने के लिए वित्तीय कौशल के संकेत के रूप में पॉर्श को किराए पर लेने वाले लोग इस संबंध में झूठ बोल रहे हैं, लेकिन इससे परेशान न हों सामाजिक रूप से स्वीकार्य है ताकि हम रणनीतिक गलत बयानी के बारे में चिंतित न हों। यही बात उन दोनों के खिलाफ इस्तेमाल की गई रणनीतिक गलत बयानी पर भी लागू होती है, दोनों धोखे से एक या दूसरे के खिलाफ उम्मीद से ज्यादा इस्तेमाल किए जाते हैं या उसके आधार पर अलग-अलग व्यवहार किया जाता है। जब गलत तरीके से इस्तेमाल किया जाता है तो गलत तरीके से प्रस्तुत किया जाता है।

रणनीतिक गलतबयानी का हमेशा गंभीर परिणाम नहीं हो सकता है; हालाँकि, जब ऐसे मामलों की बात आती है जो वास्तव में मायने रखते हैं जैसे कि आपका स्वास्थ्य या भविष्य के कर्मचारी, तो सावधान रहें। लोगों के साथ व्यवहार करते समय (चाहे कार्यालय के लिए उम्मीदवार, लेखक या नेत्र रोग विशेषज्ञ), उनके दावे पर भरोसा न करें; इसके बजाय उनके पिछले प्रदर्शन को देखें। परियोजनाओं से निपटते समय (चाहे वे समान परियोजनाएं हों या नए प्रस्ताव जो अवास्तविक रूप से आशावादी लगते हों)। किसी भी ऐसी चीज़ से सावधान रहें जो अवास्तविक रूप से आशावादी लगती हो; किसी अकाउंटेंट से योजनाओं की गहनता से जांच करने के लिए कहें; अनुबंधों में एक खंड जोड़ें जो ऐसा होने पर दंड निर्धारित करता है; और लागत वृद्धि के खिलाफ एक अतिरिक्त उपाय के रूप में अपने सुरक्षित रखने वाले एस्क्रो खाते की सुरक्षा के लिए इस पैसे को सीधे एस्क्रो खाते में स्थानांतरित करें।

विवरण के लिए ओवरकॉन्फिडेंस इफेक्ट (अध्याय 15) भी देखें और ऑफ स्विच कहां है।

बहुत ज़्यादा सोचना

एक बार एक बुद्धिमान सेंटीपीड था जो मेज के किनारे पर चुपचाप बैठा था, तभी उसने कमरे में चीनी का एक स्वादिष्ट दाना देखा। उसने तुरंत अपने विकल्पों का आकलन किया: उसे पहले किस टेबल लेग पर रेंगना चाहिए या ऊपर या नीचे? आगे उसे यह निर्धारित करना था कि पहला कदम किसे और किस क्रम में उठाना चाहिए। चूँकि वह गणित में निपुण थे इसलिए उन्होंने सभी आवश्यक गणनाएँ कीं और अंततः अपना प्रारंभिक कदम उठाने से पहले अन्य सभी की तुलना में एक रास्ता चुना। दुर्भाग्य से यद्यपि उसकी गणना और चिंतन ने उसे बीच हवा में उलझा दिया, जिसके कारण आगे की प्रगति हासिल करने से पहले ही उसकी मौत हो गई; वास्तव में उसे भूखा रखा गया और अंततः प्रगति करने से पहले ही उसे भूखा मार दिया गया और जीवन में पहले कभी भी कल्पना की तुलना में करीब या आगे बढ़ने से पहले ही भूखा रख दिया गया और अत्यधिक सोचने के कारण भूखा मर गया।

1999 के ब्रिटिश ओपन गोल्फ टूर्नामेंट में, फ्रांसीसी गोल्फर जीन वान डी वेल्डे ने अंतिम होल तक त्रुटिहीन रूप से खेला, जहां वह तीन शॉट से आगे थे। यहां तक कि तीन-शॉट के लाभ के साथ भी वह आराम से बिना चूके दो ओवर पार शॉट बर्दाश्त कर सकता था; बड़ी लीगों में प्रवेश बस कुछ ही क्षण दूर! जैसे ही वान डी वेल्डे ने पाठ्यक्रम पर कदम रखा, उसके माथे पर पसीने की बूंदें बनने लगीं। उनका पहला स्विंग अपने लक्ष्य छेद से बीस फीट दूर झाड़ियों में उड़ गया और वान डे वेल्डे को बाद के शॉट्स के लिए और अधिक घबराहट होने लगी, जिसने चिंता की इस अनुभूति को बढ़ाने का ही काम किया। वान डी वेल्डे ने अपनी गेंद को पानी में गिराने से पहले घुटने तक ऊंची घास पर मारा, और पानी में जाने के लिए अपने जूते उतार दिए। एक पल के लिए उसने तालाब से शूटिंग करने के बारे में सोचा; अंततः हालांकि उन्होंने रेत में पेनल्टी शॉट लेने का फैसला किया; उसमें सात बार वार करने के बाद आखिरकार वह हरे रंग की ओर और उसके छेद में पहुंच गया; वान डी वेल्डे ब्रिटिश ओपन हार गए लेकिन इस प्रसिद्ध ट्रिपल-बोगी प्रदर्शन के माध्यम से उन्होंने खेल इतिहास में अपना स्थान सुरक्षित कर लिया।

उपभोक्ता रिपोर्ट ने 1980 के दशक में अनुभवी चखने वालों के साथ एक चखने का प्रयोग किया, जिसमें स्ट्रॉबेरी जेली की 45 किस्में शामिल थीं। बाद में, मनोविज्ञान के प्रोफेसर टिमोथी विल्सन और जोनाथन स्कूलर ने वाशिंगटन विश्वविद्यालय के छात्रों का उपयोग करके इसी तरह के परीक्षण किए; समान परिणाम सामने आए, विशेषज्ञों और छात्रों दोनों ने जेली के समान स्वादों का समर्थन किया। लेकिन विल्सन आगे बढ़े: उन्होंने छात्रों के दूसरे समूह के साथ एक और परीक्षण किया, जिन्होंने पहले की तुलना में अलग विकल्प पसंद किए - केवल इस बार उन्होंने पूरी तरह से अलग विकल्प चुना!
पहले समूह में, प्रतिभागियों ने विस्तार से अपनी रेटिंग को सही ठहराते हुए एक लंबी प्रश्नावली भरी और पूरी तरह से असंतुलित रैंकिंग लेकर आए, जिसमें सबसे नीचे कुछ बेहतरीन किस्में थीं।

मौलिक रूप से, बहुत अधिक सोच आपकी भावनाओं के ज्ञान तक पहुंच में बाधा डालती है। हालाँकि यह कथन मेरे जैसे किसी व्यक्ति की ओर से असामान्य लग सकता है जो मेरी सोच प्रक्रियाओं से अतार्किकता को दूर करने का प्रयास करता है, भावनाएँ क्रिस्टल-स्पष्ट तर्कसंगत विचारों की तरह बनती हैं; भावनाएँ बस सूचना प्रसंस्करण के एक अलग रूप का प्रतिनिधित्व करती हैं जो तर्कसंगत सलाह की तुलना में अधिक समझदार सलाह प्रदान कर सकती हैं।

इससे एक महत्वपूर्ण प्रश्न उठता है: किसी को अपने दिमाग या पेट की बात कब सुननी चाहिए? अंगूठे के नियम में यह शामिल हो सकता है: जब मोटर कौशल (सेंटीपीड, वैन डे वेल्डे या संगीत वाद्ययंत्र सीखना) जैसी गतिविधियों और आपके द्वारा पहले कई बार संबोधित किए गए प्रश्नों (जैसे कि वॉरेन बफेट की "सक्षमता का चक्र") की बात आती है, तो यह सबसे अच्छा है बहुत बारीकी से अतिविश्लेषण न करें। जानबूझकर निर्णय लेने से समस्याओं का समाधान करने की आपकी सहज क्षमता कमजोर हो जाती है। ठीक वैसे ही जैसे पाषाण युग के समय में, भोजन-संबंधी और मित्रता संबंधी निर्णय लेते समय, तथाकथित अनुमान तर्कसंगत विचार से बेहतर थे। हालाँकि, निवेश निर्णय जैसे जटिल मामलों में गंभीर चिंतन की आवश्यकता होती है, लेकिन विकास ने हमें इस तरह के विचारों के लिए तैयार नहीं किया है, इसलिए तर्क हमेशा अंतर्ज्ञान पर हावी होता है।

एक्शन बायस (अध्याय 43) भी देखें; सूचना पूर्वाग्रह (अध्याय 59)

आप बहुत अधिक कर्ज क्यों लेते हैं (अध्याय 91)।

नियोजन भ्रांति

हर सुबह अपने कार्यों की सूची बनाते समय, क्या आप अक्सर प्रत्येक दिन के अंत में सभी चीज़ों पर सही का निशान लगाने में सफल हो जाते हैं? अधिकांश लोगों के मामले में ऐसा कितनी बार होता है? अधिकांश लोग हर कुछ महीनों में केवल एक बार इस अवस्था में पहुँच सकते हैं। सीधे शब्दों में कहें तो, आप बहुत अधिक ग्रहण कर लेते हैं। आपकी योजनाएँ अवास्तविक रूप से महत्वाकांक्षी हैं - कुछ ऐसा है जिसे माफ कर दिया जाएगा यदि आपने पहली बार कार्यों की सूची संकलित की है, लेकिन यह व्यवहार समय के साथ आपकी दिनचर्या का हिस्सा बन गया है। इस प्रकार, आप अपनी क्षमताओं से भली-भांति परिचित हैं और प्रतिदिन उन्हें अधिक महत्व देने की संभावना नहीं है। यह कोई हंसी की बात नहीं है: जीवन के अन्य क्षेत्रों में हम अनुभव से सीखते हैं - जब योजना बनाने की बात आती है तो ऐसा क्यों नहीं होता? भले ही आपके पिछले अधिकांश प्रयास आज की वास्तविकता के प्रति बहुत आशावादी थे। डैनियल काह्नमैन इस घटना को योजना संबंधी भ्रांति के रूप में संदर्भित करते हैं।

रोजर ब्यूहलर और उनकी शोध टीम ने कनाडाई मनोवैज्ञानिक रोजर ब्यूहलर के नेतृत्व में अपनी अंतिम वर्ष की कक्षा से दो सबमिशन तिथियों की पहचान करने के लिए कहा: एक यथार्थवादी थी जबकि दूसरी अप्रत्याशित सबसे खराब स्थिति वाली तारीख को दर्शाती थी। केवल 30% ने यथार्थवादी समय सीमा पूरी की, जबकि उन्हें आम तौर पर मूल रूप से नियोजित की तुलना में 50% अतिरिक्त समय और सबसे खराब स्थिति में निर्धारित जमा करने की तारीखों के लिए प्रत्याशित सात दिनों की अतिरिक्त आवश्यकता होती थी।

योजना संबंधी भ्रांति विशेष रूप से तब स्पष्ट होती है जब लोग सहयोग करते हैं, चाहे वह व्यापार, विज्ञान या राजनीति में हो। समूह लागत और जोखिमों को व्यवस्थित रूप से कम आंकते हुए अवधि और लाभों को अधिक महत्व देते हैं। इसका एक प्रमुख उदाहरण सिडनी ओपेरा हाउस है जिसकी योजना 1957 में बनाई गई थी और 1963 में अनुमानित लागत $7 मिलियन थी, लेकिन अंततः इसे $102 मिलियन में व्यवसाय के लिए खोल दिया गया; अपेक्षा से 14 गुना अधिक!

हम प्राकृतिक योजनाकार क्यों नहीं लगते? हमारी अप्रभावी योजना क्षमताओं के दो कारण हो सकते हैं। एक है इच्छाधारी सोच: हम जो कुछ भी हाथ में लेते हैं उसमें सफलता के लिए प्रयास करते हैं। दो: अक्सर, हम अपने प्रोजेक्ट पर बहुत अधिक ध्यान केंद्रित करते हैं जबकि बाहरी प्रभावों की उपेक्षा करते हैं जैसे कि अप्रत्याशित घटनाएं जो अप्रत्याशित रूप से उत्पन्न होती हैं (यह दैनिक कार्यक्रम के साथ भी हो सकता है, उदाहरण के लिए आपकी बेटी कुछ चाहती है) जो हमें अप्रत्याशित रास्ते पर ले जाती है; या इन घटनाओं पर बहुत कम ध्यान दिया जाता है क्योंकि उन पर बहुत अधिक ध्यान केंद्रित किया जाता है (यह यहां भी लागू हो सकता है - योजना बनाते समय)।

आपका कुत्ता मछली की हड्डी निगल लेता है। आपकी कार की बैटरी अप्रत्याशित रूप से ख़त्म हो जाती है। एक घर के लिए एक प्रस्ताव आपके डेस्क पर आता है और उस पर तत्काल विचार करने की आवश्यकता है - परिणामस्वरूप योजनाएँ गड़बड़ा जाती हैं! क्या चरण-दर-चरण तैयारी कोई समाधान होगी? नहीं; चरण-दर-चरण तैयारी केवल फोकस को और कम करके योजना संबंधी

भ्रांतियों को बढ़ाती है, जिससे जीवन में आश्चर्य की आशा करने की आपकी क्षमता कम हो जाती है।

तो आपको क्या करना चाहिए? अपना ध्यान आंतरिक चीजों से हटाएं - जैसे कि आपका प्रोजेक्ट - बाहरी चीजों जैसे समान परियोजनाओं पर। आधार दर की समीक्षा करें और पिछले प्रयासों का आकलन करें। यदि इसी तरह के उद्यम तीन साल तक चले और $5 मिलियन की खपत हुई, तो यह संभवतः आपके प्रोजेक्ट पर भी लागू होगा - चाहे कितनी भी सावधानी से योजना बनाई गई हो। इसलिए, इससे संबंधित किसी भी निर्णय के लिए निर्णय लेने से पहले यह महत्वपूर्ण है कि इन महत्वपूर्ण विकल्पों को लेने से पहले एक "प्रीमॉर्टम" सत्र (शाब्दिक अर्थ, "मृत्यु से पहले") किया जाए। गैरी क्लेन किसी भी इकट्ठी टीम को यह संक्षिप्त भाषण देने का सुझाव देते हैं: 'कल्पना करें कि एक साल बाद सब कुछ योजना के अनुसार हुआ लेकिन इसके स्थान पर आपदा आ गई है - इस आपदा के बारे में लिखने में पांच या दस मिनट का समय लें - कहानियां आपको दिखाएंगी कि कैसे चीजें विकसित हो सकती हैं।"

टालमटोल (अध्याय 85) भी देखें; पूर्वानुमान भ्रम (अध्याय 40); ज़िगार्निक प्रभाव (अध्याय 93); अधिक जानकारी के लिए ग्रुपथिंक (अध्याय 25)।

जंगली हथौड़ों को केवल कीलें दिखाई देती हैं

व्यावसायिक विरूपण प्रणाली

एक व्यक्ति ऋण लेता है और अपनी खुद की कंपनी शुरू करता है और कुछ ही समय बाद दिवालिया घोषित हो जाता है।

वह अवसाद का अनुभव करता है और फिर आत्महत्या कर लेता है।

क्या आप यह कहानी एक व्यवसाय विश्लेषक के रूप में पढ़ रहे हैं? इस प्रकार, अपने काम के हिस्से के रूप में आपको यह आकलन करने का प्रयास करना चाहिए कि यह विचार सफल क्यों नहीं हुआ: क्या वह एक अप्रभावी नेता था, रणनीति गलत थी, बाजार बहुत छोटा था, या प्रतिस्पर्धा बहुत भयंकर थी? एक विपणक के रूप में, आप यह मान सकते हैं कि अभियान ख़राब तरीके से व्यवस्थित थे या वह अपने इच्छित दर्शकों तक पहुँचने में विफल रहे। वित्तीय विशेषज्ञ सवाल कर सकते हैं कि क्या ऋण उपयुक्त वित्तीय साधन है; स्थानीय पत्रकार इस कहानी में एक अवसर देखते हैं: कितना भाग्यशाली है कि उसने अपनी जान ले ली! एक लेखक के रूप में, आप इस बात पर विचार कर सकते हैं कि कैसे एक घटना प्राचीन यूनानी त्रासदी बन सकती है। बैंकरों को संदेह हो सकता है कि ऋण विभाग में कोई त्रुटि हुई है। समाजवादी पूंजीवाद की विफलता को दोष देते हैं; धार्मिक रूढ़िवादी इस घटना को दैवीय दंड के रूप में देख सकते हैं या मनोचिकित्सक निम्न सेरोटोनिन स्तर को पहचानेंगे। तो कौन सा दृष्टिकोण प्रबल होना चाहिए?

कोई नहीं। मार्क ट्वेन ने एक बार कहा था, 'यदि आपके सभी उपकरण हथौड़े हैं, तो आपकी सभी समस्याएं कीलें होंगी।' वॉरेन बफेट के बिजनेस पार्टनर और द स्नोबॉल इफ़ेक्ट के लेखक चार्ली मुंगर ने चार्ली मुंगर को केवल एक मॉडल का उपयोग करने के निम्नलिखित प्रभाव के बारे में बताया: 'लेकिन यह दुनिया में सोचने और संचालित करने का एक पूरी तरह से विनाशकारी तरीका हो सकता है; इसलिए कई मॉडल अलग-अलग क्षेत्रों से आने चाहिए क्योंकि सारा ज्ञान एक ही शैक्षणिक विभाग में नहीं होता है।'

यहां विकृति पेशेवर के कुछ उदाहरण दिए गए हैं: सर्जन हर चिकित्सा समस्या को सर्जरी से हल करना चाहते हैं; सेनाएँ पहले सैन्य समाधान का पक्ष लेती हैं; इंजीनियर संरचनात्मक कार्य में विशेषज्ञ हैं; ट्रेंड गुरु अक्सर बेतुकी भविष्यवाणियाँ करते हैं - संक्षेप में: जब किसी मुद्दे के बारे में पूछा जाता है, तो अधिकांश उत्तर आमतौर पर उनकी विशेषज्ञता के किसी एक क्षेत्र से संबंधित होते हैं।

दर्जियों को सिलाई का अभ्यास क्यों नहीं करना चाहिए क्योंकि वे सबसे अच्छी तरह जानते हैं? विरूपण पेशेवर तब होता है जब लोग अपनी विशेष प्रक्रियाओं को उन क्षेत्रों में लागू करते हैं जिन्हें उन्हें नहीं करना चाहिए। इसमें कोई संदेह नहीं कि आपने स्वयं ऐसा होते देखा है? शिक्षक छात्रों की तरह दोस्तों को डांटते हैं। नई मांएं अपने पतियों के साथ बच्चों जैसा व्यवहार करती हैं। या एक्सेल स्प्रेडशीट लें - हम उनका उपयोग तब भी करते हैं जब उनके उपयोग का कोई

मतलब नहीं होता है, जैसे कि स्टार्टअप के लिए वित्तीय अनुमान पेश करते समय या डेटिंग साइटों के माध्यम से मिले संभावित प्रेमियों की तुलना करते समय - वे कंप्यूटर के बाद से सबसे खतरनाक आविष्कारों में से एक हो सकते हैं .

यहां तक कि अपने स्वयं के डोमेन के भीतर भी, साहित्यिक समीक्षक हथौड़े का अत्यधिक उपयोग करते हैं। समीक्षकों को पुस्तकों के भीतर संदर्भों, प्रतीकों और छिपे संदेशों का पता लगाने के लिए प्रशिक्षित किया जाता है; एक उपन्यासकार के रूप में, मुझे यह प्रथा परेशान करने वाली लगती है क्योंकि समीक्षक ऐसे उपकरणों का आविष्कार करते हैं जिनका कोई अस्तित्व ही नहीं है। बिजनेस पत्रकार जो करते हैं, उसके विपरीत नहीं - जो केंद्रीय बैंक के गवर्नरों द्वारा की गई छोटी-मोटी टिप्पणियों को भी उनके द्वारा बोले गए शब्दों के विश्लेषण के माध्यम से राजकोषीय नीति में बदलाव के किसी भी संकेत के लिए खंगालते हैं।

निष्कर्ष: किसी विशेषज्ञ से परामर्श करते समय, समग्र रूप से सर्वोत्तम समाधान की अपेक्षा न करें; बल्कि एक ऐसे दृष्टिकोण की अपेक्षा करें जिसे उनके टूलबॉक्स का उपयोग करके हल किया जा सके। याद रखें कि हमारा दिमाग केंद्रीकृत कंप्यूटर नहीं है बल्कि इसमें कई विशेष उपकरण होते हैं जिन्हें अपनी यात्रा के दौरान विभिन्न बिंदुओं पर नियोजित करने की आवश्यकता हो सकती है। दुर्भाग्य से, हमारे "पॉकेटचाकू" अधूरे हैं। जीवन के अनुभवों और पेशेवर विशेषज्ञता के कारण, हमारे पास पहले से ही कुछ ब्लेड हैं। लेकिन हमारे कौशल सेट को और अधिक निखारने के लिए, हमारे टूलबॉक्स में दो या तीन उपकरण - मानसिक मॉडल जो हमारी विशेषज्ञता के क्षेत्र से बाहर आते हैं - जोड़ना आवश्यक है। पिछले कई वर्षों में, मैंने जीवन पर जैविक दृष्टिकोण अपनाया है और जटिल प्रणालियों में नई अंतर्दृष्टि प्राप्त की है। अपनी कमियों का जायजा लें और उन्हें दूर करने के लिए उचित ज्ञान और कार्यप्रणाली की तलाश करें; ऐसा करने में लगभग एक वर्ष का प्रयास लगता है, लेकिन इसका लाभ मिलेगा: आपका पॉकेटनाइफ बड़ा और अधिक बहुमुखी हो जाएगा, आपका दिमाग तेज़ हो जाएगा!

स्वयंसेवक की मूर्खता (अध्याय 65) भी देखें; डोमेन निर्भरता (अध्याय 76) और जुआरी की भ्रांति (अध्याय 29)

मिशन पूरा हुआ

ज़िगार्निक प्रभाव

बर्लिन, 1927: कई विश्वविद्यालय के छात्र और प्रोफेसर एक रेस्तरां में जाते हैं जहां वेटर एक के बाद एक ऑर्डर लेता है, बिना कोई दस्तावेज लिखे हुए, उन्हें चिंता होती है कि निश्चित रूप से कुछ बुरा होगा। हालाँकि, केवल थोड़े से इंतजार के बाद सभी भोजनकर्ताओं को वही मिला जो उन्होंने अनुरोध किया था। हालाँकि, रात के खाने के बाद बाहर सड़क पर, रूसी मनोविज्ञान की छात्रा ब्लूमा ज़िगार्निक को एहसास हुआ कि वह अपना दुपट्टा रेस्तरां में भूल गई है। रेस्तरां में वापस, उसकी मुलाकात अपनी अविश्वसनीय याददाश्त के लिए प्रसिद्ध वेटर से होती है और पूछती है कि क्या उसने इसे देखा है। हालाँकि, वह उससे अनजान रहता है या वह कहाँ बैठी थी; जिस पर वह आक्रोशपूर्वक जवाब देते हुए पूछती है कि यह कैसे संभव है कि वह भूल गया कि वे कौन थे या कहाँ बैठे थे जबकि उसकी याददाश्त इतनी अविश्वसनीय है! 'आप मुझे कैसे भूल सकते हैं?' रूखेपन से उत्तर दिया: 'मैं हर ऑर्डर को परोसे जाने तक अपने पास रखता हूं' 'वेटर ने रूखेपन से जवाब दिया: 'मैं हर ऑर्डर को परोसे जाने तक अपने दिमाग में रखता हूं' और उसे अपने पिछले ऑर्डर भी याद नहीं हैं' (सी)।

ज़िगार्निक और कर्ट लेविन ने इस रहस्यमय व्यवहार का अध्ययन किया और निष्कर्ष निकाला कि लोग आम तौर पर वेटर की तरह काम करते हैं: हम अधूरे कार्यों को कभी नहीं भूलते; वे हमारी चेतना को तब तक परेशान करते हैं जब तक हम उन पर ध्यान नहीं देते; हालाँकि, एक बार पूरा होने पर, ये आइटम पूरी तरह से स्मृति से गायब हो जाते हैं।

शोधकर्ता अब इस घटना को ज़िगार्निक प्रभाव के रूप में संदर्भित करते हैं। हालाँकि, उसकी जाँच से कुछ असामान्य उदाहरण सामने आए: उदाहरण के लिए, कई परियोजनाएँ चलने के बावजूद कुछ व्यक्ति पूरी तरह से तनावग्रस्त थे। फ्लोरिडा स्टेट यूनिवर्सिटी में रॉय बॉमिस्टर और उनकी शोध टीम ने हाल ही में इस घटना पर कुछ प्रकाश डाला है। उन्होंने उन छात्रों को तीन समूहों में विभाजित किया जो अपनी अंतिम परीक्षा देने के करीब थे; समूह 1 में इस सेमेस्टर के दौरान आयोजित पार्टियाँ शामिल थीं जबकि समूह 2-4 औपचारिक परीक्षाओं पर केंद्रित थे। समूह 2 को अपनी आगामी परीक्षा पर ध्यान केंद्रित करना था जबकि समूह 3 को एक विस्तृत अध्ययन योजना बनाने की आवश्यकता थी। इसके बाद बॉमिस्टर ने समूह 2, 3 और 4 के छात्रों से समय के दबाव में शब्दों को पूरा करने के लिए कहा - कुछ ने "घबराहट" देखी, जबकि अन्य ने 'पार्टी' या पेरिस के बारे में सोचा। यह अभ्यास बेहद व्यावहारिक साबित हुआ; समूह 1 अपनी परीक्षा देने के बारे में निश्चिंत दिखाई दिया जबकि वे समूह 2 में और कुछ नहीं सोच सकते थे! हालाँकि, जो वास्तव में सामने आया वह समूह 3 था, जहाँ उनके परिणाम वास्तव में आश्चर्यजनक थे! हालाँकि इन छात्रों को आगामी परीक्षा पर ध्यान केंद्रित करना था, फिर भी उनका मन शांत और चिंता से मुक्त रहा। बाद के प्रयोगों ने इस अवलोकन को सत्यापित किया: उत्कृष्ट कार्य हमें केवल तब तक परेशान करते हैं जब तक हमारे पास एक संगठित योजना नहीं होती कि हम उन्हें कैसे संबोधित करेंगे; ज़िगार्निक ने गलती से मान लिया कि इस संबंध में कार्यों को पूरा करना ही पर्याप्त होगा; इसके बजाय एक रणनीतिक दृष्टिकोण पर्याप्त होना चाहिए।

डेविड एलन की सबसे अधिक बिकने वाली पुस्तक गेटिंग थिंग्स डन (जीटीडी) उनके लक्ष्य को पानी की तरह साफ दिमाग रखने के रूप में घोषित करती है। इस लक्ष्य को प्राप्त करने के लिए, किसी को सही क्रम में जीवन की आवश्यकता नहीं है, बल्कि जीवन के अनियोजित मुद्दों को संबोधित करने के लिए एक कार्य योजना बनानी होगी और उन्हें चरण-दर-चरण कार्यों में लिखना होगा - तभी आपके मन को मानसिक शांति मिल सकती है। योजना बनाने में विचार-विमर्श सर्वोपरि है; 'मेरी पत्नी के जन्मदिन की पार्टी का आयोजन' या 'नया रोजगार ढूंढना' जैसे अस्पष्ट लक्ष्य राहत नहीं दे सकते; एलन अपने ग्राहकों को सफलता सुनिश्चित करने और शांति प्राप्त करने के लिए यदि संभव हो तो ऐसी परियोजनाओं को शुरू करने से पहले इन परियोजनाओं को बीस से पचास व्यक्तिगत कार्यों में विभाजित करने के लिए मजबूर करता है। दिमाग।

एलन की सिफ़ारिश योजना संबंधी भ्रांति (अध्याय 91) के विपरीत हो सकती है: विस्तृत योजना के कारण हम बाहरी कारकों को नज़रअंदाज़ कर सकते हैं जो परियोजनाओं को पटरी से उतार सकते हैं, लेकिन इसमें कुंजी निहित है: मन की शांति के लिए एलन के दृष्टिकोण को चुनें जबकि लागत पर अधिक सटीक अनुमान के लिए , लाभ, अवधि और अन्य परियोजना पहलू एक विस्तृत योजना बनाने के बजाय समान परियोजनाओं को देखते हैं। या दोनों करो!

हालाँकि, इसे स्वयं पूरा करने के लिए आपको किसी हाई-टेक गैजेट की आवश्यकता नहीं है - बस अपने बिस्तर के पास एक नोटपैड रखें और जब आप सो न सकें तो बकाया कार्यों को लिखने के लिए इसका उपयोग करें और आप उन्हें कैसे संबोधित करेंगे - इससे आंतरिक शांति में मदद मिलेगी आवाजें जो बार-बार पुकारती रहती हैं: 'आप भगवान को चाहते हैं लेकिन आपके पास बिल्ली का खाना नहीं बचा है,' जैसा कि एलन ने कहा - उनकी सलाह तब भी मान्य रहती है, भले ही आपको पहले से ही भगवान मिल गया हो या आपके पास कोई पालतू जानवर न हो!

टालमटोल (अध्याय 85) भी देखें; अतिरिक्त विचारों के लिए नियोजन भ्रांति (अध्याय 91)।

नाव निर्माण, चलाने से अधिक महत्वपूर्ण है

इतने कम सीरियल उद्यमी क्यों हैं?

ऐसा क्यों प्रतीत होता है कि इतने कम सिलसिलेवार उद्यमी - व्यवसायी हैं जो लगातार कई लाभदायक कंपनियाँ शुरू करते हैं? ज़रूर, स्टीव जॉब्स और रिचर्ड ब्रैनसन मौजूद हैं - हालाँकि वे एक छोटे अल्पसंख्यक का प्रतिनिधित्व करते हैं। सभी स्टार्टअप संस्थापकों में सीरियल उद्यमियों की हिस्सेदारी एक प्रतिशत से भी कम है। लेकिन क्या ये सभी सिलसिलेवार उद्यमी सफलता का अनुभव करने के बाद निजी नौकाओं की ओर रुख कर लेते हैं, जैसे माइक्रोसॉफ्ट के सह-संस्थापक पॉल एलन ने किया था? बिलकुल नहीं। सच्चे व्यवसायी लोगों के पास समुद्र तट पर घंटों कुर्सी पर बैठे रहने के लिए बहुत अधिक ऊर्जा होती है। शायद इसका कारण यह है कि वे 65 वर्ष की आयु तक अपनी कंपनियों को छोड़ना नहीं चाहते हैं, हालांकि अधिकांश संस्थापक अपनी कंपनियों की स्थापना के 10 साल के भीतर अपने शेयर बेच देते हैं। कोई यह सोचेगा कि प्रतिभा, व्यापक व्यक्तिगत नेटवर्क और ठोस साख से संपन्न लोग कई अन्य स्टार्ट-अप स्थापित करने में सक्षम होंगे - फिर भी कई लोग ऐसा करने में सफल नहीं होते हैं। वे क्यों रुकते हैं? वे रुके नहीं; वे ऐसा सफलतापूर्वक करने में असफल रहे। जब व्यावसायिक सफलता की बात आती है तो भाग्य कौशल से बड़ी भूमिका निभाता है, जिसके बारे में कोई भी व्यवसायी सुनना पसंद नहीं करता है। मुझे याद है कि जब पहली बार मुझे इस विचार के बारे में पता चला तो मैं असहज महसूस कर रहा था; मेरा तत्काल विचार था: 'क्या मेरी सफलता बस आकस्मिक थी?'। पहले तो यह अपमानजनक लग सकता है कि भाग्य ने इतनी बड़ी भूमिका निभाई है।

आइए व्यावसायिक सफलता के लिए एक ईमानदार, यथार्थवादी दृष्टिकोण अपनाएँ। इसका कितना हिस्सा कड़ी मेहनत और विशिष्ट प्रतिभा बनाम भाग्य पर निर्भर करता है? दुर्भाग्य से, यह प्रश्न आसानी से गलत धारणाओं को जन्म दे सकता है; हालाँकि किसी भी कंपनी की सफलता की कहानी में प्रतिभा एक आवश्यक भूमिका निभाती है, लेकिन कड़ी मेहनत से ही परिणाम प्राप्त नहीं किया जा सकता। दुर्भाग्य से, न तो कौशल और न ही कड़ी मेहनत ही सफलता प्राप्त करने के लिए पर्याप्त है; दोनों तत्व आवश्यक हैं - लेकिन पर्याप्त नहीं - कारक। यह हम कैसे जान सकते हैं? एक आसान और सीधा परीक्षण है: जब किसी को कम योग्य साथियों की तुलना में दीर्घकालिक सफलता मिलती है, तो प्रतिभा सर्वोपरि हो जाती है। दुर्भाग्य से यह कंपनी संस्थापकों पर लागू नहीं होता है; अन्यथा अधिकांश सफल उद्यमी प्रारंभिक सफलता प्राप्त होने के बाद भी कई स्टार्टअप लॉन्च करना जारी रखेंगे।

किसी कंपनी की सफलता में कॉर्पोरेट लीडर्स की क्या भूमिका होती है? शोधकर्ताओं ने उदाहरण के तौर पर एक मजबूत सीईओ होने से जुड़े गुणों - प्रबंधन प्रक्रियाओं और पूर्व रणनीतिक प्रतिभा की पहचान की।
इसके बाद शोधकर्ताओं ने एक ओर सीईओ के व्यवहार और दूसरी ओर उनके कार्यकाल के तहत कंपनी के मूल्य वृद्धि के बीच संबंध को मापा। उनका निष्कर्ष: यदि दो कंपनियों की बेतरतीब ढंग से तुलना की जाए, तो 60% मामलों में मजबूत सीईओ अधिक शक्तिशाली फर्म का नेतृत्व करता है। कैन्नमैन ने पाया कि 40% मामलों में, कमजोर सीईओ ने मजबूत कंपनियों का नेतृत्व किया; यह किसी भी संबंध के न होने से केवल 10 प्रतिशत अंक अधिक दर्शाता है। उन्होंने यह कहते हुए

निष्कर्ष निकाला कि लोग आम तौर पर उन बिजनेस लीडरों के बारे में लिखी गई किताबों को उत्साहपूर्वक नहीं खरीदते हैं जो औसतन औसत से थोड़ा ही बेहतर हैं; यहां तक कि वॉरेन बफेट को भी कुछ सीईओ को ऊपर उठाने में कोई समझदारी नहीं दिखती; उसका लेना? '[?...?] एक अच्छा प्रबंधकीय रिकॉर्ड इस बात पर अधिक निर्भर करता है कि कोई व्यक्ति किस नाव में प्रवेश करता है, न कि इस बात पर कि वह उसे कितने प्रभावी ढंग से चलाता है।'

कुछ क्षेत्र कौशल पर बिल्कुल भी निर्भर नहीं होते हैं। कन्नमैन ने अपनी पुस्तक थिंकिंग, फास्ट एंड स्लो में एक परिसंपत्ति प्रबंधन फर्म की अपनी यात्रा का वर्णन किया है, जिसने उन्हें ब्रीफिंग के हिस्से के रूप में आठ वर्षों में प्रत्येक सलाहकार के प्रदर्शन के साथ एक स्प्रेडशीट भेजी थी। इस डेटा में से, कन्नमैन ने प्रत्येक समूह को अवरोही क्रम में 1, 2, 3 आदि रैंकिंग दी। उन्होंने तुरंत वर्षों की रैंकिंग में उनके संबंधों की गणना की। फिर उन्होंने वर्ष 1 से वर्ष 8 तक रैंकिंग के सहसंबंध की गणना की - सलाहकार कभी-कभी दोनों छोर पर होते थे। यह शुद्ध यादृच्छिक संयोग निकला; कभी-कभी वे नीचे की तुलना में शीर्ष के अधिक निकट दिखाई देते हैं। सलाहकार का प्रदर्शन पूर्व या बाद के वर्षों से स्वतंत्र था - सहसंबंध शून्य था! और फिर भी इन सलाहकारों को उनकी उपलब्धि के लिए बोनस प्राप्त हुआ। दूसरे शब्दों में, कंपनी कौशल से अधिक भाग्य को पुरस्कृत कर रही थी।

निष्कर्ष: कुछ पेशे अपनी क्षमताओं का उपयोग करने वाले लोगों पर बहुत अधिक निर्भर करते हैं, जैसे पायलट, प्लंबर और वकील। अन्य क्षेत्रों में कौशल की आवश्यकताों होती है लेकिन यह महत्वपूर्ण नहीं है - जैसे उद्यमियों और नेताओं। और कभी-कभी संयोग ही सब कुछ तय करता है, जैसे वित्तीय बाज़ारों में; यहां, कौशल का भ्रम सर्वोच्च हो सकता है। इसलिए सफल वित्तीय विदूषकों का आनंद लेते हुए प्लंबरों के प्रति सम्मान दिखाएं!
बिगिनर्स लक (अध्याय 49) भी देखें; उत्तरजीविता पूर्वाग्रह (अध्याय 1), प्राधिकरण पूर्वाग्रह (अध्याय 9), अति आत्मविश्वास प्रभाव, नियंत्रण का भ्रम और परिणाम पूर्वाग्रह बाद के अध्यायों में (क्रमशः 20 और 21)।

चेकलिस्ट आपको गुमराह क्यों कर सकती हैं?

पहली नज़र में, श्रृंखला ए काफी सरल प्रतीत होती है। इसके सभी नंबर कुछ न कुछ समान साझा करते हैं - 394, 411, 054, 646 चार विशेषताओं से जुड़े हुए हैं, जो इस श्रृंखला को हल करने के लिए अपेक्षाकृत सरल बनाता है। इसके बाद श्रृंखला बी आती है; इसके सभी नंबर किसी न किसी बिंदु पर छह विशेषताओं का उपयोग करते हैं। आप इससे क्या सीख सकते हैं? उपस्थिति की तुलना में अनुपस्थिति का पता लगाना अक्सर कठिन हो सकता है; हम उन चीज़ों को अधिक महत्व देते हैं जो अस्तित्व में हैं बजाय इसके कि जो अस्तित्व में नहीं हैं।

पिछले सप्ताह जब मैं टहलने के लिए निकला तो मुझे एहसास हुआ: कुछ भी चोट नहीं लगी। यह काफी आश्चर्यजनक था क्योंकि मुझे वैसे भी दर्द का अनुभव कम ही होता है और जब ऐसा होता है तो इसे तीव्रता से महसूस किया जा सकता है; फिर भी इसकी अनुपस्थिति को शायद ही कभी स्वीकार करते हैं; इसकी सुंदरता ऐसी थी कि बस एक पल के लिए यह खुशी लेकर आई - लेकिन यह सब फिर से जल्दी ही दिमाग से निकल गया!

एक शास्त्रीय गायन में, एक ऑर्केस्ट्रा ने बीथोवेन की नौवीं सिम्फनी को एक उत्साही कॉन्सर्ट हॉल में बड़ी प्रशंसा के साथ प्रस्तुत किया। इसके चौथे भाग के गीत के दौरान आँसू बहते देखे जा सकते हैं, जिससे व्यक्ति आभारी महसूस करता है कि यह अस्तित्व में है; लेकिन क्या यह सच है? निःसंदेह नहीं; अगर काम की रचना नहीं की गई होती, तो कोई भी इसे मिस नहीं करता और निर्देशक को गुस्साए कॉल नहीं आते, जिसमें माँग की जाती कि इस कला के टुकड़े को तुरंत लिखा और प्रदर्शित किया जाए - फीचर-सकारात्मक प्रभाव के रूप में जानी जाने वाली यह घटना वास्तव में आज हमें खुश करती है।

रोकथाम अभियान इस रणनीति का प्रभावी ढंग से उपयोग करते हैं; उदाहरण के लिए, "धूम्रपान फेफड़ों के कैंसर का कारण बनता है" की तुलना में "धूम्रपान न करने से फेफड़ों के कैंसर से मुक्त जीवन मिलता है" कहीं अधिक प्रेरक है। ऑडिटर और अन्य पेशेवर जो चेकलिस्ट पर भरोसा करते हैं, वे अक्सर इस सुविधा-सकारात्मक प्रभाव का शिकार होते हैं: बकाया कर घोषणाएं तुरंत उनकी सूची में दिखाई देती हैं, जबकि एनरॉन या बर्नी मैडॉफ की पोंजी स्कीम जैसी धोखाधड़ी वाली गतिविधियां दिखाई नहीं देती हैं। ऐसी सूचियों से निक लीसन और जेरोम केर्विएल जैसे "दुष्ट व्यापारियों" के उपक्रम भी गायब हैं, जिन्होंने इस तरह की वित्तीय अनियमितताएं पैदा कीं - इस प्रकार ऐसी गतिविधियों को सार्वजनिक जांच से छिपाया गया।
अवमूल्यन पर नज़र रखने के लिए कोई चेकलिस्ट मौजूद नहीं है; और जबकि गैरकानूनी कार्य बंधक बैंकों द्वारा विचाराधीन हो सकते हैं, भस्मीकरण संयंत्रों के कारण अवमूल्यन उनकी निगरानी के बिना भी हो सकता है।

उच्च कोलेस्ट्रॉल सामग्री के साथ सलाद ड्रेसिंग जैसा अवांछनीय उत्पाद बनाने की कल्पना करें, लेकिन क्या आप चाहते हैं कि उपभोक्ता इसके उपयोग के बारे में सुरक्षित महसूस करें? ऐसे उत्पाद पर लेबल लगाते समय, इसकी सभी सकारात्मक विशेषताओं को उजागर करें। ग्राहकों को इसकी अनुपस्थिति नज़र नहीं आएगी; जबकि सकारात्मक विशेषताएं यह सुनिश्चित करेंगी कि उपभोक्ता सूचित रहें।

शैक्षणिक अनुसंधान अक्सर फीचर-सकारात्मक प्रभाव प्रदर्शित करता है। परिकल्पनाओं की पुष्टि आम तौर पर प्रकाशनों की ओर ले जाती है और नोबेल पुरस्कार भी अर्जित कर सकती है; जबकि परिकल्पनाओं का मिथ्याकरण, हालांकि वैज्ञानिक रूप से फायदेमंद है, प्रकाशित करना बहुत कठिन है और इसे इस तरह की प्रतिष्ठित स्वीकृति कभी नहीं मिली है। फीचर-सकारात्मक प्रभाव का एक और परिणाम सकारात्मक सलाह स्वीकार करने की हमारी प्रवृति है - जैसे कि एक्स - नकारात्मक सलाह पर (वाई को भूल जाओ)। यह हमें नकारात्मक सुझावों (जैसे Y को भूल जाना) की तुलना में सकारात्मक सलाह के प्रति अधिक ग्रहणशील बनाता है।

निष्कर्ष: मनुष्य अक्सर गैर-घटनाओं को सटीक रूप से समझने के लिए संघर्ष करते हैं। हम उस चीज़ को नज़रअंदाज़ कर देते हैं जो अस्तित्व में नहीं है। उदाहरण के लिए, हम मानते हैं कि युद्ध है या नहीं, लेकिन शांतिकाल के दौरान इसकी अनुपस्थिति की सराहना नहीं करते हैं; इसी तरह हम स्वस्थ होने पर शायद ही कभी बीमार होने पर विचार करते हैं; इसी तरह कैनकन पहुंचने के बाद भी विमान दुर्घटना का अनुभव नहीं हुआ! अभाव के प्रति अधिक सचेतनता विकसित करके हम अधिक खुश हो सकते हैं; हालाँकि ऐसा करने के लिए कठिन मानसिक परिश्रम और विचार की आवश्यकता होती है - एक उपयोगी उपकरण यह सवाल करना है कि शून्यता के बजाय कुछ मौजूद क्यों है क्योंकि यह प्रश्न फीचर सकारात्मक प्रभावों से लड़ने के एक उपयोगी तरीके के रूप में कार्य करता है!

फ़ॉरर इफ़ेक्ट (अध्याय 64) भी देखें; पुष्टिकरण पूर्वाग्रह (अध्याय 7-8); स्व-चयन पूर्वाग्रह (अध्याय 47); उपलब्धता पूर्वाग्रह (अध्याय 11); ध्यान का भ्रम (अध्याय 88)

तीर और गौरैया के बीच पुष्टिकरण पूर्वाग्रह

प्रमाण या गलतियाँ छिपाना

होटल स्वयं को ऑनलाइन सर्वोत्तम रूप में प्रस्तुत करते हैं। सुंदर, राजसी छवियों को चित्रित करने वाली तस्वीरें सावधानीपूर्वक चुनी जाती हैं; किसी भी अप्रिय कोण, टपकते पाइप या अनाकर्षक नाश्ते के कमरे को बस फटे कॉलीन द्वारा छिपा दिया जाता है - बेशक आप जानते हैं कि यह सच है जब पहली बार एक भद्दे लॉबी का सामना करना पड़ता है; इसके बजाय आप बस कंधे उचकाते हैं और जितनी जल्दी हो सके पंजीकरण डेस्क की ओर बढ़ते हैं।

जैसा कि होटलों में किया जाता है, चेरी-चुनने में केवल आकर्षक विशेषताओं को चुनना और उन पर जोर देना शामिल है, जबकि अन्य को छिपाना। आपको अन्य अनुभवों को भी इसी तरह से देखना चाहिए: कारों, रियल एस्टेट या कानून फर्मों के लिए ब्रोशर कुछ और चीजें हैं जिन्हें आपको सावधानी से देखने की ज़रूरत है - यह जानना कि वे कैसे काम करते हैं, हमें उनके भ्रम में नहीं फँसाता है!

लेकिन कंपनियों, फाउंडेशनों और सरकारी संगठनों की वार्षिक रिपोर्ट पढ़ते समय आप अलग-अलग प्रतिक्रिया देते हैं। यहां आप वस्तुनिष्ठ चित्रण की अपेक्षा करते हैं; दुर्भाग्य से आप गलत होंगे: ये निकाय अक्सर निर्णय लेते हैं: हासिल किए गए लक्ष्यों का जश्न मनाया जाता है जबकि असफलताओं पर कोई ध्यान नहीं दिया जाता।

अपने आप को एक विभाग के प्रमुख के रूप में कल्पना करें। आपका बोर्ड आपको अपनी टीम की खेल स्थिति पर प्रस्तुति देने के लिए आमंत्रित करता है। आप इस प्रस्तुति को किस प्रकार अपनाएंगे? चुनौतियों को उजागर करने वाली कुछ स्लाइडों को शामिल करते हुए अपनी जीत पर जोर देकर। किसी भी अधूरी उपलब्धि को आसानी से भुला दिया जाता है।

जब चेरी चुनने की बात आती है तो उपाख्यान एक अनोखी चुनौती पेश करते हैं। कल्पना कीजिए कि आप एक ऐसी कंपनी के एमडी हैं जो तकनीकी उपकरण बनाती है। ग्राहक संतुष्टि सर्वेक्षण करने के बाद, यह स्पष्ट हो जाता है कि अधिकांश ग्राहक आपके गैजेट की जटिल प्रकृति के कारण उसका उपयोग नहीं कर सकते हैं। अब मानव संसाधन प्रबंधक चिल्लाता है: 'मेरे ससुर को यह कल मिला और उन्होंने तुरंत सीख लिया कि इसे कैसे काम करना है। आप इस विशेष चेरी को कितना वजन देंगे? शून्य के करीब।" किसी किस्से का खंडन करना चुनौतीपूर्ण हो सकता है क्योंकि इसमें छोटी-छोटी कहानियाँ शामिल होती हैं जो हमारे दिमाग को आकर्षित करती हैं। इस प्रभाव का मुकाबला करने के लिए, कुशल नेता अपने करियर के दौरान खुद को प्रशिक्षित करते हैं ताकि वे अपने रास्ते में आने वाले उपाख्यानों के प्रति अतिसंवेदनशील हो जाएं और तुरंत जवाब दें। ऐसी किसी भी कहानी के खिलाफ जो सामने आती है।
जैसे-जैसे हम अधिक ऊंचे या विशिष्ट क्षेत्रों में डूबते जाते हैं, चेरी चुनना अधिक स्पष्ट हो जाता है। एंटीफ्रैगाइल में, तालेब ने विस्तार से बताया है कि कैसे अनुसंधान के सभी क्षेत्र - दर्शन से लेकर चिकित्सा और अर्थशास्त्र तक - अपने परिणामों का दावा करते हैं: "राजनेताओं की तरह, शिक्षाविद हमें यह बताने में माहिर हैं कि उन्होंने हमारे लिए क्या किया, न कि क्या नहीं किया; इस प्रकार वे

अपने अपरिहार्य तरीकों को साबित करते हैं ।" हो सकता है कि यह बहुत बड़ी बात हो लेकिन शिक्षाविदों के प्रति हमारा सम्मान हमारे लिए इसका पता लगाना असंभव बना देता है।

या चिकित्सा पेशे पर विचार करें: चिकित्सक ड्इन बर्च ने अपनी पुस्तक टेकिंग द मेडिसिन में कहा है कि द्वितीय विश्व युद्ध समाप्त होने के बाद से लोगों को धूम्रपान न करने के लिए कहना सबसे बड़ी चिकित्सा उपलब्धि है। कुछ चेरी-जैसी एंटीबायोटिक्स ध्यान भटकाने का काम करती हैं और इस प्रकार दवा शोधकर्ताओं को जश्न मनाया जाता है जबकि धूम्रपान विरोधी कार्यकर्ता ऐसा नहीं करते हैं।

बड़ी कंपनियों में प्रशासनिक विभाग होटल व्यवसायियों की तरह व्यवहार करते हैं और जो कुछ उन्होंने पूरा किया है उसका प्रचार करके खुद को महिमामंडित करते हैं लेकिन व्यवसाय के लिए जो हासिल नहीं किया गया है उसे कभी नहीं बताते हैं। आप इस बारे में क्या कर सकते हैं? किसी संगठन के पर्यवेक्षी बोर्ड में सेवा करते समय, 'बचे हुए चेरी' जैसे असफल परियोजनाओं या चूक गए लक्ष्यों के बारे में पूछना सुनिश्चित करें - आप सफलताओं की तुलना में इनसे बहुत कुछ सीखेंगे! यह आश्चर्य की बात है कि ऐसे प्रश्न कितने कम ही उठाए जाते हैं! दूसरा: अंतिम प्रतिशत तक लागत की गणना करने के लिए वित्तीय नियंत्रकों की एक सेना को नियोजित करने के बजाय, नियमित रूप से लक्ष्यों की समीक्षा करने के लिए समय निकालें। आपको यह जानकर आश्चर्य हो सकता है कि, समय के साथ, कुछ मूल लक्ष्य कम मूर्त हो गए हैं और उनका स्थान स्व-लगाए गए लक्ष्यों ने ले लिया है जो हमेशा प्राप्त करने योग्य बने रहते हैं; जब भी ऐसे लक्ष्य सामने आएं तो उन्हें लाल झंडे उठाने चाहिए; यह एक तीर चलाने और जहां वह गिरता है उसके चारों ओर एक बैल की आंख बनाने के बराबर होगा!

पूर्वाग्रहों पर नोट्स (अध्याय 13); स्व-सेवा पूर्वाग्रह (अध्याय 45);

पाषाण युग में बलि के बकरों की तलाश

एकल कारण विश्लेषण की विफलता

क्रिस मैथ्यूज़ एमएसएनबीसी के प्रमुख पत्रकारों में से एक हैं। उनके न्यूज़ शो में राजनीतिक विशेषज्ञों का इंटरव्यू लिया जाता है. मुझे कभी समझ नहीं आया कि उनकी नौकरी क्या है या ऐसे करियर क्यों मौजूद हैं, हालांकि 2003 में इराक पर अमेरिकी आक्रमण सामने और केंद्र में था। क्रिस मैथ्यूज़ ने एक के बाद एक विशेषज्ञों से इसके उद्देश्यों के बारे में पूछा - 9/11 के हमले के सिद्धांतों से लेकर इस संघर्ष के पीछे सामूहिक विनाश के हथियारों तक - उनके प्रश्न इतने महत्वपूर्ण थे: 'युद्ध की प्रेरणा क्या है? ', "बिक्री पिचों के अलावा, हमने इराक पर आक्रमण क्यों किया।" और बहुत आगे... और बहुत आगे... और बहुत आगे... और बहुत आगे...

इस तरह के प्रश्न अब मुझे ठीक से नहीं बैठते; वे सबसे अधिक बार होने वाली मानसिक त्रुटियों में से एक को दर्शाते हैं - कुछ ऐसा जिसके लिए कोई रोजमर्रा का शब्द नहीं है; इस प्रकार में इसके बजाय "एकल कारण की भ्रांति" जैसी अजीब भाषा का उपयोग करूंगा।

पांच साल बाद, 2008 में, वित्तीय बाज़ारों में फिर से दहशत फैल गई और बैंक ध्वस्त हो गए, जिससे करदाताओं को उन्हें कर डॉलर से बचाने के लिए मजबूर होना पड़ा। निवेशकों, राजनेताओं और पत्रकारों ने इस वित्तीय मंदी के हर पहलू की जांच की: ग्रीनस्पैन की ढीली मौद्रिक नीति? निवेशक मूर्खता? संदिग्ध रेटिंग एजेंसियां? भ्रष्ट लेखा परीक्षक? खराब जोखिम मॉडल या सरासर लालच सभी संभावित कारण थे - सभी समान माप में दोषी थे। कोई भी एक कारक अकेले जिम्मेदारी का दावा नहीं कर सकता लेकिन सभी महत्वपूर्ण योगदान दे सकते हैं।

एक सुखद भारतीय गर्मी, एक दोस्त का तलाक, प्रथम विश्व युद्ध, कैंसर, एक स्कूल में गोलीबारी, किसी कंपनी की दुनिया भर में सफलता या यहां तक कि लेखन भी कई कारकों के कारण होने वाली घटनाएं हैं जो उनमें योगदान करती हैं - फिर भी हम सारा दोष मढ़ने की कोशिश करते हैं एक व्यक्ति या वस्तु अकेला।

सेब के पकने और गिरने का कारण स्पष्ट नहीं है: क्या गुरुत्वाकर्षण उसे पृथ्वी की ओर खींच रहा है, क्या उसका तना सूरज की सूखी किरणों के कारण सूख रहा है, क्या उसका वजन बढ़ गया है, क्या हवा के झोंकों के कारण वह गिर रहा है या क्या नीचे खड़ा एक उत्सुक बच्चा चाहता है उस पर नाश्ता करने के लिए? इसके गिरने के लिए कोई एक कारक जिम्मेदार नहीं है।' टॉल्स्टॉय द्वारा लिखित वॉर एंड पीस में यह अंश इसे खूबसूरती से चित्रित करता है।

एक प्रतिष्ठित नाश्ता अनाज ब्रांड के लिए उत्पाद प्रबंधक होने की कल्पना करें और हाल ही में एक जैविक, कम चीनी वाली किस्म पेश की है जो एक महीने की बिक्री के बाद भारी विफलता साबित होती है। आप इसके कारणों की जांच कैसे करेंगे? सबसे पहले, यह समझें कि इस विफलता के लिए कोई एक कारक जिम्मेदार नहीं होगा; प्रत्येक कारक अपनी भूमिका निभाता है। कागज की एक शीट लें और सभी संभावित कारणों को उनके मूल कारणों के साथ रेखांकित करें। समाप्त होने पर, आपने संभावित प्रभावशाली लोगों का एक विस्तृत नेटवर्क तैयार कर लिया होगा। इसके बाद, उन

लोगों की पहचान करें जिन्हें आप बदल सकते हैं (जैसे कि मानव स्वभाव) और जो नहीं बदल सकते उसे त्याग दें। अंत में, विभिन्न बाजारों में अलग-अलग हाइलाइट किए गए कारकों के आधार पर अनुभवजन्य परीक्षण करें - इसमें समय और पैसा लगता है लेकिन अगर हम सतही धारणाओं से आगे बढ़ना चाहते हैं तो यह आवश्यक है।

एकल कार्य-कारण की भ्रांति प्राचीन भी है और खतरनाक भी। सहस्राब्दियों से हम यह मानते आए हैं कि लोग अपने भाग्य के स्वामी स्वयं हैं - अरस्तू ने यह दावा दो सहस्राब्दियों से भी पहले किया था! अब हम समझते हैं कि यह गलत है और स्वतंत्र इच्छा एक खुला प्रश्न है। हमारे कार्य आनुवंशिक प्रवृत्ति और पर्यावरण, शिक्षा, मस्तिष्क कोशिकाओं के भीतर हार्मोन एकाग्रता से लेकर कारकों के एक जटिल जाल द्वारा निर्धारित होते हैं और फिर भी हम स्व-शासन की एक पुरानी छवि से मजबूती से चिपके हुए हैं। यह प्रथा हानिकारक और नैतिक रूप से संदिग्ध दोनों हैं। जब तक हम घटनाओं या आपदाओं के लिए एक ही कारण पर विश्वास करते हैं, तब तक व्यक्तियों पर दोष मढ़ना हमेशा संभव रहेगा। इसके अलावा, लोगों ने लंबे समय से किसी को या किसी चीज़ को दोषी ठहराने का यह खेल खेला है - यह धारणा बनाते हुए कि शक्ति का प्रयोग एक व्यक्ति या समूह के माध्यम से दूसरे के माध्यम से किया जाना चाहिए।

फिर भी ट्रेसी चैपमैन इस पर अपनी संपूर्ण विश्वव्यापी सफलता बनाने में सक्षम रही - विशेष रूप से गीत 'गिव मी वन रीज़न' के माध्यम से। लेकिन क्या इसमें अन्य कारक भी शामिल नहीं थे?

यह भी देखें 'क्योंकि' औचित्य (अध्याय 52); इतिहास का मिथ्याकरण (अध्याय 78); आगे की व्याख्या के लिए हिंडसाइट बायस (अध्याय 14) और मौलिक एट्रिब्यूशन त्रुटि (अध्याय 36)।

इलाज करने का इरादा त्रुटि

हालाँकि इस पर विश्वास करना कठिन हो सकता है, लेकिन वास्तव में गति के राक्षस तथाकथित 'सावधान' ड्राइवरों की तुलना में अधिक सुरक्षित रूप से गाड़ी चलाते हैं। इस पर विचार करें: मियामी से वेस्ट पाम बीच तक लगभग 75 मील की दूरी है। एक घंटे से कम समय में दूरी तय करने वाले ड्राइवरों को हम लापरवाह के रूप में वर्गीकृत करते हैं क्योंकि उनकी औसत गति 75 मील प्रति घंटे से अधिक है; अन्य सभी हमारे सावधान ड्राइवरों के समूह में आते हैं। किस समूह में कम दुर्घटनाएँ होती हैं? यह लापरवाह ड्राइवर होंगे। तीनों ड्राइवरों ने एक घंटे के भीतर यात्रा पूरी की और इसलिए, उन्हें किसी भी दुर्घटना में शामिल नहीं होना चाहिए था; जो कोई भी दुर्घटना का शिकार होता है वह स्वतः ही धीमी गति से चलने वाले चालकों की श्रेणी में आ जाता है। यह उदाहरण एक घातक भ्रांति का उदाहरण देता है जिसे इलाज के इरादे से की गई त्रुटि कहा जाता है, जिसमें दुर्भाग्य से एक आकर्षक नाम का अभाव है।

यह उत्तरजीविता पूर्वाग्रह (अध्याय 1) के समान लग सकता है, लेकिन इसमें एक महत्वपूर्ण अंतर है। उत्तरजीविता पूर्वाग्रह के साथ आप केवल सफल परियोजनाओं या दुर्घटनाओं में शामिल कारों को देखते हैं जबकि इरादे-से-इलाज त्रुटि के साथ ये असफल परियोजनाएं या कारें प्रमुखता से दिखाई देती हैं लेकिन बस एक अनुचित श्रेणी के अंतर्गत।

हाल ही में, मुझे एक बैंकर द्वारा किया गया एक आंखें खोलने वाला अध्ययन दिखाया गया, जिसमें एक दिलचस्प तथ्य सामने आया: जिन कंपनियों की बैलेंस शीट पर कर्ज होता है, वे उन कंपनियों की तुलना में काफी अधिक लाभदायक होती हैं, जो केवल वित्तीय साधनों के रूप में इक्विटी रखती हैं (यानी बैलेंस शीट पर कोई कर्ज नहीं) . बैंकर ने जोर देकर कहा कि प्रत्येक कंपनी को अपनी इच्छानुसार उधार लेना चाहिए, इस उद्देश्य के लिए उसका बैंक सबसे अच्छी जगह है। मैंने उसके अध्ययन का और बारीकी से परीक्षण किया। ऐसा संभवतः कैसे हो सकता है? 1,000 बेतरतीब ढंग से चुनी गई फर्मों में से, बड़े ऋण प्राप्त करने वालों ने स्वतंत्र रूप से वित्त पोषित फर्मों की तुलना में इक्विटी और कुल पूंजी दोनों पर अधिक रिटर्न दिया। वे हर तरह से अधिक सफल थे। यह एहसास जल्द ही हुआ: लाभहीन कंपनियां कॉर्पोरेट ऋण के लिए अर्हता प्राप्त नहीं करती हैं और इस प्रकार "इक्विटी-केवल" समूह में आती हैं, जहां बड़ी नकदी कुशन वाली कंपनियां लंबे समय तक टिकी रहती हैं और किसी भी स्वास्थ्य समस्या के बावजूद इस अध्ययन का हिस्सा बनी रहती हैं। दूसरी ओर, जो कंपनियाँ भारी उधार लेती हैं वे अधिक तेज़ी से विफल हो जाती हैं। जब वे अपने ऋण पर ब्याज नहीं चुका पाते हैं, तो बैंक इन व्यवसायों को अपने कब्जे में ले लेते हैं और बेच देते हैं; "ऋण समूह" के भीतर बचे लोग अपेक्षाकृत स्वस्थ रहते हैं, भले ही उनकी बैलेंस शीट पर कितना भी कर्ज हो।

अगर आपको लगता है कि आप समझते हैं तो सावधान रहें। इलाज के इरादे से की गई त्रुटि को पहचानना चुनौतीपूर्ण हो सकता है; आइए एक उदाहरण के रूप में दवा का उपयोग करें: एक दवा कंपनी ने हृदय रोग से निपटने के लिए एक नई दवा बनाई है। एक अध्ययन 'साबित' करता है कि अकेले प्लेसीबो गोलियां लेने की तुलना में यह दवा मरीजों की मृत्यु दर को काफी कम कर देती है; नियमित उपयोगकर्ताओं के बीच पांच साल की मृत्यु दर पांच साल के भीतर 15% से घटकर 11% हो जाती है, और अनियमित उपयोगकर्ताओं के बीच दो गुना अधिक होती है जिन्होंने इसे अलग-अलग मात्रा में लिया है; तो क्या इसे सचमुच सफल या असफल माना जा सकता है?

समस्या यह है कि गोलियाँ निर्धारण कारक नहीं हो सकती हैं; बल्कि धैर्यवान व्यवहार ही अंततः मायने रखता है। हो सकता है कि मरीज़ों ने गंभीर दुष्प्रभावों के कारण इसे बंद कर दिया हो और खुद को "अनियमित सेवन" श्रेणी में पाया हो या इतने बीमार हों कि इसे नियमित रूप से लेना जारी नहीं रख सकते; किसी भी तरह से, केवल अपेक्षाकृत स्वस्थ व्यक्ति ही "नियमित सेवन" समूह में रह गए, जिससे दवा वास्तव में जितनी प्रभावी है उससे कहीं अधिक प्रभावी प्रतीत होती है; वे वास्तव में बीमार मरीज़ जो नियमित खुराक नहीं ले सकते थे, वे "अनियमित सेवन" समूह में आबाद थे।

प्रतिष्ठित अध्ययन चिकित्सा शोधकर्ताओं को उन सभी रोगियों के डेटा का विश्लेषण करने की अनुमति देते हैं जिनका वे शुरू में इलाज करना चाहते थे; इससे कोई फर्क नहीं पड़ता कि उन्होंने मुकदमे में हिस्सा लिया या नहीं। हालाँकि, दुर्भाग्य से, कई अध्ययन जानबूझकर या गलती से इस नियम की उपेक्षा करते हैं; सतर्क रहें: हमेशा सत्यापित करें कि क्या परीक्षण विषय - दुर्घटनाओं में शामिल ड्राइवर, दिवालिया कंपनियां और गंभीर रूप से बीमार मरीज़ किसी कारण से आपकी नमूना आबादी से गायब हो गए हैं और अध्ययन को जहां वह है: कूड़ेदान में दर्ज करें।

यह भी देखें: उत्तरजीविता पूर्वाग्रह (अध्याय 1); विल रोजर्स फेनोमेनन (अध्याय 58);

लोग समाचार क्यों नहीं पढ़ते?

समाचार भ्रम सुमात्रा में भूकंप। रूस में विमान दुर्घटना. शख्स ने बेटी को 30 साल तक तहखाने में बंधक बनाकर रखा; हेइडी क्लम सील से अलग हो गईं; बैंक ऑफ अमेरिका में रिकॉर्ड वेतन; पाकिस्तान में हमला; माली के राष्ट्रपति का इस्तीफा; गोला फेंक में नया विश्व रिकॉर्ड।

क्या आपको सचमुच इस ज्ञान की आवश्यकता है?

हम असाधारण रूप से अच्छी तरह से सूचित हैं, फिर भी बहुत अज्ञानी बने हुए हैं। ऐसा इसलिए है क्योंकि दो शताब्दियों पहले हमने ज्ञान के एक जहरीले रूप का आविष्कार किया था जिसे समाचार कहा जाता है जो दिमाग को उसी तरह आकर्षित करता है जैसे चीनी शरीर को करती है - स्वादिष्ट लेकिन समय के साथ संभावित रूप से विनाशकारी।

तीन साल पहले, मैंने एक प्रयोग किया था। मैंने समाचार पढ़ना और सुनना छोड़ दिया और सभी समाचार पत्रों और पत्रिकाओं की सदस्यता रद्द कर दी; टेलीविजन और रेडियो चैनल मेरे लाइनअप से काट दिए गए; मेरे iPhone से समाचार ऐप्स पूरी तरह से हटा दिए गए थे। पहले तो यह कठिन था, क्योंकि मुझे लगातार यह चिंता रहती थी कि कोई महत्वपूर्ण चीज़ मेरी पकड़ से छूट जाएगी; लेकिन कुछ समय बीत जाने के बाद मुझमें एक अलग दृष्टिकोण विकसित हो गया। तीन साल बाद, मेरे प्रयास स्पष्ट विचारों, गहरी अंतर्दृष्टि, बेहतर निर्णयों और अधिक खाली समय के साथ सफल हुए। सबसे अच्छी बात - मेरे वास्तविक दुनिया के सोशल नेटवर्क के सूचना फिल्टर के रूप में काम करने और मुझे अपडेट रखने के कारण कुछ भी महत्वपूर्ण छूट नहीं गया।

सबसे पहले, हमारा मस्तिष्क विभिन्न प्रकार की सूचनाओं पर असमान रूप से प्रतिक्रिया करता है: निंदनीय, चौंकाने वाले विवरण हमें उत्तेजित करते हैं; अमूर्त, जटिल या असंसाधित विवरणों का बहुत कम प्रभाव पड़ता है। समाचार निर्माता इस गतिशीलता को पूरी तरह से समझते हैं - उनकी मनोरंजक कहानियाँ, भड़कीली छवियां और सनसनीखेज 'तथ्य' हमारा ध्यान खींचते हैं जबकि विज्ञापनदाता जगह खरीदते हैं ताकि उनके विज्ञापन देखे जा सकें; इसलिए सभी सूक्ष्म, जटिल या गहन कहानियों को सावधानीपूर्वक फ़िल्टर किया जाना चाहिए, भले ही ये समग्र रूप से समाज के लिए कहीं अधिक प्रभावशाली हों।
समाचार उपभोग दुनिया के बारे में हमारी समझ को विकृत कर देता है, जिससे हम उन जोखिमों और खतरों के गलत प्रतिनिधित्व के साथ जीने लगते हैं जिनका हम वास्तव में सामना करते हैं।

दूसरा, समाचार अप्रासंगिक है. पिछले बारह महीनों में, आपने लगभग 10,000 समाचार स्निपेट्स (संभवतः प्रति दिन तीस तक) का उपभोग किया होगा। ईमानदार रहें: उस एक का नाम बताइए जिसने आपको जीवन, करियर या व्यवसाय में बेहतर निर्णय लेने में मदद की, जबकि इस समाचार के न होने की तुलना में इसके बिल्कुल न होने की तुलना में - 10,000 कहानियों में से। मेरे द्वारा पूछे गए किसी भी व्यक्ति ने उपभोग किए गए सभी में से दो से अधिक उपयोगी अंशों का नाम नहीं बताया - समाचार संगठनों का एक दुखद परिणाम जो दावा करते हैं कि उनकी जानकारी प्रतिस्पर्धात्मक लाभ प्रदान करती है जबकि वास्तव में उपभोग एक आर्थिक नुकसान का

प्रतिनिधित्व करता है; अगर उन्होंने लोगों को करियर में उन्नति के साथ आगे बढ़ने में मदद की होती तो क्या पत्रकार आय पिरामिड के शीर्ष पर होते - बिल्कुल विपरीत सच है

समाचार भी समय का एक अकुशल उपयोग है: औसतन, प्रत्येक मनुष्य हर सप्ताह समसामयिक घटनाओं को पढ़ने में आधा दिन बर्बाद करता है, जिससे दुनिया भर में बड़े पैमाने पर उत्पादकता का नुकसान होता है। उदाहरण के लिए 2008 के मुंबई आतंकवादी हमलों को लें: केवल मान्यता की कभी न बुझने वाली प्यास के कारण, आतंकवादियों ने केवल प्रसिद्धि और मान्यता प्राप्त करने के लिए 200 निर्दोष लोगों की जान ले ली। मान लीजिए कि एक अरब लोगों ने इसके बाद एक घंटा बिताया: मिनट-दर-मिनट अपडेट देखना और विशेषज्ञों और विश्लेषकों की टिप्पणियां सुनना - एक बेहद संभावित परिदृश्य, क्योंकि भारत में एक अरब से अधिक निवासी हैं। इसलिए, हमारी रूढ़िवादी गणना: एक अरब लोगों को एक घंटे की व्याकुलता से गुणा करने पर एक अरब घंटे का काम रुक जाता है। यदि हम इस संख्या को समाचार उपभोग बनाम हमले के नुकसान के कारण खोई गई जिंदगियों में परिवर्तित करते हैं, तो यह संख्या अकेले उपभोग से बर्बाद हुई लगभग 2,000 मौतों पर बैठती है - एक तीक्ष्ण लेकिन सटीक अवलोकन।

समाचारों से मुंह मोड़ने से भी उतना ही गहरा परिणाम मिल सकता है जितना हमारे द्वारा यहां उल्लिखित अन्य अट्ठानबे बुरी आदतों को दूर करने से। अपनी समाचार की आदत को पूरी तरह से तोड़ दें; इसके बजाय लंबे पृष्ठभूमि वाले लेख या किताबें पढ़ें - हमारी दुनिया को समझने के लिए किताबों से बढ़कर कुछ नहीं!

मौलिक एट्रिब्यूशन त्रुटि (अध्याय 36) भी देखें; स्लीपर इफ़ेक्ट (अध्याय 70); पुष्टिकरण पूर्वाग्रह (अध्याय 7-8); सूचना पूर्वाग्रह (अध्याय 59); संबंधित घटनाओं के रूप में वैयक्तिकरण (अध्याय 87) और कहानी पूर्वाग्रह (अध्याय 13)।

उपसंहार

पोप ने माइकल एंजेलो से पूछा: 'मुझे अपनी प्रतिभा का रहस्य बताओ। आपने डेविड की यह मूर्ति, सभी उत्कृष्ट कृतियों में से उत्कृष्ट, कैसे बनाई है?' माइकल एंजेलो ने सरलता से वह सब कुछ हटाकर उत्तर दिया जो डेविड का नहीं था।

आइए स्पष्ट हों. वास्तव में कोई भी निश्चित रूप से नहीं जानता कि क्या चीज हमें सफल या खुश बनाती है, फिर भी हम यह समझते हैं कि क्या चीज सफलता या खुशी में बाधा डालती है। नकारात्मक ज्ञान (क्या नहीं करना चाहिए) सकारात्मक ज्ञान (क्या करना चाहिए) की तुलना में कहीं अधिक शक्तिशाली है।

माइकल एंजेलो ने अधिक स्पष्ट रूप से सोचने और बुद्धिमानी से कार्य करने के लिए माइकल एंजेलो की पद्धति का उपयोग किया: केवल डेविड को देखने के बजाय, उन सभी पर ध्यान केंद्रित करें जो उसके रास्ते में आते हैं और उन्हें टुकड़ों में हटा दें; इसी तरह हमारे मामले में: बेहतर सोच के लिए त्रुटियों को खत्म करें!

ग्रीक, रोमन और मध्यकालीन विचारकों ने इस दृष्टिकोण के लिए एक शब्द गढ़ा जिसे वाया नेगेटिवा कहा जाता है - शाब्दिक रूप से "नकारात्मक पथ", त्याग, बहिष्कार और कटौती का एक दृष्टिकोण। धर्मशास्त्री नकारात्मकता के आरंभिक अग्रदूत थे: हम यह नहीं कह सकते कि ईश्वर क्या है; इसके बजाय हम केवल उसकी अनुपस्थिति को परिभाषित कर सकते हैं; आधुनिक जीवन पर लागू: सफलता को सीधे परिभाषित नहीं किया जा सकता; केवल वही चीज़ जो इसके अनुसरण में बाधा डालती है, उसे पहचाना और समाप्त किया जा सकता है - संक्षेप में, हमें बस इतना ही जानने की आवश्यकता है!

अतार्किकता का यह गर्म सिद्धांत सदियों तक बुदबुदाता रहा। 1540 के दशक में सख्त प्रोटेस्टेंटवाद के संस्थापक जॉन केल्विन का मानना था कि ऐसी भावनाएँ बुराई का प्रतिनिधित्व करती हैं और केवल भगवान की ओर मुड़कर ही आप उन्हें दूर कर सकते हैं। भावनाओं के ज्वालामुखी विस्फोट का अनुभव करने वाले लोगों को शैतान का अनुयायी माना जाता था; इसलिए यातना और हत्या शुरू हो गईं। ऑस्ट्रियाई मनोविश्लेषक सिगमंड फ्रॉयड के सिद्धांत के अनुसार, जो बताता है कि हमारा अहंकार और नैतिक सुपरईगो हमारी आवेगपूर्ण आईडी को नियंत्रित करते हैं और कर्तव्य या अनुशासन के माध्यम से इसे दबा देते हैं, ऐसा कुछ नहीं हो सकता है। दायित्व या अनुशासन के बारे में भूल जाइए - केवल इच्छाशक्ति द्वारा अपने बालों को बड़ा करने की कोशिश करने की तुलना में अकेले सोचना हमारी भावनाओं को किसी भी हद तक नियंत्रित नहीं कर सकता है!

दूसरी ओर, अतार्किकता का ठंडा सिद्धांत अभी भी युवा है। द्वितीय विश्व युद्ध के बाद, कई लोगों ने नाज़ियों की प्रतीत होने वाली अतार्किकता को दूर करने का प्रयास किया - नेतृत्व रैंकों में स्वयं हिटलर की ओर से न तो भावनात्मक विस्फोट और न ही उग्र भाषण सुने गए; यहां तक कि उनके

उग्र भाषण भी सिर्फ उत्कृष्ट प्रदर्शन थे - यह अचानक विस्फोट के बजाय ठंडी गणना थी जो उन्हें उनके अंधेरे रास्ते पर ले गई; यही बात स्टालिन या खमेर रूज के लिए भी लागू होती है।

1960 के दशक में मनोवैज्ञानिकों ने फ़्रायड के दावों से दूर जाना शुरू कर दिया और हमारी सोच, निर्णयों और कार्यों को वैज्ञानिक दृष्टि से देखना शुरू कर दिया। जो सामने आया वह अतार्किकता का एक ठंडा सिद्धांत था जिसने यह प्रतिपादित किया कि सोच स्वयं शुद्ध होने से बहुत दूर है; यहां तक कि अत्यधिक बुद्धिमान लोग भी संज्ञानात्मक जाल का शिकार हो जाते हैं जिससे त्रुटियां होती हैं। इसके अलावा, त्रुटियों को बेतरतीब ढंग से वितरित नहीं किया जाता है: त्रुटियां पूर्वानुमेय पैटर्न में एकत्रित हो जाती हैं - गलतियाँ अधिक पूर्वानुमानित हो जाती हैं लेकिन कभी भी पूरी तरह से ठीक नहीं होती हैं - फिर भी उनका स्रोत दशकों तक अज्ञात था - जबकि हमारे शरीर में बाकी सब कुछ हमारे दिमाग की तुलना में अपेक्षाकृत विश्वसनीय लगता था।
हमारे दिमाग को लगातार झटके क्यों सहने पड़ते हैं?

सोच एक जैविक घटना है, विकास ने प्रकृति के किसी भी अन्य पहलू की तरह इसे आकार देने में अपनी भूमिका निभाई है। कल्पना कीजिए कि आप 50,000 वर्ष पीछे जा रहे हैं और अपने पूर्वजों में से किसी एक को अपने साथ वर्तमान में ले जा रहे हैं - उसे हेयरड्रेसिंग के लिए भेजना, उसे ड्राइविंग सिखाने के लिए भेजना, या उसे सेलफोन चलाना सिखाना, लेकिन इसमें कोई संदेह नहीं है कि वह इसमें बिल्कुल फिट बैठेगा; आख़िरकार, जैविक विकास ने हमें शिकारी-संग्राहक के रूप में ये सभी क्षमताएँ प्रदान की हैं जो ह्यूगो बॉस (या कुछ मामलों में एच एंड एम) के अनुरूप हैं! यदि हम ऐसा कर सकें, तो 50,000 वर्ष पीछे जाने की कल्पना करें, एक पूर्वज को बाहर निकालें और उसे वर्तमान समय यात्रा में लाएँ; तो शायद, सड़क पर बहिष्कृत होने के बजाय, और उसे उस समय से वर्तमान समय के कपड़े पहनाने के लिए भेज दिया जाए; उसे हेयर सैलून/ड्रेसर में हेयर कटिंग/हेयरकट/ड्रेसिंग के लिए भेजना/उन्हें/हमें आधुनिक पोशाक/कपड़े पहनाना? नहीं; जीव विज्ञान ने सभी संदेहों को ख़ारिज कर दिया है; शारीरिक रूप से संज्ञानात्मक सहित, हम ह्यूगो बॉस (या उस मामले के लिए एच एंड एम) की पोशाक पहने शिकारी-संग्रहकर्ता हैं।

प्राचीन काल से जो चीज़ महत्वपूर्ण रूप से बदल गई है वह है हमारा रहने का वातावरण। उस समय चीज़ें सरल और स्थिर थीं - लोग बिना किसी महत्वपूर्ण तकनीकी या सामाजिक प्रगति के पचास लोगों के समूह में रहते थे। पिछले 10,000 वर्षों में ही हमारी दुनिया में नाटकीय बदलाव आना शुरू हुआ है, फसलें, पशुधन, गाँव, शहर, वैश्विक व्यापार और वित्तीय बाज़ार सभी इसके विकास में प्रमुख ताकतों के रूप में उभर रहे हैं। औद्योगीकरण के बाद से, मानव मस्तिष्क के कामकाज के लिए जो कुछ भी इष्टतम था वह गायब हो गया है। किसी भी शॉपिंग मॉल में 15 मिनट बिताएँ, और आप हमारे पूर्वजों ने अपने पूरे जीवनकाल में जितने लोगों को देखा होगा उससे अधिक लोगों को पार कर जाएँगे। कोई भी यह दावा करता है कि वह जानता है कि 10 वर्षों में दुनिया कैसी दिखेगी, आमतौर पर ऐसी भविष्यवाणियाँ करने के कुछ महीनों के भीतर ही बहिष्कृत हो जाता है। 10,000 वर्षों से, हमने एक ऐसी दुनिया बनाई है जिसे हम अब समझ नहीं पाते हैं। हर चीज़ अधिक परिष्कृत होते हुए भी अधिक जटिल रूप से जुड़ी हुई हो गई है। परिणामस्वरूप, आर्थिक समृद्धि तो आसमान छू गई है, लेकिन साथ ही जीवनशैली संबंधी बीमारियाँ (जैसे कि टाइप दो मधुमेह, फेफड़ों का कैंसर और अवसाद) और सोच में त्रुटियाँ भी बढ़ गई हैं क्योंकि जटिलताएं बढ़ती ही जा रही हैं - इससे उनकी त्रुटियाँ और बढ़ेंगी और वै और बढ़ेंगी।

हमारी शिकारी-संग्रहकर्ता जड़ों में, गतिविधि अक्सर प्रतिबिंब की तुलना में अधिक लाभदायक साबित होती है। बिजली की तेज़ प्रतिक्रियाएँ आवश्यक थीं, जबकि विस्तारित चिंतन घातक साबित हुआ। यदि आपका शिकारी-संग्रहकर्ता मित्रों में से कोई अचानक चौंक पड़े, तो उसका अनुकरण करना उचित होगा; इससे कोई फर्क नहीं पड़ता कि किसी बाघ या सूअर ने तुम्हें भयभीत कर दिया था। भागने में असफल होने पर आपकी जान जा सकती है; इसके विपरीत यदि सूअर से भागने मात्र से त्रुटि हो जाए तो इसमें केवल कैलोरी खर्च हो सकती है; समान मामलों के बारे में गलत होने का फल मिला: किसी भी व्यक्ति को अलग तरीके से तार दिया गया, मुठभेड़ होने से पहले ही बाहर निकल गया - जिससे हम सभी उन होमिन्स सेपिएंट्स के वंशज बन गए, जो नेतृत्व करने वाली शुरुआती पीढ़ियों द्वारा जल्दी से कार्रवाई करने की ओर प्रवृत होते हैं। हम आज उनके वंशज हैं।

आधुनिक समाज एकल चिंतन और स्वतंत्र कार्रवाई का पक्षधर है - जो कोई भी शेयर बाजार के प्रचार में फंस गया है वह इसे प्रत्यक्ष रूप से जानता है।

विकासवादी मनोविज्ञान ज्यादातर एक परिकल्पना ही बना हुआ है, फिर भी कई खामियों को समझाने में अत्यधिक विश्वसनीय है; हालाँकि सभी नहीं. उदाहरण के लिए, इस कथन को लें: 'प्रत्येक हर्ष बार भूरे आवरण में आता है; इसलिए इस विशेषता को साझा करने वाले सभी कैंडी बार भी हर्ष बार होने चाहिए।' यहां तक कि बुद्धिमान व्यक्ति भी इस जाल का शिकार हो सकते हैं - जैसे कि सभ्यता से मुक्त रहने वाली मूल जनजातियां - जैसे कि हमारे शिकारी-संग्रहकर्ता पूर्वज अभी भी तर्क में त्रुटियों का अनुभव कर सकते हैं जिनका पर्यावरण परिवर्तन से कोई लेना-देना नहीं है।

ऐसा क्यों? विकास पूर्ण मनुष्य का निर्माण नहीं करता; जब तक हम अपने प्रतिस्पर्धियों से आगे बढ़ते हैं (यानी, निएंडरथल को हराते हैं), त्रुटिपूर्ण व्यवहार विकास द्वारा सहन किया जाता है। एक उदाहरण के रूप में कोयल पक्षी को लें - लाखों वर्षों से उन्होंने सोंगबर्ड के घोंसलों में अंडे दिए हैं जहां छोटे पक्षी फिर सेते हैं और इन अंडों से पैदा हुए चूजों को खिलाते हैं - एक ऐसा कार्य जो एक व्यवहारिक त्रुटि का प्रतिनिधित्व करता है जिसे विकास सुधार करने में विफल रहा है क्योंकि यह ' छोटे पक्षियों द्वारा इसे काफी गंभीर माना जाता है।

1990 के दशक के अंत में हमारी गलतियों के लिए एक अतिरिक्त स्पष्टीकरण सामने आया: हमारा दिमाग सत्य की खोज के बजाय पुनरुत्पादन के लिए केंद्रित है; यानी, हम अपने विचारों का उपयोग मुख्य रूप से सत्य की खोज के बजाय अनुनय के लिए करते हैं; जो कोई भी दूसरों को समझा सकता है वह शक्ति और संसाधन प्राप्त करता है - ऐसी संपत्तियां जो संभोग और संतानों के पालन-पोषण में महत्वपूर्ण बढ़त प्रदान करती हैं। उपन्यास आम तौर पर अपनी अधिक स्पष्टवादिता के बावजूद गैर-काल्पनिक शीर्षकों से अधिक बिकते हैं।

अंत में, सहज ज्ञान युक्त निर्णय - यहां तक कि तर्क से रहित भी - कुछ परिस्थितियों में फायदेमंद हो सकते हैं। तथाकथित अनुमानी शोध इस घटना की पड़ताल करता है। चूँकि महत्वपूर्ण निर्णय लेते समय हमारे पास अक्सर सभी आवश्यक जानकारी का अभाव होता है, मानसिक शॉर्टकट या अंगूठे के नियम (अनुमान) अपरिहार्य हो जाते हैं। उदाहरण के लिए, रोमांटिक पार्टनर चुनते समय, जिसके प्रति आप आकर्षित होते हैं, एकमात्र तर्कसंगत निर्णय पूरी तरह से तर्क पर निर्भर होना होगा; इसके बजाय अंतर्ज्ञान का उपयोग करने से अक्सर इस मामले में बेहतर परिणाम मिलते हैं।

कई निर्णयों को बाद में कारणों या किसी प्रकार के औचित्य से उचित ठहराया जाना चाहिए - कुछ तर्क बस नहीं कर सकते।

निर्णय (करियर, जीवनसाथी और निवेश) अक्सर अवचेतन रूप से होते हैं। हम बाद में औचित्य तैयार करते हैं ताकि हमें लगे कि हमारी पसंद सचेत थी, हालांकि यह अक्सर वैज्ञानिक तरीकों की तरह कुछ भी नहीं दिखता है: इसके बजाय हम वस्तुनिष्ठ तथ्यों के बजाय पूर्व निर्धारित निष्कर्षों को सही ठहराने के लिए कारण बनाते हैं।

इसलिए, स्व-सहायता पुस्तकों द्वारा वर्णित बाएँ और दाएँ मस्तिष्क के बीच के द्वंद्व को भूल जाइए; सहज ज्ञान युक्त और तर्कसंगत सोच के बीच का अंतर कहीं अधिक महत्वपूर्ण है - दोनों के वैध उपयोग हैं; सहज ज्ञान युक्त दिमाग तेज़, सहज और ऊर्जा बचाने वाले होते हैं जबकि तर्कसंगत विचार को अपने सहज समकक्ष की तुलना में बहुत अधिक ऊर्जा की आवश्यकता होती है। डैनियल कन्नमैन ने थिंकिंग फास्ट एंड स्लो में इस घटना की प्रसिद्ध व्याख्या की।

लोग अक्सर पूछते हैं कि जब से मेरी संज्ञानात्मक त्रुटियाँ बढ़ने लगी हैं, मैं त्रुटि-मुक्त जीवन कैसे जी पाता हूँ, फिर भी सच्चाई यह है कि मैं ऐसा नहीं करता हूँ। और उत्तर? नहीं; आस - पास भी नहीं। हर किसी की तरह मैं भी अपने विचारों से नहीं बल्कि भावनाओं से सलाह लेकर त्वरित निर्णय लेता हूं; त्वरित निर्णय लेते समय प्रश्न 'मैं इस बारे में क्या सोचता हूँ?' इसे अक्सर "मैं इस बारे में कैसा महसूस करता हूँ?" से बदल दिया जाता है। भ्रांतियों का अनुमान लगाना और उनसे बचना एक महँगा प्रयास है;

चीजों को सीधा और स्पष्ट रखने के लिए, मैंने प्रमुख संभावित प्रभाव वाली स्थितियों में निर्णय लेने के लिए अपने लिए निम्नलिखित नियम निर्धारित किए हैं (यानी प्रमुख व्यक्तिगत या व्यावसायिक विकल्प चुनना), मैं विकल्पों के बीच चयन करते समय यथासंभव उचित और तर्कसंगत रहने का प्रयास करता हूं . मेरा दृष्टिकोण एक पायलट के समान है: मैं अपनी त्रुटियों की सूची निकालता हूं और उन्हें एक-एक करके जांचता हूं, जैसे एक विमान पायलट करता है। खुद को अधिक कुशलता से सूचित निर्णय लेने में मदद करने के लिए (यानी नियमित या आहार पेप्सी, स्पार्कलिंग या फ्लैट पानी?), मैं एक उत्कृष्ट चेकलिस्ट निर्णय वृक्ष का भी उपयोग करता हूं। न्यूनतम परिणामों वाली स्थितियों में (अर्थात स्पार्कलिंग बनाम सपाट पानी?), निर्णय वृक्ष अत्यधिक मदद करता है - उदाहरण के लिए जब नियमित बनाम आहार पेप्सी या स्पार्कलिंग या सपाट पानी के बीच चयन किया जाता है)। मैं अक्सर तर्कसंगत अनुकूलन को छोड़ देता हूं और इसके बजाय अपने अंतर्ज्ञान को आगे बढ़ने देता हूं। सोचना थका देने वाला हो सकता है; इसलिए यदि संभावित नुकसान न्यूनतम है तो छोटी-छोटी बातों पर खुद को तनाव में न डालें; ऐसी त्रुटियों का स्थायी परिणाम नहीं होगा और जीवन जीने का यह तरीका समग्र रूप से बेहतर अनुभव प्रदान कर सकता है। प्रकृति इस बात से बेपरवाह लगती है कि हमारे निर्णय सही हैं या नहीं; मायने यह रखता है कि हम जीवन में सफलतापूर्वक आगे बढ़ें - जब तक कि चीजें कठिन होने पर हम तर्कसंगत रूप से कार्य करने के लिए तैयार हैं। इसके अतिरिक्त, अपनी क्षमता के दायरे में काम करते समय मैं अक्सर अपने अंतर्ज्ञान पर भरोसा करता हूं। किसी वाद्य यंत्र का अभ्यास करें, और आपकी उंगलियां उसके स्वर बजाना सीख जाएंगी। समय के साथ, आपकी उंगलियां चाबियों या तारों में हेरफेर करने में कुशल हो जाती हैं; संगीत स्कोर दिखाई देते हैं और नोट्स लगभग स्वचालित रूप से बजते हैं - वॉरेन बफेट बैलेंस शीट का उपयोग उसी तरह करते हैं जैसे पेशेवर संगीतकार संगीत स्कोर करते हैं!

उपसंहार

पोप ने माइकल एंजेलो से पूछा: 'मुझे अपनी प्रतिभा का रहस्य बताओ। आपने डेविड की यह मूर्ति, सभी उत्कृष्ट कृतियों में से उत्कृष्ट, कैसे बनाई है?' माइकल एंजेलो ने सरलता से वह सब कुछ हटाकर उत्तर दिया जो डेविड का नहीं था।

आइए स्पष्ट हों. वास्तव में कोई भी निश्चित रूप से नहीं जानता कि क्या चीज हमें सफल या खुश बनाती है, फिर भी हम यह समझते हैं कि क्या चीज सफलता या खुशी में बाधा डालती है। नकारात्मक ज्ञान (क्या नहीं करना चाहिए) सकारात्मक ज्ञान (क्या करना चाहिए) की तुलना में कहीं अधिक शक्तिशाली है।

माइकल एंजेलो ने अधिक स्पष्ट रूप से सोचने और बुद्धिमानी से कार्य करने के लिए माइकल एंजेलो की पद्धति का उपयोग किया: केवल डेविड को देखने के बजाय, उन सभी पर ध्यान केंद्रित करें जो उसके रास्ते में आते हैं और उन्हें टुकड़ों में हटा दें; इसी तरह हमारे मामले में: बेहतर सोच के लिए त्रुटियों को खत्म करें!

ग्रीक, रोमन और मध्यकालीन विचारकों ने इस दृष्टिकोण के लिए एक शब्द गढ़ा जिसे वाया नेगेटिवा कहा जाता है - शाब्दिक रूप से "नकारात्मक पथ", त्याग, बहिष्कार और कटौती का एक दृष्टिकोण। धर्मशास्त्री नकारात्मकता के आरंभिक अग्रदूत थे: हम यह नहीं कह सकते कि ईश्वर क्या है; इसके बजाय हम केवल उसकी अनुपस्थिति को परिभाषित कर सकते हैं; आधुनिक जीवन पर लागू: सफलता को सीधे परिभाषित नहीं किया जा सकता; केवल वही चीज़ जो इसके अनुसरण में बाधा डालती है, उसे पहचाना और समाप्त किया जा सकता है - संक्षेप में, हमें बस इतना ही जानने की आवश्यकता है!

अतार्किकता का यह गर्म सिद्धांत सदियों तक बुदबुदाता रहा। 1540 के दशक में सख्त प्रोटेस्टेंटवाद के संस्थापक जॉन केल्विन का मानना था कि ऐसी भावनाएँ बुराई का प्रतिनिधित्व करती हैं और केवल भगवान की ओर मुड़कर ही आप उन्हें दूर कर सकते हैं। भावनाओं के ज्वालामुखी विस्फोट का अनुभव करने वाले लोगों को शैतान का अनुयायी माना जाता था; इसलिए यातना और हत्या शुरू हो गई। ऑस्ट्रियाई मनोविश्लेषक सिगमंड फ्रॉयड के सिद्धांत के अनुसार, जो बताता है कि हमारा अहंकार और नैतिक सुपरईगो हमारी आवेगपूर्ण आईडी को नियंत्रित करते हैं और कर्तव्य या अनुशासन के माध्यम से इसे दबा देते हैं, ऐसा कुछ नहीं हो सकता है। दायित्व या अनुशासन के बारे में भूल जाइए - केवल इच्छाशक्ति द्वारा अपने बालों को बड़ा करने की कोशिश करने की तुलना में अकेले सोचना हमारी भावनाओं को किसी भी हद तक नियंत्रित नहीं कर सकता है!

दूसरी ओर, अतार्किकता का ठंडा सिद्धांत अभी भी युवा है। द्वितीय विश्व युद्ध के बाद, कई लोगों ने नाज़ियों की प्रतीत होने वाली अतार्किकता को दूर करने का प्रयास किया - नेतृत्व रैंकों में स्वयं हिटलर की ओर से न तो भावनात्मक विस्फोट और न ही उग्र भाषण सुने गए; यहां तक कि उनके

उग्र भाषण भी सिर्फ उत्कृष्ट प्रदर्शन थे - यह अचानक विस्फोट के बजाय ठंडी गणना थी जो उन्हें उनके अंधेरे रास्ते पर ले गई; यही बात स्टालिन या खमेर रूज के लिए भी लागू होती है।

1960 के दशक में मनोवैज्ञानिकों ने फ्रायड के दावों से दूर जाना शुरू कर दिया और हमारी सोच, निर्णयों और कार्यों को वैज्ञानिक दृष्टि से देखना शुरू कर दिया। जो सामने आया वह अतार्किकता का एक ठंडा सिद्धांत था जिसने यह प्रतिपादित किया कि सोच स्वयं शुद्ध होने से बहुत दूर है; यहां तक कि अत्यधिक बुद्धिमान लोग भी संज्ञानात्मक जाल का शिकार हो जाते हैं जिससे त्रुटियां होती हैं। इसके अलावा, त्रुटियों को बेतरतीब ढंग से वितरित नहीं किया जाता है: त्रुटियां पूर्वानुमेय पैटर्न में एकत्रित हो जाती हैं - गलतियाँ अधिक पूर्वानुमानित हो जाती हैं लेकिन कभी भी पूरी तरह से ठीक नहीं होती हैं - फिर भी उनका स्रोत दशकों तक अज्ञात था - जबकि हमारे शरीर में बाकी सब कुछ हमारे दिमाग की तुलना में अपेक्षाकृत विश्वसनीय लगता था।
हमारे दिमाग को लगातार झटके क्यों सहने पड़ते हैं?

सोच एक जैविक घटना है, विकास ने प्रकृति के किसी भी अन्य पहलू की तरह इसे आकार देने में अपनी भूमिका निभाई है। कल्पना कीजिए कि आप 50,000 वर्ष पीछे जा रहे हैं और अपने पूर्वजों में से किसी एक को अपने साथ वर्तमान में ले जा रहे हैं - उसे हेयरड्रेसिंग के लिए भेजना, उसे ड्राइविंग सिखाने के लिए भेजना, या उसे सेलफोन चलाना सिखाना, लेकिन इसमें कोई संदेह नहीं है कि वह इसमें बिल्कुल फिट बैठेगा; आखिरकार, जैविक विकास ने हमें शिकारी-संग्राहक के रूप में ये सभी क्षमताएँ प्रदान की हैं जो ह्यूगो बॉस (या कुछ मामलों में एच एंड एम) के अनुरूप हैं! यदि हम ऐसा कर सकें, तो 50,000 वर्ष पीछे जाने की कल्पना करें, एक पूर्वज को बाहर निकालें और उसे वर्तमान समय यात्रा में लाएँ; तो शायद, सड़क पर बहिष्कृत होने के बजाय, और उसे उस समय से वर्तमान समय के कपड़े पहनाने के लिए भेज दिया जाए; उसे हेयर सैलून/ड्रेसर में हेयर कटिंग/हेयरकट/ड्रेसिंग के लिए भेजना/उन्हें/हमें आधुनिक पोशाक/कपड़े पहनाना? नहीं; जीव विज्ञान ने सभी संदेहों को खारिज कर दिया है; शारीरिक रूप से संज्ञानात्मक सहित, हम ह्यूगो बॉस (या उस मामले के लिए एच एंड एम) की पोशाक पहने शिकारी-संग्रहकर्ता हैं।

प्राचीन काल से जो चीज़ महत्वपूर्ण रूप से बदल गई है वह है हमारा रहने का वातावरण। उस समय चीज़ें सरल और स्थिर थीं - लोग बिना किसी महत्वपूर्ण तकनीकी या सामाजिक प्रगति के पचास लोगों के समूह में रहते थे। पिछले 10,000 वर्षों में ही हमारी दुनिया में नाटकीय बदलाव आना शुरू हुआ है, फसलें, पशुधन, गाँव, शहर, वैश्विक व्यापार और वित्तीय बाज़ार सभी इसके विकास में प्रमुख ताकतों के रूप में उभर रहे हैं। औद्योगीकरण के बाद से, मानव मस्तिष्क के कामकाज के लिए जो कुछ भी इष्टतम था वह गायब हो गया है। किसी भी शॉपिंग मॉल में 15 मिनट बिताएँ, और आप हमारे पूर्वजों ने अपने पूरे जीवनकाल में जितने लोगों को देखा होगा उससे अधिक लोगों को पार कर जाएँगे। कोई भी यह दावा करता है कि वह जानता है कि 10 वर्षों में दुनिया कैसी दिखेगी, आमतौर पर ऐसी भविष्यवाणियाँ करने के कुछ महीनों के भीतर ही बहिष्कृत हो जाता है। 10,000 वर्षों से, हमने एक ऐसी दुनिया बनाई है जिसे हम अब समझ नहीं पाते हैं। हर चीज़ अधिक परिष्कृत होते हुए भी अधिक जटिल रूप से जुड़ी हुई हो गई है। परिणामस्वरूप, आर्थिक समृद्धि तो आसमान छू गई है, लेकिन साथ ही जीवनशैली संबंधी बीमारियाँ (जैसे कि टाइप दो मधुमेह, फेफड़ों का कैंसर और अवसाद) और सोच में त्रुटियाँ भी बढ़ गई हैं क्योंकि जटिलताएँ बढ़ती ही जा रही हैं - इससे उनकी त्रुटियाँ और बढ़ेंगी और वै और बढ़ेंगी।

अपनी योग्यता का दायरा खोजें - वह क्षेत्र जिसमें आप सहजता से समझते हैं और उत्कृष्टता प्राप्त करते हैं - और एक मजबूत पकड़ हासिल करें। संकेतः यह आपकी कल्पना से छोटा हो सकता है! इस दायरे के बाहर परिणामी निर्णय लेते समय, कठोर तर्कसंगत सोच तकनीकों को लागू करें जबकि कम दबाव वाले निर्णयों के लिए अंतर्ज्ञान का स्वतंत्र रूप से उपयोग करें।

समाप्त